Gakken

きめる! KIMERU SERIES NS

［きめる! 公務員試験］

自然科学〈物理／化学／生物／地学／数学〉

Natural Sciences

監修＝橋口武英　編＝資格総合研究所

はじめに

本書をご覧になっている方は、さまざまな理由で自然科学の対策に悩みを抱えているものと思います。もともと理系科目とは疎遠な中学時代・高校時代を過ごしてきた方、もしくは自然科学を学習してきた理系の方であっても、さすがに全範囲を学習している方は多くないはずです。そのような受験生の皆さんに向けて、自然科学で「最低限必要な知識」を明示しつつ、過去の出題傾向をふまえて特に重要度が高い問題を解くことで出題傾向を押さえていこうというのが、本書のコンセプトです。

自然科学は、近年は学習の優先度もかなり下がったといえます。特に2024年度試験からは、国家一般職、国家専門職、裁判所一般職などの国家公務員試験では、自然科学が正面から問われることはなくなりました。出題範囲が「自然・人文・社会（時事を含む）」という表現から「自然・人文・社会に関する時事、情報」という表現に変わり、自然科学に関する知識はあくまで時事をメインとした出題と関連して問われる程度の位置付けになっています。他にも、市役所の試験であっても自然科学だけは出題されないような自治体も存在します。

そうなると、自然科学の対策はあくまで「出題頻度の高いテーマ・知識だけをコンパクトにこなす」というのが効率の良い対策ということになります。本書はその点を意識して、知識の網羅性よりも、過去問からさかのぼってみると「何が知識としてあれば解答できるのか」を意識した構成になっています。本書を利用することで、必要最低限の知識を身につけることができ、「他の受験生に差をつけられない」ようになると思います。

私は「監修者」という立場で本書に関わっていますが、そもそも文系の人間で、自然科学を本格的に学習した経歴などはありません。しかし、本試験の傾向について熟知していることはもちろんのこと、多くの合格者を見てきました。過去の合格者がどのような学習をしてきたか、その際には何を意識してきたかについて、皆さんに参考になるような情報を提供できると自負しています。特に自然科学の重要性が下がっている今だからこそ、他の科目に十分な学習時間を割くことができるように効率的に学習を進めていただければと思います。

本書を利用された皆さんが、公務員になるという目標を無事に達成されることを祈っております。

橋口武英

公務員試験対策の新しい形の問題集として、「きめる！公務員試験」シリーズを刊行いたしました。このシリーズの刊行にあたり、受験生の皆さまがより効率よく、より効果的に学ぶために必要なものは何かを考えて辿り着いたのが「要点理解＋過去問演習」を実践できる３ステップ式の構成です。まずは、頻出テーマをわかりやすい解説でしっかりと押さえ、次に一問一答で、知識定着のための学習を行います。そして最後に、選び抜かれた頻出の過去問題を解くことで、着実に理解に繋がり、合格へ近づくことができるのです。

試験対策を進める中で、学習が進まなかったり、理解が追いつかなかったりすることもあると思います。「きめる！公務員試験」シリーズが、そんな受験生の皆さまに寄り添い、公務員試験対策の伴走者として共に合格をきめるための一助になれれば幸いです。

資格総合研究所

もくじ

CHAPTER 2 化学

CHAPTER 3 生物

CHAPTER 4　地学

CHAPTER 5 数学

別冊 解答解説集

本書の特長と使い方

3ステップで着実に合格に近づく！

STEP１で要点を理解し、STEP２で理解をチェックする一問一答を解き、STEP３で過去問に挑戦する、という３段階で、公務員試験で押さえておくべきポイントがしっかりと身につきます。

公務員試験対策のポイントや各科目の学習方法をていねいに解説！

本書の冒頭には「公務員試験対策のポイント」や「自然科学の学習ポイント」がわかる特集ページを収録。公務員試験を受けるにあたっての全般的な対策や、各科目の学習の仕方など、気になるポイントをあらかじめ押さえたうえで、効率よく公務員試験対策へと進めます。

別冊の解答解説集で、効果的な学習ができる！

本書の巻末には、本冊から取り外しできる「解答解説集」が付いています。問題の答え合わせや復習の際には、本冊のとなりに別冊を広げて使うことで、効果的な学習ができるようになります。

きめる! 試験別対策

各章の冒頭には、各試験の傾向や頻出事項をまとめてあります。自分が受験する試験の傾向をしっかりと理解してから、学習の計画を立てましょう。

＊なお、2024年度から、国家公務員試験の内容が大きく変わります。自然科学の出題数や傾向も変わる可能性があるので、注意してください。

STEP 1 要点を覚えよう！

基本的に１見開き２ページで、分野ごとに重要な基本事項をインプットしていきます。そのため、重要な基本事項を網羅的かつ正確に、無理なく習得できるようになっています。

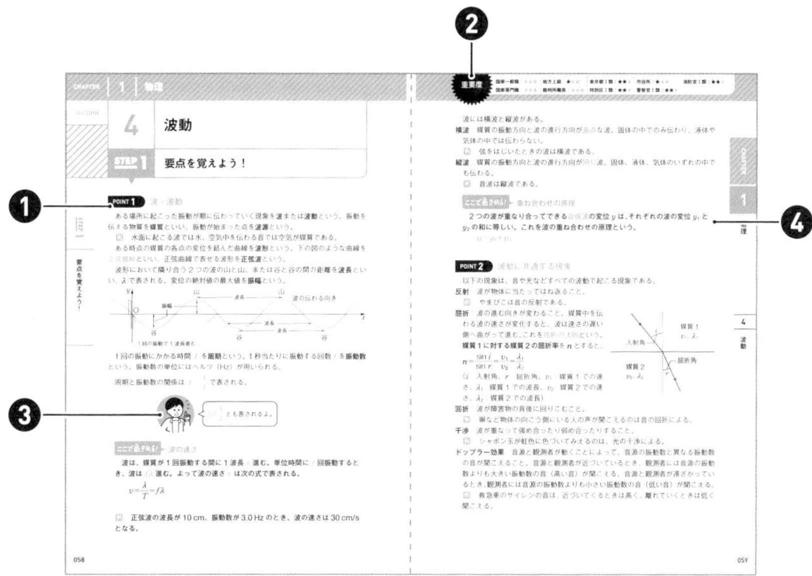

❶ POINT
このSECTIONで押さえておきたいキーワードを解説します。

❷ 重要度
各SECTIONの試験別重要度を表しています。過去問を分析し、重要度を「★」の数で表しています。

❸ キャラクターが補足情報を教えてくれます。

❹ ここできめる！
最重要の知識や、間違えやすいポイントをまとめています。試験直前の確認などに活用できます。

STEP 2 一問一答で理解を確認！

STEP 1の理解をチェックするための一問一答形式の問題です。過去問演習のための土台づくりとして、効率的にポイントを復習できます。

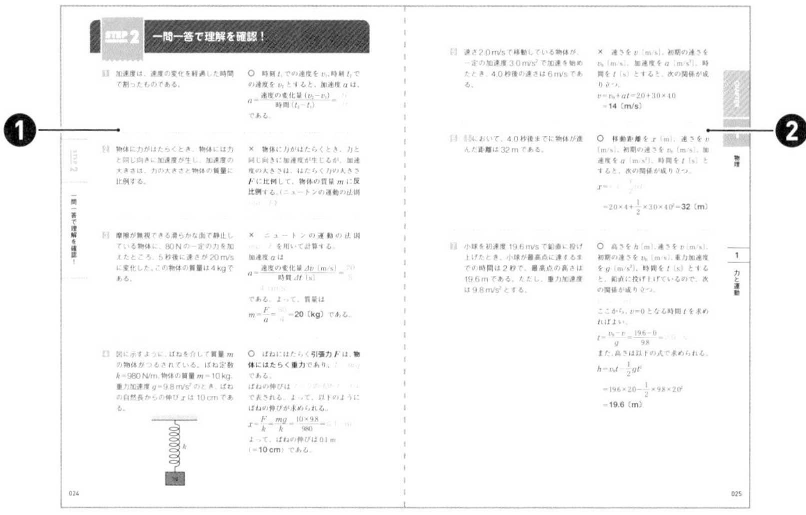

STEP 2 一問一答で理解を確認！

加速度は、速度の変化を経過した時間で割ったものである。

○ 時刻 t_1 での速度を v_1、時刻 t_2 での速度を v_2 とすると、加速度 a は、

$a=\frac{速度の変化量(v_2-v_1)}{時間(t_2-t_1)}=$

である。

物体に力がはたらくとき、物体には力と同じ向きに加速度が生じ、加速度の大きさは、力の大きさと物体の質量に比例する。

× 物体に力がはたらくとき、力と同じ向きに加速度が生じるが、加速度の大きさは、はたらく力の大きさ F に比例して、物体の質量 m に反比例する。(ニュートンの運動の法則

摩擦が無視できる滑らかな面で静止している物体に、80 Nの一定の力を加えたところ、5秒後に速さが20 m/sに変化した。この物体の質量は4 kgである。

× ニュートンの運動の法則を用いて計算する。

加速度 a は

$a=\frac{速度の変化量\ \Delta v\ [m/s]}{時間\ \Delta t\ [s]}=$

である。よって、質量は

$m=\frac{F}{a}=$ =**20〔kg〕**である。

図に示すように、ばねを介して質量 m の物体がつるされている。ばね定数 k=980 N/m、物体の質量 m=10 kg、重力加速度 g=9.8 m/s^2 のとき、ばねの自然長からの伸び x は10 cmである。

○ ばねにはたらく**引張力 F** は、**物体にはたらく重力**であり、である。

ばねの伸びはで表される。よって、以下のようにばねの伸びが求められる。

$x=\frac{F}{k}=\frac{mg}{k}=\frac{10\times9.8}{980}=$

よって、ばねの伸びは0.1 m（=**10 cm**）である。

024

速さ2.0 m/sで移動している物体が、一定の加速度3.0 m/s^2 で加速を始めたとき、4.0秒後の速さは6 m/sである。

× 速さを v [m/s]、初期の速さを v_0 [m/s]、加速度を a [m/s^2]、時間を t [s] とすると、次の関係が成り立つ。

$v=v_0+at=2.0+3.0\times4.0$

=**14〔m/s〕**

において、4.0秒後までに物体が進んだ距離は32 mである。

○ 移動距離を x [m]、速さを v [m/s]、初期の速さを v_0 [m/s]、加速度を a [m/s^2]、時間を t [s] とすると、次の関係が成り立つ。

$=2.0\times4+\frac{1}{2}\times3.0\times4.0^2=$**32〔m〕**

小球を初速度19.6 m/sで鉛直に投げ上げたとき、小球が最高点に達するまでの時間は2秒で、最高点の高さは19.6 mである。ただし、重力加速度は9.8 m/s^2 とする。

○ 高さを h [m]、速さを v [m/s]、初期の速さを v_0 [m/s]、重力加速度を g [m/s^2]、時間を t [s] とすると、鉛直に投げ上げているので、次の関係が成り立つ。

ここから、v=0となる時間 t を求めればよい。

$t=\frac{v_0-v}{g}=\frac{19.6-0}{9.8}=$

また、高さは以下の式で求められる。

$h=v_0t-\frac{1}{2}gt^2$

$=19.6\times2.0-\frac{1}{2}\times9.8\times2.0^2$

=**19.6〔m〕**

物理

1 力と運動

025

❶ 過去問演習の前に、実戦的な問題形式でSTEP 1で学んだ内容を復習できます。

❷ 解答と詳しい解説で知識の定着と深い理解に繋がります。間違いやすいポイントなども押さえましょう。

STEP 3　過去問にチャレンジ！

本書には、過去15年分以上の過去問の中から、重要な基本事項を効率的に学習できる良問を選別して収録しています。

過去問は、可能であれば３回以上解くのが望ましいです。過去問を繰り返し解くことで、知識だけでなく能力や感覚といったアビリティまで身につくという側面があるのです。

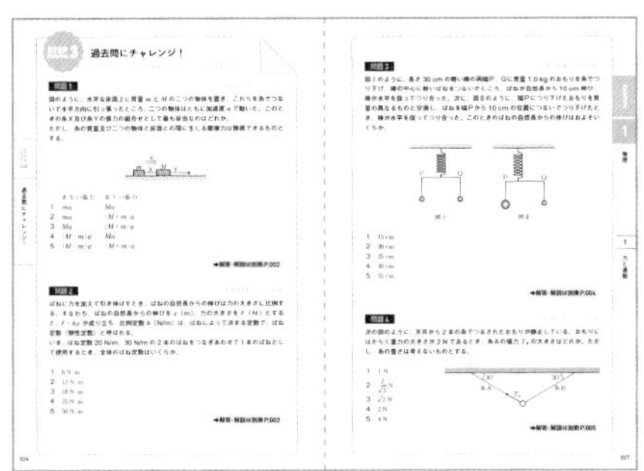

別冊　解答解説集

STEP ３の過去問を解いたら、取り外して使える解答解説集で答え合わせと復習を行いましょう。

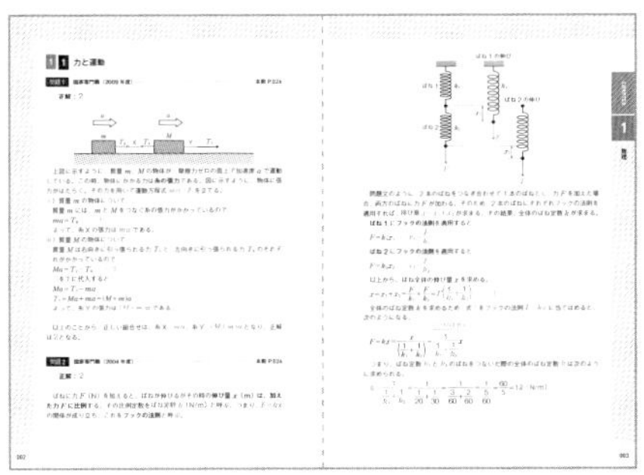

本書掲載の過去問題について

本書で掲載する過去問題の問題文について、問題の趣旨を損なわない程度に改題している場合があります。

公務員試験対策のポイント

志望先に合わせて計画的で的確な対策を

まずは第一志望先を決めましょう。仕事の内容、働きたい場所、転勤の範囲などが志望先を選ぶポイントです。また、併願先もあわせて決めることで、試験日・出題科目がおのずと決まってきて、学習計画を立てることができるようになります。

過去問の頻出テーマをおさえて問題演習を

公務員試験合格のポイントは、1冊の問題集を何度もくり返し解くことです。そうすることで、知らず知らずのうちに試験によく出るテーマ・問題のパターンがしっかりと身につき、合格に近づくことができるでしょう。

人物試験対策の時間も確保したスケジューリングを

近年では、論文試験や面接等の人物試験が重要視される傾向にあります。一次試験の直前期に、その先の論文試験や人物試験を見据えて、学習の計画を立てるようにしましょう。人物試験については、自己分析・志望動機の整理・政策研究を行って、しっかり対策しましょう。

自然科学の学習ポイント

自然科学とは何か

自然科学は、教養択一試験における一般知識分野の中でも、なかなか点数の取りにくいところだと思います。自然科学は主に数学、物理、化学、生物、地学の5科目のことを指し、本試験での出題範囲は主に中学・高校レベルの内容です。ある程度学習していけば、それなりに点数を安定させることもできるのですが、何より本試験での出題数が少ないことが大きなネックです。出題されない試験も多く、出題されるとしても各科目で１～２問程度です。ということは、結果的に「運」になってしまうわけですね。たまたま学習した範囲が出題されれば得点できますし、外れれば得点できない、という運の要素が非常に大きくなるのです。

したがって、学習の進め方としては何より全てを学習しようとしないことがポイントです。今までに見たこともない科目を今からスタートさせても得点可能性は低いですから、まずは「学習歴のある科目から学習を進める」ことです。また、「科目全部を学習する必要はない」ことも押さえておきましょう。一部でも学習しておけば、本試験で得点できる可能性は残されています。全部学習しなければ得点できないわけではないですから、真面目に最初から取り組むのではなく、「つまみ食い的に学習する」という意識があってもよいでしょう。

公務員試験における自然科学のポイント

①暗記科目である生物・地学をメインに学習する

これは今までにどんな科目を学習してきたかにもよるのですが、多くの受験生には生物・地学の学習をおすすめするケースが多いです。

数学や物理、化学は計算の部分が多く、特に公式などを覚えておかないと対応できない問題が多く登場します。そうなると、「公式を正しく覚えられているか」だけではなく「公式が正しく使えるか」も重要になるわけです。要は2段階の手間がかかることになるため、もともと学習経験がある方でないと、なかなかとっつきにくい科目になるのですね。公式も覚えにくいために苦手意識を持ってしまう方も多いところです。

一方、生物・地学は（一部の計算問題を除き）ほぼ全てが知識問題になります。とにかく覚えてさえいれば選択肢の正誤が判断できるので、得点を伸ばしやすい科目なのですね。特に本試験を見ている限り、同じような選択肢で同じようなひっかけを設定することもよくあります。ですから、基本的には問題演習をメインにして「どの部分がわかっていれば正解を選べるのか」を分析していくことが有効だと思います。

②スキマ時間を有効活用して、出題数の多い科目に時間を割けるようにする

本試験に合格するという目標でいえば、自然科学の重要性は下がります。ですから、なるべく対策はコンパクトに済ませつつ、浮いた勉強時間を数的処理などの出題数の多い科目に割り振れるようにしましょう。移動時間や空き時間など、細切れの時間を当てることで、効率的に対策することがポイントになると思います。

自然科学の学習計画をチェック！

1 準備期

・生物・地学

点数を安定させやすい科目なので、早めに取り掛かります。

↓

2 集中期

・化学

知識で得点できる分野もあるので、可能なら手をつけます。

↓

3 追い込み期

・物理

ここは元からある程度できる受験生限定かもしれません。

↓

4 総仕上げ期

・数学

ほとんど出題がないので、あまり気にしなくてOKです。

CHAPTER 1

物理

CHAPTER1では物理を取り扱います。物理は自然科学の中でもあまり学習する受験生が多くない科目です。科目自体の難易度の高さもあってか、特に文系の受験生にとっては苦手にしやすい科目の一つですね。自然科学の中でも「結果的に物理だけはノータッチだった」という合格者も多いです。

物理においては特に**公式の理解**がポイントになります。計算問題が出題されることが多いので、これは公式や解法パターンを理解して使えるようにする必要があります。対策に時間がかかりやすいところでしょう。さらに、知識問題も出題されることがありますが、その前提としてもやはり公式の理解が必要になります。公式の意味するところを言葉で理解しておかないと解けない問題などがありますから、くれぐれも注意してください。

物理はどんな試験でも1～2問程度しか出題がないため、出題範囲を予想して当てるのはなかなか難しいといえます。ただし、どんな試験であっても狙われやすいのは、物理の基本ともいえる「**力学**」の分野です。本書でいえば**SECTION1 力と運動**や**SECTION2 仕事とエネルギー**の分野は、だいたいどんな公務員試験でも過去に出題実績があるため、ここだけに絞り込んで学習するというのもありでしょう。そのうえで、SECTION3以降も可能であれば学習するといいですね。

前述のとおり公式は暗記しておくだけでも計算問題なら解けますが、知識の問題になると理解まで問われることになります。本書の各CHAPTER1では公式の紹介とその意味も説明していますから、これを有効活用しつつ、CHAPTER2では簡単な問題形式で理解が定着しているかを確認できます。そのうえで、CHAPTER3の問題に挑戦してみてください。わからない部分があれば随時CHAPTER1に戻りながら「**どのような聞かれ方をしているのか**」を逐一チェックしましょう。これを繰り返すことで、似たような聞かれ方をされた場合にも対応できるようになります。なお、CHAPTER1だけでは説明しきれない内容もありますが、CHAPTER3の問題では出題しています。その都度補いながら学習を進めてください。

極める! 試験別対策

例年は1問程度問われていましたが、2024年度以降の試験からは時事に関連する程度の問われ方になります。したがって、出題頻度の高い「力学」以外でも、時事と関連する自然科学のトピックが聞かれる可能性はあります。

例年1問程度問われています。出題頻度が高いのはやはり「力学」の分野ですが、「電磁気」や「波動」が出題されることもあります。難易度が高くなることがあるので注意しましょう。

例年1問程度問われています。「力学」が出題頻度は高いですが、他の分野も出題されることがあります。地方上級に比べると難易度は平易なことが多いです。

例年2問程度出題されます。「力学」からの出題が多いですが、近年は「力学」を外して「電磁気」や「波動」が出ることもあります。年によって難易度が高く取りにくい問題になることもあるので気をつけましょう。

原則として地方上級と同様の傾向です。ただし、かなり簡単な問題が出題されることも多く、他の受験生が得点できるものはもれなく拾っていきたいです。

警視庁でも県警でも、例年1問程度の出題です。他の試験に比べると、比較的出題テーマにばらつきがありますが、やはり「力学」が定番です。

東京消防庁でも市役所消防でも、例年1問程度の出題です。やはり「力学」からの出題が大半ですが、東京消防庁はややばらつきがあるので、可能なら広く学習しておくとよいでしょう。

力と運動

要点を覚えよう！

POINT 1

ある物体に力を加えると、その物体は変形したり、止まっていたものが動き出したりする。この変形や加速の原因となるものが　であり、力の単位には **N**（ニュートン）が使われる。また、**力の大きさ、向き、作用点**を力の３要素という。

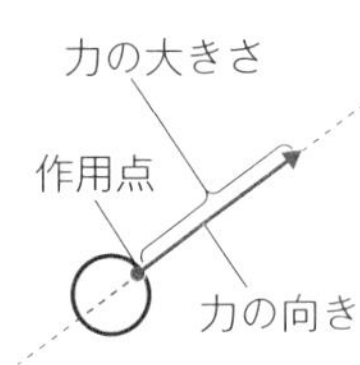

物体に対してはたらく力には、その物体に

（　重力、電気力、磁気力など）と、

（　糸が引っ張る力、垂直抗力、摩擦力、ばねの弾性力、浮力など）がある。

POINT 2

たとえば､右図のように指 A がばね B を押したとき､A は B から力を受けるが､B も A から力を受ける。つまり、**A が B から受ける力は、B が A から受ける力と等しい**。これを　といい、　で表すことができる。つまり、作用・反作用の関係にある２つの力は、同一作用線上にあり、**向きは反対だが大きさが等しい**。

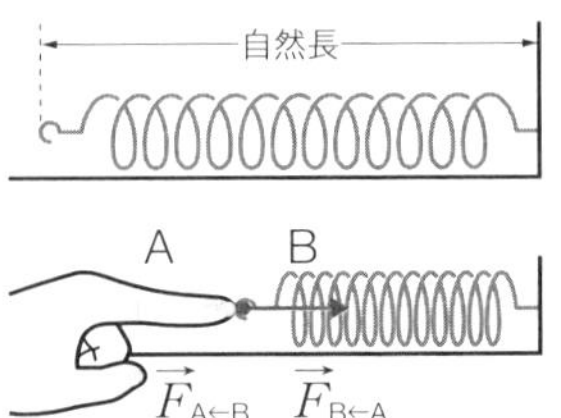

POINT 3

１つの力を分解して、x 軸、y 軸の垂直な２方向に分けて考えることができる。たとえば、力 $\vec{F}$ を、x 軸と y 軸の２つの方向に分解し、それぞれの分力を　、　として $\vec{F}$ と x 軸とのなす角を θ とすると､三角比　から､次式が成り立つ。

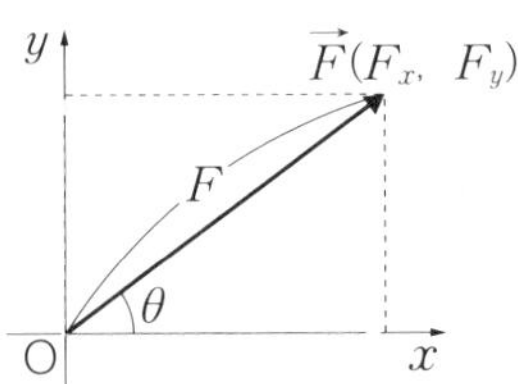

$F_x=F\cos\theta$、$F_y=F\sin\theta$

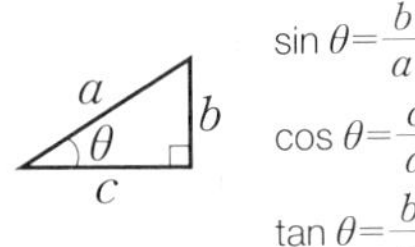

POINT 4　力のつり合い

物体に複数の力がはたらいている状態で、その物体が静止しているとき、その物体にはたらく力はつり合っているという。たとえば、物体に F_1、F_2、F_3 の３つの力がはたらいたとして、その力がつり合っているとき、$F_1+F_2+F_3=0$ と表せる。また力のつり合いにおいても、**x 軸方向の力のつり合い**と、**y 軸方向の力のつり合い**に分けて考えることができる。

例題　図のように、質量 5 kg の小球を吊るしたとき、糸に発生する張力 T および、小球を保持するのに必要な水平方向の力 F は何 N か。ただし、重力加速度は 9.8 m/s² とする。

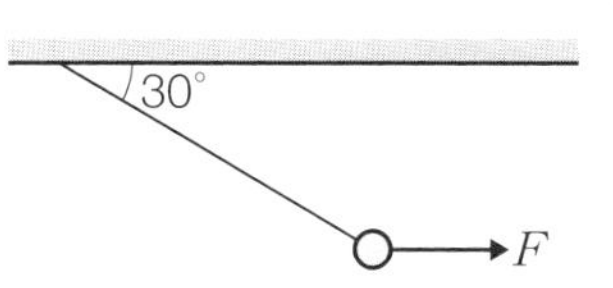

力のつり合い状態は、右図のようになる。
y 方向（上下方向）の力のつり合いより、

$T\sin 30^\circ - mg = 0$

$$T=\frac{mg}{\sin 30^\circ}=\frac{5\times 9.8}{\frac{1}{2}}=\mathbf{98}\text{〔N〕}$$

答え　**98**〔N〕

x 方向（水平方向）の力のつり合いより、

$F - T\cos 30^\circ = 0$

$$F=T\cos 30^\circ=98\times\frac{\sqrt{3}}{2}\fallingdotseq\mathbf{85}\text{〔N〕}$$

答え　**85**〔N〕

POINT 5　重力と浮力

(1) 重力

地球上にあるすべての物体には重力がはたらいている。重力は、**地球が物体を引く力**であり、**鉛直下向き**にはたらいている。重力の大きさは質量に比例し、質量 m〔kg〕の物体にはたらく重力の大きさ W〔N〕は、mg〔N〕で表され、式は以下のように表される。

$W=mg$

（$\boldsymbol{W}$〔N〕：重力の大きさ、$\boldsymbol{m}$〔kg〕：質量、$\boldsymbol{g}$〔m/s²〕：重力加速度）
＊g の値は、およそ 9.8〔m/s²〕

(2) 浮力

アルキメデスの原理より、流体中にある物体は、その物体が**排除している流体の重さに等しい大きさの浮力**を受ける。よって、以下の式が成り立つ。

$F=\rho Vg$ **〔N〕**

（$\boldsymbol{F}$〔N〕：浮力の大きさ、$\boldsymbol{\rho}$〔kg/m³〕：流体密度、$\boldsymbol{V}$〔m³〕：排除した体積）

POINT 6

ばねには、少し押したくらいでは変形しない強力なものや、少し押しただけですぐ縮むものなど、ばねによって**弾性力**が異なる。ばねの弾性力の大きさ　は、自然の長さからのばねの伸び（または縮み）の大きさ、つまりばねの伸びた（縮んだ）**距離**　**に比例**する。この関係を**フックの法則**といい、次式で表される。

$F=kx$

（F〔N〕: 弾性力の大きさ、k〔N/m〕: ばね定数、x〔m〕: 自然の長さからの伸び（または縮み））

POINT 7

ある物体に力がはたらくとき、その物体には力と同じ向きに加速度が生じる。**加速度の大きさ**　は、**はたらく力の大きさ**　に　し、**物体の質量**　に　する。この関係は、**ニュートンの運動の法則**と呼ばれ、次式で表される。

$ma=F$

（m〔kg〕: 質量、a〔m/s^2〕: 加速度、F〔N〕: 力）

運動方程式　は、力学で最もよく使われる公式だよ。物体は力を加えた方向に加速し、力が大きければ加速度も大きくなり、質量が大きいと加速しにくい（つまり質量に反比例）という、考えてみれば当たり前のことを表しているんだね。

POINT 8

たとえば自動車の運転で、アクセルを踏むとスピードが増し、ブレーキを踏むと減速するが、このような物体の速度の変化の様子を表すのに、　を用いる。たとえば、時刻　での速度を　、時刻　での速度を　とすると、時刻 t_1 から t_2 までに経過した時間　における速度の変化は　で表され、加速度　は、次式で表される。

$$a=\frac{v_2-v_1}{t_2-t_1} \text{〔m/s}^2\text{〕}$$

（a〔m/s^2〕: 加速度、v_2-v_1〔m/s〕: 速度の変化、t_2-t_1〔s〕: 経過時間）

POINT 9

直線上を運動している物体の加速度が一定の場合を　という。**加速度 a が一定**なので、初速度　で出発した物体の時刻　における速度　と距離　は、次式で表される。

時刻 t での速度　$v=v_0+at$

時刻 t での距離　$x=v_0t+\frac{1}{2}at^2$

v と x の関係　$v^2-v_0{}^2=2ax$　　式　を式　に代入して t を消した

POINT 10

問題文の中で、「静かに落下させる」「静かに手をはなす」という場合、これは であり、**初速度 0 の落下運動**と考える。これを式で表すと、POINT 9 の**等加速度直線運動の式** 、 、 について、 を に、 を に、初速度が 0 なので を とおいて表すことができる。

初速度 $v_0=0$
O(原点)
位置 0
(時刻 0)
加速度 g
y
速度 v
位置 y
(時刻 t)
y (下向きが正)

t 秒後の速度 $v=gt$ ①式の v_0 を 0 とし、a を g とおいた

t 秒後の位置 $y=\frac{1}{2}gt^2$ ②式の v_0 を 0 とし、x を y に、a を g とおいた

v と y の関係 $v^2=2gy$ ③式の v_0 を 0 とし、x を y に、a を g とおいた

POINT 11

たとえば野球のボールをピッチャーがキャッチャーに向かって投げたとき、水平方向にボールは飛ぶが、これは**放物運動**であり、水平方向の**等速直線運動**と、鉛直方向の**自由落下運動**を組み合わせた運動であると考える。

物体を斜め上方向に投げると、物体は をする（斜方投射）。 方向には、初速度 v_0〔m/s〕に対して $v_0 \cos\theta$ の速度が与えられた後（POINT 3 参照）、そのまま をする。一方で、 方向には、重力がはたらくため、重力加速度 g の をする。水平方向は等速直線運動、鉛直方向は等加速度運動と分けて考えることが大切である。よく出題されるテーマなのでしっかり押さえておこう。なお、物体を水平方向に投げることは といい、これも斜方投射（初期の $\theta=0°$ とおく）と同じように考える。

POINT 12

ある物体が円周上を一定の速さで動く運動を**等速円運動**という。その物体が円周上を 1 回転してもとの位置に戻るまでの時間 T〔s〕を 、単位時間当たりに回転する回数 f〔Hz〕を という。$f=\frac{1}{T}$、$T=\frac{1}{f}$ の関係があり、半径 r の円の円周は $2\pi r$ なので、等速円運動する物体の速さ v は、 である。

また、等速円運動をしている物体の位置を、 θ〔rad〕に着目したとき、**単位時間当たりの回転角**を ω〔rad/s〕といい、角速度 $\omega=\frac{\theta}{t}=\frac{2\pi}{T}$ なので、 である。また、角度 θ 回転したときの $\boldsymbol{v}$ は、移動した弧の長さが $r\theta$ で表されるので、 、$\omega=\frac{\theta}{t}$ より、 となる。

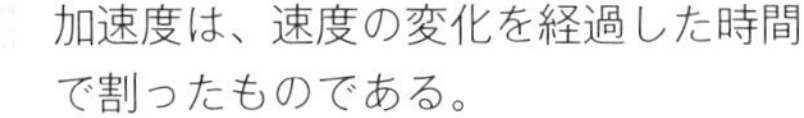

一問一答で理解を確認！

加速度は、速度の変化を経過した時間で割ったものである。

○　時刻 t_1 での速度を v_1、時刻 t_2 での速度を v_2 とすると、加速度 a は、

$$a=\frac{\text{速度の変化量}\,(v_2-v_1)}{\text{時間}\,(t_2-t_1)}=$$

である。

物体に力がはたらくとき、物体には力と同じ向きに加速度が生じ、加速度の大きさは、力の大きさと物体の質量に比例する。

×　物体に力がはたらくとき、力と同じ向きに加速度が生じるが、加速度の大きさは、はたらく力の大きさ F に比例して、物体の質量 m に**反比例**する。(ニュートンの運動の法則)

摩擦が無視できる滑らかな面で静止している物体に、80 N の一定の力を加えたところ、5 秒後に速さが 20 m/s に変化した。この物体の質量は 4 kg である。

×　ニュートンの運動の法則 を用いて計算する。

加速度 a は

$$a=\frac{\text{速度の変化量}\,\Delta v\ \text{〔m/s〕}}{\text{時間}\,\Delta t\ \text{〔s〕}}=$$

である。よって、質量は

$$m=\frac{F}{a}=\quad=\mathbf{20\ 〔kg〕}$$ である。

図に示すように、ばねを介して質量 m の物体がつるされている。ばね定数 k=980 N/m、物体の質量 m=10 kg、重力加速度 g=9.8 m/s^2 のとき、ばねの自然長からの伸び x は 10 cm である。

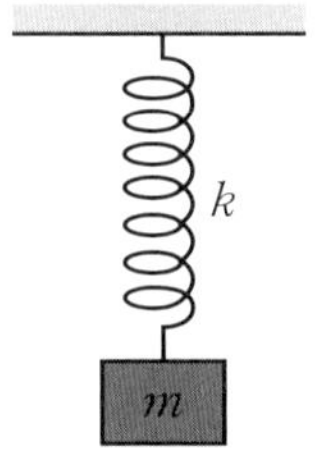

○　ばねにはたらく**引張力 F** は、**物体にはたらく重力**であり、

である。

ばねの伸びは

で表される。よって、以下のようにばねの伸びが求められる。

$$x=\frac{F}{k}=\frac{mg}{k}=\frac{10\times9.8}{980}=$$

よって、ばねの伸びは 0.1 m (=**10 cm**) である。

速さ2.0 m/sで移動している物体が、一定の加速度3.0 m/s^{2}で加速を始めたとき、4.0秒後の速さは6 m/sである。

× 速さをv〔m/s〕、初期の速さをv_0〔m/s〕、加速度をa〔m/s^2〕、時間をt〔s〕とすると、次の関係が成り立つ。

$v=v_0+at=2.0+3.0\times4.0$

$=$**14〔m/s〕**

において、4.0秒後までに物体が進んだ距離は32 mである。

○ 移動距離をx〔m〕、速さをv〔m/s〕、初期の速さをv_0〔m/s〕、加速度をa〔m/s^2〕、時間をt〔s〕とすると、次の関係が成り立つ。

$x=v_0t+\frac{1}{2}at^2$

$=2.0\times4+\frac{1}{2}\times3.0\times4.0^2=$**32〔m〕**

小球を初速度19.6 m/sで鉛直に投げ上げたとき、小球が最高点に達するまでの時間は2秒で、最高点の高さは19.6 mである。ただし、重力加速度は9.8 m/s^{2}とする。

○ 高さをh〔m〕、速さをv〔m/s〕、初期の速さをv_0〔m/s〕、重力加速度をg〔m/s^2〕、時間をt〔s〕とすると、鉛直に投げ上げているので、次の関係が成り立つ。

$v=v_0-gt$

ここから、$v=0$となる時間tを求めればよい。

$t=\frac{v_0-v}{g}=\frac{19.6-0}{9.8}=2.0$〔s〕

また、高さは以下の式で求められる。

$h=v_0t-\frac{1}{2}gt^2$

$=19.6\times2.0-\frac{1}{2}\times9.8\times2.0^2$

$=$**19.6〔m〕**

過去問にチャレンジ！

問題 1

図のように、水平な床面上に質量 m と M の二つの物体を置き、これらを糸でつないで水平方向に引っ張ったところ、二つの物体はともに加速度 a で動いた。このときの糸X及び糸Yの張力の組合せとして最も妥当なのはどれか。
ただし、糸の質量及び二つの物体と床面との間に生じる摩擦力は無視できるものとする。

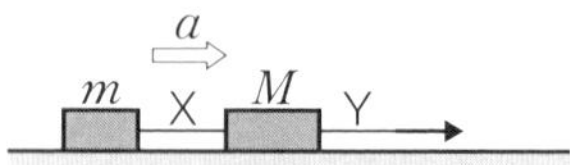

	糸 X の張力	糸 Y の張力
1	ma	Ma
2	ma	$(M+m)a$
3	Ma	$(M+m)a$
4	$(M-m)a$	Ma
5	$(M-m)a$	$(M+m)a$

➡解答・解説は別冊 P.002

問題 2

ばねに力を加えて引き伸ばすとき、ばねの自然長からの伸びは力の大きさに比例する。すなわち、ばねの自然長からの伸びを x〔m〕、力の大きさを F〔N〕とすると、$F=kx$ が成り立ち、比例定数 k〔N/m〕は、ばねによって決まる定数で、ばね定数（弾性定数）と呼ばれる。
いま、ばね定数 20 N/m、30 N/m の 2 本のばねをつなぎあわせて 1 本のばねとして使用するとき、全体のばね定数はいくらか。

1　6 N/m
2　12 N/m
3　18 N/m
4　25 N/m
5　50 N/m

➡解答・解説は別冊 P.002

問題 3

図Ⅰのように、長さ 30 cm の軽い棒の両端P、Qに質量 1.0 kg のおもりを糸でつり下げ、棒の中心に軽いばねをつないだところ、ばねが自然長から 10 cm 伸び、棒が水平を保ってつり合った。次に、図Ⅱのように、端Pにつり下げたおもりを質量の異なるものと交換し、ばねを端Pから 10 cm の位置につないでつり下げたとき、棒が水平を保ってつり合った。このときのばねの自然長からの伸びはおよそいくらか。

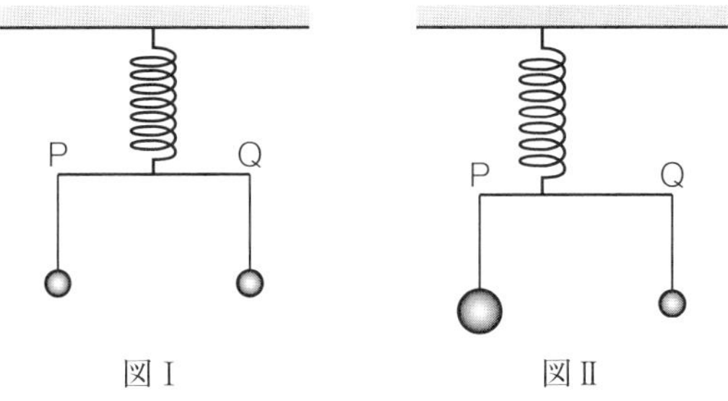

図Ⅰ　　図Ⅱ

1　15 cm
2　20 cm
3　25 cm
4　30 cm
5　35 cm

➡解答・解説は別冊 P.004

問題 4

次の図のように、天井から 2 本の糸でつるされたおもりが静止している。おもりにはたらく重力の大きさが 2 N であるとき、糸Aの張力 T_A の大きさはどれか。ただし、糸の重さは考えないものとする。

1　1 N
2　$\frac{2}{\sqrt{3}}$ N
3　$\sqrt{3}$ N
4　2 N
5　4 N

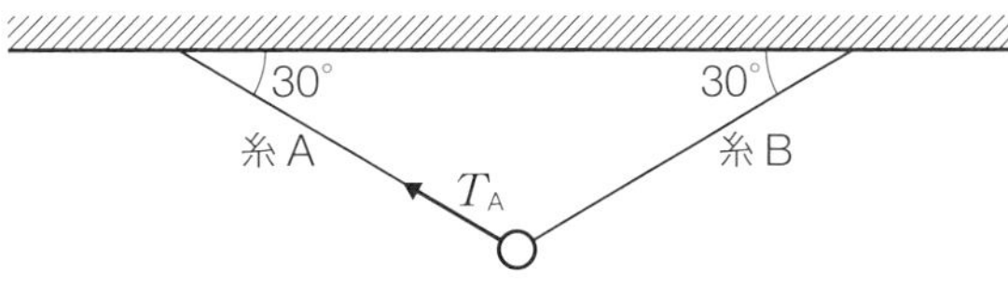

➡解答・解説は別冊 P.005

物理

1

力と運動

問題 5

下の図のように、物体に3本のひもをつなぎ、ばねはかりで水平面内の3方向に引き、静止させた。ひもA、B、Cから物体にはたらく力の大きさをそれぞれ T_A、T_B、T_C とするとき、これらの比として、正しいのはどれか。

	T_A	:	T_B	:	T_C
1	1	:	1	:	1
2	1	:	$\sqrt{2}$	:	1
3	1	:	$\sqrt{2}$	:	2
4	1	:	2	:	1
5	$\sqrt{2}$	:	1	:	$\sqrt{2}$

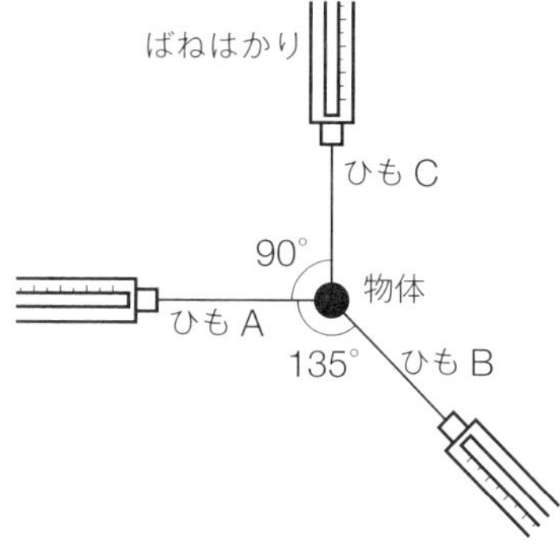

➡解答・解説は別冊 P.005

問題 6

下図のように、均質で太さが一様でない長さ 2.1 m の棒を、B端を地面につけたままA端に鉛直上向きの力を加えて少し持ち上げるのに 28 N の力を必要とし、また、A端を地面につけたままB端に鉛直上向きの力を加えて少し持ち上げるのに 21 N の力を必要とするとき、この棒の質量 M とA端から重心Gまでの長さ x の組合せとして、正しいのはどれか。ただし、重力加速度は 9.8 m/s^2 とする。

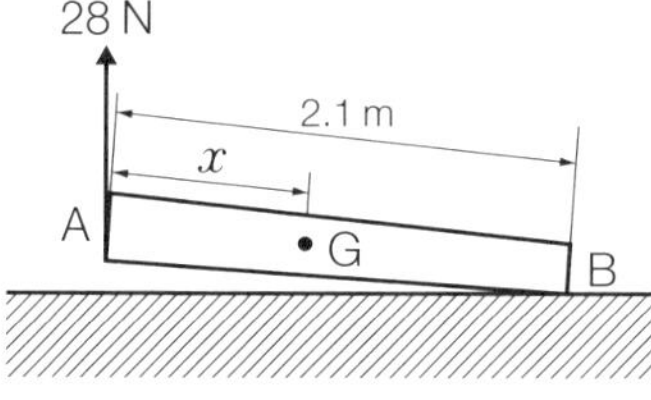

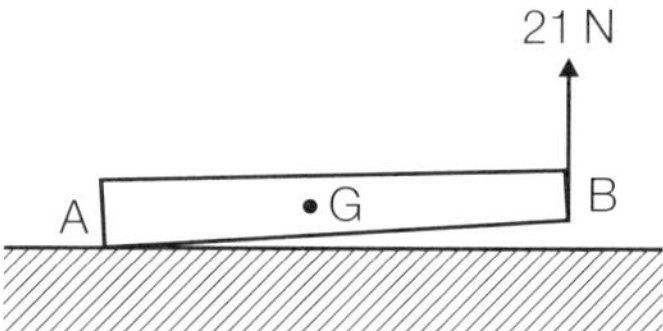

	M	x
1	4.9 kg	0.7 m
2	4.9 kg	0.8 m
3	5.0 kg	0.8 m
4	5.0 kg	0.9 m
5	5.1 kg	0.9 m

➡解答・解説は別冊 P.006

問題 7

ある自動車が停止状態から等加速度直線運動をしたところ、停止状態から 4.00 秒で 50.0 m 進んだ。このとき、自動車の加速度はいくらか。
なお、停止状態からの等加速度直線運動における時刻 t と速度 v の関係を図の直線として表したとき、時刻 $t=t_1$ までに進んだ距離は網掛けされた三角形の面積で示される。

1　$2.50\ \mathrm{m/s^2}$
2　$5.00\ \mathrm{m/s^2}$
3　$6.25\ \mathrm{m/s^2}$
4　$12.5\ \mathrm{m/s^2}$
5　$25.0\ \mathrm{m/s^2}$

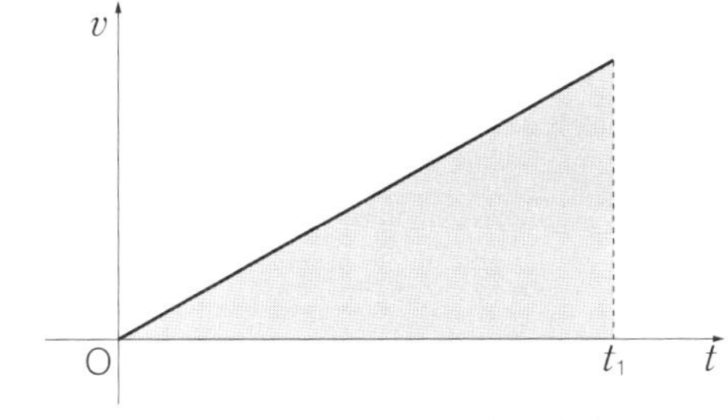

➡解答・解説は別冊 P.007

問題 8

粗い水平面上で、ある質量の物体に初速度 v_0〔m/s〕を与えた。物体が静止するまでの時間 t〔s〕と物体が滑る距離 x〔m〕の関係を式に表したものとして、最も妥当なのはどれか。

1　$x=\frac{1}{4}v_0t$
2　$x=\frac{1}{2}v_0t$
3　$x=v_0t$
4　$x=2v_0t$
5　$x=4v_0t$

➡解答・解説は別冊 P.008

問題 9

質量 10 kg の台車が滑らかな水平面上に静止している。この台車に、水平方向に 20 N の力を 4.0 秒間加えたときの速さはいくらか。
ただし、空気抵抗は無視できるものとする。

1 0.12 m/s
2 2.0 m/s
3 4.0 m/s
4 8.0 m/s
5 16 m/s

➡解答・解説は別冊 P.008

問題 10

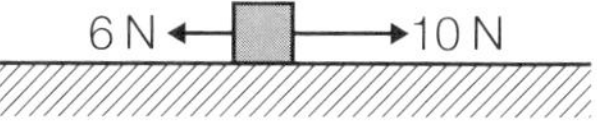

滑らかで水平な床の上に図のように静止している質量 5 kg の物体を、10 N の力で右向きに水平に引き、同時に 6 N で左向きに水平に引いたところ、物体は等加速度直線運動をした。動き出してから 10 秒間に物体が移動する距離はいくらか。

1 10 m
2 20 m
3 30 m
4 40 m
5 50 m

➡解答・解説は別冊 P.009

問題 11

落体の運動に関する次のA～Eの記述のうち、妥当なもののみを全て挙げているものはどれか。

A　物体が重力だけを受け、初速度0で鉛直に落下する自由落下は、加速度が一定な等加速度直線運動であるが、物体を投げ下ろしたときの運動は加速度が変化する。

B　物体が自由落下するときの加速度のことを重力加速度といい、物体の質量が大きいほど大きくなる。

C　物体を水平方向や斜め方向に投げ出したときの物体の運動を放物運動といい、物体は、水平方向には等速度運動、垂直方向には等加速度直線運動をしている。

D　物体の質量が同じでも、形状によって受ける空気の抵抗が異なると落下の様子も異なるが、真空中では物体の質量や形状に関係なく同じように落下する。

E　物体をまっすぐ上に投げ上げたとき、その物体の加速度は、上昇中と下降中で向きや大きさが変化する。

1　A、B
2　A、C
3　B、E
4　C、D
5　D、E

➡解答･解説は別冊 P.009

問題 12

次の図のように、天井からつるした長さ $2l$ の糸の端に、質量 $2m$〔kg〕のおもりをつけた円すい振り子が、水平面内で等速円運動をしているとき、おもりの円運動の周期として、妥当なのはどれか。ただし、糸と鉛直線のなす角を θ〔rad〕、重力加速度を g〔m/s^2〕とし、糸の質量及び空気の抵抗は考えないものとする。

1　$2\pi\sqrt{\dfrac{l\cos\theta}{g}}$〔s〕
2　$2\pi\sqrt{\dfrac{2l\tan\theta}{g}}$〔s〕
3　$2\pi\sqrt{\dfrac{l\sin\theta}{g}}$〔s〕
4　$2\pi\sqrt{\dfrac{2l\cos\theta}{g}}$〔s〕
5　$2\pi\sqrt{\dfrac{2l\sin\theta}{g}}$〔s〕

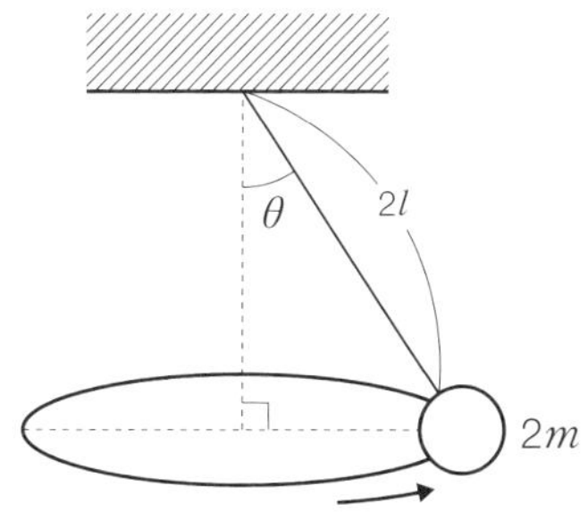

➡解答･解説は別冊 P.010

問題 13

図のように、密度 ρ〔kg/m^3〕、底面積 S〔m^2〕、高さ h〔m〕の円柱が取り付けられた同じ軽いばねが二つ天井に取り付けられている。一方を液体に $\frac{3}{4}h$〔m〕だけ浸したところ、どちらのばねも静止し、液体に浸した方のばねの伸びは、もう一方のばねの伸びの $\frac{1}{2}$ 倍であった。このとき、この液体の密度として最も妥当なのはどれか。

ただし、重力加速度の大きさは一定である。

1　$\frac{3}{8}\rho$〔kg/m^3〕

2　$\frac{2}{3}\rho$〔kg/m^3〕

3　$\frac{3}{4}\rho$〔kg/m^3〕

4　$\frac{4}{3}\rho$〔kg/m^3〕

5　$\frac{3}{2}\rho$〔kg/m^3〕

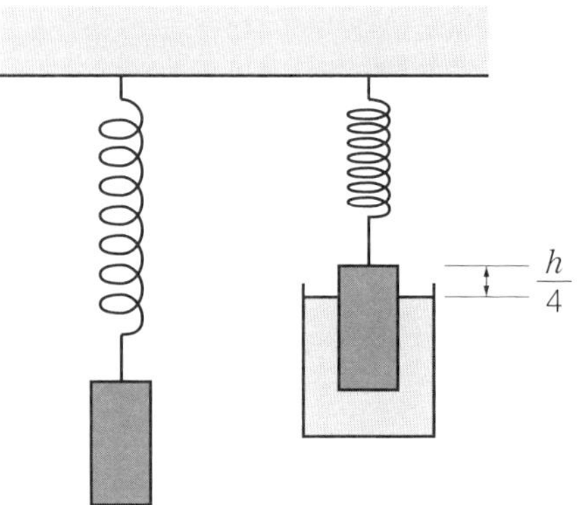

➡解答・解説は別冊P.011

過去問にチャレンジ!

問題 14

次の図のように、地上から小球を、水平方向と角度 θ をなす向きに初速度 v_0〔m/s〕で打ち上げたとき、小球の落下点までの水平到達距離 l〔m〕はどれか。ただし、重力加速度を g〔m/s^2〕とし、空気の抵抗は考えないものとする。

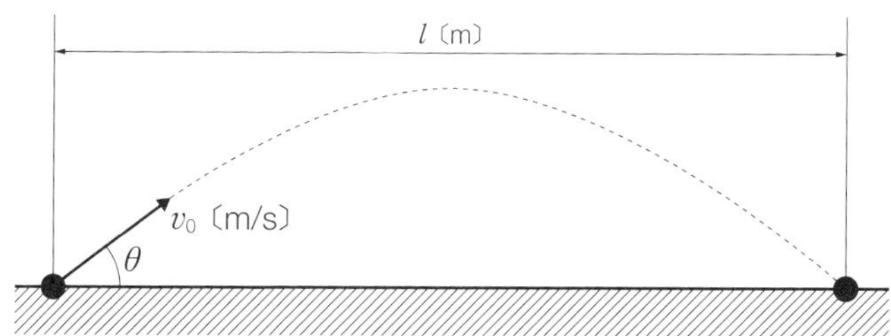

1　$\dfrac{v_0^2 \sin\theta\cos\theta}{g}$〔m〕

2　$\dfrac{v_0^2 \sin 2\theta}{g}$〔m〕

3　$\dfrac{v_0^2 \sin^2\theta}{g}$〔m〕

4　$\dfrac{2v_0 \sin\theta\cos\theta}{g}$〔m〕

5　$\dfrac{2v_0 \sin 2\theta}{g}$〔m〕

➡解答・解説は別冊 P.012

仕事とエネルギー

要点を覚えよう！

POINT 1

物体に力を加えて動いたとき、物体に対して「**仕事をした**」という。

①力の向きに物体が移動したとき

加えた力の大きさを　　　　（ニュートン）、力の向きに動いた距離を　　　　（メートル）とすると、力が物体にした仕事　　　　（ジュール）は、次式で表される。

$W=Fs$

②力の向きと物体の移動の向きが異なるとき

力のはたらく向きと、物体の移動の向きが異なるとき、物体の動く向きと力の向きとのなす角を $\boldsymbol{\theta}$ とすると、**仕事 W〔J〕**は次式で表される。

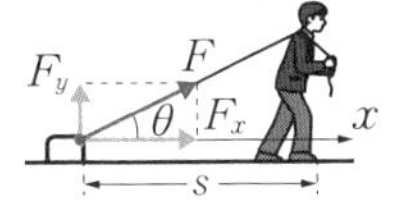

$W=Fs\cos\theta$

水平な床に置かれた物体に、水平から30°の向きに力を加えて移動させた。このとき、50 N の力を加えて、水平方向に 10 m 移動させた場合、物体に対してなされた仕事は何ジュールか。ただし、$\sqrt{3}=1.7$ とする。

物体になされた仕事 W は、**移動方向に加えられた力**　　　　**と移動距離**　**の積**であるから、　　　　　　より、

$$
\begin{aligned}
W&=50\times10\times\cos30^\circ\\
&=50\times10\times\frac{\sqrt{3}}{2}\\
&=500\times\frac{\sqrt{3}}{2}=250\sqrt{3}=250\times1.7\\
&=\mathbf{425}\ \text{〔J〕}
\end{aligned}
$$

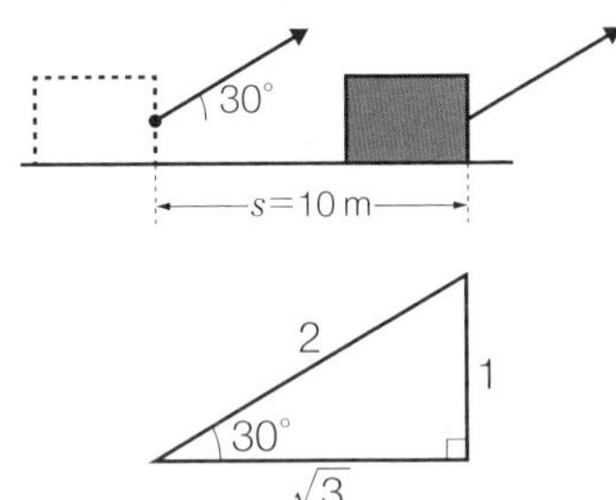

POINT 2

仕事率とは、単位時間当たりの仕事量のことで、仕事の能率を表す。仕事率の単位は W（ワット）である。

時間 t〔s〕の間に仕事 W〔J〕をするときの仕事率 P〔W〕は、次式で表される。

$P=\dfrac{W}{t}$

POINT 3

質量　　　の物体が、**速さ**　　　で運動しているとき、その物体の**運動エネルギー**　　　は、次式で表される。

$$K=\frac{1}{2}mv^2$$

また、物体の運動エネルギーの変化は、**物体がされた仕事に等しい**ため、次の式が成り立つ。

$$\frac{1}{2}mv^2-\frac{1}{2}mv_0{}^2=W$$

物体が正の仕事をされた場合、その分だけ運動エネルギーは増加する（左下図）。逆に、負の仕事をされた場合、その分だけ運動エネルギーは減少する（右下図）。

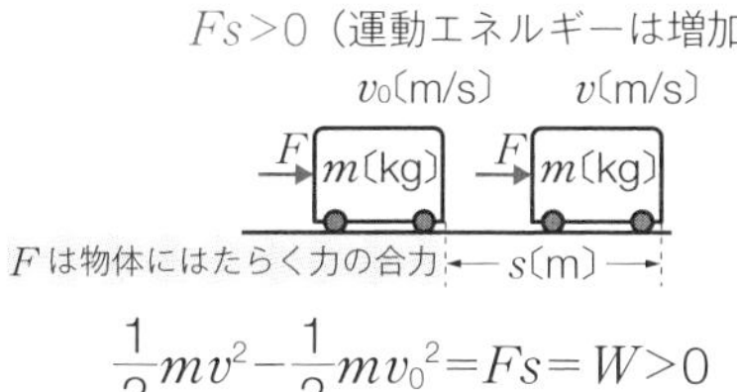

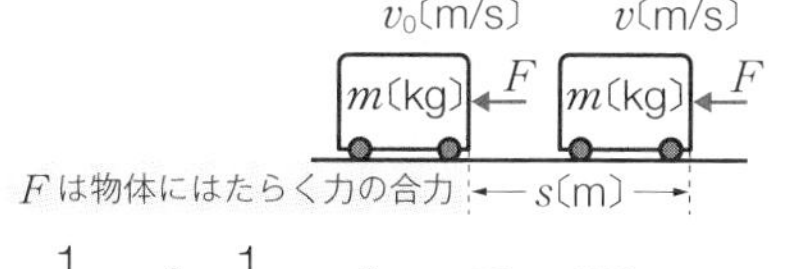

$$\frac{1}{2}mv^2-\frac{1}{2}mv_0{}^2=Fs=W>0$$

$$\frac{1}{2}mv^2-\frac{1}{2}mv_0{}^2=-Fs=W<0$$

POINT 4

①重力による位置エネルギー

高い位置にある物体は、低い位置にある物体よりも大きなエネルギーを持つ。基準面から高さ　　　にある質量　　　の物体が持つ、**重力による位置エネルギー**　　　は、次式で表される。

$$U=mgh$$

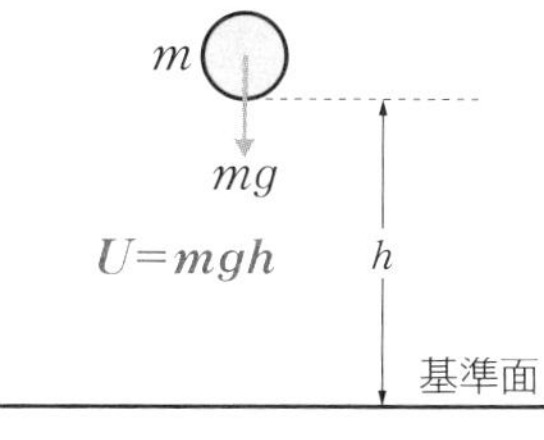

②弾性力による位置エネルギー

変形されたばねには、元に戻ろうとする力がはたらく。右図において、**ばね定数**　　　のばねが、そのばねの自然な長さよりも　　　伸びる（または縮む）という仕事Wは、Δx伸ばす仕事を0～xまで加えることであり、すなわち右図の三角形OABの面積が力fの行った仕事になる。この仕事$W=\frac{1}{2}kx^2$が、位置エネルギーとして蓄えられるので、ばねにつながっている物体が持つ**弾性力による位置エネルギー**　　　は、次式で表される。

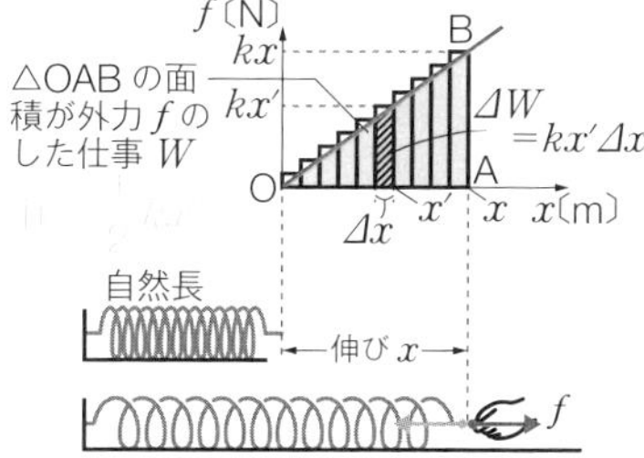

$$U=\frac{1}{2}kx^2$$

POINT 5

力学的エネルギー は、**物体が持つ運動エネルギー** と、**位置エネルギー** とので表すことができる。

$E=K+U$

また、重力や弾性力などの保存力だけで仕事をするとき、つまり、摩擦力や空気の抵抗力などを無視できる場合、物体の力学的エネルギーは 。これを という。

物体に、重力や弾性力などの保存力だけで仕事をするとき、物体の力学的エネルギー E は 、$E=K+U=$ 一定 である。

重力の位置エネルギー

弾性力による位置エネルギー

一方、力学的エネルギーが保存されない場合は、保存力以外の力（たとえば摩擦力や空気抵抗等）が物体にした仕事 W〔J〕の分だけ、力学的エネルギーは変化する（減ったり、増えたりする）。変化する前の力学的エネルギーを E_A、変化後の力学的エネルギーを E_B とすると、$E_A+W=E_B$ である。つまり、以下の式が成り立つ。

$$\frac{1}{2}mv_A{}^2+mgh_A \quad + \quad W \quad = \frac{1}{2}mv_B{}^2+mgh_B$$

力学的エネルギーが保存された状態は、現実的にはあまり考えられないけど、試験ではよく出題されるよ。

POINT 6

振り子の運動についても力学的エネルギー保存の法則が成り立つ。

右図のように位置エネルギーの基準面をとると、運動エネルギーと位置エネルギーの和は、振り子の状態がAとBで同じなので、以下の式が成り立つ。

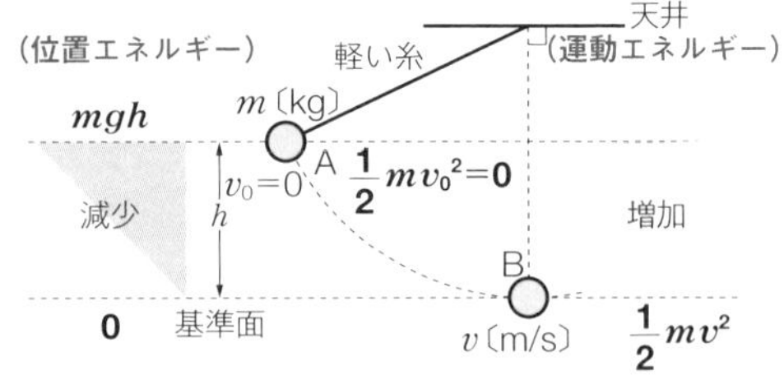

$$0+mgh \quad =\frac{1}{2}mv^2+0$$

POINT 7

①運動量と力積

質量 の物体が、**速度** で運動するとき、その**運動量** は、質量と速度の積で表されるので、 である。運動量を変化させる効果のある量である**力積** は、**運動量 P の変化に等しい**ため、$mv_B - mv_A = Ft$

②運動量保存の法則

外力がはたらかない条件において、運動量は保存される。たとえば、直線上を移動する2つの物体が衝突する前と衝突する後で、物体Aの速さが v_A から v_A' に、物体Bの速さが v_B から v_B' に変化したとき、運動量の総和は一定に保たれるため、次式が成り立つ。

$$m_A v_A + m_B v_B = m_A v_A' + m_B v_B'$$

③反発（はねかえり）係数

2つの物体AとBが、直線上を進み、衝突したとき、速度がそれぞれ v_A から v_A' へ、v_B から v_B' に変化したとき、反発（はねかえり）係数 e は、次のように表される。

$$e = -\frac{v_A' - v_B'}{v_A - v_B}$$

反発（はねかえり）係数は、運動後の速さを、運動前の速さで割った値ね。

POINT 8

自然界に存在するエネルギーにはさまざまな種類がある。

POINT 5で学んだ**力学的エネルギー**の他に、**熱エネルギー（内部エネルギー）、音（音波）や太陽光のエネルギー、電気エネルギー、化学エネルギー、核エネルギー**等がある。

また、エネルギーは、**互いに変換することができる**。たとえば、水力発電所では、水を高いところから落下させ、その位置エネルギーを使って発電して電気エネルギーに変える。

エネルギー変換によって、エネルギーの形態が変化したとしても、**エネルギーの総量は増減せずに保存される**。これをエネルギー保存の法則という。

近年エネルギー消費量が大幅に増加しているため、石油、天然ガス、石炭、ウラン等の地球上に存在する量が限られる資源は**枯渇性エネルギー**と呼ばれ、使用した分だけ減少していく。一方、水力、風力、太陽熱、地熱など、自然現象を利用したエネルギー源は、限りがないため**再生可能エネルギー**と呼ばれる。

一問一答で理解を確認！

力のはたらく向きと物体の動く向きが同じ場合、仕事 W は、$W=Fs$ で表される。
（W〔J〕: 仕事、F〔N〕: 力の大きさ、s〔m〕: 変位の大きさ）

○　なお、力のはたらく向きと物体の動く向きが異なる場合の仕事は、で表される。

10 N の力で物体を力の向きに 3 m 動かすとき、この力がする仕事は 15 J である。

×　力の向きに 3 m 動かすので、より、$W=10\times3=$**30〔J〕**。

地面から高さ 1 m の位置にある質量 50 kg の物質が持つ位置エネルギーは、重力加速度を 9.8 m/s^2 とすると、9.8×10^2 J である。

×　重力による位置エネルギーより、
$U=50\times9.8\times1=490=$**$4.9\times10^2$〔J〕**

密度 1000 kg/m^3 の水 100 L をポンプで高さ 10 m の位置にある水槽に汲み上げるのに必要な仕事は 9.8 kJ である。ただし、摩擦は無視できるものとする。また、重力加速度を 9.8 m/s^2 とする。

○　水を持ち上げるのに必要な仕事 W は、水の位置エネルギーの変化量に等しい。
1000 kg/m^3 の水 100 L（0.1 m^3）の質量は $1000\times0.1=100$ kg なので、
$=100\times9.8\times10=9800$ J
$=$**9.8〔kJ〕**

ばね定数 $k=200$ N/m のばねが自然の長さから 10 cm 伸びているとき、ばねにつながれた物体が持つ、弾性力による位置エネルギーは、1 J である。

○　弾性力による位置エネルギー

より、

$U=\frac{1}{2}\times200\times0.1^2=$**1〔J〕**

仕事率 1000 W で、1 分間仕事をしたとき、その間にした仕事は、6.0×10^3〔J〕である。

×　1 分間＝60 秒なので、
より、$1000=\frac{W}{60}$
$W=60\times1000=$**6.0×10^4〔J〕**

クレーンを用いて、質量500 kgの物体を10秒かけて5 m持ち上げた。この時、物体を持ち上げる仕事率は245 kWである。重力加速度は9.8 m/s^{2}とする。

× 仕事率Pは、1秒当たりの仕事であり、仕事Wを所要時間tで割ったものである。クレーンがする仕事は物体の**位置エネルギー変化**であるから、次の式が成り立つ。

$$P= \quad = \quad =\frac{500\times9.8\times5}{10}$$

$$= \quad =\mathbf{2.45}〔\mathrm{kW}〕$$

速さ6 m/sで移動している質量50 kgの台車を、その進行方向に向かって加速させるように力を加えて押したところ、速さが10 m/sまで加速した。この時、台車に与えた仕事は2500 Jである。

× 台車に与えた仕事Wは、**台車の運動エネルギーの変化量**に等しい。初期状態の速さをv_1、加速後の状態をv_2とすると、

$$=\frac{1}{2}\times50\times10^2-\frac{1}{2}\times50\times6^2$$

$$=2500-900=\mathbf{1600}〔\mathrm{J}〕$$

下図に示すように、ばね定数k=500 N/mのばねに質量m=2.5 kgの小球を押し付けて放したところ、小球は最高で1.5 mの高さまで上昇した。水平面A-B及び斜面B-Cと小球との摩擦は無視でき、重力加速度は9.8 m/s^{2}とすると、ばねを縮めた量xは約0.38 mである。

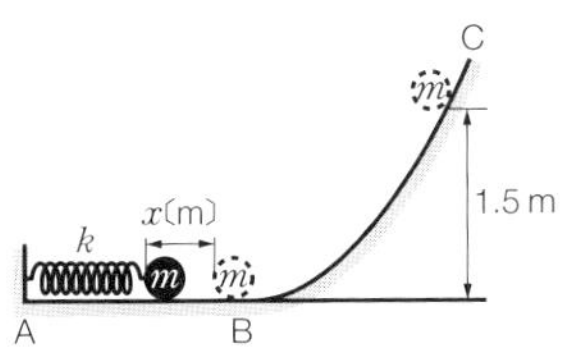

○ 小球にはたらく摩擦などは無視できる場合、**力学的エネルギー保存の法則**によって、**ばねに蓄えられた弾性エネルギー＝小球の位置エネルギー変化**の関係が成り立つ。よって、以下のようになる。

$$x^2=\frac{2mgh}{k}$$

$$x=\sqrt{\frac{2mgh}{k}}=\sqrt{\frac{2\times2.5\times9.8\times1.5}{500}}$$

$$=\sqrt{\frac{5\times14.7}{500}}$$

$$=\sqrt{0.147}$$

$$\fallingdotseq\mathbf{0.38}〔\mathrm{m}〕$$

過去問にチャレンジ！

問題 1

次は、物体に加える力がする仕事に関する記述であるが、 A 、 B 、 C に当てはまるものの組合せとして最も妥当なのはどれか。
ただし、重力加速度の大きさを10 m/s² とする。

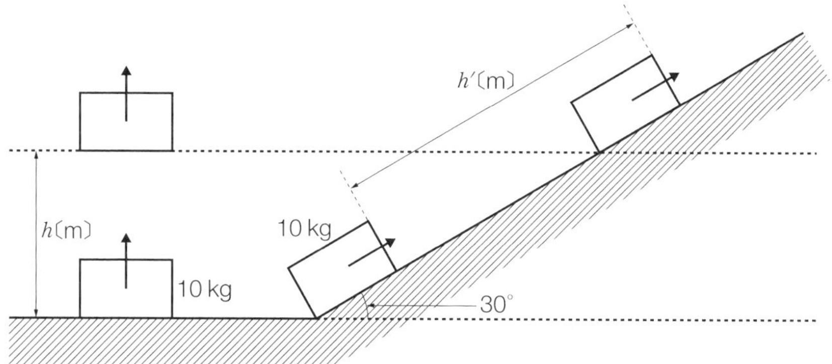

「図のように、10 kg の物体をある高さ h〔m〕までゆっくりと引き上げることを考える。傾斜角 30° の滑らかな斜面に沿って物体を引き上げる場合、物体を真上に引き上げる場合に比べて、必要な力を小さくすることができるが、物体を引き上げる距離は増加する。

このとき、物体を真上に引き上げたときの仕事 W 及び斜面に沿って引き上げたときの仕事 W' は、それぞれ次のように表すことができ、$W=W'$ となる。

$W=$ A 〔N〕× h〔m〕

$W'=$ B 〔N〕× h'〔m〕

また、図の斜面の傾斜角を 60° とすると、斜面に沿って物体を引き上げるのに必要な力は、 C 〔N〕となる。

このように斜面を用いることで、必要な力の大きさを変化させることができるが、仕事は変化しない。」

	A	B	C
1	100	50	$50\sqrt{2}$
2	100	50	$50\sqrt{3}$
3	100	$50\sqrt{2}$	$50\sqrt{3}$
4	200	100	$100\sqrt{3}$
5	200	$100\sqrt{2}$	$100\sqrt{3}$

➡解答・解説は別冊 P.013

問題 2

滑らかで水平な直線上で、右向きに速さ 5.0 m/s で進む質量 2.0 kg の小球Aと、左向きに速さ 3.0 m/s で進む質量 3.0 kg の小球Bが正面衝突した。AとBの間の反発係数（はねかえり係数）が 0.50 であるとき、衝突後のAの速度はおよそいくらか。
ただし、速度は右向きを正とする。
なお、AとBの間の反発係数 e は二つの物体の衝突前後の相対速度の比であり、A、Bの衝突前の速度をそれぞれ v_A、v_B、衝突後の速度をそれぞれ v_A'、v_B' とすると、次のように表される。

$$e=-\frac{v_A'-v_B'}{v_A-v_B}$$

1　-2.2 m/s
2　-1.4 m/s
3　-0.6 m/s
4　$+0.2$ m/s
5　$+1.0$ m/s

➡解答・解説は別冊 P.014

問題 3

滑らかな水平面上を速さ 14.0 m/s で進んできた 6.0 kg の物体が、水平面と滑らかにつながっている斜面をすべり上がったとき、水平面からの高さが 6.4 m の地点でのこの物体の速さとして、妥当なのはどれか。ただし、重力加速度を 9.8 m/s^2 とし、物体と水平面及び斜面との摩擦や空気の抵抗は考えないものとする。

1　8.4 m/s
2　9.1 m/s
3　9.8 m/s
4　10.5 m/s
5　11.2 m/s

➡解答・解説は別冊 P.014

問題 4

下の図のように質量 5〔kg〕の小球を斜面の地点Aから静かに放す。この小球が地点Aから 20〔m〕離れた地点 B にきたときの速さとして、最も妥当なのはどれか。ただし、床との摩擦は無視できるものとし、重力加速度は 9.8〔m/s^2〕とする。

1　10〔m/s〕
2　11〔m/s〕
3　12〔m/s〕
4　13〔m/s〕
5　14〔m/s〕

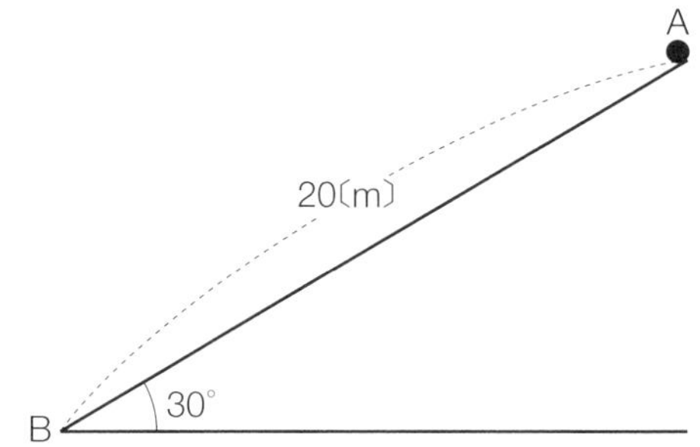

➡解答・解説は別冊 P.015

問題 5

1.6 m の高さから水平な床にボールを自由落下させたところ繰り返しはね上がった。ボールが 2 度目にはね上がった高さが 10 cm であったとき、ボールと床とのはね返り係数はどれか。ただし、空気の抵抗は考えないものとする。

1　0.16
2　0.25
3　0.32
4　0.50
5　0.64

➡解答・解説は別冊 P.016

問題6

次の図のように、A部にばね定数 k N/mのつる巻ばねを固定し、このばねに質量 M kgの小球を押しつけて x m縮めてから静かに放したとき、小球の到達する最高の高さはどれか。ただし、重力加速度を g m/s^2 とし、水平面AB及び曲面BCと小球との摩擦はそれぞれ考えないものとする。

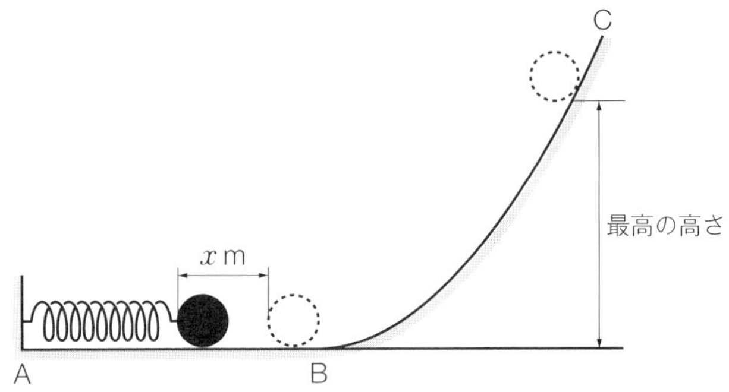

1　$\frac{x}{2}\sqrt{\frac{k}{Mg}}$ m

2　$\frac{2}{x}\sqrt{\frac{Mg}{k}}$ m

3　$x\sqrt{\frac{k}{2Mg}}$ m

4　$\frac{kx^2}{2Mg}$ m

5　$\frac{2Mg}{kx^2}$ m

➡解答・解説は別冊P.017

問題 7

図のように、質量 4.0 kg の小球 A が、なめらかな斜面を 10.0 m の高さから初速度 0.0 m/s ですべりおりて、高さ 0.0 m で静止している質量 2.0 kg の小球 B と衝突する。B の衝突直後の速度はおよそいくらか。

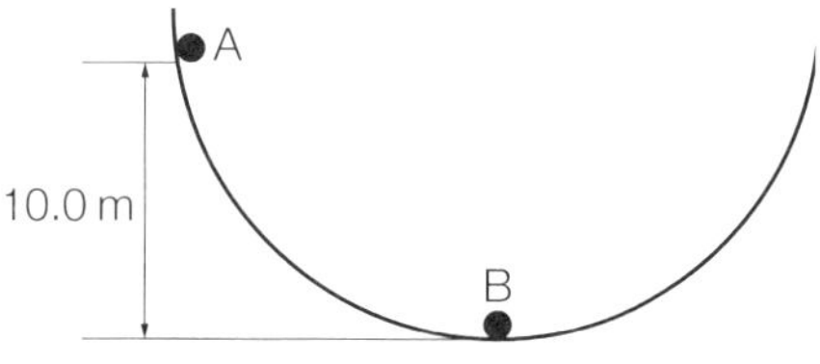

ただし、重力加速度は 9.8 m/s^2、A と B との間の反発係数を 0.20 とする。

1　7.5 m/s
2　8.4 m/s
3　10 m/s
4　11 m/s
5　14 m/s

➡解答・解説は別冊 P.017

問題 8

エネルギー変換に関する記述として、最も妥当なのはどれか。

1　太鼓は波のエネルギーを力学的エネルギーに変換するものである。
2　太陽電池は熱エネルギーを電気エネルギーに変換するものである。
3　動物の運動は熱エネルギーを力学的エネルギーに変換するものである。
4　エネルギー変換の前後でエネルギーの総量が減少することがある。
5　原子核の構成粒子を密にまとめて原子核をつくるエネルギーを、核エネルギーという。

➡解答・解説は別冊 P.018

問題 9

次のA～Cの記述とそれに関係するエネルギーとの組合せとして最も適当なのはどれか。

A　乾電池に導線をつなぎ豆電球を接続して点灯させた。
B　空気ポンプで自転車のタイヤに空気を入れたところ、ポンプが熱くなった。
C　ガソリンエンジンで自動車を駆動した。

	A	B	C
1	電気エネルギー	化学エネルギー	熱エネルギー
2	化学エネルギー	力学的エネルギー	化学エネルギー
3	化学エネルギー	熱エネルギー	核エネルギー
4	光エネルギー	電気エネルギー	熱エネルギー
5	力学的エネルギー	熱エネルギー	力学的エネルギー

➡解答・解説は別冊P.018

電磁気

要点を覚えよう！

POINT 1

電子が移動する流れを**電流**といい、単位は　　　　　　を用いる。電流を流すはたらきを**電圧**といい、　　　　　を用いる。電流の流れにくさを**抵抗**といい、　　　　を用いる。

物質のうち、電気をよく通す物質を**導体**、通しにくい物質を**不導体**という。金属の中を自由に動き回る自由電子によって電気が通るが、不導体には自由電子がないため電気を通しにくい。

電圧　と電流　、抵抗　は以下のような関係にある。

$V=IR$

$I=\dfrac{V}{R}$、$R=\dfrac{V}{I}$ とも表せる。

POINT 2

抵抗の接続には**直列接続**と**並列接続**の２つがある。

①直列接続

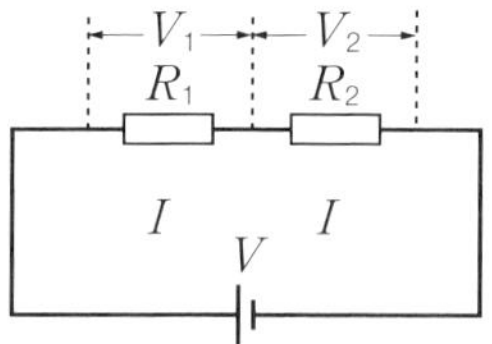

右の図のような接続を**直列接続**という。このとき、　　　　であり、　はどこでも等しい。

R_1 と R_2 の２つの抵抗は、同じはたらきをする１つの抵抗に置きかえることができる。これを　　　　という。

直列接続のときの合成抵抗は　　　　　　となる。

②並列接続

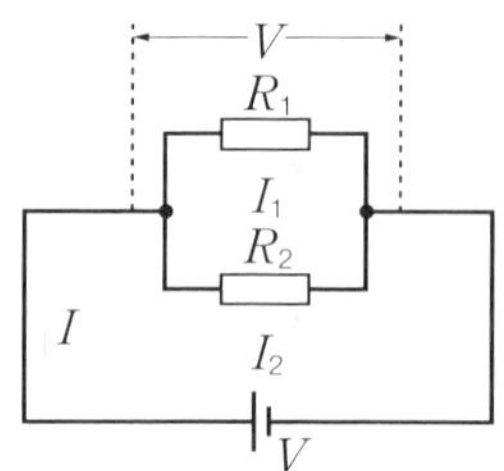

右の図のような接続を並列接続という。このとき、　　　であり、　はどこでも等しい。

並列接続のときの合成抵抗は　　　　　　　となる。

なお、電流の大きさを測定する電流計は**直列接続**、電圧を測定する電圧計は、**並列接続**によって測定する。

回路が複雑になる場合は、次の(i)、(ii)の　　　　　を用いて考える。

重要度　国家一般職：★★★　地方上級：★★★　東京都Ⅰ類：★★★　市役所：★★★　消防官Ⅰ類：★★★
国家専門職：★★★　裁判所職員：★★★　特別区Ⅰ類：★★★　警察官Ⅰ類：★★★

(i)回路中のある交点において、

(第１法則)

I_1　I_5　P　I_4　I_2　I_3

点Pに流入する電流と流出する電流は　　　、

と表せる。

(ii)閉じた回路において、

(第２法則)

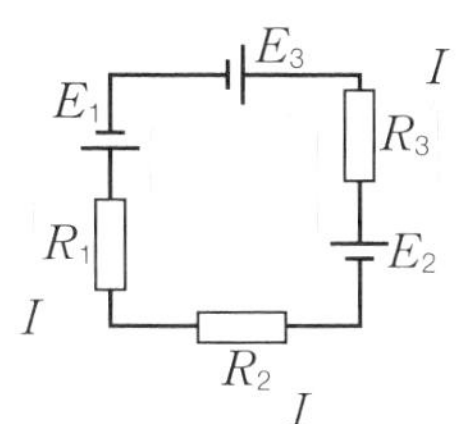

回路の向きを矢印の向きとすると、起電力の合計は $E_1+E_2+(-E_3)$、電圧降下の合計は $R_1I+R_2I+R_3I$ であり、　　　ので

となる。

POINT 3

導体に電流を流すと、熱が発生する。抵抗 R〔Ω〕に電圧 V〔V〕を加え、電流 I〔A〕を t〔s〕時間流したときの発熱量 Q は、　　　によって表される。このときに発生する熱を**ジュール熱**という。

抵抗で発生したジュール熱 Q〔J〕は、抵抗に流れた電流がした仕事 W〔J〕と等しい。これを**電力量**という。電流がした仕事の仕事率 P〔W〕を**電力**という。

ジュールの法則は、以下の式で表される。

$$Q=IVt=I^2Rt=\frac{V^2}{R}t$$

電力と電力量は以下の式で表される。

電力　$P=IV$　　　**電力量**　$W=IVt$

POINT 4

磁石にはたらく力を**磁気力**といい、磁気力の及ぶ空間を**磁場**（磁界）という。

磁石で磁気力をもつ部分を**磁極**といい、磁極にはＮ極とＳ極の２種類がある。Ｎ極どうしあるいはＳ極どうしは　　　、Ｎ極とＳ極の間では　　　。

地球は大きな磁石であり、北を向く磁極がＮ極、南を向く磁極がＳ極である。

磁場の向きを表す曲線を**磁力線**という。磁力線は、
矢印がつけられる。右図のように、方位磁針のＮ極が指す向きが、その点における磁場の向きとなる。

磁力線が　　　　　　　　　、まばらであるほど磁場が弱い。

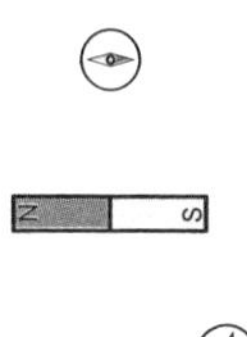

POINT 5

電流によっても磁場はつくられる。

①直線電流の磁場

直線の導線に電流を流した場合、右図のように導線を中心として磁場が生じる。このとき、電流を右ねじになぞらえたものを**右ねじの法則**という。電流と同じ向きに右ねじが進んでいくと、磁場の向きは　　　　　　　　　となる。直線電流から**近い**ほど、また、電流が**大きい**ほど、磁場は**強く**なる。

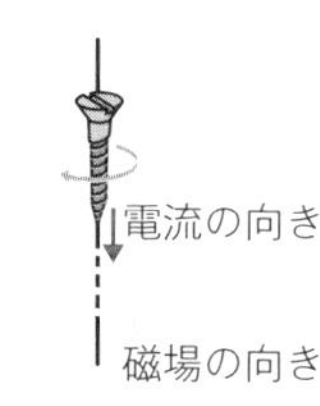

②円形電流の磁場

円形の導線に電流を流した場合、右図のような磁場が生じる。円の中心において、右ねじを電流の向きに回転させたときに　　　　　　　　　　　　となる。円の半径が小さいほど、磁場は強くなる。

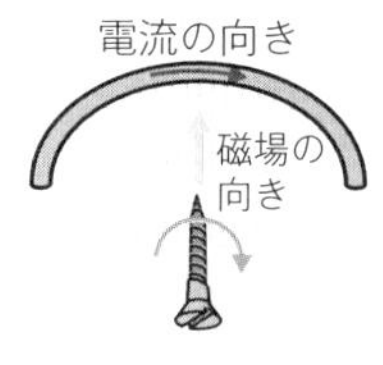

③ソレノイドの磁場

導線を円筒状に巻いたコイルを
という。ソレノイド状の導線に電流を流した場合、右図のような磁場が生じる。ソレノイドの電流の向きに、右手の親指以外の指先を合わせると、
となる。コイルの巻き数が多いほど、磁場は強くなる。

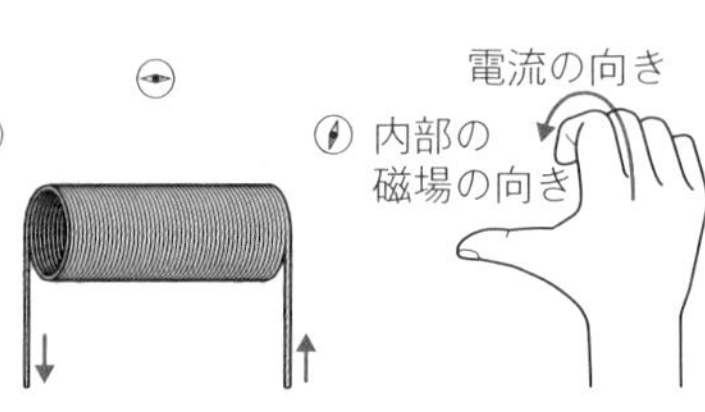

POINT 6

電流は磁場から力を受ける。右図のような磁場中の導線に電流を流した場合、導線は力を受けて傾く。電流と磁場の向きによって力の向きが決まってくる。

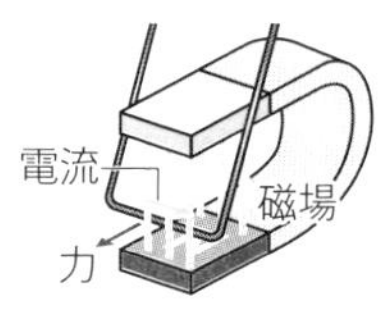

の関係は、左手の親指、人差し指、中指を直角に開いたときの関係と同じである。

POINT 7

磁石とコイルの関係において、磁石が動くことによってコイルに電流が流れる。このようにコイル内部の磁場が変化することにより電圧が発生する現象を**電磁誘導**という。この場合に流れる電流を**誘導電流**、電圧を**誘導起電力**という。電磁誘導では磁場を表すのに**磁束**を用い、これは磁石における磁極の強さに相当する。

①レンツの法則

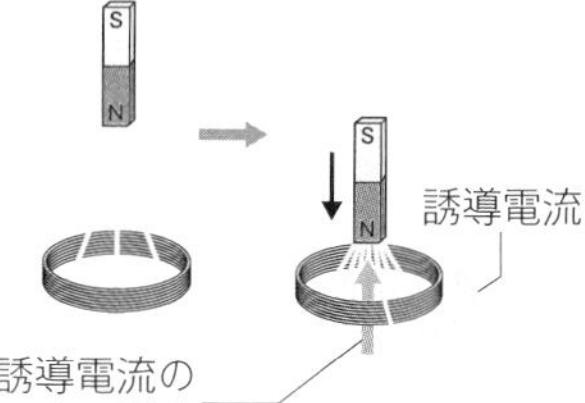

誘導起電力は、それによって流れる誘導電流の作る磁力線が、右図のように外から加えられた　　　　　　　　　　　　　　　　これを**レンツの法則**という。

②ファラデーの法則

コイルに生じる**誘導起電力の大きさ**は、コイルを貫く**磁束の単位時間当たりの変化量**に比例する。これを**ファラデーの法則**という。

コイル全体に生じる誘導起電力 V〔V〕は、以下の式で表される。

$$V=-N\frac{\Delta\Phi}{\Delta t}$$ （Δt：時間、$\Delta\Phi$：磁束の変化、N：コイルの巻き数）

さまざまな法則があるけど、どれも右ねじの法則の考え方が基本となるよ。

POINT 8

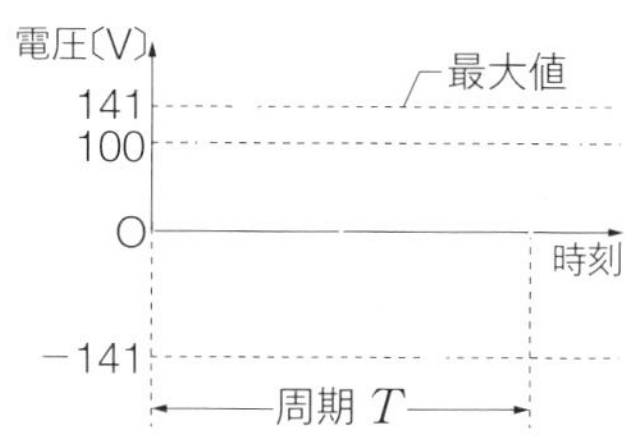

電池から流れる電気は**直流**であり、直流の　　　　　　　　である。

また、家庭用コンセントから流れる電気は**交流**であり、交流の　　　　　　　　。

家庭用コンセントから得られる 100 V の交流電圧の波形は右図のようになる。電圧は約 141 V と−141 V との間で周期的に変化している。通常 100 V と呼ばれる交流電圧の最大値は、この約 141 V である。

このように交流電圧・電流の大きさを示す場合、　　　　　　　　が用いられる。これを、交流の**実効値**という。

一問一答で理解を確認！

電流の流れにくさを電圧という。

× 電流の流れにくさを**抵抗**という。**電圧**は電流を流すはたらきをいう。

電気抵抗が 30 Ωの電熱線に 9 V の電圧を加えると、0.30 A の電流が流れる。

○ オームの法則より、

$I=\dfrac{V}{R}$　$I=\dfrac{9〔\mathrm{V}〕}{30〔\Omega〕}=\mathbf{0.30}$ **〔A〕**

下の図のような直列接続において、電圧 V_1 と V_2 の和は、電源の電圧 V に等しい。

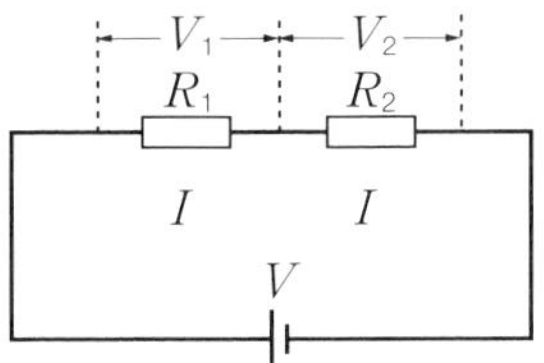

○ 　　　　において、　　　　　　であり、電流 I はどこでも等しい。

下の図のような並列接続において、合成抵抗 R は、R_1 と R_2 の和に等しい。

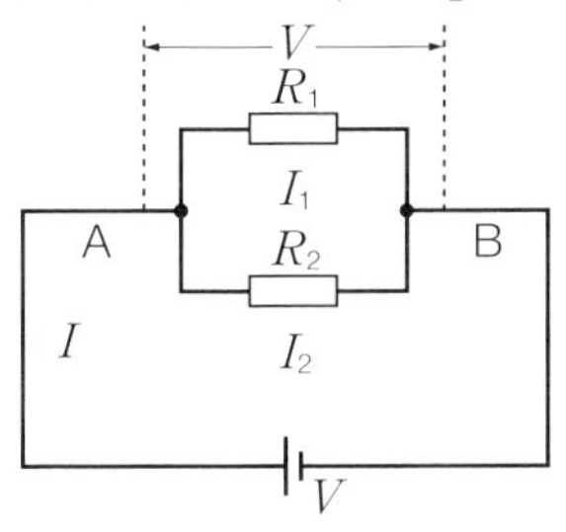

× 　　　　において、合成抵抗の値については、$\dfrac{1}{R}=\dfrac{1}{R_1}+\dfrac{1}{R_2}$ となる。直列接続においては、　　　　　　となる。

ジュール熱とは、抵抗に電圧を加え、電流を流したときに発生する熱である。

○ ジュール熱とは、抵抗 R〔Ω〕に電圧 V〔V〕を加え、電流 I〔A〕を t〔s〕時間流すときの発熱量 Q である。公式 $Q=IVt$ で表される。

抵抗値 20〔Ω〕の電熱線に一定の電圧を加えたら、1 分間に 27〔J〕のジュール熱が発生したとき、電熱線に加えた電圧は 9 V である。

× ジュールの法則より、

1 分間 ＝60〔s〕なので、

$V^2=\dfrac{Q\times R}{t}$　$V^2=\dfrac{27\times 20}{60}=9$

$V=$ **3 V**

磁力線は、S 極から出て N 極に入る。

× 磁力線は、**N** 極から出て **S** 極に入る。

磁力線はまばらであるほど磁場が強い。

× 磁力線は**密である**ほど磁場が強い。

直線電流において、電流が大きいほど、また、電流から近いほど、磁場は強くなる。

○ 円形電流や、ソレノイドの電流においても、電流が**大きい**ほど磁場は強くなる。

円形電流において、電流と同じ向きに右ねじが進んでいくとき、磁場の向きは右ねじの回る向きと同じとなる。

× 設問は、**直線**電流の説明である。電流においては、円の中心において、右ねじを電流の向きに回転させたときに右ねじの進む方向が磁場の向きと同じとなる。

誘導起電力は、それによって流れる誘導電流の作る磁力線が、外から加えられた磁束の変化を妨げる向きに生じる。

○ これを　　　　　　という。

電池から流れる電流は直流である。

○ 一方、家庭用コンセントから流れる電流は**交流**である。

交流電圧や交流電流の大きさには、直流と同じ効果をもつ値として、瞬時値が用いられる。

× 直流と同じ効果をもつ値として用いられるのは**実効値**である。**瞬時値**はある時刻における値である。

過去問にチャレンジ！

問題 1

次の図のような直流回路がある。今、20 Ωの抵抗を流れる電流が 2 A のとき、AB 間の電圧はどれか。

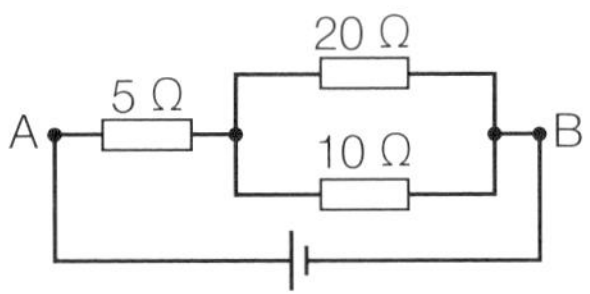

1　50 V
2　60 V
3　70 V
4　80 V
5　90 V

➡解答・解説は別冊 P.020

問題 2

次の図のような直流回路において、各抵抗の抵抗値は R_1=30 Ω、R_2=20 Ω、R_3=20 Ωで、R_1 に流れる電流が 1.4 A であるとき、R_3 を流れる電流はどれか。ただし、電源の内部抵抗は考えないものとする。

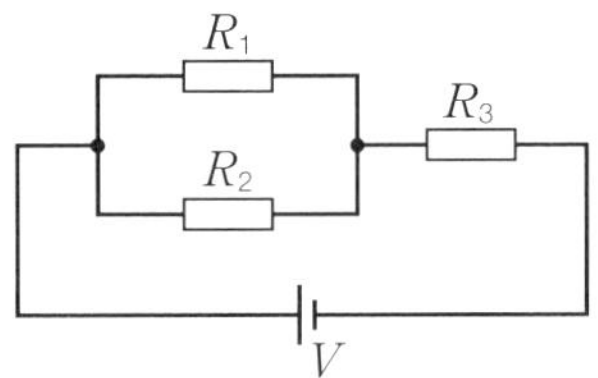

1　3.1 A
2　3.2 A
3　3.3 A
4　3.4 A
5　3.5 A

➡解答・解説は別冊 P.020

問題 3

電流と磁場に関する記述として、最も妥当なのはどれか。

1 十分に長い直線電流がつくる磁場の強さは、電流からの距離には関係がない。
2 円形電流が円の中心につくる磁場は、円の半径が小さいほど強い。
3 ソレノイドの電流の向きに左手の親指以外の指先を合わせると、親指の向きがソレノイド内部における磁場の向きになる。
4 フレミングの左手の法則とは、誘導起電力は、それによって流れる誘導電流のつくる磁力線が、外から加えられた磁力線の数の変化を打ち消すような向きに生じることをいう。
5 レンツの法則とは、コイルの巻き数が大きいほど、誘導起電力が強くなることをいう。

➡解答・解説は別冊 P.021

問題 4

電気と磁気に関する記述として最も妥当なのはどれか。

1 金属のように電気をよく通す導体では、イオンなどの全ての構成粒子が自由に動くことによって電気が伝えられる。一方、不導体では、自由に動くことができるのが電子のみであるため、電気を通しにくい。
2 複数の抵抗を接続して一つの抵抗とみなしたとき、これを合成抵抗という。2 個の抵抗を直列に接続したとき、合成抵抗は各抵抗の和となる。2 個の抵抗を並列に接続したとき、合成抵抗の逆数は各抵抗の逆数の和となる。
3 家庭のコンセントから得られる電気は、電圧・電流の向きが一定の直流であり、乾電池から得られる電気は、電圧・電流の向きが周期的に変化する交流である。交流と直流が同じ電力のとき、交流の電圧の最大値と直流の電圧は等しい。
4 磁石は、N 極と S 極の二つの磁極をもち、地球上では北を指す磁極を N 極という。磁石を分割することで、N 極のみ又は S 極のみから成る磁石を作ることができ、同じ磁極の間には引力が働き、異なる磁極の間には斥力が働く。
5 導線に電流を流すと、その周囲に磁場が発生する。十分に長い直線導線に電流を流した場合、磁場は導線と 45° をなす方向に発生し、右ねじの進む向きに電流を流すと、右ねじの回る向きと逆方向に磁場ができる。

➡解答・解説は別冊 P.021

問題5

次は、磁気に関する記述であるが、 A ～ D に当てはまるものの組合せとして最も妥当なのはどれか。

磁極にはN極とS極があり、同種の極の間には斥力、異種の極の間には引力が働き、磁気力が及ぶ空間には磁場が生じる。磁場の向きに沿って引いた線である磁力線は、 A 極から出て B 極に入る。

また、電流は周囲に磁場を作り、十分に長い導線を流れる直線電流が作る磁場の向きは、右ねじの進む向きを電流の向きに合わせたときの右ねじの回る向きになる。

以上の性質及びレンツの法則を用いて、次の現象を考えることができる。

図Iのように、水平面にコイルを置き、コイルに対して垂直に上方向から棒磁石のN極を近づけた。このときコイルには C の向きに電流が流れる。これは、コイルを貫く磁束の変化を妨げる向きの磁場を作るような電流が流れるためである。また、図IIのように、図Iと同じコイルに対して垂直に上方向へ棒磁石のS極を遠ざけたときは、 D の向きに電流が流れる。

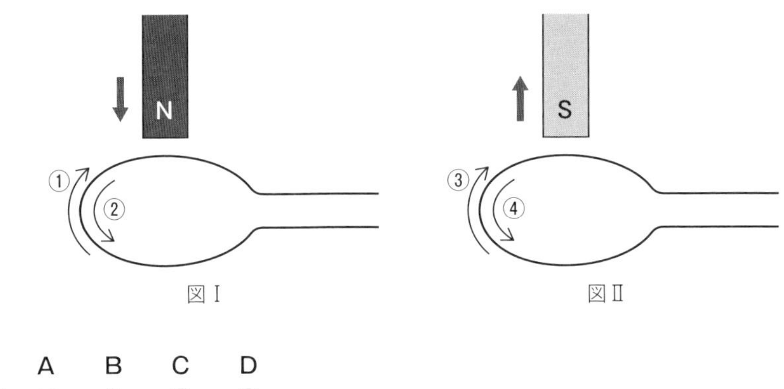

図I　　図II

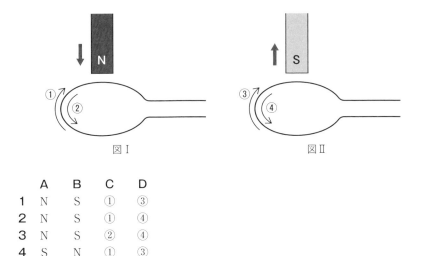

	A	B	C	D
1	N	S	①	③
2	N	S	①	④
3	N	S	②	④
4	S	N	①	③
5	S	N	②	③

➡解答・解説は別冊P.022

問題 6

起電力が 3.0 V、内部抵抗が 0.50 Ωの電池に可変抵抗器を接続したところ、電流が 1.2 A 流れた。このときの電池の端子電圧 V〔V〕と可変抵抗器の抵抗値 R〔Ω〕の組合せはどれか。

	V	R
1	3.6 V	3.0 Ω
2	3.6 V	2.0 Ω
3	2.4 V	3.0 Ω
4	2.4 V	2.0 Ω
5	0.60 V	3.0 Ω

➡解答・解説は別冊 P.022

問題 7

次の文は電池と抵抗から構成される回路に関する記述であるが、 A 、 B 、 C に当てはまるものの組合せとして最も妥当なのはどれか。ただし、電池の内部抵抗は無視できるものとする。

3.0 Ωと 6.0 Ωの抵抗を並列に接続し、その両端を起電力が 12.0 V の電池につないだ。このとき電池から流れる電流は、 A である。よって、この回路の合成抵抗は B である。

次に、3.0 Ωと 6.0 Ωの抵抗を並列に接続したものを二つ作り、これを直列に接続し、その両端を起電力が 12.0 V の電池につないだときに、全ての抵抗によって消費される電力の和は、3.0 Ωと 6.0 Ωの抵抗を並列に接続したものが一つのときの C 倍である。

	A	B	C
1	3.0 A	2.0 Ω	0.25
2	3.0 A	4.5 Ω	0.50
3	6.0 A	2.0 Ω	0.25
4	6.0 A	2.0 Ω	0.50
5	6.0 A	4.5 Ω	0.25

➡解答・解説は別冊 P.023

問題 8

200 回巻きのコイルを貫く磁束が、0.75 秒間に 1.8×10^{-3} Wb だけ変化したとき、コイルの両端に生じる誘導起電力の大きさはどれか。

1　0.15 V
2　0.27 V
3　0.36 V
4　0.48 V
5　0.54 V

➡解答・解説は別冊 P.024

問題 9

電流計と電圧計に関する次の記述で、［A］～［D］に当てはまる語句の組合せとして、最も妥当なのはどれか。

　電流を測定するためには、電流計を抵抗に［A］に接続する。このとき、電流計の内部抵抗のために回路を流れる電流が変化してしまうが、電流計の内部抵抗が［B］ほど、その影響を小さくすることができる。
　また、電圧を測定するためには、電圧計を抵抗に［C］に接続する。このとき、電圧計の内部抵抗のために抵抗両端の電圧が変化してしまうが、電圧計の内部抵抗が［D］ほど、その影響を小さくすることができる。

	A	B	C	D
1	直列	小さい	並列	大きい
2	直列	小さい	並列	小さい
3	直列	大きい	直列	大きい
4	並列	大きい	直列	小さい
5	並列	小さい	並列	小さい

➡解答・解説は別冊 P.024

問題 10

図のA～Eのように、抵抗値がそれぞれ等しいニクロム線を電池とそれぞれ接続し、同じ量の水が入った水槽に浸した。一定時間経過後の水の温度上昇が最大のものと最小のものの組合せとして、最も妥当なのはどれか。ただし、使用する電池はそれぞれ電圧が等しく同じ規格のものとする。
なお、一定時間中に電池切れになったり、水が沸騰したりすることはなかった。

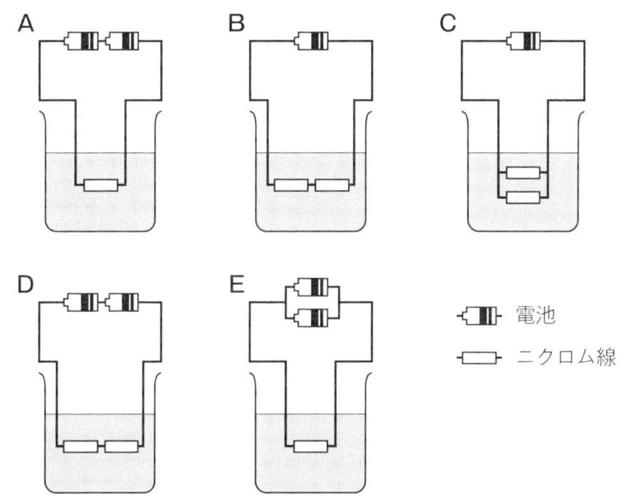

	最大	最小
1	A	B
2	A	E
3	D	B
4	D	C
5	E	C

➡解答・解説は別冊 P.025

物理

3 電磁気

波動

要点を覚えよう！

POINT 1

ある場所に起こった振動が順に伝わっていく現象を**波**または**波動**という。振動を伝える物質を**媒質**といい、振動が始まった点を**波源**という。

水面に起こる波では水、空気中を伝わる音では空気が媒質である。

ある時点の媒質の各点の変位を結んだ曲線を**波形**という。下の図のような曲線をといい、正弦曲線で表せる波形を**正弦波**という。

波形において隣り合う2つの波の山と山、または谷と谷の間の距離を**波長**といい、λ で表される。変位の絶対値の最大値を**振幅**という。

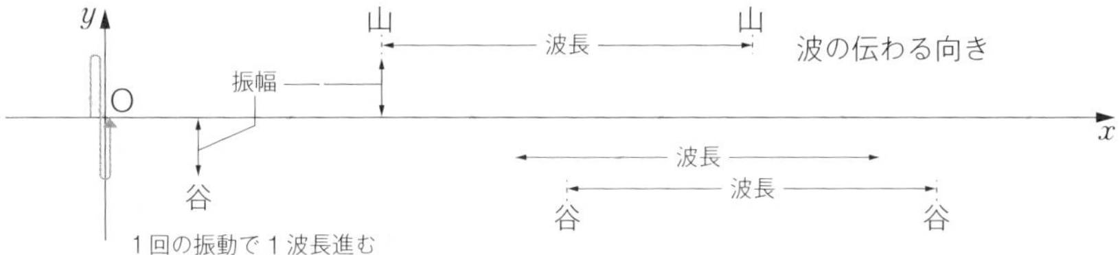

1回の振動にかかる時間　を**周期**という。1秒当たりに振動する回数　を**振動数**という。振動数の単位にはヘルツ（Hz）が用いられる。

周期と振動数の関係は　　　で表される。

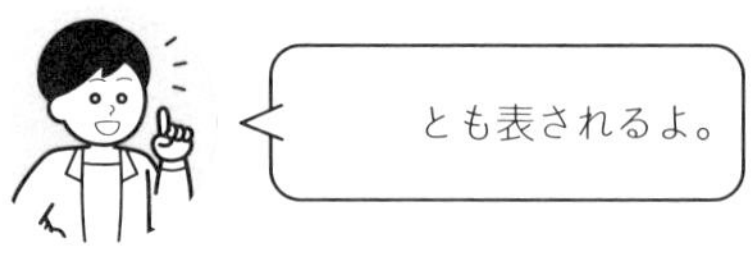

波は、媒質が1回振動する間に1波長　進む。単位時間に　回振動するとき、波は　　進む。よって波の速さ　は次の式で表される。

$$v=\frac{\lambda}{T}=f\lambda$$

正弦波の波長が10 cm、振動数が3.0 Hzのとき、波の速さは30 cm/sとなる。

国家一般職：☆☆☆　地方上級：★☆☆　東京都Ⅰ類：★★☆　市役所：★☆☆　消防官Ⅰ類：★★☆
国家専門職：☆☆☆　裁判所職員：☆☆☆　特別区Ⅰ類：★★☆　警察官Ⅰ類：★★☆

波には横波と縦波がある。

横波：媒質の振動方向と波の進行方向が　　な波。固体の中でのみ伝わり、液体や気体の中では伝わらない。

　　弦をはじいたときの波は横波である。

縦波：媒質の振動方向と波の進行方向が　　波。固体、液体、気体のいずれの中でも伝わる。

　　音波は縦波である。

2つの波が重なり合ってできる　　の変位 y は、それぞれの波の変位 y_1 と y_2 の和に等しい。これを波の重ね合わせの原理という。

POINT 2

以下の現象は、音や光などすべての波動で起こる現象である。

反射：波が物体に当たってはね返ること。

　　やまびこは音の反射である。

屈折：波の進む向きが変わること。媒質中を伝わる波の速さが変化すると、波は速さの遅い側へ曲がって進む。これを　　という。

媒質1に対する媒質2の屈折率を n とすると、

$$n=\frac{\sin i}{\sin r}=\frac{v_1}{v_2}=\frac{\lambda_1}{\lambda_2}$$

（i：入射角、r：屈折角、v_1：媒質1での速さ、λ_1：媒質1での波長、v_2：媒質2での速さ、λ_2：媒質2での波長）

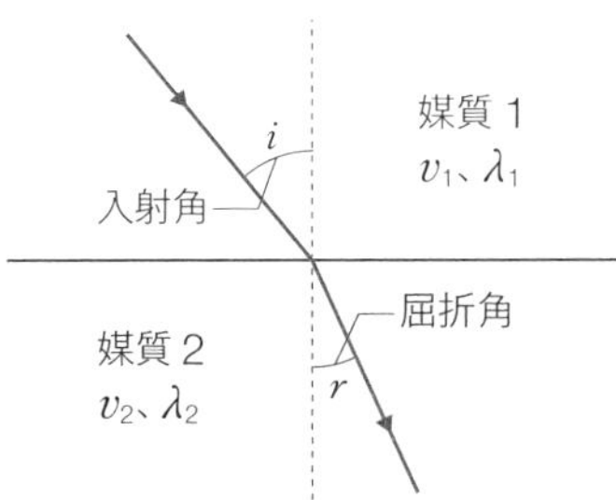

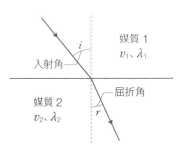

回折：波が障害物の背後に回りこむこと。

　　塀など物体の向こう側にいる人の声が聞こえるのは音の回折による。

干渉：波が重なって強め合ったり弱め合ったりすること。

　　シャボン玉が虹色に色づいてみえるのは、光の干渉による。

ドップラー効果：音源と観測者が動くことによって、音源の振動数と異なる振動数の音が聞こえること。音源と観測者が近づいているとき、観測者には音源の振動数よりも大きい振動数の音（高い音）が聞こえる。音源と観測者が遠ざかっているとき、観測者には音源の振動数よりも小さい振動数の音（低い音）が聞こえる。

　　救急車のサイレンの音は、近づいてくるときは高く、離れていくときは低く聞こえる。

POINT 3

媒質を伝わる縦波を**音**または**音波**という。振動によって音を生じさせる物体を**音源**という。音の特徴には以下の３つの要素がある。

①**音の大きさ**：同じ振動数の音の場合、　　　　　ほど音は大きい。
②**音の高さ**：**振動数が大きい**ほど、音は　　聞こえる。
③**音色**：音の　　によって決まる。

空気中を伝わる**音の速さ**は、　　　　　　　　　。１気圧、t〔℃〕の空気中の音の速さ V〔m/s〕は　　　　　　　と表される。音は液体や固体中でも伝わり、固体＞液体＞気体の順に速く伝わる。

　　15℃の空気中を伝わる音の速さは、$V=331.5+0.6\times15\fallingdotseq340$〔m/s〕である。

POINT 4

光は**電磁波**の一種である。媒質を必要とせず、　　　　　　　横波である。光の速度は媒質によって異なり、真空中では１秒におよそ 30 万 km（3.0×10^8 m/s）進む。

光の色は　　　　　　　。太陽光のように、さまざまな波長の光が混ざり合った光を**白色光**という。

(1) 光の反射と屈折

光の反射において、右図のように、　　　　　　　　　　　　。

また、POINT 2の屈折の法則は光にもあてはまる。
光においては、　　　　　　　　　　　　　　　。

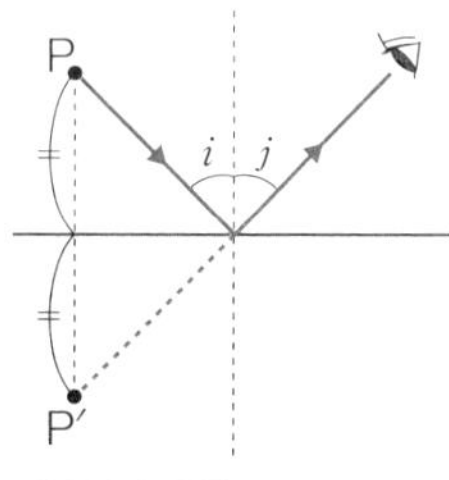

(2) 光の分散

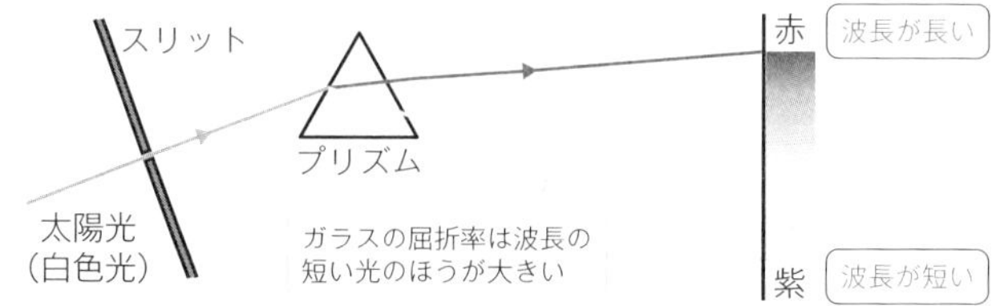

太陽光をプリズムに入射させると、**スペクトル**（赤から紫までの色の帯）が現れる。太陽光に含まれていた色のスペクトルが、波長による屈折率の違いによって分離したもので、これを**光の分散**という。

(3) 光の散乱

光が、空気中の粒子によって進路が曲がる現象を**光の散乱**という。

　　夕焼けが赤く見えるのは光の散乱による。また、空が青く見えるのも光の散乱による。

(4) 偏光

光はさまざまな方向に振動している。特定の方向に振動する光を**偏光**という。**偏光板**は色々な振動方向の光に対して、偏光軸に平行な振動成分は通すが、垂直な振動成分は通さない。偏光板を通過した光の振動方向は、偏光軸に平行な方向に限られる。

(5) 凸レンズ

光軸に平行に入射した光線は凸レンズでの屈折によって1点に集まる。この点を**焦点**という。

凸レンズによる実像は、向きが物体と逆向きであり、虚像は同じ向きとなる。

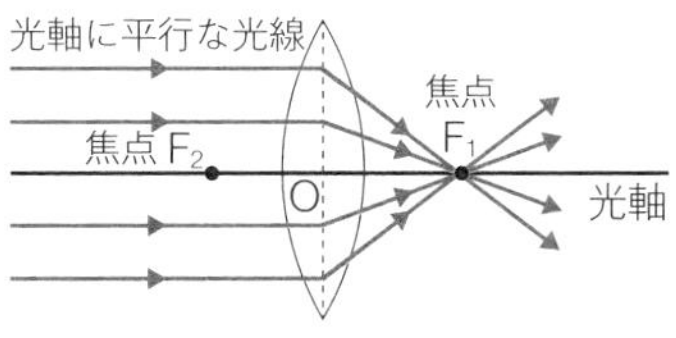

物体までの距離を a、像までの距離を b、焦点距離を f とすると、次の式のようになる。

POINT 5

電磁波は、電場と磁場の変化が波として、空間を光と同じ速さ（3.0×10^8 m/s）で伝わっていく現象である。

電磁波は、波長によって以下のように分類されている。

分類	名称	波長	周波数	用途
電波	超長波（VLF）	100～10 km	3～30 kHz	海中での通信
電波	長波（LF）	10～1 km	30～300 kHz	船舶、航空機用通信、電波時計
電波	中波（MF）	1 km～100 m	300～3000 kHz	国内向けラジオ放送
電波	短波（HF）	100～10 m	3～30 MHz	ラジオ短波放送
電波	超短波（VHF）	10～1 m	30～300 MHz	ラジオFM放送、テレビ放送（アナログ波）
電波・マイクロ波	極超短波（UHF）	1 m～10 cm	300～3000 MHz	携帯電話、電子レンジ、TV放送（地上波デジタル）
電波・マイクロ波	センチ波（SHF）	10～1 cm	3～30 GHz	電話中継、衛星通信、レーダー
電波・マイクロ波	ミリ波（EHF）	1 cm～1 mm	30～300 GHz	電話中継、レーダー、電波望遠鏡
電波・マイクロ波	サブミリ波	1 mm～100 µm	300～3000 GHz	電波望遠鏡
赤外線		100 µm～約770 nm	（省略）	赤外線写真、熱線医療、赤外線リモコン
可視光線		約770～約380 nm		光学機器、光通信
紫外線		約380～1 nm		殺菌灯、化学作用
X線		10～0.01 nm		X線写真、材料検査、医療
γ 線		0.01 nm未満		材料検査、医療

波長の短いものほど透過しやすいよ。だからX線や γ 線が医療の検査に用いられるんだね。

波動において、波形の変位の最大値を波長という。

× 波形の変位の最大値を**振幅**という。**波長**は２つの波の山と山の間の距離である。

正弦波の波長が 1.0 m、振動数が 5.0 Hz のとき、波の速さは 6.0 m/s になる。

× 波の速さを求める式　（v：波の速さ、λ：波長、f：振動数）より、$v=5.0\times1.0$ で **5.0 m/s** となる。

正弦波の波長が 3.0 m、振動数が 5.0 Hz のとき、この波の周期と速さは、それぞれ 0.20 s、15.0 m/s である。

○ 　、　（T：波の周期、v：波の速さ、λ：波長、f：振動数）より、$T=\frac{1}{5.0}$ で **0.20 s**

$v=5.0\times3.0=$ **15.0 m/s**

媒質の振動方向と波の進行方向が垂直な波を横波という。

○ 媒質の振動方向と波の進行方向が同じ波を**縦波**という。

波が重なって強め合うことを波の回折という。

× 波が重なって強め合ったり弱め合ったりすることを波の**干渉**という。**回折**は、波が障害物の背後に回りこむことをいう。

ドップラー効果において、音源と人が近づいているとき、人には音源よりも高い音が聞こえる。

○ 音源と人が近づいているとき、人には音源の振動数よりも**大きい**振動数の音（**高い**音）が聞こえる。遠ざかっているときは**小さい**振動数の音（**低い**音）が聞こえる。

音は、気体中よりも液体中のほうが速く伝わる。

○ 音は、**気体**中よりも液体中のほうが、液体中よりも**固体**中のほうが速く伝わる。

遠くの花火を見てから花火の音を聞くまでの時間が2秒だった。気温が15℃のとき、花火までの距離は約680 mである。

○　花火までの距離をx mとすると、音速は　m/sと表せる。音速の公式　より、

$\frac{x}{2}=331.5+0.6\times 15=340.5$

$x \fallingdotseq$ **680 m**

光の屈折において、波長の長い光ほど屈折率が大きい。

×　波長の**短い**光ほど屈折率が大きい。

光の進路が空気中の粒子によって曲がることを光の分散という。

×　光の進路が空気中の粒子によって変わることを光の**散乱**という。光の**分散**は、屈折率の違いによってスペクトル（色）に分離することである。

偏光板は、光の振動成分のうち、偏光軸に平行なものは通すが、垂直なものは通さない。

○　偏光板を通過した光は、偏光軸に**平行**な方向に限られる。

焦点距離が10 cmの凸レンズの前方15 cmの場所に物体を置いたとき、レンズによってつくられる像のレンズからの距離は30 cmである。

○　レンズの公式　（物体までの距離a、像までの距離b、焦点距離f）より、

$\frac{1}{15}+\frac{1}{b}=\frac{1}{10}$　　$\frac{1}{b}=\frac{1}{10}-\frac{1}{15}$

$b=$**30**

紫外線よりも赤外線のほうが波長が大きい。

○　紫外線の波長は1～約380 nm、赤外線の波長は約770 nm～100 μmであり、赤外線のほうが波長が**大きい**。

電磁波は、空間を音と同じ速さで伝わっていく。

×　**光**と同じ速さ（**3.0×10^8 m/s**）で伝わっていく。

物理

4

波動

過去問にチャレンジ！

問題 1

音に関する記述中のA～Eの空欄に入る語句の組合せとして最も妥当なものはどれか。

音の高さは、音波の（　A　）によって決まり、音の強さは（　B　）によって、音色は（　C　）によって決まる。高い音の（　A　）は、低い音よりも（　D　）。
また、一般に音速は（　E　）の順に大きい。

	A	B	C	D	E
1	振動数	振幅	波形	大きい	固体中＞液体中＞気体中
2	振動数	波形	振幅	小さい	気体中＞液体中＞固体中
3	振幅	振動数	波形	大きい	液体中＞気体中＞固体中
4	振幅	振動数	波形	小さい	固体中＞液体中＞気体中
5	波形	振動数	振幅	大きい	気体中＞液体中＞固体中

➡解答・解説は別冊P.026

問題 2

光の性質に関する記述として、妥当なのはどれか。

1　光の色は波長によって決まり、太陽光はいろいろな波長の光を含むが、電球の白色光は単色光であり１つの波長しかもたない。
2　光の散乱は、光が大気中の分子やちりなどの粒子により進路を曲げられる現象であり、太陽光が昼間に比べて大気中を長く通過する夕方になると、赤い光は青い光に比べて散乱されにくいため、夕焼けは赤く見える。
3　光の速さは、真空中と空気中とではほぼ等しいが、光が空気中からガラスに入ると、波長の長い光ほど、速さは遅くなり屈折率が大きくなる。
4　光の分散は、薄い膜の表面での反射光と裏面での反射光とが重なり合うことにより、ある特定の波長の反射光だけが強め合って特定の色として見える現象であり、シャボン玉の表面や雨上がりの虹に見られる。
5　光は、進行方向と垂直に振動する横波であるが、偏光板を通過すると縦波となり、進行方向と振動方向が同一となるため、偏光板のサングラスを用いると水面やガラス板からの反射光を遮ることができる。

➡解答・解説は別冊P.026

問題3

光の性質に関する記述として最も妥当なのはどれか。

1　光は、いかなる媒質中も等しい速度で進む性質がある。そのため、定数である光の速さを用いて、時間の単位である秒が決められており、1秒は、光がおよそ30万キロメートルを進むためにかかる時間と定義されている。

2　太陽光における可視光が大気中を進む場合、酸素や窒素などの分子によって散乱され、この現象は波長の短い光ほど強く起こる。このため、青色の光は散乱されやすく、大気層を長く透過すると、赤色の光が多く残ることから、夕日は赤く見える。

3　太陽光などの自然光は、様々な方向に振動する横波の集まりである。偏光板は特定の振動方向の光だけを増幅する働きをもっているため、カメラのレンズに偏光板を付けて撮影すると、水面やガラスに映った像を鮮明に撮影することができる。

4　光は波の性質をもつため、隙間や障害物の背後に回り込む回折という現象を起こす。シャボン玉が自然光によって色づくのは、シャボン玉の表面で反射した光と、回折によってシャボン玉の背後に回り込んだ光が干渉するためである。

5　光は、絶対屈折率が1より小さい媒質中では、屈折という現象により進行方向を徐々に変化させながら進む。通信網に使われている光ファイバーは、絶対屈折率が1より小さいため、光は光ファイバー中を屈折しながら進む。そのため、曲がった経路に沿って光を送ることができる。

➡解答・解説は別冊P.026

問題4

電磁波に関する記述として、妥当なのはどれか。

1　電磁波は、波長又は周波数によって分類されており、AMラジオ放送に利用される電磁波には、マイクロ波がある。

2　真空中における電磁波の速さは、周波数によって異なり、周波数が高いほど速い。

3　可視光線の波長は、中波の波長や短波の波長よりも長く、X線の波長よりも短い。

4　紫外線は、波長がγ線よりも長く、殺菌作用があるので殺菌灯に利用されている。

5　赤外線は、X線と比べて物質を透過しやすく、大気中の二酸化炭素に吸収されない。

➡解答・解説は別冊P.027

問題 5

電車が振動数 864 Hz の警笛を鳴らしながら、20 m/s の速さで観測者に近づいてくる。観測者が静止しているとき、観測される音の振動数はどれか。ただし、音速を 340 m/s とする。

1 768 Hz
2 816 Hz
3 890 Hz
4 918 Hz
5 972 Hz

➡解答・解説は別冊 P.027

問題 6

振幅と波長がそれぞれ等しい二つの波㋐（実線）、㋑（破線）が互いに逆向きに進んでおり、図は時刻 $t=0$〔秒〕のときの二つの波の様子を表している。このとき、二つの波の合成波は x 軸と一致する。

波の周期は両方とも 8 秒であるとすると、時刻 $t=2$〔秒〕のとき、二つの波の合成波において $y=0$ となる点は A～M のうちに何点あるか。

ただし、二つの波は無限に続いており、振幅は減衰しないものとする。

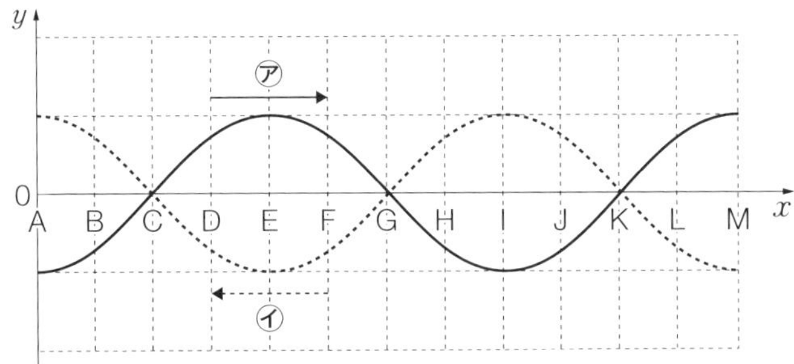

1 1点
2 2点
3 4点
4 6点
5 8点

➡解答・解説は別冊 P.027

問題 7

音や光に関する記述として最も妥当なのはどれか。

1　走行する救急車のサイレンの音は、救急車が近づいてくるときに低く、遠ざかっていくときに高く聞こえる。これは、クーロンの法則によると、音源が近づくところでは、波長が長く、振動数が小さくなり、その結果、音源の出す音よりも低く聞こえるためである。

2　ヤングの実験によって、音が波動であることと、温度の異なる空気の境界ではその両側で音速が異なるために、音波は回折することが示された。このような音波の回折のため、夜間には聞こえない音が、地表付近の空気の温度が上昇する昼間には聞こえることがある。

3　凸レンズに光軸と平行な光線を当てると、凸レンズの後方の光軸上の1点に光が集まる。この点を凸レンズの焦点という。逆に、焦点から出る光は、凸レンズを通過後、光軸に平行に進む。凸レンズによる実像は向きが物体と逆向きになり、また、凸レンズによる虚像は向きが物体と同じ向きである。

4　光は、波長によって持っている力学的エネルギーが異なるため、真空状態の空間で白熱電球などから白色光を出すと、スペクトルという虹のような一連の色に分かれる現象が見られ、これを光の干渉という。太陽光の連続スペクトルの中には、γ線という多くの暗線が見られる。

5　地上における光の速さは、2枚の偏光板を回転させることで測定することができ、この結果から、ホイヘンスの原理によって真空中における光の速さが導き出される。一方、音の速さは、鏡と歯車を用いたフィゾーの実験で測定することができる。

➡解答・解説は別冊 P.028

問題 8

焦点距離が 12 cm の凸レンズがあり、ろうそくを凸レンズから左側に 30 cm 離れた位置に立てたとき、生じる像及び生じる像の凸レンズからの位置の組合せとして、妥当なのはどれか。

	生じる像	凸レンズからの位置
1	虚像	右側に 18 cm 離れた位置
2	虚像	左側に 20 cm 離れた位置
3	実像	右側に 18 cm 離れた位置
4	実像	右側に 20 cm 離れた位置
5	実像	左側に 18 cm 離れた位置

➡解答・解説は別冊 P.028

問題 9

波の性質に関する記述として、最も妥当なのはどれか。

1 波源や観測者が動くことによって、観測される波の周波数が変化する現象をドップラー効果と言う。この現象は、音に対してのみ生じる。
2 光はさまざまな方向に振動しているが、特定の方向のみに振動することが有る。この現象を偏光と言う。同様の現象が、音に対しても生じる。
3 光の屈折率は振動数、すなわち色によって異なる。この性質により、プリズムなどに光が入ると、光の色が分離するが、この現象を屈折と言う。
4 光が大気中の塵などと衝突して、大きく進行方向を変化させる現象を散乱と言う。空が青く見えるのは、波長の短い光が大気の塵によって空全体に散乱されることによる。
5 音波は縦波で常温の空気での音速は約 341 m/s である。温度の変化により、音速は変化する。水中での音速は空気中のそれに比べて小さくなる。

➡解答・解説は別冊 P.029

問題 10

下の図は、秒速 24〔cm〕で x 軸の正の向きに進む正弦波を表している。この波の振動数として、最も妥当なのはどれか。

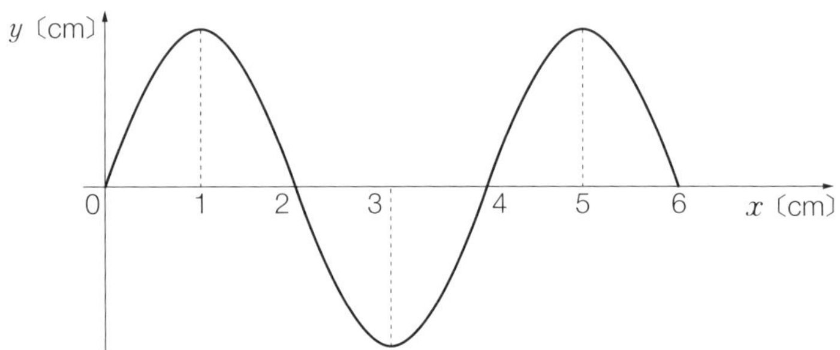

1 4〔Hz〕
2 6〔Hz〕
3 8〔Hz〕
4 10〔Hz〕
5 12〔Hz〕

➡解答・解説は別冊 P.029

問題 11

長さ 40.0 cm のパイプにふたを取り付けた閉管がある。この管口にスピーカーを置いて音を出し、音の振動数を 0 からゆっくりと増していくと 1 度目の共鳴が起こった。さらに、振動数をゆっくりと増していくと、2 度目の共鳴が起こった。2 度目の共鳴が起こったときのスピーカーの振動数に近い値として、最も妥当なのはどれか。ただし、音速は 340 m/s とし、共鳴のときは管口が腹になり開口端補正は無視できるものとする。

1　213 Hz
2　425 Hz
3　638 Hz
4　850 Hz
5　1063 Hz

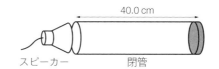

➡解答・解説は別冊 P.030

熱・原子・その他

要点を覚えよう！

POINT 1

物質は原子や分子からできていて、不規則な運動をしている。この運動は熱現象を起こすもとになっており、**熱運動**といわれる。

熱運動のエネルギーを**熱エネルギー**といい、移動した熱エネルギーを**熱量（熱）**という。液体や固体の体積は温度によって変化するが、この現象を**熱膨張**という。

液体温度計は、温度計内の液体の体積が温度によって変化する性質を利用している。

熱量の単位には、ジュール（記号：J）が使われるよ。

熱が伝わる現象を伝熱という。伝熱には以下の３つの種類がある。

①**熱伝導**：　　　　　　　　　　　　で高温の物体から低温の物体に熱が移動する現象。

②**対流**：温度差のある流体の流動によって熱が移動する現象。

。

③**ふく射**：　　　　　　　　　　　により、電磁波の形で他の物体に熱が移動する現象。ふく射は真空中でも起こる。

物質によって同じ温度の上昇に必要となる熱量は異なる。単位質量の物質の温度を単位温度上げるのに必要な熱量をその物質の**比熱（比熱容量）**という。比熱の単位は**ジュール毎グラム毎ケルビン**（記号：**J/(g·K)**）である。

同じ質量の水となたね油に、同じ熱量を与えると、水（比熱 4.19）よりもなたね油（比熱 2.04）のほうが温度が上がる。

質量 m〔g〕の物体の温度を ΔT〔K〕上げるのに必要な熱量 Q〔J〕は

$Q=C\Delta T=mc\Delta T$〔J〕（C：熱容量〔J/K〕、c：比熱〔J/(g·K)〕）

となる。また、熱容量 C と比熱 c、質量 m の関係は次式のようになる。

$$C=mc$$

２つの物体を接触·混合させると、高温の物体から低温の物体へと熱が移動する。

重要度　国家一般職：★☆☆　地方上級：★☆☆　東京都Ⅰ類：★★☆　市役所：★☆☆　消防官Ⅰ類：★★☆
国家専門職：★☆☆　裁判所職員：★☆☆　特別区Ⅰ類：★★☆　警察官Ⅰ類：★★☆

十分に時間が経過すると２つの物体は同じ温度となり、その後
　　　　　　　　　。この状態を**熱平衡**という。

高温の物体と低温の物体のみで熱の移動が行われる場合、
　　　　　　　　　　　　　　　　　　　。これを**熱量の保存**という。

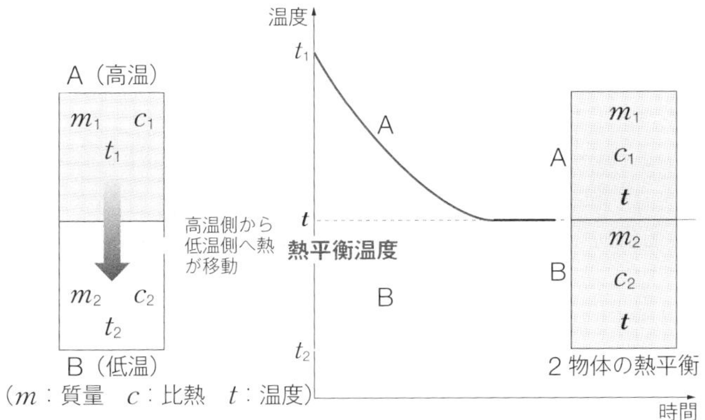

POINT 2

物体は温度や圧力によって、**固体**・**液体**・**気体**の状態をとる。これを
という。

固体が液体に変化するとき、**融解**によって熱を加えても温度が上がらなくなる。この固体と液体が共存した状態の温度を**融点**という。固体から液体に変化するのに必要な熱量を**融解熱**という。

液体が気体に変化するとき、**蒸発**によって熱を加えても温度が上がらなくなる。この液体と気体が共存した状態の温度を**沸点**という。液体から気体に変化するのに必要な熱量を**蒸発熱**という。

　大気圧下の水の場合、氷の温度が 0℃になると、熱を加えても氷がすべて溶けるまでは 0℃のままである。水の温度が 100℃になると、熱を加えても水がすべて蒸発するまでは 100℃のままである。

温度が変わらないのは、加えた熱が融解・蒸発という状態変化に消費されるからだよ。

物体が熱を受け取ったり、外部から仕事をされるとき、物体の内部エネルギーの変化 $\varDelta U$〔J〕は、
　　　　　　　　　。これを**熱力学第 1 法則**という。

$$\varDelta U = Q + W$$

POINT 3

原子核は、正の電荷をもつ**陽子**と、電荷をもたない**中性子**から構成される（右図）。陽子と中性子をあわせて**核子**という。核子は、**核力**という力によって結びついている。

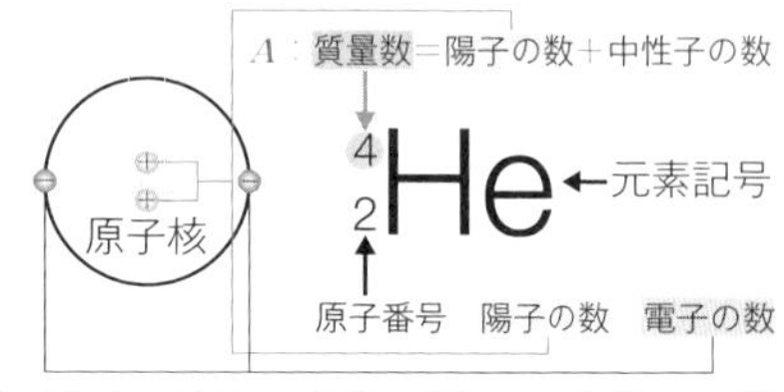

原子核に含まれる陽子の数を、**原子番号**と呼び、核子の総数（陽子と中性子の数の和）を**質量数**と呼ぶ。

$^{3}_{1}$H の陽子の数は 1、中性子の数は 2 である。

$^{12}_{6}$C の陽子の数は 6、中性子の数は 6 である。

原子番号が同じで、質量数が異なる物質を同位体という。陽子の数が同じで、中性子の数が異なる場合は互いに同位体となる。

$^{1}_{1}$H、$^{2}_{1}$H、$^{3}_{1}$H は互いに同位体である。水素にはこの 3 つの同位体がある。

POINT 4

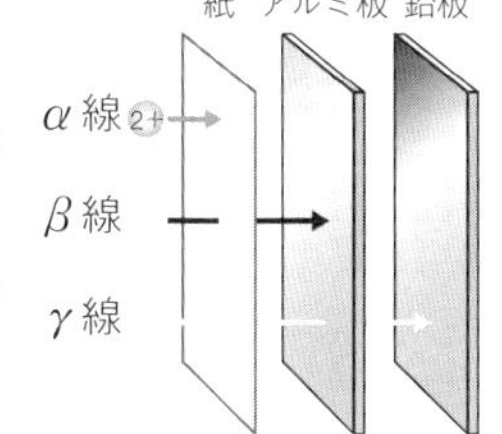

物質が自然に放射線を出す性質を**放射能**といい、放射能をもつ原素を放射性原素という。

天然の放射性原素から出る放射線には、**α線**、**β線**、**γ線**があり、他に中性子線や**X線**などが放射線に含まれている。

放射線	正　体	電荷	電離作用	透過力
α線	高速のヘリウム原子核（α粒子）の流れ	$+2e$	大	小
β線	高速の電子の流れ	$-e$	中	中
γ線	波長の短い電磁波	なし	小	大

原子番号の大きい原子の原子核が不安定になり、放射線を放出して安定した原子核に変化する現象を**放射性崩壊**という。放射性崩壊には α 崩壊と β 崩壊がある。

放射性原子の量が放射線の放出によって半分に減少する時間を**半減期**という。

放射線の測定には、以下のような単位が用いられる。

ベクレル（Bq）　放射能の強さ

原子核が毎秒1個の割合で崩壊するときの放射能の強さを1 Bqとしている。

グレイ（Gy）　放射線の吸収線量（放射線を照射された単位質量の物質が吸収するエネルギー量）

物質1 kg当たり1 Jのエネルギーが吸収されるときの吸収線量を1 Gyとしている。

シーベルト（Sv）　等価線量

吸収された放射線の人体への影響を表す。同じ吸収線量でも放射線の種類やエネルギーなどによって人体への影響は異なる。それを補正する係数を吸収線量にかけた量を等価線量という。

原子核どうしが衝突などによって別の原子核に変わる反応を　　　（　　　　）という。

核分裂反応：核反応のうち、質量数の大きな原子核がより小さい原子核に分かれる反応。

核融合反応：核反応のうち、質量の小さい原子核どうしが融合してより大きい原子核がつくられる反応。

太陽の中心部では、4 個の水素の原子核 $^{1}_{1}H$ が核融合を起こし、1 個のヘリウム原子核と 2 個の陽電子になる**核融合反応**が起きている。

POINT 5

主な物理量とその単位については、以下の表の通りである。

量	単位名	記号	単位の間の関係
角度	度、ラジアン	°、rad	π rad=180°
速度	メートル毎秒	m/s	
加速度	メートル毎秒毎秒	m/s^2	
力	ニュートン	N	$1\ N=1\ kg\cdot m/s^2$
ばね定数	ニュートン毎メートル	N/m	
力のモーメント	ニュートンメートル	N·m	
仕事、エネルギー	ジュール	J	1 J=1 N·m
仕事率、電力	ワット	W	1 W=1 J/s
運動量	キログラムメートル毎秒	kg·m/s	1 kg·m/s=1 N·s
圧力	パスカル	Pa	$1\ Pa=1\ N/m^2$
密度	キログラム毎立方メートル	kg/m^3	
熱量	ジュール	J	1 cal=4.19 J
熱容量	ジュール毎ケルビン	J/K	
比熱	ジュール毎グラム毎ケルビン	J/(g·K)	
振動数	ヘルツ	Hz	
電気量	クーロン	C	
電位、電圧	ボルト	V	1 V=1 J/C
電場の強さ	ニュートン毎クーロン	N/C	1 N/C=1 V/m
電気抵抗	オーム	Ω	
抵抗率	オームメートル	Ω·m	

一問一答で理解を確認！

物質を構成する原子や分子の運動を、熱伝導という。

× 物質は原子や分子から構成されて不規則な運動をしている。これを**熱運動**という。

伝熱のうち、温度差のある流体の流動によって熱が移動する現象を対流という。

○ 　　は温度差のある流体の流動によって熱が移動する現象で、原子や分子自体も**移動する**。

水の比熱を 4.19 J/(g·K)、銅の比熱を 0.394 J/(g·K) とすると、同じ熱量を与えた場合に、銅のほうが温度が高く上がる。

○ **比熱**の値が**小さい**ほうが温度が上がる。水は比熱が**大きく**、温まりにくく冷めにくい。

200 g の水の温度を、20℃から 70℃まで上げるために必要な熱量は、42 kJ である。ただし水の比熱は 4.2 J/(g·K) であるとする。

○ **比熱の公式**

（Q：熱量〔J〕、m：質量〔g〕、c：比熱〔J/(g·K)〕、ΔT：温度の変化〔K〕）より、

$Q = 200 \times 4.2 \times (70 - 20)$

$= \mathbf{4.2 \times 10^3\ J = 4.2\ kJ}$

液体が気体に変化するとき、熱を加えても温度が上がらなくなる状態の温度を融点という。

× 液体が気体に変化するとき、**蒸発**によって熱を加えても温度が上がらなくなる。この状態の温度を**沸点**という。

ある円形容器内の気体に 9 J の熱量を与えると、気体が膨張して外部に 4.8 J の仕事をした。気体の内部エネルギーの増加は 13.8 J である。

× **熱力学第一法則 $\Delta U = Q + W$**

（ΔU：気体の内部エネルギーの変化、Q：気体に加えられた熱量、W：気体が外部にした仕事）より、気体が膨張した場合、W は負となるので

$\Delta U = 9 - 4.8 =$ **4.2 J**

原子核は、負の電荷をもつ陽子と、電荷をもたない中性子から構成される。

× 陽子は**正**の電荷をもつ。**負**の電荷をもつのは**電子**で、原子核の周りをまわっている。

$^{4}_{2}$H の陽子と中性子の数は、陽子が 2、中性子も 2 である。

○ $^{4}_{2}$H の質量数は **4**、原子番号は **2** である。陽子は　　　　　であり、この場合は **2** である。中性子の数は質量数－陽子の数であり、この場合は **2** である。

質量数が同じで、原子番号が異なる物質を同位体という。

× **原子番号**が同じで、**質量数**が異なる物質を　　　という。たとえば、$^{12}_{6}$C、$^{13}_{6}$C は互いに同位体である。

放射線のうち、高速のヘリウム原子核の流れを α 線という。

○ 高速のヘリウム原子核の流れを **α 線**という。原子核から陽子 2 個と中性子 2 個が出ていく現象である。

放射線のうち、波長の短い電磁波を β 線という。

× 波長の短い電磁波は **γ 線**である。**β 線**は高速の電子である。

放射能の強さを表す単位をグレイ〔Gy〕という。

× 放射能の強さを表す単位は**ベクレル〔Bq〕**である。グレイ〔Gy〕は放射線の　　　　を表す。

熱量を表す単位をジュール〔J〕という。

○ ジュール〔J〕は**仕事**、**エネルギー**を表す場合にも用いられる。

力の単位は、〔kg·m^2/s^2〕で表される。

× 力〔N〕は、〔**kg·m/s^2**〕で表される。$F=ma$ からわかるように m〔kg〕と a〔m/s^2〕の積なので〔kg·m/s^2〕である。

過去問にチャレンジ！

問題 1

熱に関する記述として、最も妥当なのはどれか。

1　熱の伝わり方のひとつに、物体と物体の空間を隔てて、赤外線などの放射によって熱を伝える、対流がある。
2　高温の物体と低温の物体を接触させると、接触面の原子・分子の衝突を通して熱エネルギーが伝わり、やがて熱平衡に達する。
3　固体内部の原子・分子は熱運動せず、停止している。
4　物質の状態変化に伴って出入りするエネルギーを比熱という。
5　水はすべて、100℃であれば水蒸気として存在する。

➡解答・解説は別冊 P.031

問題 2

6℃の液体 A、28℃の液体 B、46℃の液体 C の比熱の異なる三つの液体から二つを選んで混ぜ合わせてしばらくすると、混ぜ合わせた液体の温度が次のように変化した。

ア　同じ質量の液体 A と液体 B とを混ぜ合わせると、液体の温度が 16℃となった。
イ　同じ質量の液体 B と液体 C とを混ぜ合わせると、液体の温度が 36℃となった。

以上から、同じ質量の液体 A と液体 C とを混ぜ合わせてしばらくした後の液体の温度として、正しいのはどれか。ただし、液体の混ぜ合わせによる状態変化又は化学変化はなく、混ぜ合わせる二つの液体以外に熱は移動しないものとする。

1　16℃
2　18℃
3　20℃
4　22℃
5　24℃

➡解答・解説は別冊 P.031

問題3

45℃の水 220 g に、100℃に熱した鉄球 210 g を入れたときの全体の温度として、最も妥当なのはどれか。ただし、水と鉄の比熱をそれぞれ 4.2 J/(g·K)、0.44 J/(g·K)とし、熱の移動は水と鉄の間のみとする。

1　50℃
2　55℃
3　60℃
4　65℃
5　75℃

➡解答・解説は別冊 P.032

問題4

質量が等しい液体 A、固体 B、固体 C があり、固体 B の比熱は固体 C の比熱の 2 倍である。18.0℃の液体 A の中に 40.0℃の固体 B を入れてしばらくすると、液体 A 及び固体 B の温度は 20.0℃で一定になった。
いま、18.0℃の液体 A の中に 81.0℃の固体 C を入れてしばらくすると温度は一定になった。このときの液体 A 及び固体 C の温度はいくらか。
ただし、熱の移動は液体と固体の間だけで起こるものとする。また、比熱とは、単位質量（1 g や 1 kg など）の物質の温度を 1 K 上昇させるのに必要な熱量をいう。

1　20.0℃
2　21.0℃
3　23.7℃
4　26.1℃
5　28.5℃

➡解答・解説は別冊 P.032

問題5

熱容量が 84 J/K のティーカップに水 100 g が入っており、水とティーカップの温度は両方とも 10℃となっている。このティーカップへ温度が 60℃の水 80 g を加えて熱平衡の状態になったときの水とティーカップの温度として、正しいのはどれか。ただし、水の比熱は 4.2 J/(g·K) とし、ティーカップと水の間以外の熱の出入りはないものとする。

1　28℃
2　30℃
3　32℃
4　34℃
5　36℃

➡解答・解説は別冊 P.033

問題6

次は、気体の状態変化に関する記述であるが、［A］～［D］に当てはまるものの組合せとして最も妥当なのはどれか。

　空気をピストンの付いたシリンダーに入れ、勢いよくピストンを引くと、容器の内部が白く曇ることがある。

　この現象は、熱力学第1法則によって説明することができる。まず、気体内部のエネルギーの変化 ΔU は、気体に加えられた熱量 Q と外部から気体に加えられた仕事 W の［A］である。この現象では、勢いよくピストンを引いたことでシリンダー内部の空気が膨張した。短時間の出来事であり、熱の出入りがほとんどなく、［B］とみなせるため、Q は0である。また、空気は膨張することで外部に仕事をしたので、W は［C］となる。すると、ΔU も［C］となり、シリンダー内部の空気の温度が［D］した。このため、シリンダー内部の空気中の水蒸気が水滴に変わり、シリンダー内が白く曇ったのである。

	A	B	C	D
1	和	等温変化	負	上昇
2	和	断熱変化	負	下降
3	差	等温変化	正	下降
4	差	断熱変化	正	上昇
5	差	断熱変化	負	上昇

➡解答・解説は別冊 P.033

問題 7

原子に関する記述として、妥当なのはどれか。

1　原子核では、陽子と中性子が電気力によって強く結び付いている。
2　原子核に含まれる中性子の数を原子番号という。
3　α 線は高速の電子であり、β 線はヘリウムの原子核である。
4　核子は、陽子と電子から構成されている。
5　原子の質量数は、陽子の数と中性子の数との和である。

➡解答・解説は別冊 P.034

問題 8

放射線に関する記述として、妥当なのはどれか。

1　放射性崩壊をする原子核を放射性原子核といい、放射性崩壊によって放出される放射線には α 線、β 線及び γ 線などがある。
2　α 線は非常に波長の短い電磁波で、磁場内で力を受けず直進し、厚さ数 cm の鉛板でなければ、これをさえぎることはできない。
3　β 線の放出は、原子核から陽子 2 個と中性子 2 個が $^{4}_{2}\mathrm{He}$ となって出ていく現象で、原子核は質量数が 4、原子番号が 2 だけ小さい原子核に変わる。
4　半減期とは、放射性元素が崩壊して原子核が消滅し、もとの放射性元素の半分の質量になるまでにかかる時間をいう。
5　物質に吸収されるときに放射線が物質に与えるエネルギーを吸収線量といい、シーベルト（記号 Sv）という単位が用いられる。

➡解答・解説は別冊 P.035

問題 9

原子核や放射線に関する記述として最も妥当なのはどれか。

1　原子核は、原子番号と等しい個数で正の電荷を持つ陽子と、陽子と等しい個数で電荷を持たない中性子から成っている。陽子と中性子の個数の和が等しい原子核を持つ原子どうしを同位体といい、物理的性質は大きく異なっている。
2　放射性崩壊とは、放射性原子核が放射線を放出して他の原子核に変わる現象をいう。放射性崩壊によって、元の放射性原子核の数が半分になるまでの時間を半減期といい、半減期は放射性原子核の種類によって決まっている。
3　放射性物質が放出する放射線のうち、α 線は陽子1個と中性子1個から成る水素原子核の流れであり、β 線は波長の短い電磁波である。α 線は、β 線と比べてエネルギーが高く、物質に対する透過力も強い。
4　核分裂反応では、1個の原子核が質量数半分の原子核2個に分裂する。太陽の中心部では、ヘリウム原子核1個が水素原子核2個に分裂する核分裂反応が行われ、莫大なエネルギーが放出されている。
5　X線は放射線の一種であり、エネルギーの高い電子の流れである。赤外線よりも波長が長く、γ 線よりも透過力が強いため、物質の内部を調べることができ、医療診断や機械内部の検査などに用いられている。

➡解答・解説は別冊 P.035

問題 10

体積やエネルギーなどのすべての物理量は、長さ、時間、質量など基本単位の組合せにより表すことができる。国際単位系（SI）では、基本単位として、時間〔s〕、長さ〔m〕、質量〔kg〕、電流〔A〕、温度〔K〕、物質量〔mol〕、光度〔cd〕の七つが用いられる。物理量を基本単位を使って表したものとして妥当なのはどれか。

1　運動量は、〔$kg \cdot m^2/s^2$〕で表される。
2　圧力は、〔$kg/(s^2 \cdot m)$〕で表される。
3　力は、〔$kg \cdot m^2/s$〕で表される。
4　仕事は、〔$kg \cdot m \cdot s^2$〕で表される。
5　仕事率は、〔$kg \cdot m/s$〕で表される。

➡解答・解説は別冊 P.036

CHAPTER

化学

この章で学ぶこと

物理に比べると、まだ学習する受験生は多い傾向にある

CHAPTER2では化学を取り扱います。化学も物理と同様、文系の受験生からは避けられがちな科目ですが、生物・地学を受験してまだ余裕がある受験生の場合、化学まで学習するケースは少なからずあります。特に自然科学の出題数が比較的多い特別区Ⅰ類などの試験を目指すのであれば、自然科学も積極的に得点を狙っていくのは良いことだと思います。

化学も学習で重要なのは**公式や原理の理解**です。物理と同様に化学にも計算問題はあり、特にmol計算は避けられません。公式や解法パターンを理解して、実際に問題が解けるように練習しましょう。また、化学では知識問題も出題されやすいといえます。過去の合格者でも、特に計算が苦手な場合、知識問題だけでもひとまず対策して本試験に臨んだ方は多くいました。ただし、単純な暗記だけでは解けないようなひねったものも多いので気をつけましょう。

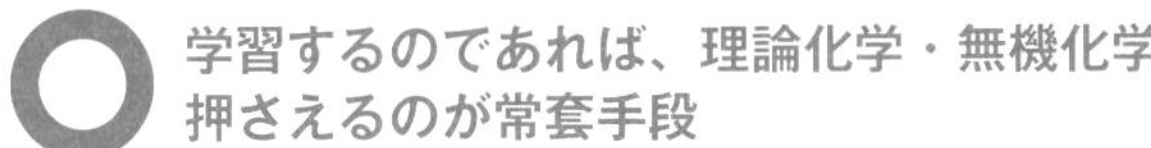

学習するのであれば、理論化学・無機化学の分野を中心に押さえるのが常套手段

化学もやはり多くの試験で1～2問程度しか出題がないため、出題範囲を予想するのは難しいでしょう。比較的どんな試験でも狙われやすいところとしては、いわゆる「**理論化学**」と「**無機化学**」の分野です。本書でいえば**SECTION1～3**が「理論化学」、**SECTION4**が「無機化学」の分野です。ほとんど化学の内容大半になってしまうので、絞り込んだといえるかどうかはわかりませんが、まだ「有機化学」に比べれば重要度は高いといえます。**SECTION1～4**の中で暗記だけで得点できる分野を中心に学習するというメリハリの付け方は十分に考えられます。

過去問の問題演習を中心に対策する

これも物理と同様ですが、たとえ暗記の部分だけで乗り切るとしても、それが本試験で正解できるようなものでなければ、覚えた意味がありません。本試験の問題を解きながら、**必要な知識とそうでない知識を選り分けていく**作業をするようにしましょう。とはいえ、出題数は少ないですから、あまり時間をかけすぎて、他の科目に割く勉強時間がなくなる…ということのないようにしてください。

きめる!

試験別対策

国家一般職・国家専門職・裁判所職員

例年は1問程度問われていましたが、2024年度以降の試験からは時事に関連する程度の問われ方になります。ただし、国家公務員試験はもともと時事と絡めて化学の知識を出題することもあったので、ひととおりの学習は有効でしょう。

地方上級

例年1～2問程度問われています。出題頻度が高いのはやはり「理論化学」の分野ですが、他の分野から出題されたこともあります。物理同様に難易度が高くなることがあるので注意しましょう。

東京都Ⅰ類

例年1問程度問われています。「理論化学」と「無機化学」の出題頻度が高く、計算問題があまり出ないのが特徴です。

特別区Ⅰ類

例年2問程度出題されます。「理論化学」と「無機化学」が中心ですが、「有機化学」から出題されることもあり、出題範囲は絞りにくいです。年によって難易度が高く取りにくい問題になることもあるので気をつけましょう。

市役所

原則として地方上級と同様の傾向です。ただし、かなり簡単な問題が出題されることも多いので、基本事項だけでも押さえておきたいです。

警察官Ⅰ類

警視庁で1問、県警で2問程度の出題です。物理同様に、他の試験に比べると、比較的出題テーマにばらつきがあるので、幅広く押さえたいです。

消防官Ⅰ類

東京消防庁でも市役所消防でも、例年1問程度の出題です。「有機化学」からの出題が多いので、メリハリを付けて学習するとよいでしょう。

SECTION 1

物質の構成

STEP 1 要点を覚えよう！

POINT 1 物質の分類

純物質：他の物質が混ざっていない単一の物質。**単体**と**化合物**がある。

混合物：2種類以上の物質が混ざっているもの。自然界の物質の多くは混合物として存在している。空気は、**窒素**、**酸素**などの混合物、海水は、**水**と**塩化ナトリウム**などの混合物である。

単体：1種類の**元素**だけでできている物質。例：水素（H_2）、酸素（O_2）など。

化合物：2種類以上の**元素**が結合してできた物質。例：水（H_2O）など。

同素体：同じ元素からなる**単体**でありながら、**原子の配列**や**結合の仕方**が違うために異なる性質を示すもの。例：酸素（O_2）とオゾン（O_3）、ダイヤモンドと黒鉛とフラーレン（いずれも炭素（C）からなる単体）、黄リン（P）と赤リン（P）。

純物質は、H_2O、CO_2 のように一つの化学式で表すことができるけど、混合物を一つの化学式で表すことはできないよ。

POINT 2 混合物の分離

混合物から**純物質**を取り出す操作を**分離**といい、混合物から**不純物**を取り除き、純度の高い状態にする操作を**精製**という。分離、精製には以下の方法がある。

ろ過：液体の中に溶けずに混ざっている固体の粒子を、**ろ紙**を通すことによって分離する方法。

蒸留：液体の混合物を**加熱**して**沸騰**させ、**蒸発**した気体を**冷却**して再び**液化**させることにより、不純物を含まない純粋な液体を分離することをいう。例：海水を蒸留すると、塩分などを含まない純粋な水を得ることができる。

分留：分別蒸留の略。液体の混合物を**蒸留**し、物質の**沸点**の差を利用して、いくつかの成分に分離することをいう。例：空気を**冷却**して液化させ、少しずつ**加熱**することにより、沸点の低い**窒素**が先に蒸発し、その後に**酸素**が蒸発する。原油から**ガソリン**、**灯油**、**軽油**などの成分を分離する方法も分留による。

再結晶：不純物を含む結晶を**高温**の水などに溶解させ、これを**冷却**して再び**結晶を析出させる**ことにより不純物を取り除くことをいう。物質の**温度**による**溶解度**の差を利用する方法で、不純物の多くは少量なので、冷却しても飽和せずに溶液中に残る。再結晶を繰り返すことで、さらに純度を上げることができる。

抽出：液体または固体の中から、特定の物質だけを**溶媒に溶かして**分離する操作のことをいう。物質の**溶解度**が**溶媒の種類により異なる**ことを利用する方法で、目的の成分だけをよく溶かす液体を溶媒とする。

昇華（昇華法）:固体を加熱したときに、**液体を経ずに直接気体になる**現象を**昇華**という。逆に、気体を冷却したときに、**液体を経ずに直接固体になる**現象も**昇華**という（**凝華**ということもある）。この性質を利用して、固体から昇華しやすい物質を分離することができる。**ヨウ素**、**ナフタレン**などを分離するときにこの方法が用いられる。

クロマトグラフィー：**ろ紙**の下端に混合物の溶液を付けて乾燥させ、適当な**溶媒**に浸すと、溶媒が毛細管現象によりろ紙を伝わって上昇するにつれて、混合物の成分が分離される。これは、物質の種類によりろ紙への吸着力や溶媒への溶けやすさなどが異なることを利用した方法である。このようにろ紙を使用する方法を**ペーパークロマトグラフィー**という。このほかに、**シリカゲル**を使用して、同じ原理により混合物の成分を分離する方法もある。

POINT 3 原子の構造

すべての物質は**原子**でできている。原子の中心には、**陽子**と**中性子**からなる**原子核**があり、その周囲を**電子**が取り巻いている。陽子は**正**の電荷をもち、電子は**負**の電荷をもつ。中性子は電荷をもたない。原子に含まれる陽子と電子の数は同じで、陽子１個がもつ正の電荷と、電子１個がもつ負の電荷の**絶対値**は**等しい**。したがって、原子は全体として**電気的に中性**である。

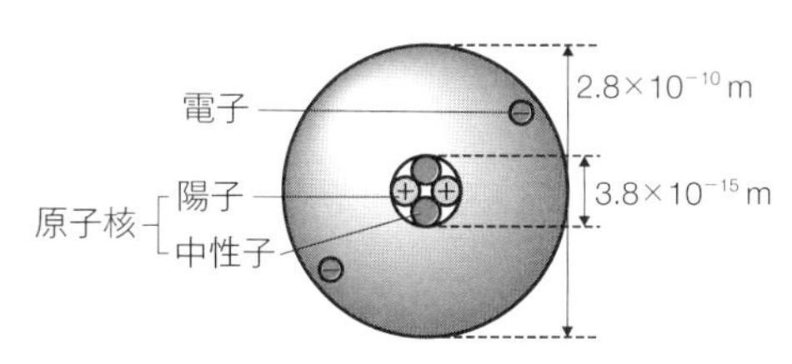

POINT 4 原子番号と質量数

原子核に含まれる**陽子**の数は、同じ**元素**であれば必ず同じである。その数を**原子番号**という。原子に含まれる陽子と**電子**の数は同じなので、原子番号は電子の数にも等しい。陽子の数と中性子の数の和を、**質量数**という。

電子の質量は極めて小さいので、原子の質量は、陽子と中性子の数によってほぼきまる。**陽子と中性子の質量はほぼ等しい**ので、原子の質量は、質量数にほぼ比例する。

元素記号に原子番号や質量数を記入するときは、右図のように書く。原子番号や質量数は、常に書くのではなく、必要なときだけ記入する。

POINT 5 同位体と元素

同じ元素の原子でも、原子核中の**中性子**の数が異なるものが存在する。それらを、互いに**同位体**であるという。同位体は、「**原子番号**が同じで**質量数**が異なる原子」と定義することもできる。同位体は、質量が異なるだけで、化学的性質は**ほとんど同じ**である。

自然界に存在する**水素原子**のほとんどは、原子核が陽子１個だけからなる ^{1}H であるが、陽子１個と中性子１個をもつ ^{2}H（**重水素**・ジュウテリウム）、陽子１個と中性子２個をもつ ^{3}H（**三重水素**・トリチウム）もわずかに存在する。^{1}H、^{2}H、^{3}H は、互いに**同位体**である。

原子の相対質量を表す**原子量***は、その元素の同位体の相対質量に、それぞれの同位体の存在比を掛けた平均値として求められる。

同位体と同素体は、言葉は似ているけれど、まったく違うものなのね。

POINT 6 電子殻と電子配置

原子内の**電子**は、原子核の周りに、**電子殻**といういくつかの層に分かれて存在している。電子殻は、内側から順に、**K 殻**、**L 殻**、**M 殻**、**N 殻**……と呼ばれる。それぞれの電子殻に入ることができる電子の数はきまっていて、内側から n 番目の電子殻に収容できる電子の最大数は $\mathbf{2n^2}$ 個である。

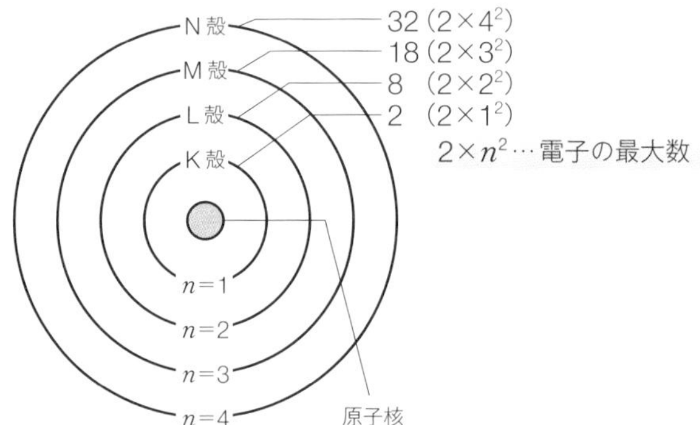

原子内の電子は、原則として、原子核の**内側**の電子殻から順に収容される。原子番号 18 のアルゴンまではその規則性が保たれるが、原子番号 19 のカリウム、原子番号 20 のカルシウムの 19 番目、20 番目の電子は、M 殻がまだ空いていても N 殻に入る。これは、電子ができるだけエネルギーの低い安定な状態になろうとすることによる。

* **原子量**…炭素の同位体の一つである ^{12}C 原子（陽子６個＋中性子６個＝質量数 12）の質量を 12 とし、これを基準として、他の原子の質量を相対的に表した値。

POINT 7 イオン

原子内には、**正の電荷**をもつ陽子と**負の電荷**をもつ電子が同じ数だけあるので、原子は**電気的に中性**である。しかし､原子の中には、電子を**放出して**正の電荷をもつ**陽イオン**になるものや、電子を**受け取って**負の電荷をもつ**陰イオン**になるものがある。陽イオンは、元素記号の右上に＋を、陰イオンは－を付けて表す。

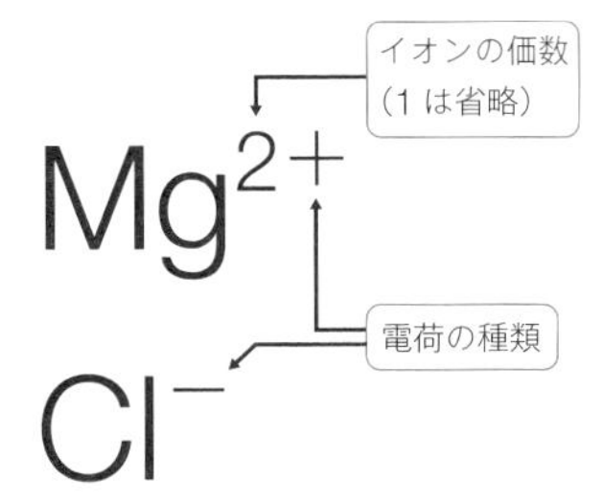

原子の最外殻にある価電子*の数が1～3個の原子は、電子を失って**陽イオン**になりやすく、価電子の数が6～7個の原子は、電子を受け取って**陰イオン**になりやすい。

原子から電子1個を取り去って1価の陽イオンにするために必要なエネルギーを**第一イオン化エネルギー**といい、1価の陽イオンからさらに電子1個を取り去って2価の陽イオンにするために必要なエネルギーを**第二イオン化エネルギー**という（以下、同様に第三～となる）。原子が電子1個を受け取って1価の**陰イオン**になるときに**放出される**エネルギーを、**電子親和力**という。

POINT 8 物質量とアボガドロ定数

物質量とは、物質の量を、その物質を構成する**粒子**（**原子・分子・イオン**など）の数を基準として表したもので、単位は**モル〔mol〕**である。物質1 molに含まれる原子（または分子、イオン）の数は約**6.02×10^{23}**個で、この数を**アボガドロ数**という。物質1 mol当たりの質量を**モル質量**といい、その値は、**原子量・分子量・式量に単位〔g/mol〕を付けた値に一致する**。すなわち、原子量12の炭素原子1 molの質量は12 g、分子量18の水1 molの質量は18 gとなる。

POINT 9 化学結合

	原子間の結合			分子間の結合
結合の種類	共有結合	イオン結合	金属結合	分子間力
結合するもの	非金属元素	金属と非金属	金属元素	分子
結合のしくみ	原子どうしが互いに電子を出し合い、電子対を共有する。	陽イオンと陰イオンが静電気的な引力（クーロン力）により結び付く。	金属原子が陽イオンとなり、放出された価電子は自由電子となって金属全体を動き回る。	分子間力には、ファンデルワールス力、極性分子間に働く静電気力、水素結合がある。
結合の強さ	共有結合＞イオン結合＞金属結合＞分子間力			

＊ **価電子**…原子内に存在する電子のうち、化学結合の形成に関与するものをいう。通常は、最外殻にある1～7個の電子が価電子となる。貴ガス（希ガス）元素の最外殻電子は8個（ヘリウムは2個）であるが、価電子は0とされる。

STEP 2 一問一答で理解を確認！

1 1種類の元素だけでできている物質を単体という。酸素、水素、水などが単体の例である。

× 水素（H_2）、酸素（O_2）は単体だが、**水（H_2O）**は、水素原子2個と酸素原子1個からなる**化合物**である。

---

2 混合物をいくつかの成分に分離する方法のうち、分留は、物質の温度による溶解度の差を利用する方法である。

× **分留**とは、液体の混合物を**蒸留**し、物質の**沸点**の差を利用して、いくつかの成分に**分離**することをいう。

---

3 陽子は正の電荷をもち、電子は負の電荷をもつ。

○ **陽子**は**正**の電荷をもち、**電子**は**負**の電荷をもつ。原子内には、陽子と電子が**同じ数**だけ存在し、陽子1個がもつ正の電荷と、電子1個がもつ負の電荷の**絶対値は等しい**ので、原子は全体として**電気的に中性**である。

---

4 原子の質量は、原子核の質量にほぼ等しい。

○ 原子の中心には、**陽子**と**中性子**からなる**原子核**があり、その周囲を**電子**が取り巻いている。電子の質量は極めて小さいので、原子の質量は、陽子と中性子の数によってほぼきまる。したがって、原子の質量は、原子核の質量に**ほぼ等しい**。

---

5 元素記号 ^{12}C は、炭素の原子番号が12であることを表している。

× 元素記号 **^{12}C** は、炭素の**同位体**のうち、**質量数**が12であるものを表している。質量数とは陽子の数と中性子の数の和で、質量数12（陽子6・中性子6）の炭素 ^{12}C は、自然界に最も豊富に存在する炭素の同位体である。

6 電子殻に入ることができる電子の数は、内側から順に、K殻2個、L殻8個、M殻16個、N殻32個である。

× 内側から n 番目の電子殻に収容できる電子の最大数は **$2n^2$** 個であるから、内側から順に、K殻 **2** 個、L殻 **8** 個、M殻 **18** 個、N殻 **32** 個となる。

---

7 原子が電子1個を受け取って1価の陰イオンになるときに放出されるエネルギーを、イオン化エネルギーという。

× 原子が電子1個を**受け取って**1価の**陰イオン**になるときに**放出される**エネルギーを、**電子親和力**という。イオン化エネルギーは、原子から電子を**取り去る**ときに要するエネルギーである。

---

8 メタン8.0gを完全燃焼させたときに生成する水の物質量は0.5molである。ただし、炭素原子(C)の原子量は12、水素原子(H)の原子量は1、酸素原子(O)の原子量は16とする。メタン(CH_4)を完全燃焼させたときの化学反応式は、以下のとおりである。

$$CH_4+2O_2 \rightarrow CO_2+2H_2O$$

× 問題文の条件から、メタン1molの質量は、12+1×4=**16**〔g〕。したがって、メタン8.0gの物質量は**0.5 mol**である。問題文に与えられた化学反応式により、メタン1molを完全燃焼させたときに生成する水の物質量は2molであるから、メタン0.5molを完全燃焼させたときに生成する水の物質量は**1 mol**である。

---

9 金属結合は、原子どうしが互いに電子を出し合い、電子対を共有することによって生じる結合である。

× 問題文は、**金属結合**でなく、**共有結合**の説明になっている(共有結合は**非金属元素**どうしの結合である)。金属結合は、金属元素の原子が集まって**金属結晶**をつくるときの結合で、金属原子はいくつかの価電子を放出して**陽イオン**になる。放出された電子は、規則正しく整列した陽イオンの間を自由に動き回る**自由電子**となる。陽イオンと自由電子との間に働く静電気的な引力(**クーロン力**)が、金属結合の結合力となる。

STEP 3 過去問にチャレンジ！

問題 1 　　特別区Ⅰ類（2014 年度）

化学結合に関する記述として、妥当なのはどれか。

1 電気陰性度の大きい原子が隣接分子の水素原子と引き合うような、水素原子を仲立ちとした分子間の結合を水素結合という。
2 2 個の原子の間で、それぞれの原子が価電子を出して引き合うような、互いの静電気的な力（クーロン力）による結合を共有結合という。
3 陽イオンと陰イオンとの間に働く力をファンデルワールス力といい、この力による結合をイオン結合という。
4 金属の原子が集合した金属の単体において、隣り合う 2 個の原子の間で共有される価電子による結合を金属結合という。
5 電荷の片寄りがある極性分子の分子間に働く、無極性分子より強い静電気的な引力による結合を配位結合という。

➡解答・解説は別冊 P.037

問題 2 　　消防官Ⅰ類（2018 年度）

原子に関する記述として、最も妥当なのはどれか。

1 陽子 1 個と電子 1 個の持つ電荷は大きさが等しく、符号が逆である。
2 陽子と電子の質量はほぼ等しく、中性子の質量は極めて小さい。
3 同じ元素の同位体は、陽子の数が異なるため、化学的性質も異なる。
4 電子殻の K 殻に収容できる電子は最大で 2 個、N 殻では最大で 36 個である。
5 カルシウム原子の電子殻の L 殻には 8 個、M 殻には 10 個の電子がある。

➡解答・解説は別冊 P.038

問題 3　　警察官Ⅰ類（2018年度）

同位体に関する記述として、最も妥当なのはどれか。

1　原子番号が等しく、電子の数が異なる原子を同位体という。
2　同じ元素の同位体は中性子の数が異なるため、化学的性質が全く異なる。
3　黄リンと赤リン、黒鉛とダイヤモンドはともに同位体の関係である。
4　各元素の同位体の相対質量と存在比から求められる平均値を原子量という。
5　放射線を吸収することによって、他の原子に変わる同位体を放射性同位体という。

➡解答・解説は別冊P.038

問題 4　　東京都Ⅰ類（2018年度）

物質の構成に関する記述として、妥当なのはどれか。

1　1種類の元素からできている純物質を単体といい、水素、酸素及びアルミニウムがその例である。
2　2種類以上の元素がある一定の割合で結びついてできた純物質を混合物といい、水、塩化ナトリウム及びメタンがその例である。
3　2種類以上の物質が混じり合ったものを化合物といい、空気、海水及び牛乳がその例である。
4　同じ元素からできている単体で、性質の異なる物質を互いに同位体であるといい、ダイヤモンド、フラーレンは炭素の同位体である。
5　原子番号が等しく、質量数が異なる原子を互いに同素体であるといい、重水素、三重水素は水素の同素体である。

➡解答・解説は別冊P.039

問題 5 　裁判所職員（2020 年度）

原子の構造とイオンに関する記述として最も妥当なものはどれか。

1　原子は、中心にある原子核を構成する正の電荷をもつ陽子と、原子核のまわりにある負の電荷をもつ電子の数が等しく、全体として電気的に中性である。
2　原子が電子をやり取りして電気を帯びるとイオンになるが、電子を失ったときは陰イオンに、電子を受け取ったときは陽イオンになる。
3　イオンが生成するとき、一般に価電子が 1 個～ 3 個の原子は陰イオンに、価電子が 6 個～ 7 個の原子は陽イオンになりやすい。
4　イオンからなる物質は、粒子間にはたらくイオン結合が強いため一般に融点が高く、また、固体の結晶のままでも電気を導く。
5　電子親和力とは、原子が陽イオンになるのに必要なエネルギーのことをいい、電子親和力の大きい原子ほど陽イオンになりやすい。

➡解答・解説は別冊 P.039

問題 6 　国家一般職（2017 年度）

化学結合や結晶に関する記述として最も妥当なのはどれか。

1　イオン結合とは、陽イオンと陰イオンが静電気力によって結び付いた結合のことをいう。イオン結合によってできているイオン結晶は、一般に、硬いが、外部からの力にはもろく、また、結晶状態では電気を導かないが、水溶液にすると電気を導く。
2　共有結合とは、2 個の原子の間で電子を共有してできる結合のことをいう。窒素分子は窒素原子が二重結合した物質で電子を 4 個共有している。また、非金属の原子が多数、次々に共有結合した構造の結晶を共有結晶といい、例としてはドライアイスが挙げられる。
3　それぞれの原子が結合している原子の陽子を引き付けようとする強さには差があり、この強さの程度のことを電気陰性度と呼ぶ。電気陰性度の差によりそれぞれの結合に極性が生じたとしても、分子としては極性がないものも存在し、例としてはアンモニアが挙げられる。
4　分子結晶とは、共有結合より強い結合によって分子が規則正しく配列している結晶のことをいう。分子結晶は、一般に、電気伝導性が大きく、水に溶けやすい。例としては塩化ナトリウムが挙げられる。
5　金属結合とは、金属原子から放出された陽子と電子が自由に動き回り、金属原子同士を結び付ける結合のことをいう。金属結晶は多数の金属原子が金属結合により規則正しく配列してできており、熱伝導性、電気伝導性が大きく、潮解性があるなどの特徴を持つ。

➡解答・解説は別冊 P.040

問題 7　　消防官Ⅰ類（2020 年度）

分離に関する記述として、最も妥当なのはどれか。

1　ろ過は、温度による溶解度の違いを利用して不純物を取り除く方法で、硫酸銅が少量混ざった硝酸カリウムを温水に溶かし、冷却するとより純粋な硝酸カリウムを得ることができる。
2　抽出は、液体に目的とする物質を溶かしだして分離する方法で、身近な例では、コーヒー豆からコーヒーの成分をお湯に溶かすというものがある。
3　再結晶は、液体同士が混ざっているときに、沸点の違いを利用して分ける方法で、沸点が異なることを利用して、ガソリンや灯油を分離することができる。
4　昇華は、吸着と溶解の差を利用して分離する方法で、ヨウ素と塩化ナトリウムの混合物からヨウ素を取り出すときに使える。
5　蒸留は、固体から直接気体に状態変化することであり、ドライアイスが気体に変化することをいう。

➡解答・解説は別冊 P.041

問題 8　　消防官Ⅰ類（2016 年度）

水（H_2O）270 g に含まれる H 原子の数として、最も妥当なのはどれか。ただし、アボガドロ定数を 6.0×10^{23}/mol、原子量はそれぞれ、H＝1.0、O＝16 とする。

1　1.8×10^{24}
2　6.0×10^{24}
3　9.0×10^{24}
4　1.8×10^{25}
5　9.0×10^{25}

➡解答・解説は別冊 P.042

問題 9

国家一般職（2009 年度）

メタン（CH_4）0.50 mol と水素 0.50 mol の混合気体を完全燃焼させたとき、生成する水の質量はいくらか。
ただし、原子量は、H＝1.0、C＝12.0、O＝16.0 とする。

1　12 g
2　18 g
3　27 g
4　36 g
5　45 g

➡解答・解説は別冊 P.042

問題 10

特別区Ⅰ類（2015 年度）

プロパン C_3H_8 4.4 g が完全燃焼したとき、生成する水の質量はどれか。
ただし、原子量は H＝1.0、C＝12.0、O＝16.0 とする。

1　3.6 g
2　5.4 g
3　7.2 g
4　9.0 g
5　10.8 g

➡解答・解説は別冊 P.042

問題 11

東京都Ⅰ類（2020 年度）

一酸化炭素 2.8 g を完全燃焼させるときに必要となる酸素の質量として、妥当なのはどれか。ただし、一酸化炭素の分子量を 28、酸素の分子量を 32 とする。

1　0.8 g
2　1.4 g
3　1.6 g
4　2.8 g
5　4.4 g

➡解答・解説は別冊 P.043

問題 12

国家専門職（2018 年度）

次のア～エの物質量〔mol〕の大小関係を示したものとして最も妥当なのはどれか。ただし、原子量は H＝1.0、C＝12.0、O＝16.0 とし、アボガドロ定数は 6.02×10^{23}/mol とする。

ア　3.01×10^{24} 個の水素分子
イ　標準状態（0 ℃、1.013×10^{5} Pa）で 44.8 L の酸素分子
ウ　27.0 g の水分子
エ　2.0 mol のアセチレン（C_2H_2）を完全燃焼させたときに生成する二酸化炭素分子

1　ア＞イ＞エ＞ウ
2　ア＞エ＞イ＞ウ
3　イ＞エ＞ウ＞ア
4　エ＞イ＞ウ＞ア
5　エ＞ウ＞ア＞イ

➡解答・解説は別冊 P.043

SECTION 2 物質の状態

STEP 1 要点を覚えよう！

POINT 1 物質の状態変化

物質を構成する粒子は常に**熱運動**をしており、粒子どうしは、その熱運動によって**ばらばらになろうとする**。一方、粒子の間には**引力**が働いていて、互いに引き付け合って**集まろうとしている**。物質の温度が高くなるにつれて熱運動が激しくなり、粒子どうしが**引力に逆らってばらばらになろうとする**力が強くなり、**固体**から**液体**へ、**液体**から**固体**へと**状態変化**する。

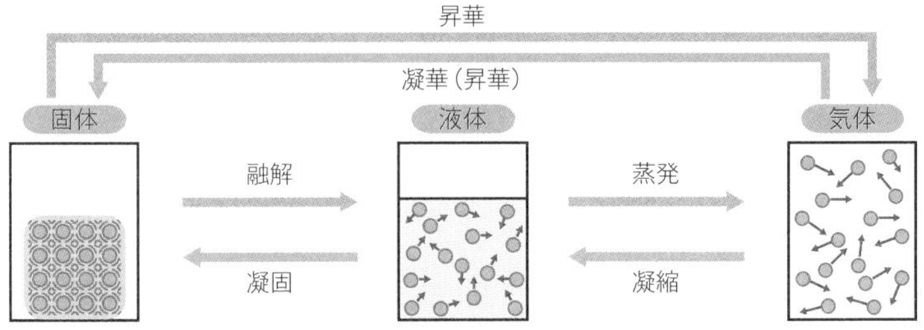

熱運動が小さく、粒子は一定の位置で振動している。形は一定を保つ。粒子間の距離は小さく、引力が働く。

熱運動が大きく、粒子は互いに位置を変え、流動性をもつ。粒子間の距離は小さく、引力が働く。

熱運動が激しく、粒子は自由に空間を飛び回っている。密閉容器中でないと、散逸（さんいつ）する。粒子間の距離は大きく、引力はほとんど働かない。

水が氷になる変化のように、物質そのものは変化しないが、状態のみが変わることを**物理変化**という。一方、水素と酸素の化合で水ができるように、原子の組み合わせが変化して別の物質に変わることを**化学変化**という。

たとえばドライアイスが気体になるのは、物理変化だね。

ここで創きめる！ **融点と沸点**

固体が液体になる変化を、融解という。一般に、固体を加熱していくと、ある温度で融解が起きる。そのときの温度を融点という。融点では、固体と液体が共存する。純物質では、融解が始まってから固体がすべて液体になるまで、温度は一定に保たれる。

液体が気体になる変化を、蒸発という。液体の表面では常に蒸発が起きているが、表面だけでなく内部からも蒸気が発生し、気泡となって出て行く現象を沸騰という。一般に、液体を加熱していくと、ある温度で沸騰が起きる。そのときの温度を沸点という。純物質では、沸騰が始まってから液体がすべて気体になるまで、温度は一定に保たれる。

POINT 2 結晶

構成粒子が規則正しく配列した固体を結晶といい、結合状態によって次のような種類に分けられる。

金属結晶：金属原子が正しく配列された物質で、結晶中を自由に移動できる価電子、つまり自由電子からなる物質の結晶。導電性がある。例：金、銀、銅、アルミニウムなど。

イオン結晶：イオンからなる物質の結晶。イオン結合の結合力が**大きく**、融点が**高く**硬い。**外部から強い力**が加わると、**もろい**。例：塩化ナトリウム、水酸化ナトリウムなど。

分子結晶：分子が規則正しく配列してできた固体で、融点が低く、やわらかい。
例：ヨウ素、ドライアイスなど。

共有結合結晶：多数の非金属元素の原子が共有結合で結合した結晶のこと。
例：ダイヤモンド、黒鉛、ケイ素など。

強い結合である共有結合、イオン結合、金属結合の物質は、融点、沸点が高くなるよ。逆に、弱い分子間力で結ばれた分子結晶は、融点が低いよ。

POINT 3 気体の性質（ボイル・シャルルの法則）

温度が一定のとき、一定量の気体の**体積**は**圧力に反比例する**。これを**ボイルの法則**という。**圧力**が一定のとき、一定量の気体の**体積**は**絶対温度***に**比例する**。これを**シャルルの法則**という。

これらをまとめると、「**一定量の気体の体積は圧力に反比例し、絶対温度に比例する**」となる。これを**ボイル・シャルルの法則**という。体積を V、圧力を p、絶対温度を T で表すと、ボイル・シャルルの法則は以下の式で示される。

$$\frac{pV}{T}=k \quad (k \text{ は定数})$$

* **絶対温度**…－273℃（正確には－273.15℃）を絶対零度とし、セルシウス温度と同じ目盛り間隔をとって表した温度。単位はケルビン〔K〕。絶対温度の値を T、セルシウス温度の値を t とすると、$T=t+273$ となる。

> **例題**　温度27℃、圧力1.0×10^5 Paで体積12 Lの気体は、温度を77℃、圧力を2.0×10^5 Paとしたときに体積何Lになるか。

求める体積をV〔L〕とすると**ボイル・シャルルの法則**により以下の式が成り立つ。

$$\frac{1.0\times10^5\times12}{27+273}=\frac{2.0\times10^5\times V}{77+273}\qquad\frac{12}{300}=\frac{2V}{350}\qquad 2V=14\qquad V=\mathbf{7.0}\text{〔L〕}$$

答え **7.0** L

POINT 4 気体の状態方程式

すべての気体は、同温・同圧のもとでは、同体積中に同数の分子を含む（アボガドロの法則）。0℃、1.013×10^5 Paの標準状態において、気体1 molの体積は、気体の種類によらず22.4 Lである。

ボイル・シャルルの法則により、気体の体積をV、圧力をp、絶対温度をTで表すと、$\boldsymbol{\frac{pV}{T}=k}$ **の値は一定**である。この式に、上記の値を代入すると、次のようにkの値が求められる（1 molの気体の体積をvとする）。

$$k=\frac{pv}{T}=\frac{1.013\times10^5\times22.4}{273}\fallingdotseq\mathbf{8.31\times10^3}\text{〔Pa·L/(K·mol)〕}$$

この値は、気体の種類によらず一定である。これを**気体定数**といい、記号Rで表す。すると、1 molの気体について次の式が成り立つ。

$$\boldsymbol{pv=RT}$$

同温・同圧において、気体の体積は物質量に比例するので、n〔mol〕の気体の体積Vについて以下の式が成り立つ。

$$V=nv\qquad v=\frac{V}{n}$$

これを$pv=RT$に代入すると、$\boldsymbol{pV=nRT}$となる。この式を、**気体の状態方程式**という。

> **例題**　27℃、6.0×10^5 Paで1.66 Lを占める気体の物質量は何molか。ただし気体定数は8.3×10^3〔Pa·L／(K·mol)〕とする。

求める物質量をn〔mol〕とおくと、**気体の状態方程式**より、以下の式が成り立つ。

$$6.0\times10^5\times1.66=n\times8.3\times10^3\times(27+273)$$

$$9.96\times10^5=n\times8.3\times10^3\times300\qquad 996=n\times2490\qquad n=\mathbf{0.40}\text{〔mol〕}$$

答え **0.40** mol

POINT 5 コロイド

コロイドとは、ある物質の中に、コロイド粒子が分散した状態のことをいう。コロイド粒子とは、直径が 10^{-9} m〜10^{-7} m（1〜10^2 nm）程度の大きさの粒子のことで、コロイド粒子として分散している物質のことを**分散質**といい、コロイド粒子を分散させている物質（媒質）を**分散媒**という。

分散質と分散媒の組み合せによって、次表のように色々な種類のコロイドになる。

分散媒＼分散質	固体	液体	気体
固体	色ガラス、ルビー	ゼリー	マシュマロ、スポンジ
液体	絵の具、泥水	牛乳、マヨネーズ	ビールの泡、石鹸の泡
気体	煙	雲、霧	—

また、コロイドはその構造によって次表のように分類される。

コロイドの構造による分類	特徴
分子コロイド	1つ1つの分子がコロイド粒子に相当する大きさで分散したコロイド。例 タンパク質、デンプン
会合コロイド（ミセルコロイド）	多数の粒子が集まって（会合して）結び付き、ミセルを形成したコロイド。例 セッケン
分散コロイド	金属や金属硫化物などの不溶性の粒子が分散したコロイド。例 水酸化鉄(Ⅲ)

ここで覚きめる！

水を分散媒とする場合、電解質を投入することで、沈殿（凝析）しやすいものを疎水コロイドという。反対に、少量の電解質では沈殿せずに、多量の電解質を加えるとコロイド粒子が沈殿することを塩析といい、このようなコロイドを親水コロイドという。

疎水コロイドは少量の電解質で凝析、親水コロイドは多量の電解質で塩析、と覚えておけばいいね。

CHAPTER 2 化学

2 物質の状態

STEP 2 一問一答で理解を確認！

1 液体が固体になる変化を、凝縮という。	× **液体**が**固体**になる変化を、**凝固**という。**凝縮**は、**気体**が**液体**になる変化である。
2 固体が液体の状態を経ずに直接気体になる変化を、昇華という。	○ **固体**が液体の状態を経ずに直接**気体**になる変化を、**昇華**という。反対に、**気体**から直接**固体**になる変化も昇華という（**凝華**と呼ぶ場合もある）。
3 液体の粒子は熱運動が小さく、ほぼ一定の位置にとどまって、その場でわずかに振動している。	× 問題文は、**液体**ではなく**固体**の粒子の説明になっている。液体の粒子は、固体よりも熱運動が**大きく**、粒子は互いに位置を変えながら**自由に移動する**。
4 液体を加熱していくと、ある温度で蒸発が始まる。そのときの温度を沸点という。	× **液体**が**気体**になる変化を、**蒸発**という。蒸発は、**沸点**以下の温度でも**常に起きている**。液体を加熱していくと、ある温度で**沸騰**する。そのときの温度を**沸点**という。沸騰とは、液体の表面だけでなく**内部からも蒸気が発生**し、気泡となって出ていく現象である。
5 固体を加熱していくと、ある温度で融解が起きる。融解が始まってから、固体がすべて液体になるまでの間は、加熱しても温度は一定に保たれる。	○ **固体**を加熱していくと、ある温度で**融解**が起きる。そのときの温度を**融点**という。融点では、固体と液体が共存する。純物質では、固体がすべて液体になるまで、温度は融点のまま**一定に保たれる**。

6 圧力 1.0×10^5 Paのときに体積6Lを占める気体を、温度を一定に保ちながら、圧力を 5.0×10^4 Paにしたとき、体積は30Lになる。

× **ボイルの法則**により、温度が一定のとき、一定量の気体の体積は**圧力に反比例**する。したがって、求める体積を V〔L〕とすると、以下の式が成り立つ。

$$1.0\times10^5\times6=5.0\times10^4\times V$$

$$V=\frac{1}{5}\times10\times6=\mathbf{12}\text{〔L〕}$$

以上により、求める体積 V は **12 L** である。

---

7 温度27℃のときに体積12Lを占める気体を、圧力を一定に保ちながら、温度を177℃にしたとき、体積は18Lになる。

○ **シャルルの法則**により、圧力が一定のとき、一定量の気体の体積は**絶対温度に比例**する。したがって、求める体積を V〔L〕とすると、以下の式が成り立つ。

$$\frac{12}{27+273}=\frac{V}{177+273}$$

$$V=\frac{12\times450}{300}=\mathbf{18}\text{〔L〕}$$

以上により、求める体積 V は **18 L** である。

---

8 温度57℃、圧力 1.0×10^5 Paのときに体積15Lの気体は、温度を167℃、圧力を 2.0×10^5 Paとしたときに、体積20Lになる。

× 求める体積を V〔L〕とすると、**ボイル・シャルルの法則**により、以下の式が成り立つ。

$$\frac{1.0\times10^5\times15}{57+273}=\frac{2.0\times10^5\times V}{167+273}$$

$$\frac{15}{330}=\frac{2V}{440}\quad 2V=20\quad V=\mathbf{10}\text{〔L〕}$$

以上により、求める体積 V は **10 L** である。

CHAPTER 2 化学

2 物質の状態

過去問にチャレンジ！

問題 1 国家専門職（2020 年度）

物質の状態変化に関する記述として最も妥当なのはどれか。

1　物質の融点・沸点は、構成粒子間が金属結合で結ばれている物質よりも、水素結合で結ばれている物質の方が高い。水素結合から成る物質は、自由電子を持ち、この自由電子が物質中を移動して熱や電気を伝えることから熱伝導性や電気伝導性が高い。

2　物質の温度や圧力を変化させると、固体、液体、気体の間で状態が変化する。このうち、液体から気体への変化を昇華という。また、圧力が一定のとき、一定量の気体の体積は、温度が上がると小さくなる。

3　固体には、構成粒子が規則正しく配列した結晶があり、炭酸カルシウムはイオン結晶、ダイヤモンドは共有結合結晶である。また、ドライアイスは分子間力により分子が規則正しく配列してできた分子結晶である。

4　塩化ナトリウムやグルコースは、どちらも水溶液中でイオンに電離するため、水によく溶ける。また、イオン結晶は、ベンゼンなどの無極性溶媒には溶けにくいが、無極性分子であるヨウ素やナフタレンは、分子の熱運動により、極性溶媒の水によく溶ける。

5　酸素とオゾン、金と白金、銅と青銅と黄銅といった、同じ元素で構造や性質の異なるものを互いに同位体（アイソトープ）という。また、小さな分子が多数結合したポリエチレンなどの物質を高分子化合物というが、高分子化合物は自然界には存在しない。

➡解答・解説は別冊 P.045

問題 2 特別区Ⅰ類（2020 年度）

温度 27℃、圧力 1.0×10^5 Pa、体積 72.0 L の気体がある。この気体を温度 87℃、体積 36.0 L にしたときの圧力はどれか。ただし、絶対零度は－273℃とする。

1　2.0×10^5 Pa
2　2.4×10^5 Pa
3　2.8×10^5 Pa
4　3.2×10^5 Pa
5　3.6×10^5 Pa

➡解答・解説は別冊 P.046

問題 3 特別区Ⅰ類（2017 年度）

次の文は、コロイド溶液に関する記述であるが、文中の空所 A ～ D に該当する語の組合せとして、妥当なのはどれか。

水酸化鉄(Ⅲ) や粘土のコロイド溶液に、少量の電解質を加えることでコロイド粒子が集まって沈殿する現象を A といい、このようなコロイドを B コロイドという。

タンパク質やデンプンのコロイド溶液では、少量の電解質を加えても沈殿しないが、多量の電解質を加えることで沈殿する現象を C といい、このようなコロイドを D コロイドという。

	A	B	C	D
1	塩析	親水	凝析	疎水
2	塩析	疎水	凝析	親水
3	凝析	親水	塩析	疎水
4	凝析	疎水	塩析	親水
5	疎水	凝析	親水	塩析

➡解答・解説は別冊 P.046

問題 4 裁判所職員（2017 年度）

物質と温度に関する記述として最も適当なものはどれか。

1 絶対零度では、理論上、分子の熱運動が停止し、それ以上温度が下がらない。
2 セルシウス温度の 0〔℃〕は、絶対温度の 0〔K〕より低い温度である。
3 気体分子の平均の速さは、温度が低いほど大きく、同じ温度では分子量が大きい分子ほど大きい。
4 水などが、その時の温度によって液体から固体になったり、気体になったりする状態変化は、化学変化の 1 つである。
5 常温・常圧下での状態が液体である単体の物質は、臭素・水銀・水のみである。

➡解答・解説は別冊 P.047

SECTION 3

物質の性質・反応

STEP 1 要点を覚えよう！

POINT 1 酸と塩基

●酸・塩基の定義①〈アレニウスの定義〉

酸：水溶液中で**水素イオン H^+ を生じる**物質

塩基：水溶液中で**水酸化物イオン OH^- を生じる**物質

●酸・塩基の定義②〈ブレンステッド・ローリーの定義〉

酸：**水素イオン H^+ を他に与える**物質

塩基：**水素イオン H^+ を他から受け取る**物質

酸の水溶液は、	塩基の水溶液は、
①**青色**のリトマス紙を**赤色**にする。 ②亜鉛、鉄などの**金属**と反応して**水素**を発生する。 ③**塩基**と反応して塩基性を打ち消す。	①**赤色**のリトマス紙を**青色**にする。 ②酸と反応して酸性を打ち消す。
↓	↓
このような性質を、**酸性**という。	このような性質を、**塩基性**という。

酸の化学式に含まれる、**電離**して**水素イオン H^+** になることができる**水素原子**の数を、**酸の価数**という。同様に、塩基の化学式に含まれる、**電離**して**水酸化物イオン OH^-** になることができる **OH** の数（または、受け取ることができる**水素イオン H^+** の数）を、**塩基の価数**という。

酸や塩基のような電解質*が水に溶けたときに、**溶解した電解質の物質量**に対する、**電離した電解質の物質量**の割合を**電離度**という。電離度は、同じ物質でも、**濃度**と**温度**によって異なる。電離度が **1 に近く**、水溶液中で**ほぼすべてが電離する**酸や塩基を、**強酸**、**強塩基**という。電離度が **1 よりも著しく小さく**、水溶液中で**一部しか電離しない**酸や塩基を、**弱酸**、**弱塩基**という。

		1価	2価
酸	強酸	HCl 塩化水素（塩酸）　HNO_3 硝酸	H_2SO_4 硫酸
	弱酸	CH_3COOH 酢酸	H_2S 硫化水素　H_2CO_3 炭酸
塩基	強塩基	$NaOH$ 水酸化ナトリウム	$Ca(OH)_2$ 水酸化カルシウム
	弱塩基	NH_3 アンモニア	$Cu(OH)_2$ 水酸化銅（Ⅱ）

* 電解質…水に溶けたときに陽イオンと陰イオンに電離し、電気伝導性を示す物質。酸・塩基・イオン性塩類など。

POINT 2 水素イオン濃度とpH

純水は**電気を通さない**が、わずかに**電離**している。

$H_2O \rightleftarrows H^+ + OH^-$

純水では、**水素イオン濃度**［H^+］と**水酸化物イオン濃度**［OH^-］が等しく、25℃では、$[H^+]=[OH^-]=\mathbf{1.0\times10^{-7}}$〔mol/L〕となる。

純水に**酸**を溶かすと［H^+］が**増加**し、［OH^-］が**減少**する。純水に**塩基**を溶かすと［OH^-］が**増加**し、［H^+］が**減少**する。

$[H^+]>[OH^-]$ であるとき、水溶液は**酸性**である。

$[H^+]=[OH^-]$ であるとき、水溶液は**中性**である。

$[H^+]<[OH^-]$ であるとき、水溶液は**塩基性**である。

25℃では、$[H^+]>1.0\times10^{-7}$〔mol/L〕のときは酸性、$[H^+]=1.0\times10^{-7}$〔mol/L〕のときは中性、$[H^+]<1.0\times10^{-7}$〔mol/L〕のときは塩基性である。

［H^+］と［OH^-］は反比例し、25℃では、$[H^+][OH^-]=\mathbf{1.0\times10^{-14}}$〔mol/L〕^{2}となる。これを、**水のイオン積**という。

［H^+］の値は非常に小さいので、水溶液の**酸性・塩基性の強弱**を表す場合、通常は**［H^+］の逆数の常用対数**を用いる。この値を水溶液の**水素イオン指数**といい、記号**pH**で表す。

$pH=-\log_{10}[H^+]$　　$[H^+]=1.0\times10^{-n}$〔mol/L〕のとき $pH=n$

25℃では、**pH<7**のとき水溶液は**酸性**、**pH=7**のときは**中性**、**pH>7**のときは**塩基性**である。

POINT 3 酸と塩基の中和反応

酸と**塩基**が反応して、**互いの性質を打ち消し合う**ことを**中和**という。例えば、塩酸と水酸化ナトリウム水溶液を混合すると、次のような中和反応が起きる。

$HCl+NaOH \rightarrow NaCl+H_2O$　　……①

この反応において、水溶液中のHCl、NaOH、NaClは完全に電離しているので、①式をイオンを用いる反応式で書くと次のようになる。

$\mathbf{H^+}+Cl^-+Na^++\mathbf{OH^-} \rightarrow Na^++Cl^-+\mathbf{H_2O}$　　……②

②式の反応の前後でNa^+とCl^-は変化していないので、これらを消去すると次のようになる。

$\mathbf{H^+ + OH^- \rightarrow H_2O}$

すなわち、中和反応とは、酸の**H^+**と塩基の**OH^-**が結合して**水**ができる反応といえる（ただし、塩基に**OH^-**が含まれない場合は、中和しても水が生じないこともある）。

中和反応において水とともに生じる、酸の陰イオンと塩基の陽イオンからなる化合物を**塩**（えん）という。①式のNaCl（塩化ナトリウム）は塩である。

POINT 4 中和の関係式と中和滴定

酸から生じる H^+ と塩基から生じる OH^- の物質量が等しいとき、酸と塩基は過不足なく**中和**する。この点を**中和点**という。中和点においては、以下の式が成り立つ。

酸から生じる H^+ の物質量 = 塩基から生じる OH^- の物質量

酸の価数×酸の物質量 = 塩基の価数×塩基の物質量

酸の**価数**×**濃度**×**体積** = 塩基の**価数**×**濃度**×**体積**　……①

①式を、**中和の関係式**という。

濃度のわからない酸（または塩基）があるとき、その水溶液に、濃度がわかっている塩基（または酸）の**標準液**を加えて完全に中和し、そのときに要した標準液の体積を中和の関係式に代入することにより、未知の酸（または塩基）の濃度を求めることができる。この操作を**中和滴定**という。

> 例題　濃度がわからない塩酸 15 mL を完全に中和するのに、0.1 mol/L の水酸化ナトリウム水溶液を 21 mL 要した。塩酸の濃度は何 mol/L か。

塩酸（HCl）は 1 価の酸、水酸化ナトリウム（NaCl）は 1 価の塩基である。求める塩酸の濃度を c〔mol/L〕とすると、**中和の関係式**により、以下の式が成り立つ。

$$1\times c\times\frac{15}{1000}=1\times0.1\times\frac{21}{1000}\qquad c=0.1\times\frac{21}{15}=\mathbf{0.14}\text{〔mol/L〕}$$

答え **0.14** mol/L

POINT 5 酸化と還元

●**酸化・還元の定義①**〈酸素の授受による定義〉

・物質が**酸素と結び付く**反応を**酸化**といい、その物質は**酸化された**という。

・物質が**酸素を失う**反応を**還元**といい、その物質は**還元された**という。

$CuO+H_2 \rightarrow Cu+H_2O$（CuO は**還元**され、$H_2$ は**酸化**された）

●**酸化・還元の定義②**〈水素の授受による定義〉

・物質が**水素を失う**反応を**酸化**といい、その物質は**酸化された**という。

・物質が**水素と結び付く**反応を**還元**といい、その物質は**還元された**という。

$CH_4+2O_2 \rightarrow CO_2+2H_2O$（$CH_4$ は**酸化**され、O_2 は**還元**された）

●**酸化・還元の定義③**〈電子の授受による定義〉

・物質が**電子を失った**とき、その物質は**酸化された**という。

・物質が**電子を受け取った**とき、その物質は**還元された**という。

$Cu+Cl_2 \rightarrow CuCl_2$ の反応における電子の授受に注目すると、

$Cu \rightarrow Cu^{2+}+2e^-$（Cu は電子を失い、**酸化**された）

$Cl_2+2e^- \rightarrow 2Cl^-$（$Cl_2$ は電子を受け取り、**還元**された）

酸化と還元は必ず**同時に**起きる。このような反応を**酸化還元反応**という。

POINT 6 酸化数

酸化数は、酸化還元反応を理解しやすくするために、物質中の原子やイオンがどの程度酸化されているかを数値で表したものである。

酸化数をきめる規則	例
①単体中の原子の酸化数は**0**とする。	$\underset{0}{H_2}$　$\underset{0}{O_2}$　$\underset{0}{Cl_2}$
②単原子イオンの酸化数は、**イオンの電荷に等しい。**	$\underset{+1}{Na^+}$　$\underset{-1}{Cl^-}$　$\underset{+2}{Cu^{2+}}$　$\underset{-2}{O^{2-}}$
③化合物中の水素原子の酸化数は＋**1**、酸素原子の酸化数は－**2**とする。	$\underset{+1}{H_2}\underset{-2}{O}$　$C\underset{-2}{O_2}$
④電荷をもたない化合物では、構成する原子の酸化数の総和は**0**とする。	$\underset{x}{S}\underset{-2}{O_2}$　$x\times1+(-2)\times2=0$　$x=+4$
⑤多原子イオンでは、構成する原子の酸化数の総和は、**イオンの電荷に等しい。**	$\underset{x}{S}\underset{-2}{O_4}{}^{2-}$　$x\times1+(-2)\times4=-2$　$x=+6$

原子の酸化数が**増加**した場合、その原子は**酸化**されたといい、原子の酸化数が**減少**した場合、その原子は**還元**されたという。下記のように、**酸化銅(Ⅱ)**と**炭素**が反応して**銅**と**二酸化炭素**が生成するとき、Cは**酸化**され、Cuは**還元**されている。

$$2\underset{+2}{Cu}\underset{-2}{O}+\underset{0}{C} \rightarrow 2\underset{0}{Cu}+\underset{+4}{C}\underset{-2}{O_2}$$

ここで差をつける! 酸化剤と還元剤

酸化還元反応において、相手の物質を**酸化**することができる物質を**酸化剤**といい、相手の物質を**還元**することができる物質を**還元剤**という。そのとき、酸化剤自身は**還元**され、還元剤自身は**酸化**される。一般に、還元されやすい物質は酸化剤に、酸化されやすい物質は還元剤になる。反応する相手の物質によって、酸化剤にも還元剤にもなる物質もある（**過酸化水素**(H_2O_2)、**二酸化硫黄**(SO_2)がその例)。

POINT 7 電池の原理

電池とは、**酸化還元反応**によって放出される化学エネルギーを**電気エネルギー**として取り出す装置である。2種類の異なる金属A、Bを導線で結び、電解質の水溶液に浸すと、**イオン化傾向の大きい**金属Aは**電子**を失い（**酸化**され)、**陽イオン**となって溶液中に溶け出す。金属A側の電極を**負極**という。電子は導線を通って負極から**正極**（イオン化傾向の小さい金属B側の電極）へ移動する。正極では、電解液中に溶けている**金属イオン**や**水素イオン**が、移動してきた**電子**を受け取って**還元反応**が起きる。

STEP 2 一問一答で理解を確認！

1 水素イオンH^+を他から受け取る物質を、塩基という。

○　問題文は、ブレンステッドとローリーによる**塩基**の定義として正しい。アレニウスの定義によると、塩基とは、水溶液中で**水酸化物イオン** OH^-を生じる物質である。

2 塩基の水溶液は、赤色のリトマス紙を青色にする。

○　**塩基**の水溶液は、**赤色**のリトマス紙を**青色**にする。**酸**の水溶液は、**青色**のリトマス紙を**赤色**にする。

3 硫酸は1価の酸である。

×　酸の価数とは、酸の化学式に含まれる、電離して**水素イオン** H^+になることができる**水素原子**の数をいう。硫酸（H_2SO_4）は、下記のように2段階に電離する**2価**の酸である。

$H_2SO_4 \rightarrow \mathbf{H^+} + HSO_4^-$

$HSO_4^- \rightarrow \mathbf{H^+} + SO_4^{2-}$

4 酢酸は強酸である。

×　電離度が1に近く、水溶液中で**ほぼすべてが電離する**酸を強酸、電離度が1よりも著しく小さく、水溶液中で**一部しか電離しない**酸を弱酸という。酢酸は、0.1 mol/L水溶液の電離度が約0.016の**弱酸**である。

5 0.1 mol/Lの酢酸水溶液（電離度0.016）のpHは3よりも小さい（ただし、水のイオン積を1.0×10^{-14} mol^2/L^{2}とし、$\log_{10}1.6 = 0.2$とする）。

○　酢酸は**1価**の酸なので、問題文の水溶液のpHは以下のように求められる。

$$[H^+] = 1 \times 0.1 \times 0.016 = \mathbf{1.6 \times 10^{-3}} \text{〔mol/L〕}$$

$$pH = -\log_{10}(1.6 \times 10^{-3}) = -(\log_{10}1.6 + \log_{10}10^{-3}) = 3 - 0.2 = \mathbf{2.8}$$

6 酸と塩基の中和反応により生じる、酸の陰イオンと塩基の陽イオンからなる化合物を塩（えん）という。

○　下記のように、**塩酸**と**水酸化ナトリウム**水溶液を混合すると、中和反応により**塩化ナトリウム**（NaCl）と**水**が生じる。塩化ナトリウムは**塩**である。

$$HCl+NaOH \rightarrow NaCl+H_2O$$

7 濃度のわからない希硫酸 10 mL を中和するのに、0.2 mol/L の水酸化ナトリウム水溶液を 8 mL 要したとすると、希硫酸の濃度は 0.1 mol/L よりも大きい。

×　硫酸は**2価**の酸、水酸化ナトリウムは**1価**の塩基なので、求める希硫酸の濃度を c とすると、以下の式が成り立つ。

$$2\times c\times\frac{10}{1000}=1\times0.2\times\frac{8}{1000}$$

$$c=\frac{0.2\times8}{2\times10}=\mathbf{0.08}\ \text{[mol/L]}$$

8 物質が水素を失う反応を還元という。

×　物質が**水素を失う**反応を**酸化**といい、物質が**水素と結び付く**反応を**還元**という。

9 物質が電子を失ったとき、その物質は酸化されたという。

○　物質が**電子を失った**とき、その物質は**酸化された**といい、物質が**電子を受け取った**とき、その物質は**還元された**という。

10 アンモニア（NH_3）の窒素原子（N）の酸化数は +3 である。

×　化合物中の水素原子（H）の酸化数は **+1**、化合物を構成する原子の酸化数の総和は **0** であるから、求める N の酸化数を x とすると、x は以下のように求められる。

$$x\times1+(+1)\times3=0 \qquad x=\mathbf{-3}$$

過去問にチャレンジ！

問題 1　　消防官Ⅰ類（2017 年度）

酸化と還元に関する記述として、最も妥当なのはどれか。

1　物質が水素を得る反応を酸化、水素を失う反応を還元という。
2　原子が電子を得る反応を酸化、電子を失う反応を還元という。
3　電池で電子が導線に流れ込む正極では酸化反応が、電子が導線から流れ出す負極では還元反応が起こる。
4　電気分解で電子が導線から流れ出す陽極では酸化反応が、電子が導線に流れ込む陰極では還元反応が起こる。
5　過酸化水素は、酸化剤にも還元剤にもなることができる唯一の物質である。

➡解答・解説は別冊 P.048

問題 2　　裁判所職員（2016 年度）

電池に関する次の記述中のＡ～Ｃの空欄に入る語句の組合せとして最も適当なものはどれか。

電池の正極と負極を導線で結ぶと、負極では（　Ａ　）反応が起こる。このとき、電子は導線を（　Ｂ　）へ移動し、電流は（　Ｃ　）へ流れる。

	A	B	C
1	酸化	負極から正極	負極から正極
2	酸化	負極から正極	正極から負極
3	酸化	正極から負極	負極から正極
4	還元	負極から正極	正極から負極
5	還元	正極から負極	負極から正極

➡解答・解説は別冊 P.048

問題3　国家専門職（2021年度）

酸化と還元に関する記述として最も妥当なのはどれか。

1　酸化還元反応では、原子や化合物の間で、酸素や水素、電子などの授受が発生する。反応において、酸素を受け取り、水素や電子を放出しているのが酸化剤であり、例えばシュウ酸や硫化水素などがある。一方で、酸素を放出し、水素や電子を受け取っているのが還元剤であり、例えば希硫酸や二酸化硫黄などがある。

2　金属原子が水溶液中で電子を放出して陽イオンになる性質を、金属の電気陰性度という。金属を電気陰性度の大きい順に並べたものをイオン化列といい、陽イオンへのなりやすさ、すなわち酸化のされやすさを表す。この性質を利用した例がめっきであり、鉄板の表面にアルミニウムをめっきしたものをブリキという。

3　酸化還元反応は、我々の身近なものに使われている反応である。例えば、添加物として飲食物に含まれている次亜塩素酸ナトリウムは、自らが還元されることによって食品の劣化を防いでいる。また、塩素系漂白剤に含まれるビタミンC（アスコルビン酸）は、酸化されることによって色素などを分解することができるが、塩酸と反応すると塩素を発生するので危険である。

4　酸化還元反応により、化学エネルギーを電気エネルギーとして取り出す装置を電池という。燃料電池は、外部から水素などを燃料として供給されることで電気を生産でき、自動車や家庭用の発電機などに利用されている。また、燃料電池は水素を燃料とした場合、発電時には二酸化炭素を放出しないという特徴がある。

5　鉛蓄電池は、負極に黒鉛、正極にコバルト酸リチウムを用い、電解液に有機溶媒を用いた電池である。従来の電池と比較して軽量であり、充電が可能であることから、スマートフォンやパソコンの電池として広く利用されており、この実用化に貢献した研究者が2019年にノーベル賞を受賞した。

➡解答・解説は別冊P.048

問題 4 国家専門職（2017 年度）

電池に関する記述として最も妥当なのはどれか。

1 イオン化傾向の異なる２種類の金属を電解質水溶液に浸して導線で結ぶと電流が流れる。このように、酸化還元反応に伴って発生する化学エネルギーを電気エネルギーに変換する装置を、電池という。また、酸化反応が起こって電子が流れ出る電極を負極、電子が流れ込んで還元反応が起こる電極を正極という。

2 ダニエル電池は、亜鉛板と銅板を希硫酸に浸したものである。負極で亜鉛が溶けて亜鉛イオンになり、生じた電子が銅板に達すると、溶液中の銅(Ⅱ)イオンが電子を受け取り、正極で銅が析出する。希硫酸の代わりに電解液に水酸化カリウム水溶液を用いたものをアルカリマンガン乾電池といい、広く使用されている。

3 鉛蓄電池は、負極に鉛、正極に白金、電解液に希硫酸を用いた一次電池である。電流を流し続けると、分極により電圧が低下してしまうため、ある程度放電した鉛蓄電池の負極・正極を、外部の直流電源の負極・正極につなぎ、放電時と逆向きに電流を流して充電して使用する。起電力が高いため、自動車のバッテリーとして広く使用されている。

4 リチウムイオン電池は、負極にリチウムを含む黒鉛、正極にコバルト酸リチウムを用いた電池である。リチウム電池よりも起電力は低いが、小型・軽量化が可能であり、携帯電話やノートパソコン等に用いられている。空気中の酸素を触媒として利用するため、購入時に貼られているシールを剥がすと放電が始まる。

5 燃料電池は、水素や天然ガスなどの燃料と酸素を用いるものである。発電のときには、二酸化炭素を発生させるため環境への負荷があり、また、小型・軽量化も難しいが、幅広い分野での活用が期待されている。特に負極に酸素、正極に水素、電解液にリン酸水溶液を用いたリン酸型燃料電池の開発が進んでいる。

➡解答・解説は別冊 P.049

問題 5 警察官Ⅰ類（2018 年度）

0.20 mol/L の硫酸銅(Ⅱ)水溶液 30 mL を、陽イオン交換樹脂 $R-SO_3H$ を詰めた円筒に通した後、純水で完全に水洗いした。こうして得られた流出液をすべて集め、0.15 mol/L の水酸化ナトリウム水溶液で中和滴定するとき、終点までに必要な水酸化ナトリウム水溶液の量として、最も妥当なのはどれか。

1 20 mL
2 40 mL
3 80 mL
4 120 mL
5 160 mL

➡解答・解説は別冊 P.051

問題 6　警察官Ⅰ類（2021 年度）

0.10 mol/L の酢酸水溶液 1.0 L に酢酸ナトリウムの結晶 0.25 mol を溶かした溶液がある。この水溶液の水素イオン濃度に近い値として、最も妥当なのはどれか。ただし、酢酸の電離定数は K_a=2.7×10^{-5} mol/L とし、結晶の溶解により溶液の体積は変化しないものとする。

1　1.1×10^{-5} mol/L
2　1.4×10^{-5} mol/L
3　1.7×10^{-5} mol/L
4　2.0×10^{-5} mol/L
5　2.3×10^{-5} mol/L

➡解答・解説は別冊 P.052

問題 7　消防官Ⅰ類（2019 年度）

酸、塩基に関する記述として、最も妥当なのはどれか。ただし、［H^+］は水素イオン濃度、［OH^-］は水酸化物イオン濃度を表す。

1　酸性、塩基性の強さを表す数値を、水素イオン指数という。強酸の水溶液を水で薄めていくと、水素イオン指数は大きくなる。
2　純水（純粋な水）中の水分子は、完全に電離しており、25℃の純水では［H^+］=［OH^-］=1.0〔mol/L〕となる。
3　NaOH 水溶液中では、NaOH 分子がほとんど電離しない。よって、NaOH は弱塩基である。
4　ヒトの体内では、部位により pH の値は異なり、血液は中性、涙は酸性、胃液は塩基性である。
5　NaCl は酸性塩の 1 種であり、水に溶かすとその水溶液中の［H^+］が増加して酸性を示す。

➡解答・解説は別冊 P.052

問題 8　　国家一般職（2021 年度）

酸と塩基に関する記述として最も妥当なのはどれか。

1　酸は、水溶液中で水素イオン H^+ を受け取る物質であり、赤色リトマス紙を青色に変える性質をもつ。一方で、塩基は、水溶液中で水酸化物イオン OH^- を受け取る物質であり、青色リトマス紙を赤色に変える性質をもつ。

2　通常の雨水は、大気中の二酸化炭素が溶け込んでいるため、弱い酸性を示すが、化石燃料の燃焼や火山の噴火等によって、大気中に硫黄や窒素の酸化物が放出されると、雨水の酸性度が強まり、酸性雨となる。酸性雨は、コンクリートを腐食させるといった被害をもたらす。

3　水溶液の pH によって色が変化する試薬を pH 指示薬という。pH が大きくなるにつれて、メチルオレンジは赤色から紫色に変化し、フェノールフタレインは無色から黒色に変化する。強酸や強塩基は金属と反応するため、pH メーターは使用できず、pH 試験紙によって pH を推定する。

4　水溶液の正確な濃度を測る方法の一つに中和滴定がある。市販の食酢の濃度を求める場合は、濃度未知の食酢と同量の pH 指示薬を添加し、濃度既知のシュウ酸を滴下する。酸・塩基の強さによって、中和点が pH7 からずれるため、変色域を考慮して pH 指示薬を選択する必要がある。

5　水溶液中の電離した酸・塩基に対する、溶解した酸・塩基の比率を表したものを電離度という。電離度は温度や濃度によらず一定であり、強酸・強塩基よりも弱酸・弱塩基の方が電離度が高い。また、電離度が高いほど電気を通しやすく、金属と反応しづらいという性質をもつ。

➡解答・解説は別冊 P.053

問題 9　　裁判所職員（2019 年度）

酸と塩基の反応に関する次のA～Dの記述の正誤の組合せとして最も妥当なものはどれか。

A　酸と塩基が反応して、互いにその性質を打ち消し合う反応を中和という。
B　酸と塩基を反応させて、酸の H^+ と塩基の OH^- が結合すると水ができる。
C　酸と塩基が過不足なく反応して、中和反応が完了する点を中和点という。
D　過不足なく反応する酸と塩基を用いて水溶液を中性にする操作を中和滴定という。

	A	B	C	D
1	正	正	誤	正
2	正	正	正	誤
3	誤	正	誤	正
4	誤	誤	正	正
5	誤	正	正	正

➡解答・解説は別冊 P.054

問題 10　　国家一般職（2015 年度）

次は、化学平衡に関する記述であるが、［ア］、［イ］に当てはまるものの組合せとして最も妥当なのはどれか。

　窒素 N_2 と水素 H_2 を高温に保つと、アンモニア NH_3 を生じる。この反応は逆向きにも起こり、アンモニアは分解して、窒素と水素を生じる。このように、逆向きにも起こる反応を可逆反応という。可逆反応は、⇄を用いて示され、例えば、アンモニアの生成反応は、次のように表され、この正反応は発熱反応である。

$$N_{2(気)}+3H_{2(気)} \rightleftarrows 2NH_{3(気)} \cdots \quad (*)$$

　化学反応が平衡状態にあるとき、濃度や温度などの反応条件を変化させると、その変化をやわらげる方向に反応が進み、新しい平衡状態になる。この現象を平衡の移動という。

　（＊）のアンモニアの生成反応が平衡状態にあるときに、温度を高くすれば平衡は［ア］、圧縮すれば平衡は［イ］。

	ア	イ
1	移動せず	右に移動する
2	右に移動し	移動しない
3	右に移動し	左に移動する
4	左に移動し	左に移動する
5	左に移動し	右に移動する

➡解答・解説は別冊 P.054

SECTION 4

無機化学

STEP 1 要点を覚えよう！

POINT 1 周期表

元素を**原子番号**の順に並べると、性質のよく似た元素が周期的に現れる。そのような周期性を、元素の**周期律**という。周期律が成り立つのは、原子番号の増加に伴って、原子間の結合に関与する**価電子**の数が周期的に変化するためである。

元素を周期律に基づいて配列し、性質の似た元素が**縦の列**に並ぶようにしたものが、元素の**周期表**である。周期表の**縦の列**を**族**といい、**横の行**を**周期**という。現在用いられている周期表は、**1 ～ 18 族**、**1 ～ 7 周期**で構成されている。

周期表で縦に並んだ**同族元素**は性質が似ているが、**1 族**、**2 族**、**17 族**、**18 族**は特に性質がよく似ていることから、それぞれ、**アルカリ金属**、**アルカリ土類金属**、**ハロゲン**、**貴ガス**と名付けられている。

原子番号	1	2	3	4	5	6	7	8	9	10	11	12	13	14	15	16	17	18	19	20
元素	H	He	Li	Be	B	C	N	O	F	Ne	Na	Mg	Al	Si	P	S	Cl	Ar	K	Ca
価電子の数	**1**	**0**	**1**	**2**	**3**	**4**	**5**	**6**	**7**	**0**	**1**	**2**	**3**	**4**	**5**	**6**	**7**	**0**	**1**	**2**
族	1	18	1	2	13	14	15	16	17	18	1	2	13	14	15	16	17	18	1	2

ここで働きめる！ 典型元素と遷移元素

周期表の両側にある、**1族**、**2族**及び**13～18族**の元素を**典型元素**といい、**3～12族**の元素を**遷移元素**という（12族は遷移元素に含めないこともある）。

典型元素では、**価電子**の数が周期的に変化する（族の番号の1の位の数と価電子の数が等しい。ただし、18族の貴ガスの価電子は0個である）。遷移元素では、価電子の数は周期的に変化せず、1個か2個である。遷移元素では、同族元素だけでなく、**同一周期で隣り合う**元素どうしも性質がよく似ている。

POINT 2 元素の分類と性質

水素：宇宙に最も多く存在する元素。単体は**二原子分子**（H_2）で、無色、無臭の気体。すべての気体の中で**最も軽い**。

アルカリ金属：周期表**1族**に属する元素のうち、**水素**を除く、**リチウム**（Li）、**ナトリウム**（Na）、**カリウム**（K）、**ルビジウム**（Rb）、**セシウム**（Cs）、**フランシウム**（Fr）の6元素。**価電子**を**1個**もち、**1価**の**陽イオン**になりやすい。

アルカリ土類金属：周期表**2族**に属する、**ベリリウム**（Be）、**マグネシウム**（Mg）、**カルシウム**（Ca）、**ストロンチウム**（Sr）、**バリウム**（Ba）、**ラジウム**（Ra）の6元素（Be、Mgを除くこともある）。**価電子**を**2個**もち、**2価**の**陽イオン**になりやすい。

遷移元素：周期表**3～12族**に属する元素で、すべて**金属元素**である（12族を含めないこともある）。一般に、単体は、典型金属元素の単体よりも**融点**が**高く**、**密度**が**大きい**ものが多い。主な元素は、**鉄**（Fe）、**銅**（Cu）、**亜鉛**（Zn）、**銀**（Ag）、**クロム**（Cr）、**マンガン**（Mn）、**ニッケル**（Ni）、**コバルト**（Co）など。

炭素：周期表**14族**に属する。同素体に、**ダイヤモンド**、**黒鉛**などがある。

窒素：周期表**15族**に属する。単体の窒素（N_2）は空気の体積の約78%を占める。

酸素：周期表**16族**に属する、地殻中に最も多く含まれる元素。単体に、同素体の**酸素**（O_2）、**オゾン**（O_3）がある。酸素（O_2）は空気の体積の**約21%**を占める。

ハロゲン：周期表**17族**に属する、**フッ素**（F）、**塩素**（Cl）、**臭素**（Br）、**ヨウ素**（I）、**アスタチン**（At）の5元素。**価電子**を**7個**もち、**1価**の**陰イオン**になりやすい。単体はいずれも**二原子分子**で**特有の色**を示し**有毒**。フッ素（F_2）、塩素（Cl_2）は常温で**気体**、臭素（Br_2）は**液体**、ヨウ素（I_2）、アスタチン（At_2）は**固体**。単体はいずれも**酸化作用**を示し、水素や金属を酸化して**ハロゲン化物**をつくる。

貴ガス（希ガス）：周期表の**18族**に属する、**ヘリウム**（He）、**ネオン**（Ne）、**アルゴン**（Ar）、**クリプトン**（Kr）、**キセノン**（Xe）、**ラドン**（Rn）の6元素。最外殻に8個（Heは2個）の電子をもち、安定な電子配置をとっているため、他の原子と反応したり、イオンになったりすることはほとんどなく、**価電子**の数は**0**とみなされる。**単原子分子**として空気中にわずかに存在する、無色、無臭の気体。

両性金属：**酸**とも**強塩基**とも反応する金属をいう。典型金属元素の両性金属には、13族元素の**アルミニウム**（Al）、14族元素の**スズ**（Sn）、**鉛**（Pb）がある。また、遷移元素（12族）の**亜鉛**（Zn）も両性金属である。

STEP 2 一問一答で理解を確認！

1 周期表の縦の列に並んだ元素は、性質がよく似ている。その縦の列を周期という。

× 周期表の**縦の列**を**族**といい、**横の行**を**周期**という。現在用いられている周期表は、1～18族、1～7周期で構成されている。

---

2 周期律が成り立つのは、原子番号の増加に伴って、原子間の結合に関与する自由電子の数が周期的に変化するためである。

× 元素を**原子番号**の順に並べると、性質のよく似た元素が周期的に現れる。このような周期性を、元素の**周期律**という。周期律が成り立つのは、原子番号の増加に伴って、原子間の結合に関与する**価電子**の数が周期的に変化するためである。

---

3 周期表の両側にある、1族、2族及び13～18族の元素を典型元素という。

○ 周期表の**1族**、**2族**及び**13～18族**の元素を**典型元素**といい、**3～12族**の元素を**遷移元素**という（12族は遷移元素に含めないこともある）。

---

4 典型元素では、同族元素だけでなく、同一周期で隣り合う元素どうしも性質が似ている。

× **遷移元素**では、**同族元素**だけでなく、**同一周期で隣り合う**元素どうしも性質が似ている。典型元素では、同族元素は性質が似ているが、同一周期で隣り合う元素どうしは**価電子**の数が異なることから、化学的性質も異なる。

---

5 宇宙に最も多く存在する元素はヘリウムである。

× 宇宙に最も多く存在する元素は**水素**（H）である。水素の単体は二原子分子（H_2）で、常温では無色、無臭の気体である。水素は気体の中で最も軽い（密度が小さい）。

6 アルカリ金属には、カリウム、カルシウム、アルミニウムなどが含まれる。

× **アルカリ金属**とは、周期表の**1族**に属する元素のうち、水素を除く、**リチウム、ナトリウム、カリウム、ルビジウム、セシウム、フランシウム**の6元素である。カルシウムは周期表の**2族**に属する**アルカリ土類金属**、アルミニウムは、周期表の**13族**に属する金属元素である。

7 アルカリ土類金属は、価電子を2個もち、2価の陰イオンになりやすい。

× 周期表の**2族**に属する**アルカリ土類金属**は、価電子を**2個**もち、**2価**の**陽イオン**になりやすい。

8 遷移元素は、すべて金属元素である。

○ **遷移元素**とは、周期表の**3～12族**に属する元素で、すべて**金属元素**である（12族を含めないこともある）。遷移元素には、鉄、銅、亜鉛、銀、クロム、マンガンなどが含まれる。

9 ハロゲンの単体はいずれも単原子分子で、常温ではすべて液体で、還元作用を示す。

× ハロゲンは、周期表の**17族**に属する、**フッ素、塩素、臭素、ヨウ素、アスタチン**の5元素である。単体はいずれも**二原子分子**で、常温では、フッ素（F_2）、塩素（Cl_2）は**気体**、臭素（Br_2）は**液体**、ヨウ素（I_2）、アスタチン（At_2）は**固体**である。ハロゲンの単体は極めて反応性が高く、いずれも**酸化作用**を示す。

10 貴ガスの価電子の数は0である。

○ 周期表の**18族**に属する**貴ガス**は、最外殻の電子が8個（ヘリウムは2個）という安定な電子配置をもち、反応性は極めて低く、価電子の数は**0**とみなされる。

過去問にチャレンジ！

問題 1

国家一般職（2009 年度）

元素の周期表に関する記述として最も妥当なのはどれか。

1 周期表は、元素をその原子核中に存在する中性子数の少ないものから順に並べたもので、周期表の横の行は周期と呼ばれる。
2 周期表の 1 族に属する元素は、いずれも金属元素である。その原子は、いずれも 1 個の価電子をもち、電子 1 個を取り入れて 1 価の陰イオンになりやすい。
3 周期表の 2 族に属する元素は遷移元素と呼ばれる非金属元素で、それらの元素の単体の沸点や融点は互いに大きく異なり、常温で気体のものと固体のものがある。
4 周期表の 17 族に属する元素はハロゲンと呼ばれる非金属元素で、単体はいずれも単原子分子の気体で陽イオンになりやすいという性質をもち、原子番号の大きいものほど陽イオンになりやすい。
5 周期表の 18 族に属する元素は希ガスと呼ばれる非金属元素で、いずれも常温では無色・無臭の気体である。他の原子と結合しにくく化合物をつくりにくい。そこで、希ガス原子の価電子の数は 0 とされている。

➡解答・解説は別冊 P.056

問題 2

特別区 I 類（2017 年度）

次の気体Ａ～Ｅのうち、下方置換によって捕集する気体の組合せとして、妥当なのはどれか。

A アンモニア
B 一酸化窒素
C 塩化水素
D 水素
E 二酸化窒素

1 A C
2 A D
3 B D
4 B E
5 C E

➡解答・解説は別冊 P.057

問題 3

国家一般職（2013 年度）

次の文はアルカリ金属及びアルカリ土類金属に関する記述であるが、[A]～[D]に当てはまるものの組合せとして最も妥当なのはどれか。

元素の周期表の 1 族に属する元素のうち、水素を除くナトリウム（Na）やカリウム（K）などの元素をまとめてアルカリ金属という。アルカリ金属の原子は、1 個の価電子をもち、1 価の[A]になりやすい。アルカリ金属の化合物のうち、[B]は、塩酸などの酸と反応して二酸化炭素を発生する。[B]は重曹とも言われ、胃腸薬やベーキングパウダーなどに用いられる。

元素の周期表の 2 族に属する元素のうち、カルシウム（Ca）やバリウム（Ba）などは互いによく似た性質を示し、アルカリ土類金属と呼ばれる。アルカリ土類金属の化合物のうち、[C]は、大理石や貝殻などの主成分である。[C]は水には溶けにくいが、二酸化炭素を含む水には炭酸水素イオンを生じて溶ける。また、[D]は消石灰とも言われ、水に少し溶けて強い塩基性を示す。[D]はしっくいや石灰モルタルなどの建築材料や、酸性土壌の改良剤などに用いられる。

	A	B	C	D
1	陽イオン	炭酸水素ナトリウム	酸化カルシウム	硫酸カルシウム
2	陽イオン	水酸化カリウム	炭酸カルシウム	硫酸カルシウム
3	陽イオン	炭酸水素ナトリウム	炭酸カルシウム	水酸化カルシウム
4	陰イオン	水酸化カリウム	酸化カルシウム	水酸化カルシウム
5	陰イオン	炭酸水素ナトリウム	炭酸カルシウム	硫酸カルシウム

➡解答・解説は別冊 P.057

問題 4

特別区Ⅰ類（2022 年度）

金属に関する記述として、妥当なのはどれか。

1 金は、王水にも溶けない典型元素である。
2 銀は、湿った空気中では、硫化水素と反応して淡黄色の硫化銀を生じる。
3 銅は、乾燥空気中では酸化されにくいが、湿った空気中では白銅というさびを生じる。
4 鉄は、鉄鉱石の酸化で得られ、濃硝酸に溶けるが、塩酸とは不動態になる。
5 アルミニウムは、ボーキサイトから得られる酸化アルミニウムの溶融塩電解によってつくられる。

➡解答・解説は別冊 P.057

問題 5　　特別区Ⅰ類（2018 年度）

二酸化窒素に関するA～Dの記述のうち、妥当なものを選んだ組合せはどれか。

A　常温では、一部が無色の四酸化二窒素となる。
B　赤褐色の有毒な気体である。
C　銅と希硝酸の反応で発生する。
D　水に溶けにくい。

1　A　B
2　A　C
3　A　D
4　B　C
5　B　D

➡解答・解説は別冊 P.058

問題 6　　裁判所職員（2018 年度）

炭素に関する A ～ E の記述の正誤の組合せとして最も妥当なのはどれか。

A　一酸化炭素は、無色・無臭の気体で、人体に有毒である。
B　一酸化炭素は、二酸化硫黄と並び、酸性雨の原因の一つになる。
C　一酸化炭素や二酸化炭素は炭素を含む化合物であるため、一般に有機化合物として扱われる。
D　ダイヤモンドと黒鉛は互いに同素体の関係にある。
E　ダイヤモンドと黒鉛はどちらも電気伝導性がない。

	A	B	C	D	E
1	正	正	正	誤	誤
2	正	誤	誤	正	誤
3	正	正	誤	誤	正
4	誤	誤	正	正	正
5	誤	誤	正	正	誤

➡解答・解説は別冊 P.058

問題 7　　消防官Ⅰ類（2021年度）

非金属元素の単体と化合物に関する記述として、最も妥当なのはどれか。

1　アルゴンは空気の約1%の体積を占め、電球の封入ガスに利用される希（貴）ガスである。
2　ヨウ素は黒紫色の固体であり、ハロゲンの中で最も酸化力が強い。
3　オゾンは酸素と同様に無色無臭で、酸素に強い紫外線を当てると生じる。
4　塩化アンモニウムと水酸化カルシウムを加熱してアンモニアを得る製法では、乾燥剤として塩化カルシウムを用いる。
5　二酸化炭素はギ酸を濃硫酸とともに加熱し、脱水すると得られる。

➡解答・解説は別冊P.059

問題 8　　消防官Ⅰ類（2020年度）

気体に関する記述として、最も妥当なのはどれか。

1　一酸化炭素は、刺激臭のある無色の有害な気体であり、燃料の不完全燃焼などにより生じる。水によく溶けて酸性を示す。
2　塩素は、無臭で黄緑色の有毒な気体であり、水と反応すると塩化水素と酸素が生じる。水溶液は漂白剤や殺菌剤などに用いられる。
3　二酸化窒素は、刺激臭のある無色の有毒な気体であり、水に溶けると硝酸が生じる。常温では一部が赤褐色の四酸化窒素に変化する。
4　硫化水素は、腐卵臭のある赤褐色の有毒な気体であり、水に少し溶けてアルカリ性を示す。水溶液に二酸化硫黄を通じると硫黄が析出する。
5　ホルムアルデヒドは、刺激臭や催涙性のある無色の気体であり、水によく溶け、水溶液は防腐剤や消毒薬に用いられる。

➡解答・解説は別冊P.059

SECTION 5

有機化学

STEP 1 要点を覚えよう！

POINT 1 有機化合物の定義

有機化合物とは、**炭素原子**を構成元素として含む化合物の総称である。ただし、**一酸化炭素**（CO）、**二酸化炭素**（CO_2）、炭酸カルシウム（$CaCO_3$）などの**炭酸塩**、シアン化合物などは、慣例として**無機化合物**として扱われる。

有機化合物は、かつては、**生物**によってのみつくられるものと考えられていたので、**有機体**（生物）から得られる化合物という意味でそのように呼ばれていた。しかし、それらの化合物も**人工的に合成できる**ことがわかり、現在のような定義に変わった。有機化合物以外の化合物を、**無機化合物**という。

POINT 2 有機化合物と無機化合物の比較

	有機化合物	無機化合物
構成元素	構成元素の種類は**少なく**、**C、H、O、N、S、P、ハロゲン**など	**ほぼすべての元素**が無機化合物になり得る
化合物の数	非常に多い	有機化合物にくらべると少ない
構成粒子	**分子**からなるものが多い	分子・イオン・原子などさまざま
融点・沸点	一般に融点・沸点が**低い**	融点・沸点は、低いものから高いものまで幅広い
溶解性	**水に溶けにくく**、**有機溶媒***に溶けるものが多い（例外として、エタノール、酢酸などは水によく溶ける）	水に溶けやすく、有機溶媒には溶けにくいものが多い

POINT 3 有機化合物の化学式

分子式：一分子を構成する原子の種類と数を表す化学式。慣例として、C、H、Oの順に書く。例：C_2H_6O（エタノール）

示性式：分子式から**官能基**を抜き出して明示し、その分子の性質がわかるようにした化学式。例：C_2H_5**OH**（エタノール・OHの部分は**ヒドロキシ基**）

構造式：原子間の結合を**線**で表した化学式。

例：

```
    H  H
    |  |
H—C—C—O—H  エタノール
    |  |
    H  H
```

＊ **有機溶媒**…物質を溶解させるために用いる、液体の有機化合物の総称。代表的なものに、ベンゼン、ヘキサン、トルエン、アセトン、エタノール、酢酸、ジエチルエーテル、クロロホルムなどがある。有機溶剤ともいう。

POINT 4 有機化合物の分類（炭化水素の分類）

炭素（C）と**水素**（H）のみからなる化合物を**炭化水素**という。

鎖式炭化水素：炭素原子が**鎖状**に結合しているもの。**脂肪族炭化水素**ともいう。
環式炭化水素：炭素原子が**環状**に結合した部分を含むもの。
芳香族炭化水素：環式炭化水素のうち、分子内に**ベンゼン環***を含むもの。
脂環式炭化水素：環式炭化水素のうち、芳香族炭化水素以外のもの。
飽和炭化水素：炭素原子間の結合がすべて**単結合**であるもの。
不飽和炭化水素：炭素原子間の結合に、**二重結合**や**三重結合**を含むもの。

	飽和炭化水素	不飽和炭化水素	
		二重結合を1つもつもの	三重結合を1つもつもの
鎖式炭化水素	**アルカン** （メタン系炭化水素） 例：メタン、エタン	**アルケン** （エチレン系炭化水素） 例：エチレン	**アルキン** （アセチレン系炭化水素） 例：アセチレン
		環状構造中に二重結合を1つもつもの	ベンゼン環をもつもの
環式炭化水素	**シクロアルカン** 例：シクロヘキサン	**シクロアルケン** 例：シクロヘキセン	**芳香族炭化水素** 例：ベンゼン、トルエン

POINT 5 有機化合物の分類（官能基*による分類）

官能基		一般名	一般式 ※	化合物の例
ヒドロキシ基	$-OH$	**アルコール**	$R-OH$	メタノール（CH_3OH） エタノール（C_2H_5OH）
		フェノール類		フェノール（C_6H_5OH）
ホルミル基（アルデヒド基）	$-\underset{\underset{O}{\|}}{C}-H$	**アルデヒド**	$R-CHO$	アセトアルデヒド（CH_3CHO）
カルボニル基（ケトン基）	$-\underset{\underset{O}{\|}}{C}-$	**ケトン**	$R-CO-R'$	アセトン（CH_3COCH_3）
カルボキシ基	$-\underset{\underset{O}{\|}}{C}-OH$	**カルボン酸**	$R-COOH$	酢酸（CH_3COOH）
ニトロ基	$-NO_2$	**ニトロ化合物**	$R-NO_2$	ニトロベンゼン（$C_6H_5NO_2$）
アミノ基	$-NH_2$	**アミン**	$R-NH_2$	アニリン（$C_6H_5NH_2$）
スルホ基	$-SO_3H$	**スルホン酸**	$R-SO_3H$	ベンゼンスルホン酸（$C_6H_5SO_3H$）
エーテル結合	$-O-$	**エーテル**	$R-O-R'$	ジエチルエーテル（$C_2H_5OC_2H_5$）
エステル結合	$-\underset{\underset{O}{\|}}{C}-O-$	**エステル**	$R-COO-R'$	酢酸エチル（$CH_3COOC_2H_5$）

※一般式のRは炭化水素基（炭化水素分子からH1個がとれた形の基）を表す。

* **ベンゼン環**…6個の炭素原子からなる正六角形の構造。
* **官能基**…有機化合物の性質を特徴づける特定の原子団。

STEP 2 一問一答で理解を確認！

1 有機化合物とは、炭素原子を含む化合物の総称で、二酸化炭素、炭酸カルシウムなどが代表的である。

× **有機化合物**とは、**炭素原子**を含む化合物の総称であるが、一酸化炭素、**二酸化炭素**、**炭酸カルシウム**などの炭酸塩、シアン化合物などは、慣例として**無機化合物**として扱われる。

---

2 有機化合物は、構成元素の種類が少なく、化合物の種類も無機化合物にくらべると少ない。

× 有機化合物は、構成元素の種類が**少なく**、**C**、**H**、**O**、**N**、**S**、**P**、**ハロゲン**などにかぎられるが、化合物の種類は、無機化合物よりもはるかに**多い**。これは、原子価 4 の**炭素原子**どうしが**共有結合**によりいくつも結び付いて、**鎖状**や**環状**の骨格をつくれること、炭素どうしの結合には、**単結合**だけでなく、**二重結合**、**三重結合**も可能であること、炭素原子は他の非金属原子とも安定な共有結合を形成できることなどによる。

---

3 有機化合物を表す化学式には、分子式、示性式、構造式などがある。エタノールを C_2H_5OH と書くのが分子式である。

× **エタノール**の化学式を、**ヒドロキシ基**(−OH)を明示して C_2H_5OH と書くのは**示性式**である。分子式では、単に一分子を構成する原子の種類と数のみを示して、C_2H_6O と書く。

---

4 分子が鎖状構造をした飽和炭化水素を、アルカンという。

○ **アルカン**とは、**鎖式**の**飽和炭化水素**の総称で、一般式 C_nH_{2n+2} で表される。**メタン系炭化水素**ともいう。代表的な化合物に、メタン（CH_4）、エタン（C_2H_6）、プロパン（C_3H_8）などがある。

5 環式炭化水素のうち、分子内にベンゼン環を含むものを、脂環式炭化水素という。

× **環式炭化水素**のうち、分子内に**ベンゼン環**を含むものを、**芳香族炭化水素**という。ベンゼン環とは、**炭素原子**6個からなる**正六角形**の構造である。**脂環式炭化水素**とは、環式炭化水素のうち、芳香族炭化水素以外のもので、飽和炭化水素のシクロアルカン、不飽和炭化水素のシクロアルケンなどが含まれる。

6 アルコールとは、炭化水素の水素原子がヒドロキシ基に置き換わった形の化合物の総称である。

○ **アルコール**は、炭化水素の**水素原子**が**ヒドロキシ基**（−OH）に置き換わった形の化合物の総称で、一般式 **R−OH** で示される。ヒドロキシ基が1個のものを一価アルコール、2個のものを二価アルコール、3個のものを三価アルコールという。一価のアルコールには、**メタノール**（CH_3OH）、**エタノール**（C_2H_5OH）などがある。

7 アルデヒドとは、アルデヒド基をもつ化合物の総称である。

○ **アルデヒド**とは、**アルデヒド基**（−CHO・**ホルミル基**とも）をもつ化合物の総称で、一般式 **R−CHO** で示される。代表的な化合物に、**ホルムアルデヒド**（HCHO）、**アセトアルデヒド**（CH_3CHO）などがある。

8 カルボキシ基（−COOH）をもつ化合物をケトンという。

× **カルボキシ基**（−COOH）をもつ化合物を**カルボン酸**といい、一般式 **R−COOH** で示される。代表的な化合物に、**酢酸**（CH_3COOH）がある。**ケトン**は、**カルボニル基**（ケトン基とも）をもつ化合物の総称で、一般式 **R−CO−R′** で示される。代表的な化合物に**アセトン**（CH_3COCH_3）がある。

過去問にチャレンジ！

問題 1　消防官（2019 年度）

有機化合物に関する記述として、最も妥当なのはどれか。

1　メタンは、天然ガスの主成分であり、化学式 C_3H_8 で表される。メタン分子は、3 個の炭素原子が環状となった構造をしている。

2　ベンゼンは、常温で無色、特異臭の気体であり、化学式 C_6H_6 で表される。ベンゼン分子は、6 個の炭素原子が一直線に並んだ構造をしている。

3　アセチレンは、常温で無色の気体であり、化学式 C_2H_2 で表される、アセチレン分子内には、三重結合が含まれている。

4　メタノールは、常温で無色の液体であり、化学式 C_2H_5OH で表される。無毒であり、飲料や消毒剤などに利用されている。

5　酢酸は、常温で無色、刺激臭の液体であり、化学式 CH_3OH で表される。食酢には、酢酸が 50％含まれる。

➡解答・解説は別冊 P.061

問題 2　特別区Ⅰ類（2009 年度）

次の文は、有機化合物の分類に関する記述であるが、文中の空所 A ～ D に該当する語の組合せとして、妥当なのはどれか。

最も基本的な有機化合物は、炭素と水素からなる炭化水素であり、炭素原子の結合のしかたによって分類される。

炭素原子が鎖状に結合しているものを鎖式炭化水素、環状に結合した部分を含むものを環式炭化水素といい、環式炭化水素はベンゼン環をもつ A 炭化水素とそれ以外の B 炭化水素に分けられる。また、炭素原子間の結合がすべて単結合のものを C 炭化水素、二重結合や三重結合を含むものを D 炭化水素という。

	A	B	C	D
1	芳香族	脂環式	飽和	不飽和
2	芳香族	脂環式	不飽和	飽和
3	脂環式	芳香族	飽和	不飽和
4	脂環式	芳香族	不飽和	飽和
5	脂環式	脂肪族	飽和	不飽和

➡解答・解説は別冊 P.061

問題 3　　特別区Ⅰ類（2020 年度）

アルコールに関する記述として、妥当なのはどれか。

1　メタノールやエタノールのように、炭化水素の水素原子をヒドロキシ基で置換した化合物をアルコールという。
2　アルコールにナトリウムを加えると、二酸化炭素が発生し、ナトリウムアルコキシドを生じる。
3　濃硫酸を 160〜170℃に加熱しながらエタノールを加えると、分子内で脱水反応が起こり、ジエチルエーテルが生じる。
4　グリセリンは、2 価のアルコールで、自動車エンジンの冷却用不凍液、合成繊維や合成樹脂の原料として用いられる。
5　エチレングリコールは、3 価のアルコールで、医薬品や合成樹脂、爆薬の原料として用いられる。

➡解答・解説は別冊 P.061

問題 4　　国家一般職（2014 年度）

有機化合物に関する記述として最も妥当なのはどれか。

1　炭素を含む化合物を有機化合物という。これには、二酸化炭素、炭酸カルシウムなどの低分子の化合物や陶器に利用されるセラミックスなどの高分子の化合物が含まれる。
2　エタノールは、水と任意の割合で混じり合う無色の液体で、化学式は C_2H_5OH である。ブドウ糖（グルコース）などのアルコール発酵によって生じる。
3　酢酸は、常温で無色の液体で、化学式は C_6H_6 である。食酢の主成分であり、純粋な酢酸は無水酢酸と呼ばれ、強酸性である。
4　尿素は、化学式は CH_3CHO で、生物体内にも含まれる有機化合物である。水や有機溶媒によく溶け、肥料や爆薬（ダイナマイト）の原料としても利用される。
5　メタンは、褐色で甘いにおいをもつ気体で、化学式は CH_4 である。塩化ビニルの原料となるほか、リンゴなどの果実の成熟促進剤にも用いられている。

➡解答・解説は別冊 P.062

問題 5　　国家一般職（2018 年度）

有機化合物に関する記述として最も妥当なのはどれか。

1　アルコールとは、一般に、炭化水素の水素原子をヒドロキシ基（−OH）で置き換えた形の化合物の総称である。アルコールの一種であるエタノールは、酒類に含まれており、グルコースなどの糖類をアルコール発酵することによって得ることができる。
2　エーテルとは、1 個の酸素原子に 2 個の炭化水素基が結合した形の化合物の総称であり、アルコールとカルボン酸が脱水縮合することによって生成する。エーテルの一種であるジエチルエーテルは、麻酔に用いられ、水に溶けやすく、有機化合物に混ぜると沈殿を生じる。
3　アルデヒドとは、カルボニル基（>C=O）の炭素原子に 1 個の水素原子が結合したアルデヒド基（−CHO）を持つ化合物の総称である。アルデヒドの一種であるホルムアルデヒドは、防腐剤などに用いられる無色無臭の気体で、酢酸を酸化することによって得ることができる。
4　ケトンとは、カルボニル基に 2 個の炭化水素基が結合した化合物の総称である。ケトンは、一般にアルデヒドを酸化することで得られる。ケトンの一種であるグリセリンは、常温では固体であり、洗剤などに用いられるが、硬水中では不溶性の塩を生じる。
5　カルボン酸とは、分子中にカルボキシ基（−COOH）を持つ化合物の総称である。カルボン酸は塩酸よりも強い酸であり、カルボン酸の塩に塩酸を加えると塩素が発生する。また、油脂に含まれる脂肪酸もカルボン酸の一種であり、リノール酸、乳酸などがある。

➡解答・解説は別冊 P.063

問題 6　　国家専門職（2007 年度）

油脂に関する次の記述の ア ～ エ に当てはまる語句の組合せとして最も妥当なのはどれか。

「ゴマ油やバターの主成分である油脂は、 ア と脂肪酸によるエステルであり、ラード（豚脂）のように常温で固体の脂肪とゴマ油のように常温で液体の脂肪油に大別される。脂肪油にニッケルを触媒として水素を付加させると固化し イ となるが、これはマーガリンなどの原料として用いられる。

脂肪は、炭化水素基に二重結合をもたない ウ を多く含み、また、脂肪油は、炭化水素基に二重結合をもつ エ を多く含む。例えば、リノール酸や魚油に多く含まれ神経系の発達を促すといわれているドコサヘキサエン酸（DHA）は エ である。」

	ア	イ	ウ	エ
1	エチレングリコール	硬化油	飽和脂肪酸	不飽和脂肪酸
2	エチレングリコール	乳化剤	不飽和脂肪酸	飽和脂肪酸
3	グリセリン	硬化油	飽和脂肪酸	不飽和脂肪酸
4	グリセリン	硬化油	不飽和脂肪酸	飽和脂肪酸
5	グリセリン	乳化剤	不飽和脂肪酸	飽和脂肪酸

➡解答・解説は別冊 P.064

問題 7

国家専門職（2016 年度）

次は、有機化合物の特徴とその分析に関する記述であるが、 A ～ D に当てはまるものの組合せとして最も妥当なのはどれか。

炭素原子を骨格とする化合物を有機化合物といい、このうち、炭素原子間に二重結合や三重結合を含むものを A という。

有機化合物は、官能基と呼ばれる化合物の特性を決める原子団によりいくつかの化合物群に分類でき、有機化合物を化学式で表す場合、官能基を明示した B がよく用いられる。例えば、酢酸は、 C という官能基を持つため、カルボン酸という化合物群に分類され、CH_3-COOH の B で表される。

いま、炭素原子、水素原子、酸素原子から成る有機化合物 60 g を、図のような装置で完全に燃焼させたところ、発生した H_2O を全て吸収した塩化カルシウム管の質量が 72 g 増加し、発生した CO_2 を全て吸収したソーダ石灰管の質量が 132 g 増加したとする。原子量を炭素原子＝12.0、水素原子＝1.0、酸素原子＝16.0 とすると、この有機化合物の組成式は D である。

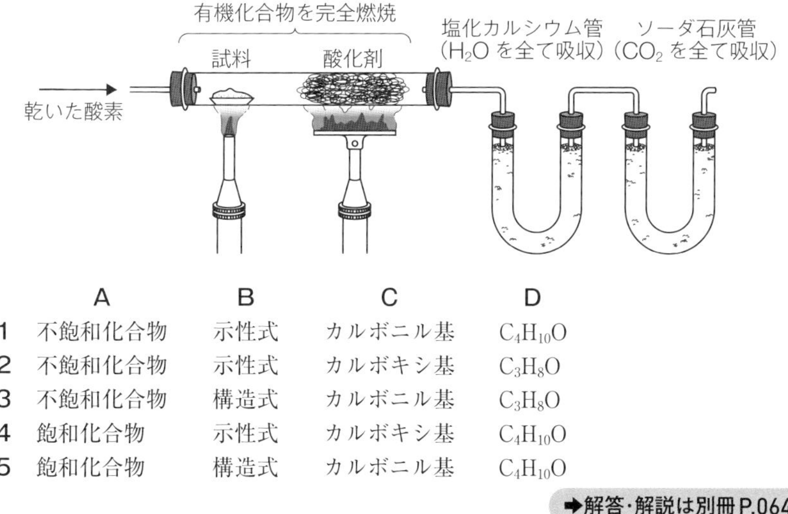

	A	B	C	D
1	不飽和化合物	示性式	カルボニル基	$C_4H_{10}O$
2	不飽和化合物	示性式	カルボキシ基	C_3H_8O
3	不飽和化合物	構造式	カルボニル基	C_3H_8O
4	飽和化合物	示性式	カルボキシ基	$C_4H_{10}O$
5	飽和化合物	構造式	カルボニル基	$C_4H_{10}O$

➡解答・解説は別冊 P.064

SECTION 6

高分子化合物・その他

STEP 1 要点を覚えよう！

POINT 1 高分子化合物の分類と特徴

分子量が**1万を超える**ような非常に大きい分子からなる物質を、**高分子化合物**という。高分子化合物は、炭素を骨格とする**有機高分子化合物**と、ケイ素、酸素、リンなどを骨格とする**無機高分子化合物**に分類される。一般に、高分子化合物といえば有機高分子化合物をさす。

高分子化合物のうち、デンプンやタンパク質のように自然界に存在するものを**天然高分子化合物**といい、ポリエチレンやポリエチレンテレフタラートのように、石油などから人工的につくられるものを**合成高分子化合物**という。

高分子化合物は、1種類または数種類の小さな分子が繰り返し連なってできている。高分子化合物の単位構造となる小さい分子を**単量体（モノマー）**といい、単量体が連なってできた高分子化合物を**重合体（ポリマー）**という。多数の単量体が次々に結合して重合体ができる反応を**重合**といい、重合体をつくる単量体の数を**重合度**という。

多くの高分子化合物は、重合度の異なる分子が集まってできているので、各分子の分子量にはばらつきがある。そのため、高分子化合物の分子量は、**平均分子量**として表される。

高分子化合物は、一般に以下のような性質を示す。

- 一般に、**固体**（または**液体**）である。
- 溶媒に**溶解しにくい**ものが多い。溶解すると、分子1個がコロイド粒子の大きさとなる**分子コロイド**になる。
- 固体には、分子が規則正しく配列した**結晶構造**の部分と、分子が不規則に並んだ**非結晶構造**の部分が混在し、それらの割合に応じて性質が変化する。
- 一定の**融点**を示さず、加熱すると徐々に**軟化**する。軟化が始まる温度を**軟化点**という。

POINT 2 天然高分子化合物

●**糖類**

天然有機化合物のうち、一般式 $C_mH_{2n}O_n$ で表されるものを**糖類**という。この分子式は、$C_m(H_2O)_n$ と表すこともでき、**炭素**と**水**の化合物という形になっているので、**炭水化物**とも呼ばれる。

糖類は、**単糖**、**二糖**、**多糖**に分類される。

単糖：糖類のうち、酸を加えて加熱しても、**それ以上加水分解されない**ものをいう。代表的な単糖には、**グルコース**（ブドウ糖）、**フルクトース**（果糖）、**ガラクトース**がある。これらは、いずれも分子式 $C_6H_{12}O_6$ で表され、互いに**異性体**である。

二糖：糖類のうち、2個の単糖から水 H_2O 1分子が取れて**脱水縮合**した構造をもつものをいう。酸を加えて加熱すると、単糖2分子が生じる。**マルトース**（麦芽糖）、**スクロース**（ショ糖）、**セロビオース**、**ラクトース**（乳糖）などがある。

多糖：糖類のうち、多数の単糖が**脱水縮合**した構造をもつものをいう。酸を加えて加熱すると、多数の単糖が生じる。**デンプン**、**グリコーゲン**、**セルロース**などがある。

●アミノ酸とタンパク質

分子内に**アミノ基** $-NH_2$ と**カルボキシ基** $-COOH$ の両方をもつ化合物を**アミノ酸**といい、そのうち、アミノ基とカルボキシ基が**同一の炭素原子**に結合しているものを、**α－アミノ酸**という。**タンパク質**とは、α－アミノ酸がペプチド結合*により多数連なった**ポリペプチド***である。

POINT 3 合成高分子化合物

●合成繊維

ポリアミド：単量体が**アミド結合** $-CO-NH-$ で多数連なった高分子化合物を**ポリアミド**という。代表的なポリアミドである**ナイロン**は、世界で初めてつくられた合成繊維である。

アラミド繊維：ナイロンの分子中の炭化水素鎖 $(CH_2)_n$ に代えて、**ベンゼン環**がアミド結合によりつながった構造をもつポリアミドをアラミド繊維という。アラミド繊維は引っ張り強度、耐熱性などにすぐれ、**消防服**や**防弾チョッキ**などに用いられる。

ポリエステル：単量体がエステル結合 $-COO-$ で多数連なった高分子化合物を**ポリエステル**という。代表的なポリエステルである**ポリエチレンテレフタラート**は、**PET ボトル**の原料として知られる。

アクリル繊維：**アクリロニトリル** $CH_2=CHCN$ を付加重合させたポリアクリロニトリルを主成分とする合成繊維を、**アクリル繊維**という。アクリル繊維は、羊毛に似た手ざわりで軽く、柔らかくて保温性がよいことから、セーター、毛布、敷物などに用いられる。

●合成樹脂（プラスチック）

合成樹脂は、**熱**や**圧力**を加えることによって容易に成形することができ、**酸化や腐食もされにくい**ことから、広く利用されている。合成樹脂のうち、加熱すると軟化し、冷却すると再び硬くなるものを**熱可塑性樹脂**といい、加熱すると硬くなるものを**熱硬化性樹脂**という。熱可塑性樹脂には、**ポリエチレン**、**ポリプロピレン**、**ポリ塩化ビニル**などが、熱硬化性樹脂には、**フェノール樹脂**、**アミノ樹脂**などがある。

---

* **ペプチド結合**…アミノ酸のカルボキシ基と、他のアミノ酸のアミノ基から水1分子が取れて脱水縮合すると、アミド結合 $-CO-NH-$ が形成される。このように、アミノ酸どうしから生じるアミド結合をペプチド結合という。

* **ポリペプチド**…ペプチド結合をもつ物質をペプチドといい、α－アミノ酸2分子が結合したものをジペプチド、3分子が結合したものをトリペプチド、多数のα－アミノ酸が縮合したものをポリペプチドという。

STEP 2 一問一答で理解を確認！

1 分子量が1000を超えるような分子からなる物質を、高分子化合物という。

× 一般に、分子量が**1万**を超えるような非常に大きい分子からなる物質を、**高分子化合物**という。

---

2 高分子化合物の単位構造となる小さい分子を、単量体またはポリマーという。

× 高分子化合物の単位構造となる小さい分子を、**単量体**または**モノマー**という。多数の単量体が連なってできた高分子化合物を、**重合体**または**ポリマー**という。

---

3 重合体をつくる単量体の数を、重合度という。

○ 多数の単量体が次々に結合して重合体ができる反応を**重合**といい、重合体をつくる単量体の数を**重合度**という。

---

4 高分子化合物には、溶媒に溶解しにくいものが多い。

○ 高分子化合物には、溶媒に**溶解しにくい**ものが多いが、溶解すると、分子1個がコロイド粒子の大きさとなる**分子コロイド**になる。

---

5 高分子化合物は、物質ごとに固有の融点をもつ。

× 高分子化合物は、一般に、**一定の融点を示さず**、加熱すると徐々に**軟化**する。軟化が始まる温度を**軟化点**という。

---

6 一般式 $C_mH_{2n}O_n$ で表される天然有機化合物を糖類という。糖類は、炭水化物とも呼ばれる。

○ 天然有機化合物のうち、一般式 $C_mH_{2n}O_n$ で表されるものを**糖類**という。この分子式は、$C_m(H_2O)_n$ と表すこともでき、形式上、**炭素**と**水**の化合物とみなせることから、**炭水化物**とも呼ばれる。

STEP 2

一問一答で理解を確認！

7 単糖とは、糖類のうち、酸を加えて加熱しても、それ以上加水分解されないものをいい、代表的な単糖としてはデンプンが挙げられる。

× 糖類は、**単糖**、**二糖**、**多糖**に分類される。単糖とは、糖類のうち、酸を加えて加熱しても、それ以上**加水分解されない**ものをいう。代表的な単糖には、**グルコース**（ブドウ糖）、**フルクトース**（果糖）、**ガラクトース**がある。**デンプン**は、多数のグルコースが脱水縮合した構造をもつ**多糖**である。

---

8 アミノ酸のうち、アミノ基とカルボキシ基が同一の酸素原子に結合しているものを、α−アミノ酸という。

× 分子内に**アミノ基** $-NH_2$ と**カルボキシ基** $-COOH$ の両方をもつ化合物を**アミノ酸**といい、そのうち、アミノ基とカルボキシ基が同一の**炭素原子**に結合しているものを、**α−アミノ酸**という。

---

9 タンパク質とは、α−アミノ酸がペプチド結合により多数連なったポリペプチドである。

○ **タンパク質**とは、**α−アミノ酸**が**ペプチド結合**により多数連なった**ポリペプチド**である。アミノ酸どうしから生じる**アミド結合**をペプチド結合といい、多数のα−アミノ酸がペプチド結合を形成して縮合したものをポリペプチドという。

---

10 単量体がアミド結合−CO−NH−で多数連なった高分子化合物をポリアミドという。

○ 単量体が**アミド結合**で多数連なった高分子化合物を**ポリアミド**という。代表的なポリアミドである**ナイロン**は、世界で初めてつくられた合成繊維である。

---

11 PETボトルの原料として知られるポリエチレンテレフタラートは、ポリアミドの一種である。

× **ポリエチレンテレフタラート**は、単量体が**エステル結合** $-COO-$ で多数連なった高分子化合物である**ポリエステル**の一種である。

過去問にチャレンジ！

問題 1　　国家専門職（2009 年度）

環境化学に関する記述として最も妥当なのはどれか。

1　地球温暖化とは、太陽から放射された赤外線が、地表に達する前に二酸化炭素などの温室効果ガスに吸収され熱エネルギーとして蓄えられることにより、大気温が高まる現象である。温室効果ガスのうち、メタンは二酸化炭素の約１万倍の温室効果があり、地球温暖化への寄与率が最も高いといわれている。

2　酸性雨とは、通常は弱アルカリ性を示す雨に、化石燃料の燃焼などに由来する硫黄酸化物や窒素酸化物が溶け、強い酸性になった雨のことである。このうち硫黄酸化物はノックスとも呼ばれ、酸性雨の原因として最も問題になるのは、一酸化硫黄である。

3　フロン類は、塩化水素にフッ素が結合した化合物の総称である。毒性が強いため取扱いに注意を要し、また、反応性が極めて高いため、成層圏に存在するオゾンと反応して、生物に有害な紫外線を吸収しているオゾン層を破壊する。

4　ダイオキシン類は、廃棄物の焼却工程などから発生する有機塩素化合物で、なかには急性毒性、発がん性を示すものがある。化学的に安定であるため、環境中に放出されると長期間分解されず、また、脂溶性のため体内の脂肪組織に蓄積されやすい。

5　水質汚濁で問題となる重金属として、水銀、六価クロム、マグネシウムなどがある。マグネシウムには発がん性があり、また、人体に多量に摂取されると骨軟化症や腎臓障害を起こす。工場排水などに含まれる重金属を除去するには、硫酸などを用いて重金属をイオン化するのが有効である。

➡解答・解説は別冊 P.066

問題 2 国家一般職（2020 年度）

高分子化合物等に関する記述A～Dのうち、妥当なもののみを挙げているのはどれか。

A 生分解性高分子は、微生物や生体内の酵素によって、最終的には、水と二酸化炭素に分解される。生分解性高分子でつくられた外科手術用の縫合糸は、生体内で分解・吸収されるため抜糸の必要がない。

B 吸水性高分子は、立体網目状構造を持ち、水を吸収すると、網目の区間が広がり、また、電離したイオンによって浸透圧が大きくなり、更に多量の水を吸収することができる。この性質を利用して、吸水性高分子は紙おむつや土壌の保水剤などに用いられる。

C テレフタル酸とエチレンの付加重合で得られるポリエチレンテレフタラート（PET）は、多数のエーテル結合を持つ。これを繊維状にしたものはアクリル繊維と呼ばれ、耐熱性、耐薬品性に優れ、航空機の複合材料や防弾チョッキなどに用いられる。

D 鎖状構造のグルコースは、分子内にヒドロキシ基を持つので、その水溶液は還元性を示す。また、蜂蜜や果実の中に含まれるフルクトースは、多糖であり、糖類の中で最も強い甘味を持ち、一般的にブドウ糖と呼ばれる。

1 A、B
2 A、C
3 B、C
4 B、D
5 C、D

➡解答・解説は別冊 P.067

問題 3 特別区Ⅰ類（2002 年度）

タンパク質に関する記述として、妥当なのはどれか。

1 タンパク質は、多数のアミノ酸が、カルボキシル基とアミノ基との間で脱水縮合したペプチド結合でつながった高分子化合物である。
2 タンパク質は、ヨウ素ヨウ化カリウム水溶液を加えると、ビウレット反応を示し、青紫色になる。
3 タンパク質は、フェノールフタレイン液を加えると、キサントプロテイン反応を示し、赤紫色になる。
4 タンパク質は、水に溶かすと疎水コロイドになり、この水溶液を加熱すると凝固・沈殿するが、アルコールを加えると溶解する。
5 タンパク質は、アミラーゼ及びマルターゼの２種類の酵素によってアミノ酸に加水分解される。

➡解答・解説は別冊 P.067

問題 4 東京都Ⅰ類（2019 年度）

化学者に関する記述として、妥当なのはどれか。

1 ドルトンは、元素の周期律を発見し、当時知られていた元素を原子量の順に並べた周期表を発表した。
2 カロザースは、窒素と水素の混合物を低温、低圧のもとで反応させることにより、アンモニアを合成する方法を発見した。
3 プルーストは、一つの化合物に含まれる成分元素の質量の比は、常に一定であるという法則を発見した。
4 ハーバーは、食塩水、アンモニア及び二酸化炭素から炭酸ナトリウムを製造する、オストワルト法と呼ばれる方法を発見した。
5 アボガドロは、同温、同圧のもとで、同体積の気体に含まれる分子の数は、気体の種類により異なるという説を発表した。

➡解答・解説は別冊 P.068

CHAPTER

生物

この で ぶこと

CHAPTER3では生物を取り扱います。自然科学の中でも学習する受験生の多い科目の一つが生物です。**過去の合格者でも生物は学習しているケースが多い**印象があります。その理由としては何より大半が暗記の内容であることと、理解までできていなくても覚えてさえいれば得点できる問題が多いことにあるでしょう。ですから、今までに学習した経験がなかったとしても、ひとまず覚えておけば得点の可能性が上げられる科目といえます。

ただし、生物のデメリットとしては範囲が広いことが挙げられます。他の科目と同様に、出題頻度をふまえて重要度の高い分野とそうでない分野で、メリハリを付けて学習することが求められるでしょう。

学習するのであれば、動物の分野を中心に押さえるのが常套手段

生物も多くの試験で1～2問程度の出題です。しかも、前述のとおり生物はそもそも科目の性質として範囲が広いため、出題範囲を予想するのはやはり難しいといえます。そんな中でもあえて絞るとすれば、いわゆる「**動物**」の分野です。本書でいえば**SECTION5**に当たります。「動物」だけはどんな試験であってもだいたい出題されたことがあるので、学習範囲を絞り込むのであれば、せめてSECTION5だけでもそれなりに仕上げておきたいところです。それ以外でいうと**SECTION1「細胞」**や**SECTION4「遺伝」**などは生物全体を理解するうえでも重要なテーマでしょう。

過去問の問題演習を中心に対策する

特に暗記中心の科目になると、よりいっそう「**本試験で何が問われやすいか**」は重要です。覚えてさえいれば解ける反面、それが出題されなければ意味がないからです。その点でいうと、やはり過去問演習は最重要といえるでしょう。試験種ごとにも多少の傾向は見られますから、「傾向に合わせて本試験直前に知識を詰めて望む…」という戦略も大いにあり得るところです。特に「選択肢の何と何を取り違えさせようとするのか」など、ひっかけの作り方なども似たような傾向があったりします。過去問はじっくり分析しておきたいところです。

試験別対策

国家一般職・国家専門職・裁判所職員

例年は1問程度問われていましたが、2024年度以降の試験からは時事に関連する程度の問われ方になります。ただし、国家公務員試験はもともと生物を時事と絡めるケースもあったので、ひととおりの学習は有効でしょう。

地方上級

例年2問程度問われています。出題頻度が高いのはやはり「動物」の分野で、ここは非常によく問われます。もちろん、他の分野から出題されたこともありますし、難易度が高くなることがある点は他の科目と同様です。

東京都Ⅰ類

例年1問程度問われています。「動物」の出題頻度が比較的高く、他の分野も幅広く出たことがあります。

特別区Ⅰ類

例年2問程度出題されます。やはり「動物」の出題頻度が高めですが、近年はわりと幅広くさまざまな分野で出題されることがあり、範囲が絞りにくいです。基本レベルの問題が出題されたら得点できるように学習していきましょう。

市役所

原則として地方上級と同様の傾向です。ただし、市役所の場合は難易度が大きく下がることもあるので、基本事項を押さえておきましょう。

警察官Ⅰ類

警視庁で1問、県警で2問程度の出題です。物理や化学同様、他の試験に比べると出題テーマにばらつきがあり、特に「動物」が中心に出ているわけでもありません。幅広く学習しておきたいです。

消防官Ⅰ類

東京消防庁でも市役所消防でも、例年1問程度の出題です。こちらも警察官Ⅰ類と同様に、特に出題頻度が高いテーマがあるわけでもありません。広く浅く学習しておくとよいでしょう。

SECTION 1

細胞

STEP 1 要点を覚えよう！

POINT 1 原核細胞と真核細胞

原核細胞：核膜に包まれた状態の核を**持たない**細胞
真核細胞：核膜に包まれた状態の核を**持つ**細胞

原核細胞の特徴
・核膜に包まれた核がなく、遺伝子は細胞質中に存在する。
・ミトコンドリア、葉緑体、ゴルジ体などがない。
・細胞は真核細胞と同様、細胞膜で包まれている。

原核生物：原核細胞でできている生物。細菌類、シアノバクテリアなど。
真核生物：真核細胞でできている生物。動物、植物、菌類。
ウイルス：タンパク質の殻と遺伝物質からできた粒子で、細胞ではない。DNA または RNA を持つが、生物の体内にいないと自己複製できない。生物とも無生物ともいえない。

POINT 2 動物細胞と植物細胞

細胞の構造とはたらき：細胞は細胞膜によって包まれ、核と細胞質からなる。

(1) 核の構造とはたらき
核は**二重**の核膜に包まれた球形の構造で、内部を核液で満たされ、染色体や核小体（仁）を含む。遺伝子によって細胞の形質を決定し、細胞全体の生命活動を制御する。

(2) 細胞質の構造とはたらき
・ミトコンドリア：短い棒状で二重膜に包まれている。クリステやマトリックスといった構造がある。ATP の生産に関わる。ミトコンドリアの呼吸過程は、細胞質基質での解糖系→マトリックスでのクエン酸回路→内膜での電子伝達系の 3 段階で行われる。
・色素体：粒状の二重膜に包まれた構造。葉緑体、有色体、白色体がある。葉緑体は扁平な袋状で、クロロフィルなどの色素を含むチラコイド、その間を満たす基質のストロマがある。また、チラコイドが積み重なった構造をグラナという。チラコイドは光のエネルギーを吸収して ATP を合成し、ストロマではその ATP などのエネルギーで有機物を合成する。

・小胞体：一重の膜で表面にリボソームが付着している（粗面小胞体）。リボソームで合成されたタンパク質の輸送路。タンパク質は小胞体からゴルジ体をへて細胞外へ運ばれる。リボソームが付着していない小胞体は、滑面小胞体という。
・ゴルジ体：一重の膜の扁平な袋状構造。小胞体から送られてきたタンパク質や脂質に糖を付ける。
・リソソーム：一重の膜の小胞。ゴルジ体から形成される。内部に細胞内消化酵素を含む。古い細胞小器官や侵入した異物の分解に関わる。
・液胞：一重の膜で内部に細胞液を含む。植物細胞でとくに発達。浸透圧の調整、不要物の貯蔵・分解などを行う。色素を含む。
・中心体：細胞分裂時に紡錘糸の起点となる。また、鞭毛や繊毛の形成に関与する。動物細胞、コケ類・シダ類の一部に存在。
・細胞壁：植物細胞特有の構造で、セルロースからできる。植物細胞を包み細胞の形を保持する。

植物細胞にのみ見られる構造：**色素体、細胞壁**
二重膜の構造のもの：**核、ミトコンドリア、色素体**

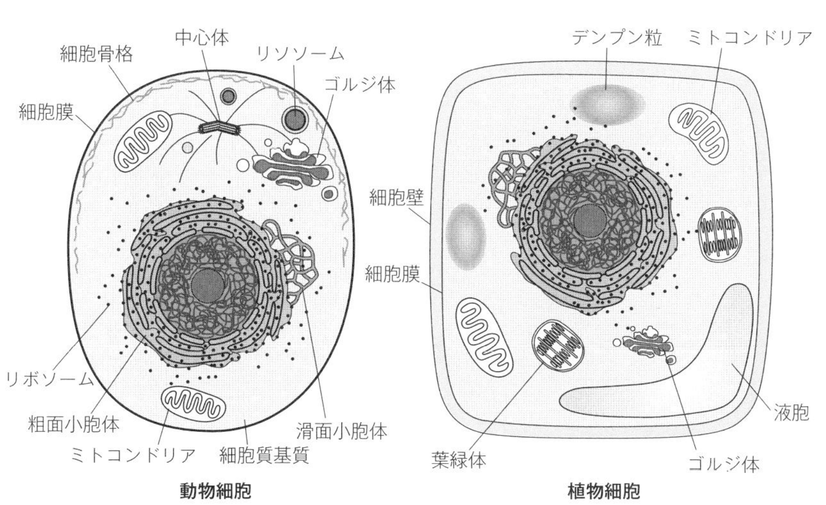

動物細胞　　**植物細胞**

これらの構造体を総称して、細胞小器官と呼ぶよ。

POINT 3 細胞膜のはたらき

細胞膜のつくり：リン脂質からなる二重膜に、タンパク質がモザイク状にはまり込んだ構造。リン脂質の親水性部分が外側、疎水性部分が内側になっている。

膜の透過性　半透性：小さな分子は通すが、大きな分子は通さない…**細胞膜**
全透性：溶質も溶媒も通す…**細胞壁**

浸透：半透膜を通して溶媒が移動する現象。濃度の低い方から高い方へ溶媒が移動する。

動物細胞と浸透：高張液に浸すと、細胞から水が浸出して**収縮**する。低張液に浸すと、水が細胞に入って**膨張**する。赤血球が破裂する現象を溶血という。

植物細胞と浸透：高張液に浸すと、細胞から水が奪われ細胞膜が細胞壁から離れる。これを原形質分離という。低張液に浸すと、水が細部内へ浸透し、細胞壁を押し広げる圧力（膨圧）が生じる。細胞内外の浸透圧の差から膨圧を引くと、細胞の吸水力になる。

選択的透過性：特定の分子やイオンだけを選択的に透過させる性質。受動輸送と能動輸送がある。

受動輸送：膜の両側の濃度の差によって、物質が移動する現象。濃度の濃い側から薄い側へ分子やイオンが細胞膜を通して拡散する。受動輸送はエネルギーを必要としない。

チャネルタンパク質：細胞膜にある特定の分子やイオンを通過させる膜タンパク質を**チャネル**という。チャネルを通じた物質の移動は、濃度の濃い方から薄い方への受動輸送である。

能動輸送：膜の両側の濃度に**逆らって**物質が移動する現象。能動輸送にはエネルギーが必要。ATP の分解によって得られたエネルギーを利用する。

・**ナトリウムポンプ**：膜に組み込まれた膜タンパク質の中にある酵素によりATP を分解して得たエネルギーを用いて、Na^+ を細胞外へ、K^+ イオンを細胞内へ移動させる。この膜タンパク質をナトリウムポンプという。

細胞膜の選択的透過性

疎水性の酸素や二酸化炭素は、二重膜の細胞膜を自由に通過できるが、親水性の水分子やアミノ酸、糖などはほとんど通過できず、輸送体やチャネルによって通過できるようになる。

POINT 4 体細胞分裂

体細胞分裂：核分裂が起こり、細胞質分裂が続く。

前期：核内の糸状の染色体が集合して太いひも状の染色体になり、縦に裂けた２本の染色分体になる。

中期：染色体が赤道面に並び、紡錘体が完成する。

後期：紡錘糸によって染色分体に分かれて、両極へ移動する。

終期：染色体がほどけて糸状に戻り、核膜、核小体が現れて２つの新しい娘核ができる。細胞質の分裂が始まる。

間期：２個の娘細胞が完成する。

	核分裂	細胞質分裂
動物細胞	中心体が２分	表面からくびれる
植物細胞	極帽ができる	細胞板で２分

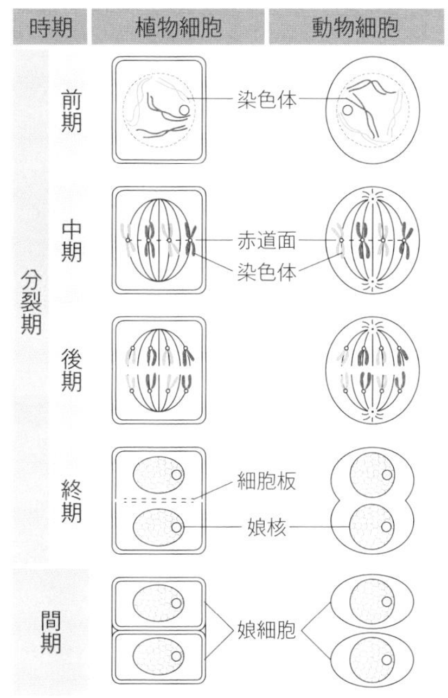

POINT 5 遺伝子の発現

遺伝子の発現とは、遺伝子情報に基づいてタンパク質が合成されることをいう。

遺伝子発現のプロセス

転写：DNA の塩基配列が RNA に写し取られる。

↓

翻訳：転写された RNA（mRNA）の塩基配列がアミノ酸配列に置き換えられ、タンパク質が合成される。

真核細胞のタンパク質合成：真核細胞では、mRNA が核膜孔を通って細胞質中のリボソームに運ばれ、タンパク質に翻訳される。

真核細胞では、転写は核内で、翻訳は細胞質内で行われるよ。

STEP 2 一問一答で理解を確認！

1 原核細胞はDNAを持たない。

× 原核細胞も細胞質にDNAを持つ。

---

2 大腸菌は原核細胞である。

○ 原核細胞の例には、大腸菌、コレラ菌、シアノバクテリアなどがある。

---

3 ミトコンドリアは二重の膜構造を持つ細胞小器官である。

○ ミトコンドリア、核、色素体は二重の膜構造を持つ。

---

4 中心体はすべての生物の細胞に存在する。

× 中心体は動物細胞とコケ類、シダ類の一部に存在する。多くの植物細胞にはない。

---

5 色素体は植物細胞のみに見られる。

○ 色素体は植物に固有の細胞小器官である。

---

6 リソソームはタンパク質の合成に関係する。

× リソソームは古い細胞小器官や侵入した異物の分解に関係する。

---

7 クロロフィルは葉緑体のマトリックスに含まれる色素である。

× クロロフィルは葉緑体のチラコイドに含まれる。

---

8 ミトコンドリアは二重の膜構造をしており、内側にクリステというひだ状の構造を持つ。

○ ミトコンドリアの内膜は内側に折りたたまれたひだ状のクリステという構造を持つ。

---

9 細胞膜は物質の種類に応じて異なる透過性を示す。これを選択的透過性という。

○ 選択的透過性とは、特定の分子やイオンだけを透過させる性質である。細胞膜は選択的透過性を持つ。

10 細胞膜は一重の膜構造をしている。

× 細胞膜はリン脂質からなる二重の膜構造を持つ。

11 濃度勾配に基づいて起こり、エネルギーを必要としない輸送を能動輸送という。

× 濃度勾配によって物質が移動する現象を受動輸送という。受動輸送にはエネルギーは必要ない。膜の両側の濃度に逆らって物質が移動する現象を能動輸送という。能動輸送にはエネルギーが必要である。

12 赤血球を低張液に入れると、細胞から水が浸出して赤血球が収縮する。

× 赤血球を低張液に入れると、水が赤血球に入ってきて膨張し、破裂して溶血することもある。

13 細胞は細胞膜の外のカリウムイオンを取り込み、膜内のナトリウムイオンを膜外に排出する。このような仕組みをナトリウムポンプという。

○ これは能動輸送の代表的な例である。

14 体細胞分裂では、細胞質分裂後に染色体数が分裂前の半分になる。

× 体細胞分裂では、細胞質分裂後の染色体数は、分裂前と同じ数になる。

15 体細胞分裂の中期には、染色体が赤道面上に並び、紡錘体が完成する。

○ 中期には染色体が赤道面上に並び、その後、染色分体に分かれて両極へ移動する。

16 植物細胞の体細胞分裂では、終期に細胞表面からくびれが生じ、細胞質分裂が起こる。

× 植物細胞では、細胞板ができて細胞質分裂が起きる。細胞表面からくびれが生じ、細胞質分裂が起こるのは、動物細胞である。

過去問にチャレンジ！

問題 1

特別区 1 類（2011 年度）

細胞の構造に関する記述として、妥当なのはどれか。

1　細胞は、細胞膜に包まれて周囲から独立したまとまりをつくり、細胞膜は、物質を細胞内に取り込んだり逆に排出したりして細胞内部の環境を保っている。
2　動物の細胞では、細胞壁と呼ばれるかたい層があり、細胞壁は、セルロースなどを主成分とした繊維性の物質からできている。
3　ゴルジ体は、粒状又は棒状の形をしており、酸素を消費しながら有機物を分解してエネルギーを取り出す呼吸を行っている。
4　中心体は、成熟した植物細胞では大きく発達することが多く、液胞膜で包まれ、中は細胞液で満たされている。
5　細菌やラン藻などの真核生物には、ミトコンドリアや葉緑体のような細胞小器官は存在しない。

➡解答・解説は別冊 P.070

問題 2

細胞の構造に関する記述として、最も妥当なのはどれか。

1　葉緑体は、酸素を用いて有機物を分解するときに生じるエネルギーから ATP を合成する働きである呼吸にかかわる細胞小器官である。
2　葉緑体は、光エネルギーを利用して ATP を合成し、その ATP のエネルギーを用いて呼吸を行う細胞小器官である。
3　動物細胞では、中心体と呼ばれる構造が見られる。中心体は、２対の中心小体からなり、微小管形成の起点となる。また、鞭毛や繊毛の形成にも関与する。
4　核は、二重の膜からなる核膜でできた構造体である。核膜には、核膜孔と呼ばれる多数の小さな孔（あな）があり、核の内部は核膜孔を通して細胞質基質とつながっている。
5　リソソームは、リボソームで合成されたタンパク質を小胞体から受け取って糖を付加するなど修飾し、細胞外へ分泌する。また、粘液やホルモン、消化酵素などを分泌する細胞でよく発達している。

➡解答・解説は別冊 P.070

問題 3 特別区Ⅰ類（2015 年度）

次のA～Eの細胞の構造体のうち、原核細胞のもつ構造体を選んだ組合せはどれか。

A　液胞
B　核膜
C　細胞膜
D　ミトコンドリア
E　細胞壁

1　A　C
2　A　D
3　B　D
4　B　E
5　C　E

➡解答・解説は別冊 P.070

問題 4 国家専門職（2005 年度）

植物細胞の構造と働きに関する次の記述のうち、最も妥当なのはどれか。

1　核は、一般に一つの細胞に１個存在する球形の構造物で、その内部は核膜によって数個の核小体（仁）に分かれている。核小体は核液と二重らせん構造を持つ染色体からなり、ヨウ素液で赤紫色に染まる性質を持つ。
2　液胞は、代謝産物の貯蔵・分解、浸透圧の調節の役割などを果たしており、水に糖類・有機酸などが溶けた細胞液と液胞膜からなる。一般に植物細胞でみられる。
3　中心体は、動物細胞にはみられないが、植物細胞に一般的によくみられる細胞質である。核分裂の前期に両極に分かれた中心体から細い糸状の紡錘糸が伸びて、紡錘体が形成される。
4　葉緑体は好気呼吸を通じて光のエネルギーを有機物に変える器官で、ストロマと呼ばれる折り重なった袋状の部分と、クロロフィルと呼ばれる緑色の基質からなる。
5　細胞壁は、セルロースと呼ばれる脂肪を主成分とした物質からなり、細胞内部の保護や植物体の支持に役立っている。また、細胞壁は、物質の種類によって透過性が異なる選択的透過性の性質を持つ。

➡解答・解説は別冊 P.070

問題5 国家専門職（2022年度）

細胞の構造に関する記述として最も妥当なのはどれか。

1 核膜に包まれた核は、全ての生物に存在する細胞小器官であり、酸素を用いて有機物を分解するときに生じるエネルギーからATPを合成する働きを担う。核の内部には染色体と液胞があり、液胞は脂質で満たされている。

2 ミトコンドリアは、核膜と直接つながっており、グリコーゲンやグルカゴンを合成する働きを担う。ミトコンドリア内部のひだ状の構造はクリステと呼ばれ、クリステの内部にはクエン酸回路に関わる酵素が存在している。

3 葉緑体は、光エネルギーを利用してATPを合成し、そのATPのエネルギーを利用して有機物を合成する働きを担う。葉緑体は、内外二重の膜からできており、その内部にはチラコイドと呼ばれる平らな袋状の構造がある。

4 ゴルジ体は、生体膜でできた小胞で、各種の分解酵素を含む。リソソームからつくられ、細胞内で生じた不要な物質を分解する働きを担う。また、筋原繊維を覆っているゴルジ体には、カルシウムを蓄え放出する役割もある。

5 細胞膜は、リン脂質でできた一重の膜であり、その中に糖質がモザイク状に埋め込まれている。水分子やアミノ酸のような極性のある物質は、一重の膜の部分を通過できるが、酸素や二酸化炭素は、ここを通過できないため、糖質の部分から細胞内外に輸送される。

➡解答・解説は別冊P.071

問題 6　東京都Ⅰ類（2007 年度）

細胞への物質の出入りに関する記述として、妥当なのはどれか。

1　細胞膜とセロハン膜は同じ性質をもち、セロハン膜で純水とスクロース溶液とを仕切っておくと、セロハン膜は、スクロース溶液に含まれる水の分子だけを選択的透過性によって透過させるため、スクロース溶液の濃度は高まる。

2　溶液に細胞を浸したとき細胞の内と外との水の出入りが見掛け上ない溶液を等張液といい、等張液よりも浸透圧が低い溶液に動物細胞を浸した場合、動物細胞は膨張又は破裂する。

3　細胞膜を通して水分子などの粒子が移動する圧力を膨圧といい、浸透圧と膨圧とを加えた圧力は吸水力に等しく、植物細胞では、吸水力がゼロとなったときに原形質分離が起こる。

4　受動輸送とは、細胞膜がエネルギーを使って物質を濃度差に逆らって輸送することをいい、受動輸送が行われている例として、腸壁からの物質の吸収や腎臓における物質の再吸収がある。

5　能動輸送とは、細胞の内と外との濃度差によって物質が移動することをいい、ナメクジに塩を掛けるとナメクジが縮んでいくのは、能動輸送によって、ナメクジの細胞から水が出ていくためである。

➡解答・解説は別冊 P.071

問題 7

消防官Ⅰ類（2006年度）

次の文章の A ～ D に入る語句の組み合わせとして、最も妥当なのはどれか。

細胞膜には A とよばれる性質があり、これは特定の溶質のみを透過させることである。一般に、ナトリウムイオンの濃度は、細胞外よりも細胞内のほうが B が、これは細胞膜にある C とよばれるものがATPを利用してイオンを輸送しているからである。このような働きを D という。

	A	B	C	D
1	全透性	高い	ナトリウムポンプ	受動輸送
2	選択的透過性	高い	カリウムポンプ	能動輸送
3	選択的透過性	高い	ナトリウムポンプ	浸透
4	全透性	低い	カリウムポンプ	浸透
5	選択的透過性	低い	ナトリウムポンプ	能動輸送

➡解答・解説は別冊P.072

問題 8

警察官Ⅰ類（2018年度）

真核細胞の構造とそのはたらきに関する記述として、最も妥当なのはどれか。

1 合成されたmRNAは、核内にあるリボソームへと移動し、ここで、mRNAに転写された遺伝情報がタンパク質へと翻訳される。
2 小胞体は合成されたタンパク質を濃縮し、小胞に包んで細胞外へと運びやすい形にする。
3 ミトコンドリアは細胞の呼吸反応に関わる細胞小器官である。
4 すべての真核細胞において、細胞分裂時に紡錘体形成の起点となる中心体が見られる。
5 植物細胞で光合成の場となる葉緑体は全体が内外2枚の膜で包まれており、クリステやマトリックスといった構造をもつ。

➡解答・解説は別冊P.072

問題 9　　国家専門職（2007 年度）

体細胞分裂に関する次の記述の[A]～[D]に当てはまるものの組合せとして最も妥当なのはどれか。

「体細胞分裂の過程は、核分裂及び細胞質分裂が行われる分裂期と、分裂が行われていない間期とに分けられる。

さらに、分裂期は、染色体の状態などから、前期・中期・後期・終期の四つの段階に分けられる。

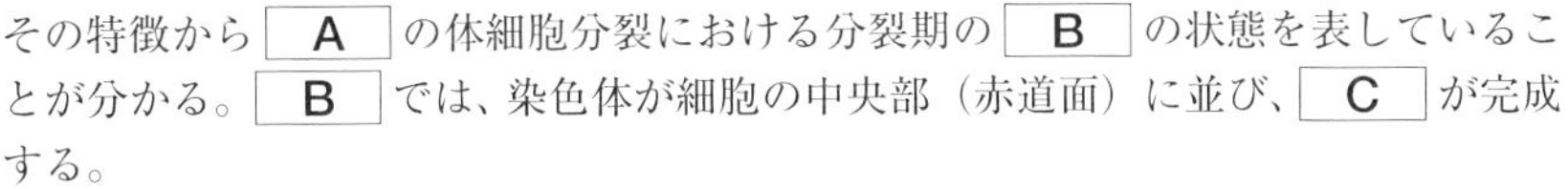

図は、体細胞分裂のある段階を表したものであり、その特徴から[A]の体細胞分裂における分裂期の[B]の状態を表していることが分かる。[B]では、染色体が細胞の中央部（赤道面）に並び、[C]が完成する。

この後、染色体は両極に分かれていく。このとき、それぞれの極の染色体の数は元の細胞と[D]。」

	A	B	C	D
1	動物	中期	紡錘体	異なる
2	動物	後期	中心体	同じになる
3	植物	中期	紡錘体	同じになる
4	植物	後期	中心体	同じになる
5	植物	後期	中心体	異なる

➡解答・解説は別冊 P.072

SECTION 2

代謝

STEP 1 要点を覚えよう！

POINT 1 代謝と ATP、酵素

代謝：細胞内で起きる様々な化学変化を代謝という。このとき反応を速やかに進めるために酵素がはたらく。

・**エネルギー代謝**：代謝に伴うエネルギーの出入り。

・**同化**：単純な物質からより複雑な有機物質を合成する過程
　例 **植物の光合成**

・**異化**：複雑な物質を分解してエネルギーを取り出す過程
　例 **呼吸**

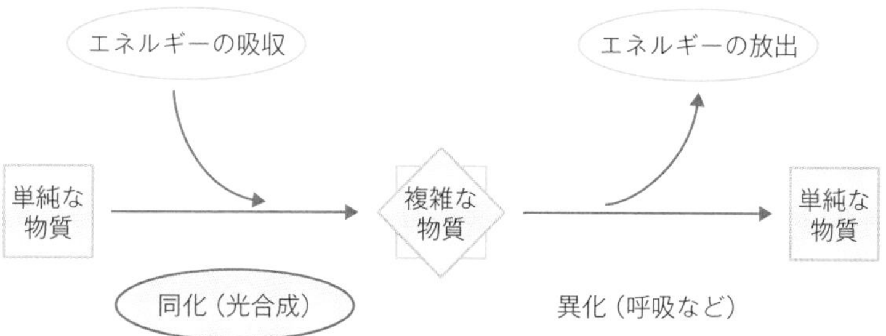

ATP（アデノシン三リン酸）：有機塩基のアデニンと糖のリボースの化合物（アデノシン）にリン酸が 3 個結合したもの。ATP の分子の端の 2 個のリン酸の間の結合（高エネルギーリン酸結合）が切れると多量のエネルギーが放出される。このとき ATP は ADP（アデノシン二リン酸）に変わる。ADP はエネルギーを使って ATP に変化し、エネルギーを蓄える。

酵素：生体内で触媒のはたらきをする物質を酵素という。酵素はタンパク質でできている。

・**基質特異性**：酵素が作用する物質を基質という。酵素はその種類によって特定の基質にしかはたらかない。

・**最適温度**：タンパク質は温度の影響を受ける。多くの酵素は 35 ～ 40℃付近で最もよくはたらく。

・**最適 pH**：酵素は pH の影響も受ける。多くは中性付近で最もよくはたらく。胃液中のペプシンの最適 pH は 2 付近である。

主な酵素

・**酸化還元酵素**／脱水素酵素：カタラーゼ
・**加水分解酵素**／
炭水化物加水分解酵素：アミラーゼ（デンプン→マルトース）
タンパク質加水分解酵素：ペプシン、トリプシン（タンパク質→ペプチド）
脂肪分解酵素：リパーゼ（脂肪→脂肪酸＋モノグリセリド）
核酸分解酵素：制限酵素（2本鎖のDNAを特定の塩基配列部分で切断）
・**転移酵素**／DNAポリメラーゼ（DNA鎖の合成）

補酵素：酵素にはタンパク質だけでできているものと、低分子の有機物と結合して活性部位を形成しているものがある。このとき本体のタンパク質をアポ酵素、有機物を補酵素という。

水素運搬体：補酵素の一種で、基質から奪った水素と結合し水素を反応系に運ぶ、NAD、NADP、FADなどをいう。

POINT 2 同化—光合成

光合成：葉緑体の中で光合成色素と酵素の働きで有機物（デンプンなど）を合成する過程。葉緑体のチラコイドは光合成色素を含む。光合成は4つの反応系からなる。

(1) **光化学反応**：光によるクロロフィル a の活性化
(2) **水の分解とNADPHの生成**：チラコイド内の水が分解され O_2 と H^+ が発生
(3) **光リン酸化**：ATPの生成
(4) **CO_2の固定反応**（カルビン・ベンソン回路）：CO_2 の固定と有機物の合成
(1)～(3) はチラコイドで、(4) はストロマで起こる。

光合成の全反応：$6CO_2 + 12H_2O +$ 光エネルギー $\rightarrow C_6H_{12}O_6 + 6O_2 + 6H_2O$

葉緑体の色素と光合成：チラコイドの膜に光合成色素が含まれる。

・**クロロフィル**：緑色の色素で、a、b、c のクロロフィルがある。クロロフィル a が主に光合成をおこない、クロロフィル b、c は吸収した光エネルギーをクロロフィル a に渡す補助色素。
・**カロテノイド**：黄色から褐色の色素で補助色素としてはたらく。
・**吸収スペクトル**：クロロフィルとカロテノイドが、どの波長の光をよく吸収するか示した曲線で、吸収曲線ともいう。クロロフィルは青色と赤色を強く吸収し、カロテノイドは青色を強く吸収する。
・**作用スペクトル**：どの波長の光が光合成に有効か調べたもの。クロロフィルとカロテノイドで吸収された青色と赤色の光が使われている。

光合成に影響する環境要因

（1）**光の強さ**：光の強さが 0 のとき、呼吸のみがおこなわれる。

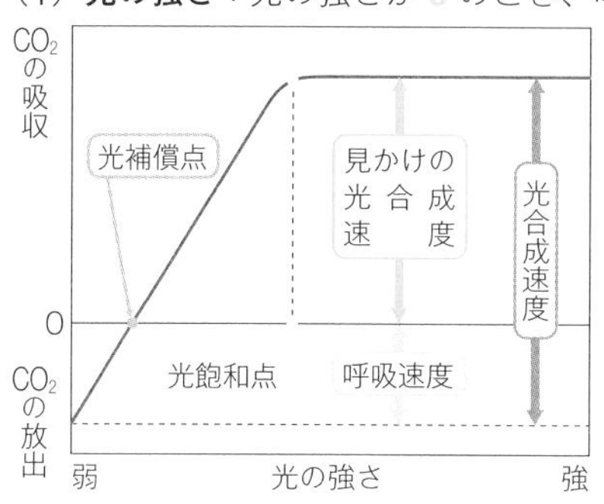

・呼吸速度＝光合成速度になるときの光の強さを光補償点という。

・ある光の強さまでは光が強いほど光合成速度は大きくなる。

・ある強さ以上の光量になるとそれ以上光合成速度は大きくならない。このときの光の強さを光飽和点という。

（2）**CO_2 濃度**：ある CO_2 濃度までは、濃度が高いほど光合成速度も大きくなる。その限界値を CO_2 飽和点という。

（3）**温度**：最適温度は約 30℃。

（4）温度を一定にして、光の強さと CO_2 の濃度を変化させると、光合成速度は強い光の下では CO_2 濃度の影響を強く受けるが、弱い光の下ではあまり受けない。

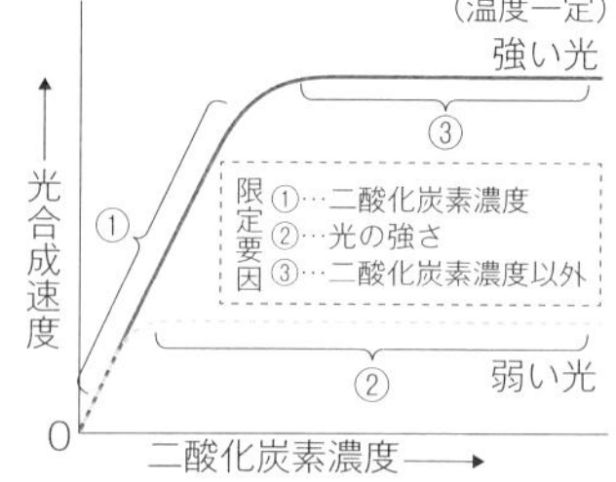

（5）CO_2 濃度を一定にして、光の強さと温度を変化させると、光合成速度は光が強いと温度の影響を受けるが、光が弱いとほとんど影響されない。

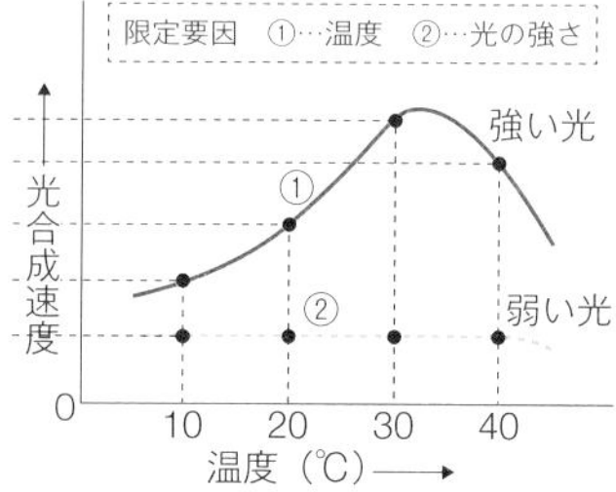

細菌の炭酸同化：二酸化炭素を固定して炭水化物を合成するはたらき。

（1）**光合成細菌の光合成**：光合成を行うことのできる細菌を光合成細菌（緑色硫黄細菌、紅色硫黄細菌など）という。クロロフィルに似たバクテリオクロロフィルで光合成を行う。水の代わりに硫化水素や水素を用い、水を使わないので酸素が発生しない。

（2）**化学合成**：光のエネルギーを用いず、アンモニアや硫化水素、水素などの酸化で生じる化学エネルギーを用いて有機物を合成する。沼や地中にいる化学合成細菌（硫黄細菌、亜硝酸菌、硝酸菌など）が行う。水を使わないので酸素が発生しない。

窒素同化：地中の NO_3^- や NH_4^+ などからアミノ酸を合成し、さまざまな有機窒素化合物をつくるはたらき。

窒素固定：細菌類やシアノバクテリアは、空気中の窒素を取り込んで窒素同化に必要な NH_3 をつくる。マメ科植物の根に共生する根粒菌は窒素固定を行う窒素固定細菌の一つである。

POINT 3 異化―呼吸

外呼吸：肺やえらを通して、ガス交換を行うことをいう。

内呼吸（細胞呼吸）：細胞組織が有機物を分解してエネルギーを取り出し、ATP をつくるはたらき。

（1）好気呼吸：有機物の分解に酸素を**使う**呼吸。ATP の生産効率が**高い**。

（2）発酵・腐敗：有機物の分解に酸素を**使わない**呼吸。ATP の生産効率が**低い**。酵母菌などが行う。

好気呼吸のしくみ：細胞呼吸は（1）解糖系、（2）クエン酸回路、（3）電子伝達系の 3 つの反応段階で行われる。

（1）解糖系：細胞質基質で行われる。酸素を必要としない。1 分子のグルコースから 2 分子のピルビン酸に分解され、2 ATP が生産される。

（2）クエン酸回路：解糖系でできたピルビン酸が分解され、2 ATP が生産される。ミトコンドリアのマトリックスで行われる。

（3）電子伝達系：解糖系、クエン酸回路で発生した水素が補酵素によって運ばれ、水素イオンと電子に分かれ、最終的に酸素に受け渡される。この過程で最大 34 分子の ATP が生成される。

発酵：微生物が酸素を使わず有機物を分解し、人間に有用な物質をつくる現象。

・アルコール発酵：酵母菌がおこなう発酵。グルコース 1 分子から 2 分子のエタノールと 2 分子の CO_2 と 2 分子の ATP をつくる。

・乳酸発酵：乳酸菌が行う発酵。グルコース 1 分子から乳酸 2 分子と 2 分子の ATP を生産する。

腐敗：微生物が酸素を使わず有機物を分解し、人間に有害な物質をつくる現象。

解糖：激しい運動の時など、酸素を用いない糖の分解の過程。最終的に乳酸ができる。

光合成と呼吸の違いのまとめ

	光合成	呼吸
反応が起きる場所	葉緑体	細胞質基質・ミトコンドリア
反応に使われるもの	CO_2、H_2O	有機物、O_2、H_2O
生成物	有機物、O_2、H_2O	CO_2、H_2O
使用するエネルギー	クロロフィルに吸収された光エネルギー	有機物の分解で取り出されるエネルギー

CHAPTER 3 生物 2 代謝

STEP 2 一問一答で理解を確認！

	問題	解答
1	外界から取り入れた単純な物質から、より複雑な物質をつくる過程を異化という。	× 外界から取り入れた単純な物質から、より複雑な物質をつくる過程を同化といい、同化された物質を分解してエネルギーを取り出す過程を異化という。
2	ADPが分解してATPに変化するとき、エネルギーが放出される。	× ATPからリン酸の結合（高エネルギーリン酸結合）が切れると、エネルギーが発生する。
3	生体内で触媒作用をおこなう物質を酵素という。酵素はタンパク質でできている。	○ 酵素はタンパク質でできている。そのため、酵素の働く最適温度、最適pHが存在する。
4	脂肪の分解酵素はトリプシンであり、脂肪酸とモノグリセリドに分解する。	× 脂肪の分解酵素はリパーゼである。トリプシンは、タンパク質の分解酵素である。
5	酵素が働く相手の物質を基質といい、酵素が特定の基質にだけ働くことを変性作用という。	× 酵素が働く相手を基質という。酵素は特定の基質にのみ働く。これを基質特異性という。
6	酵素には低分子の有機物と結合して活性部位を形成しているものもあり、本体のタンパク質を補酵素といい、有機物をアポ酵素という。	× 低分子の有機物と結合して活性部位を形成している酵素で、本体のタンパク質をアポ酵素といい、有機物を補酵素という。
7	光合成の反応過程は、葉緑体のチラコイド膜で起こる反応とストロマで起こる反応に区別できる。	○ 光合成の反応は、チラコイド内で起こる光化学反応、水の分解・NADPHの生成、光リン酸化などの反応と、ストロマで起きるカルビン・ベンソン回路の反応がある。

8 植物細胞で、呼吸速度と光合成速度が等しくなる時の光の強さを光飽和点という。

× 呼吸速度と光合成速度が等しくなる時の光の強さを光補償点という。光がある強さ以上になると、それ以上光合成速度が大きくならない。この点を光飽和点という。

9 細胞呼吸は細胞質基質とミトコンドリアで行われ、有機物を分解してATPを生成する。

○ 細胞呼吸は内呼吸とも呼ばれ、細胞質基質やミトコンドリアの中の内膜やマトリックス内の酵素によって反応がおこなわれる。

10 呼吸の過程は、解糖系、ピルビン酸回路、電子伝達系の3つの過程からなる。

× 呼吸は、解糖系、クエン酸回路、電子伝達系からなる。

11 発酵は微生物が酸素を用いないで有機物を分解する過程であり、主な発酵にはアルコール発酵、乳酸発酵、解糖などがある。

○ アルコール発酵は酵母菌によって行われ、エタノールが発生する。乳酸発酵は乳酸菌によって行われ、乳酸が発生する。解糖は動物の筋肉で主に行われ、無酸素状態で乳酸が発生する。

12 解糖系では、酸素を用いずにグルコースから2分子のピルビン酸に分解される。

○ 解糖系は細胞質基質で行われ、酸素を用いずにグルコースからピルビン酸が生成される。

13 膵液にはアミラーゼが含まれており、マルトースがグルコースに分解される。

× 膵液はアミラーゼやリパーゼを含む。アミラーゼはデンプン（糖質）をマルトースに分解する酵素である。

14 カルビン・ベンソン回路では、二酸化炭素の固定がおこなわれる。

○ 外界から取り入れられた二酸化炭素（CO_2）は、カルビン・ベンソン回路で固定される。

STEP 3 過去問にチャレンジ！

問題 1

東京都Ⅰ類（2019年度）

酸素に関する記述として、妥当なのはどれか。

1 カタラーゼは、過酸化水素を触媒として分解されることで、酸素とアミノ酸を生成する。

2 唾液や膵（すい）液に含まれるアミラーゼは、デンプンをマルトースに分解する消化酵素であり、唾液中のアミラーゼの最適 pH は約 7 である。

3 胃液に含まれるリパーゼは、デンプン及びタンパク質をヒトの小腸の柔毛上皮で吸収できる状態にまで分解する。

4 トリプシンは、胆汁に多く含まれる分解酵素の一つであり、乳糖や脂肪の分解に働く。

5 植物の光合成は、制限酵素の働きの一つであり、水と酸素を原料にタンパク質を合成する。

➡解答・解説は別冊 P.074

問題 2

裁判所職員（2019年度）

生体内の化学反応に関する次の A ～ C の記述の正誤の組合せとして最も妥当なものはどれか。

A 酵素は、生体内の化学反応を促進するタンパク質で、生体触媒とよばれる。

B 化学反応の前後で、酵素それ自体は変化しないため、何度も再利用されるが、化学反応の種類に応じて多種多様な酵素が必要である。

C 酵素は、本来もっと高温で起こる反応を促進しているので、温度が高ければ高いほどはたらきが活発になり、化学反応の速度が大きくなる。

	A	B	C
1	正	誤	誤
2	誤	誤	正
3	正	誤	正
4	正	正	誤
5	誤	正	誤

➡解答・解説は別冊 P.074

問題 3　東京都Ⅰ類（2012 年度）

光合成に関する記述として、妥当なのはどれか。

1　植物は、光合成により水と窒素からデンプンなどの有機物を合成するとともに、呼吸により二酸化炭素を吸収している。
2　光合成速度の限定要因は、光合成速度を制限する環境要因のうち最も不足する要因のことであり、例として温度がある。
3　光飽和点は、植物において二酸化炭素の出入りがみかけの上でなくなる光の強さのことであり、光飽和点では呼吸速度と光合成速度が等しくなる。
4　陰葉は、弱い光しか当たらないところにあるため、強い光が当たるところにある陽葉と比べ、さく状組織が発達して葉が厚くなる。
5　クロロフィルは、光合成を行う緑色の色素であり、緑色植物や藻類の細胞にあるミトコンドリアに含まれている。

➡解答・解説は別冊 P.074

問題 4　消防官Ⅰ類（2018 年度）

呼吸に関する記述として、最も妥当なのはどれか。

1　呼吸により得られたエネルギーは、すべて熱エネルギーとして周囲に放出される。
2　酸素を用いてグルコースを分解すると、水と二酸化炭素と RNA が合成される。
3　呼吸の反応は、細胞小器官であるミトコンドリアのマトリックス内でのみ行われる。
4　呼吸は、さまざまなホルモンが関わって行われる化学反応である。
5　呼吸の過程は、解糖系、クエン酸回路、電子伝達系に分けられる。

➡解答・解説は別冊 P.075

問題 5 国家一般職（2020 年度）

生物の代謝に関する記述として最も妥当なのはどれか。

1　アデノシン三リン酸（ATP）は、塩基の一種であるアデニンと、糖の一種であるデオキシリボースが結合したアデノシンに、3 分子のリン酸が結合した化合物であり、デオキシリボースとリン酸との結合が切れるときにエネルギーを吸収する。

2　代謝などの生体内の化学反応を触媒する酵素は、主な成分がタンパク質であり、温度が高くなり過ぎるとタンパク質の立体構造が変化し、基質と結合することができなくなる。このため、酵素を触媒とする反応では一定の温度を超えると反応速度が低下する。

3　代謝には、二酸化炭素や水などから炭水化物やタンパク質を合成する異化と、炭水化物やタンパク質を二酸化炭素や水などに分解する同化があり、同化の例としては呼吸が挙げられる。

4　光合成の反応は、主にチラコイドでの光合成色素による光エネルギーの吸収、水の分解と ATP の合成、クリステでのカルビン・ベンソン回路から成っており、最終的に有機物、二酸化炭素、水が生成される。

5　酒類などを製造するときに利用される酵母は、酸素が多い環境では呼吸を行うが、酸素の少ない環境では発酵を行い、グルコースをメタノールと水に分解する。このとき、グルコース 1 分子当たりでは、酸素を用いた呼吸と比べてより多くの ATP が合成される。

➡解答・解説は別冊 P.075

問題 6　国家専門職（2007 年度）

生物の代謝とエネルギーに関する記述として最も妥当なのはどれか。

1　生物のエネルギー代謝は、同化と異化に大別される。植物や細菌が行っている光合成は同化に、動植物が行っている呼吸やアブラナ科植物の根に共生している根粒菌が行っている窒素固定は異化に該当する。

2　好気呼吸の反応は、解糖系、クエン酸回路、水素伝達系（電子伝達系）の三つの過程に分けられる。このうち、解糖系は、細胞質基質で行われ、クエン酸回路と水素伝達系（電子伝達系）は、ミトコンドリアで行われる。

3　酸素がない条件下で行われる嫌気呼吸の例として、乳酸発酵が挙げられる。嫌気呼吸の特徴は、グルコース（ブドウ糖）を、カルビン・ベンソン回路を利用して、酸素を利用することなく、乳酸などと二酸化炭素とに分解し、ADP を得ることにある。

4　光合成には、明反応と暗反応がある。明反応は、葉緑体中のクチクラで光エネルギーを吸収し化学エネルギーに変換するもので、暗反応は、ゴルジ体中のグラナで化学エネルギーを利用して、グルコース（ブドウ糖）を合成するものである。

5　微生物のなかには、光のあたらない暗黒条件下で無機物を還元して、その際に遊離する化学エネルギーを利用して有機物を合成するものがあり、これを化学合成という。酵母菌や温泉などに生息する紅色硫黄細菌が、この例に該当する。

➡解答・解説は別冊 P.076

問題 7　国家専門職（2004 年度）

生物が行う同化作用に関する次の記述のうち、最も妥当なのはどれか。

1　植物の光合成速度と呼吸速度がつり合って、見掛けの光合成速度が 0 になるときの光の強さを補償点といい、また、光合成速度は光がある一定の強さを超えると変化しなくなるが、このときの光の強さを光飽和点という。陽生植物は陰生植物よりも、一般に光飽和点は高いが補償点は低い。

2　植物の光合成の色素は、緑色のクロロフィルと黄色や赤色などのカロテノイドに大きく分けられる。クロロフィルは夏季に主に緑色の光を利用して光合成を行い、カロテノイドはクロロフィルが光合成を行えない春季の芽生え時や秋季の落葉時に黄色や赤色の光を利用して光合成を行う。

3　光合成を行う反応回路はカルビン・ベンソン回路と呼ばれる。この反応は、水を酸素と水素イオンに分解するカルビン回路と、二酸化炭素をブドウ糖に固定するベンソン回路の二つから成り立っている。

4　光の当たらないところでは、有機物を酸化させて生じる化学エネルギーを利用して、炭酸同化を行う細菌が存在している。このような細菌の働きを化学合成といい、この代表的な例として、乳酸菌による、二酸化炭素から乳酸を生成する乳酸発酵が挙げられる。

5　植物は、一般に大気成分の窒素を直接利用することができない。しかし、マメ科植物の根にすむ根粒菌などは、大気中の窒素を取り込んで、アンモニアに変えることができ、これらは植物により窒素同化に利用される。

➡解答・解説は別冊 P.076

問題 8 警察官Ⅰ類（2021 年度）

呼吸および発酵に関する記述として、最も妥当なのはどれか。

1　呼吸は生物が備えている ATP 合成の仕組みであり、酸素を用いた異化により、呼吸基質の有機物が水と炭素にまで分解される。
2　解糖系は細胞質基質で行われる異化の代謝経路であり、グルコースがピルビン酸に分解される反応経路では ATP と $FADH_2$ を生成する。
3　電子伝達系はミトコンドリアの内膜に存在する複数のタンパク質で構成される反応系であり、酸化還元反応により、ATP から ADP が合成される。
4　クエン酸回路はミトコンドリアのマトリックスで行われる異化の代謝経路であり、循環的な反応経路によって、アセチル CoA とオキサロ酢酸から NADH と $FADH_2$ が合成される。
5　発酵は微生物が酸素の消費なしに炭水化物を分解する反応であり、呼吸と同程度の量の ATP を生産できる。

➡解答・解説は別冊 P.077

問題 9 特別区Ⅰ類（2018 年度）

次の文は、発酵に関する記述であるが、文中の空所 A ～ C に該当する語の組合せとして、妥当なのはどれか。

微生物が、［A］を使わずに有機物を分解してエネルギーを得る反応を発酵という。［B］は、［A］が少ないときには、アルコール発酵を行い、［C］をエタノールと二酸化炭素に分解してエネルギーを得ている。

	A	B	C
1	葉緑体	乳酸菌	グルコース
2	葉緑体	乳酸菌	ATP
3	酸素	乳酸菌	グルコース
4	酸素	酵母	ATP
5	酸素	酵母	グルコース

➡解答・解説は別冊 P.077

SECTION 3

生殖・発生

STEP 1 要点を覚えよう！

POINT 1 無性生殖と有性生殖

無性生殖：配偶子が関係しない生殖→子は親と同じ遺伝子をもつ。

（1）分裂：体がいくつかに分かれて増える方法。
　　例 大腸菌、**アメーバ**など

（2）出芽：母体の一部が芽のようにふくらみ、そこから新しい個体ができる。
　　例 **ヒドラ**、酵母菌など

（3）栄養生殖：植物の根、茎、葉などから新しい個体ができる。
　　例 **ユリ**、サツマイモ、ジャガイモ、イチゴなど

無性生殖によって生じた遺伝的に同じ性質をもつ集団をクローンというよ。

有性生殖：配偶子が接合して新たな固体になる生殖→子は親と異なる遺伝子の組み合わせとなる。

（1）配偶子の種類

・同形配偶子：配偶子の大きさや形が同じもの。
・異形配偶子：配偶子の大きさや形が異なるもの。
　大きい方が雌性配偶子、小さい方が雄性配偶子。
・卵・精子：配偶子の形が著しく異なるもの。

卵や精子をつくる基になる細胞は、始原生殖細胞というよ。

（2）有性生殖の種類

・接合：配偶子同士が結びついて一つの細胞になること。できた細胞が接合子。
・受精：卵と精子の接合をいう。一つになったものが受精卵。

POINT 2 染色体と遺伝子

相同染色体：雌雄の配偶子によって運ばれた対になっている染色体。
ホモ接合体：注目する遺伝子が同じ対立遺伝子の組み合わせである個体。
ヘテロ接合体：注目する遺伝子が異なる対立遺伝子の組み合わせである個体。
遺伝子座：染色体上の遺伝子の位置。生物の種によって決まっている。

対立遺伝子：ある遺伝子座について、一つの形質に関して複数の異なる遺伝子が存在するとき、それらを対立遺伝子という。

POINT 3 減数分裂

減数分裂：配偶子ができるときの細胞分裂。娘細胞（子供）の染色体数が母細胞（親）の半分になる。

減数分裂の過程

- 第一分裂前期：相同染色体同士が対合し二価染色体ができる。
- 第一分裂中期：二価染色体が赤道面上に並ぶ。
- 第一分裂後期：二価染色体の相同染色体が２つに分かれ両極へ移動。
- 第一分裂終期／第二分裂前期：細胞質分裂が起こり、**２個**の娘細胞ができる。
- 第二分裂中期：染色体が赤道面上に並ぶ。
- 第二分裂後期：染色分体が分かれて両極に移動する。
- 第二分裂終期：**４個**の娘細胞ができる。

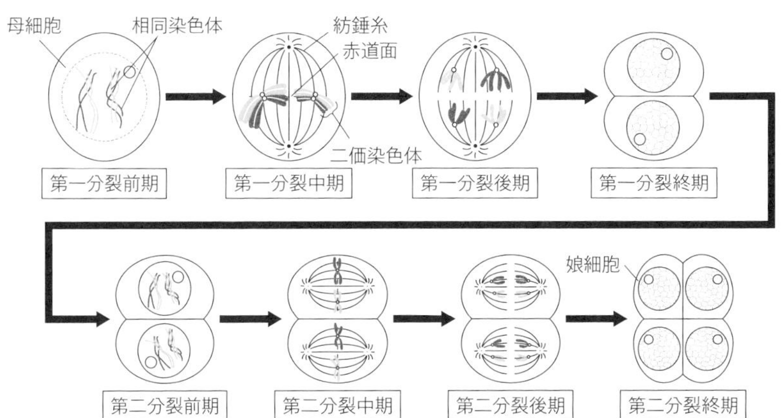

POINT 4 被子植物の生殖

胚のうの形成過程

- めしべの子房の内部の胚珠にある胚のう母細胞が減数分裂して、４個の細胞ができる。

- そのうち３個が消失し、残りの１個が成長して胚のう細胞になる。

↓

- 胚のう細胞は３回の分裂によって８個の核をもつようになる。これから１個の卵細胞、その両側に２個の助細胞、卵細胞と逆の極に３個の反足細胞、中央に極核２個を持つ中央細胞ができ、胚のうが完成する。

重複受精：**被子**植物の受精は、卵細胞と中央細胞の極核の２カ所で同時に起こる。

重複受精の過程

・花粉が受粉すると、花粉は発芽し柱頭内部へ花粉管を伸ばし、花粉管内部で雄原細胞が分裂して２個の精細胞ができる。

↓

・花粉管が胚の胚のうに達すると、精細胞が胚のう内に放出される。

↓

・精細胞の１個は卵細胞と受精し２倍体の受精卵になる。もう１個は中央細胞と融合し、中央細胞の２個の極核と合体して３倍体の胚乳核となる。

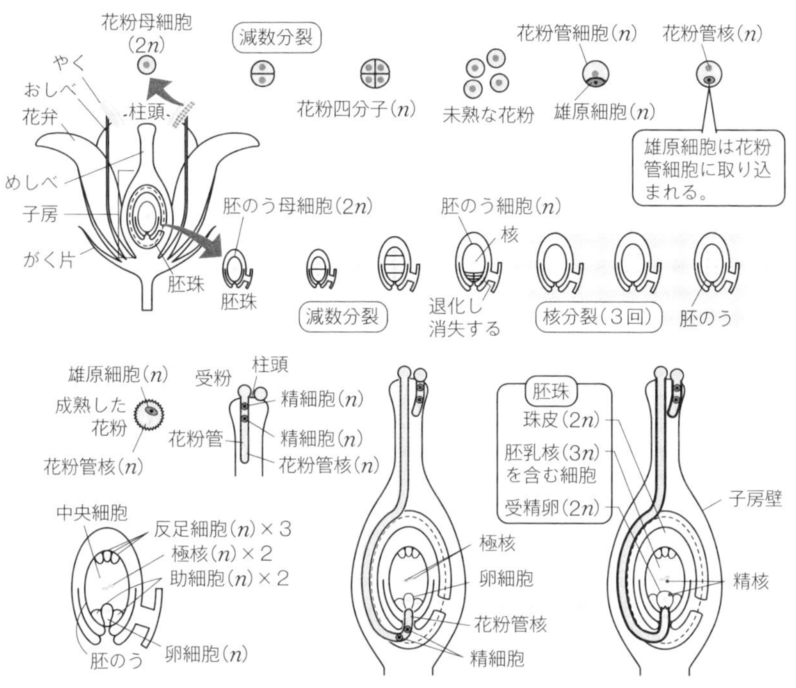

被子植物の配偶子形成と受精

種子の成長

・有胚乳種子：種子の発芽に必要な栄養を胚乳に蓄えている種子。

例 **イネ**、**ムギ**、トウモロコシ

・無胚乳種子：種子の発芽に必要な栄養を子葉に蓄えている種子。

例 **マメ**、**クリ**、ナズナ

POINT 5 動物の発生

卵割：細胞の発達の初期の段階の体細胞分裂。分裂により細胞の数は増えるが、大きさは小さくなっていく。

ここで差をつける！ 等黄卵と端黄卵

哺乳類やウニのように、卵黄が均一に分布しているものを等黄卵といい、8細胞期まではほぼ等しい割球を生じる等割が見られる。両生類の卵は卵黄が植物側に偏っていることから端黄卵といい、植物側の割球が動物側より大きくなる不等割が見られる。

発生の過程

卵割→桑実胚（内部に卵割腔がある）→胞胚→原腸胚（外胚葉、中胚葉、内胚葉への分化）→ ウニ プリズム幼生→プルテウス幼生→成体
→ カエル 神経胚→尾芽胚→幼生→成体

各胚葉からの分化

- 外胚葉：神経管、表皮が生じ、神経管から脳、脊髄ができる。
- 中胚葉：脊索、体節、腎節、側板ができ、体節から脊椎骨、腎節から腎臓、側板から心臓、循環系が分化、脊索はやがて消失する。
- 内胚葉：腸管ができ、消化管、肝臓、すい臓、肺、呼吸器へ分化する。

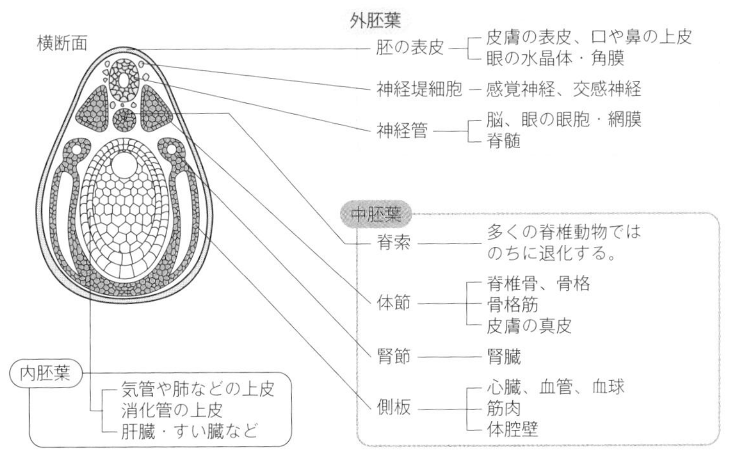

カエルの胚葉の分化と器官形成

誘導：ある胚の領域の分化が、その領域に接した他の領域からの影響によって決定される現象。誘導作用を持つ胚の領域を形成体（オーガナイザー）という。

プログラム細胞死：発生段階において、あらかじめプログラムされている細胞死。オタマジャクシの尾の消失、ヒトの胎児の水かきの消失などの例があり、アポトーシスともいう。

STEP 2 一問一答で理解を確認！

1	接合は無性生殖の一例である。	× 接合は有性生殖である。
2	無性生殖によって生じた、遺伝的に同じ性質をもつ集団をクローンという。	○ 無性生殖では配偶子の合体による遺伝子の新たな組み合わせが起きないため、同じ遺伝情報を持つ。
3	卵や精子をつくる基になる細胞を形成体という。	× 卵や精子をつくる基になる細胞は始原生殖細胞という。
4	染色体上で遺伝子が占める位置を染色体座という。	× 染色体上で遺伝子が占める位置を遺伝子座という。
5	同じ遺伝子が対になっている状態をヘテロ接合という。	× 同じ遺伝子が対になっている状態はホモ接合である。ヘテロ接合は、異なる遺伝子が対になっている状態をいう。
6	減数分裂では染色体数が分裂前の半分になる。	○ 減数分裂では生殖細胞がつくられ、染色体数は母細胞の半分になる。接合（受精）が行われると元の数に戻る。
7	減数分裂では、相同染色体の対合が起こり二価染色体となる。二価染色体は4本の染色分体からなる。	○ 第一分裂の前期に相同染色体が対合し、二価染色体になる。二価染色体には4本の染色分体が含まれる。
8	被子植物の重複受精では、精細胞は1個の卵細胞と1個の助細胞と受精する。	× 2個の精細胞のうち1個は卵細胞と受精し、もう1個は中央細胞と受精する。

9 種子植物の種子には、発芽に必要な栄養を胚乳に蓄えている有胚乳種子と、子葉に蓄えている無胚乳種子がある。マメやクリは有胚乳種子である。

× マメやクリは無胚乳種子である。イネやムギが有胚乳種子である。

10 卵黄は卵が発生するときのエネルギー源や胚の体をつくる部分であり、卵黄が多く分布している側で卵割が起こる。

× 卵黄は粘り気が強く細胞質の分裂を妨げるため、卵黄の少ない側で卵割が起こる。

11 卵割が進み桑の実に似た桑実胚の時期になると、内部に空洞ができて原腸ができる。

× 原腸ができる時期の細胞は、原腸胚と呼ばれる。

12 外胚葉からは、表皮や神経系、眼などの感覚器官が分化する。

○ 外胚葉からは神経管と表皮が生じ、神経管は脳や脊髄となる。表皮からは眼の水晶体などの感覚器官の一部ができる。

13 中胚葉からは、消化管や呼吸器などが分化する。

× 中胚葉からは、脊椎骨や腎臓、心臓などが分化する。消化管や呼吸器などは、内胚葉から分化する。

14 胚において原口背唇部のように、まだ運命の決まっていない胚域に作用して二次胚を形成させる能力のある胚の部分を誘導体という。

× 他の胚に働きかけて特定の分化を起こさせる作用を誘導といい、その部分を形成体（オーガナイザー）という。

15 おたまじゃくしがカエルに変態するときに尾がなくなるのは、プログラムされた細胞死による。これをネクローシスという。

× プログラムされた細胞死をアポトーシスという。ネクローシスは、血行不良や外傷などによる壊死のことである。

過去問にチャレンジ！

問題 1　特別区Ⅰ類（2018年度）

生殖に関する記述として、妥当なのはどれか。

1　無性生殖は、雄雌の性に関係なく増殖し、新たに生じる個体は親と遺伝的に同一な集団であるクローンとなる。
2　無性生殖には、ヒドラにみられる芽が出るように新たな個体が生じる単相や、根の栄養器官から新たな個体が生じる複相がある。
3　配偶子の合体によって新たな個体が生じる生殖を有性生殖といい、配偶子が合体して生じた細胞をヒストンという。
4　染色体上に占める遺伝子の位置を対合といい、ある対合について、1つの形質に関する複数の異なる遺伝子を遺伝子座という。
5　1対の相同染色体の遺伝子について、同じ状態になっているものをヘテロ接合体といい、異なる状態になっているものをホモ接合体という。

➡解答・解説は別冊 P.078

問題 2　特別区Ⅰ類（2004年度）

次の文は、動物又は植物の生殖と発生に関する記述であるが、妥当なのはどれか。

1　有性生殖では、卵や精子のように合体を行う生殖細胞を接合子といい、接合子の合体を接合と呼び、その結果生じた細胞が配偶子である。
2　動物の卵や精子の基になる細胞は、形成体と呼ばれ、発生の比較的早い時期から分裂を繰り返し、雌は卵原細胞、雄は精原細胞になる。
3　ウニの卵は、卵割が進むとしだいに割球が多くなり、胚全体が桑の実のような桑実胚になって、胚の内部に卵割腔と呼ばれる空所ができ始める。
4　イネなどの被子植物における胚乳種子とは、発芽のときの養分となる炭水化物、脂肪、タンパク質などの貯蔵物質を子葉に蓄積した種子である。
5　重複受精は、イチョウなどの裸子植物にみられる受精方式であり、精細胞が助細胞と反足細胞にそれぞれ受精することをいう。

➡解答・解説は別冊 P.078

問題 3

生物の生殖と発生に関する記述として最も妥当なのはどれか。

1　生殖の方法は、無性生殖と有性生殖に大別される。無性生殖の例には、アメーバの分裂、藻類の同形配偶子による接合、有性生殖の例には、ウニの受精、ユリの球根による栄養生殖がある。

2　細胞の分裂方法には、体細胞分裂と減数分裂がある。このうち減数分裂は、卵と精子が受精し、染色体数が倍加して通常の細胞の 4 倍の染色体をもつようになった受精卵が、染色体数を半減させるために行う分裂である。

3　動物の受精卵で行われる初期の細胞分裂を卵割といい、ほぼ同じ大きさの割球ができる卵割を等割という。卵割の仕方は卵の卵黄の量と分布が関係していると考えられており、ヒトの卵は卵黄が比較的少ない等黄卵で、卵割は等割で始まる。

4　動物の受精卵の細胞分裂が進むと、外胚葉、中胚葉、内胚葉の三つの胚葉を形成する。脊椎動物の場合、外胚葉からは骨格系が、中胚葉からは脳神経系と消化器系が、内胚葉からは循環器系がそれぞれ分化する。

5　被子植物の受精は 2 か所で起こり、これを重複受精という。一つはめしべの柱頭で起こる受精で 5 倍体の胚を形成し、もう一つは花粉管のある、やくで起こる受精で 2 倍体の種皮を形成する。

➡解答・解説は別冊 P.079

問題 4

警察官Ⅰ類（2021年度）

被子植物の生殖に関する記述として、最も妥当なのはどれか。

1　成熟中の花粉では核の分裂により2個の核ができ、そのうちの1個は細胞膜に取り囲まれて細胞質に遊離した状態の雄原細胞になり、もう1個の核はそのまま花粉管核となる。
2　胚珠の中で胚のう母細胞は減数分裂を行って、2個の細胞を生じるが、この分裂は不等分裂であるから、片方の細胞は退化する。
3　胚のうは8個の核をもち、1個が卵細胞、2個が反足細胞、3個が助細胞であり、残り2個は胚のうの中心に並ぶ極核となる。
4　重複受精とは、精細胞と卵細胞の接合に加え、花粉管核と極核の融合も同時に並行して起きることをいう。
5　有胚乳種子は胚乳に栄養分を蓄えるが、無胚乳種子は幼根に栄養分を蓄える。

➡解答・解説は別冊P.079

問題 5

特別区Ⅰ類（2007年度）

脊（せき）つい動物の発生の過程で、外胚葉、中胚葉、内胚葉からそれぞれ分化して形成される器官の組合せとして、妥当なのはどれか。

	外胚葉	中胚葉	内胚葉
1	脊髄（せきずい）	心臓	肝臓
2	脊髄	肝臓	心臓
3	心臓	脊髄	肝臓
4	心臓	肝臓	脊髄
5	肝臓	脊髄	心臓

➡解答・解説は別冊P.079

問題 6

特別区Ⅰ類（2021 年度）

動物の発生に関するＡ～Ｄの記述のうち、妥当なものを選んだ組合せはどれか。

Ａ　カエルの卵は、卵黄が植物極側に偏って分布している端黄卵であり、第三卵割は不等割となり、卵割腔は動物極側に偏ってできる。

Ｂ　カエルの発生における原腸胚期には、外胚葉、中胚葉、内胚葉の区別ができる。

Ｃ　脊椎動物では、外胚葉から分化した神経管は、のちに脳や脊索となる。

Ｄ　胚のある領域が接しているほかの領域に作用して、分化を促す働きを誘導といい、分化を促す胚の領域をアポトーシスという。

1　Ａ　Ｂ
2　Ａ　Ｃ
3　Ｂ　Ｃ
4　Ｂ　Ｄ
5　Ｃ　Ｄ

➡解答・解説は別冊 P.080

SECTION 4

遺伝

STEP 1 要点を覚えよう！

POINT 1 メンデルの遺伝の法則

(1) 優性の法則：優性（顕性）と劣性（潜性）の対立形質をもつ純系の親を掛け合わせると、雑種第一代はすべて優性形質が現れる。

(2) 分離の法則：対立遺伝子は配偶子ができるときに互いに分離して、別々の配偶子に入る。

(3) 独立の法則：2組以上の対立遺伝子が、配偶子形成時に独立して行動すること。ただし、各対立遺伝子が別の染色体上にあるときのみ成立する。

(4) 検定交雑：優性形質の固体の遺伝子型がホモ接合かヘテロ接合かを判定するため、劣性ホモ接合体と交雑する方法。

➡子供の形質がすべて優性であれば、親の遺伝子型は優性のホモ接合

➡子供の形質が優性：劣性＝1：1ならば、親の遺伝子型はヘテロ接合

二遺伝子雑種の遺伝のしくみ：エンドウの種子を丸形にする遺伝子をA、しわ形にする遺伝子をa、子葉の色を黄色にする遺伝子をB、緑色にする遺伝子をbとする。それぞれの遺伝子は独立して行動するので、純系の［丸・黄］(AABB）と［しわ・緑］(aabb）の親Pから生じる配偶子の遺伝子型はABとabであり、雑種第一代F_1はAaBbですべて［丸・黄］の種子となる。F_1から生じる配偶子の遺伝子型は、AB：Ab：aB：ab＝1：1：1：1であり、雑種第二代F_2の遺伝子型の組み合わせは表のようになり、表現型の比は［丸・黄］：［丸・緑］：［しわ・黄］：［しわ：緑］＝9：3：3：1になる。

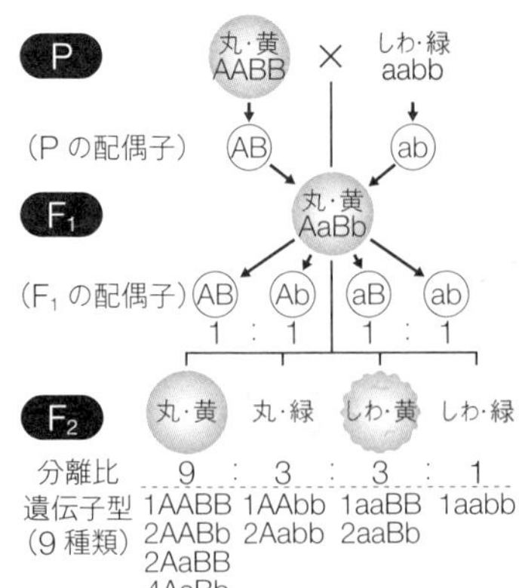

F_1の配偶子とその組み合わせ

♀ \ ♂	AB	Ab	aB	ab
AB	AABB	AABb	AaBB	AaBb
Ab	AABb	AAbb	AaBb	Aabb
aB	AaBB	AaBb	aaBB	aaBb
ab	AaBb	Aabb	aaBb	aabb

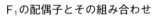

□ ホモ接合体

A(a)、B(b)の2対の対立遺伝子は、それぞれ独立に行動するので、F_1の配偶子は、AB：Ab：aB：abが1：1：1：1にできる。 **独立の法則**

エンドウの種子の形と子葉の色の遺伝

POINT 2 さまざまな様式の遺伝

(1) 不完全優性：マルバアサガオは、赤色（RR）と白色（rr）を掛け合わせると赤色（RR）：桃色（Rr）：白色（rr）＝**1**：**2**：**1**となる。Rとrの優劣関係が不完全なためであり、Rrを中間雑種という。

(2) 致死遺伝子：ハツカネズミの毛色は黄色（Yy）が優性、黒色（yy）が劣性である。YYの個体は胎児のうちに死ぬ。遺伝子がホモになると致死作用を表す遺伝子を致死遺伝子という。

(3) 複対立遺伝子：対立遺伝子が3種類以上のもの。ヒトのABO式血液型では、遺伝子はA型遺伝子、B型遺伝子、O型遺伝子の3種類。A型の血液型になる遺伝子の組み合わせは（AA）、（AO）、B型は（BB）、（BO）、AB型は（AB）、O型は（OO）である。

(4) 2対の対立遺伝子の相互作用が関係する遺伝

2対の対立遺伝子が互いにはたらき合って、1つの形質を発現するタイプの遺伝。

・補足遺伝子：2つの優性対立遺伝子がそろったときに特定の形質が発現する。
例 スイートピーの花の色など

・条件遺伝子：ある遺伝子が存在するという条件のもとにはたらく遺伝子。
例 ハツカネズミの毛の色など

・抑制遺伝子：2対の対立遺伝子のうち、一方の発現を抑制する遺伝子。
例 カイコガのまゆの色など

POINT 3 連鎖と組換え

連鎖：同じ染色体に2個以上の遺伝子が存在するとき、連鎖している遺伝子は、同じ配偶子に入る。

組換え：減数分裂時に相同染色体がねじれて、染色分体の一部が交換される（乗換え）ため、遺伝子の組み合わせが変わること。遺伝子間の距離が大きいほど組換えが起こる確率は高くなる。

組換えが起こったときの遺伝子間の関係を不完全連鎖、組換えが起こらないときの遺伝子間の関係を完全連鎖というよ。

ここで創きめる！ 染色体地図

遺伝子の組換えが起こった配偶子の割合は組換え価で表される。組換え価は遺伝子間の距離が大きいほど大きくなるため、組換え価をもとに遺伝子間の相対的距離や配列順序を示したものを染色体地図という。

CHAPTER 3 生物 4 遺伝

POINT 4 性染色体と伴性遺伝

性染色体による性決定

（1）雄ヘテロ型：XY 型、XO 型（X は雌雄共通、Y は雄特有）
ヒトは XY 型（XY は雄、XX は雌）

（2）雌ヘテロ型：ZW 型、ZO 型（Z は雌雄共通、W は雌特有）

伴性遺伝：性染色体にある遺伝子による遺伝

伴性遺伝の例

ヒトの赤緑色覚異常の遺伝：色覚異常に関する遺伝子は X 染色体にある。正常色覚の遺伝子を A、色覚異常の遺伝子を a とすると、男子では X^aY の場合に色覚異常、女子では X^aX^a の場合に色覚異常となり、男子の方が女子より色覚異常の割合が多くなる（女子の X^AX^a は正常色覚）。

POINT 5 遺伝情報の発現

（1）DNA（デオキシリボ核酸）：塩基、糖、リン酸が結合したものをヌクレオチドという。これが連なってポリヌクレオチドが形成される。DNA のヌクレオチドには、アデニン（A）、グアニン（G）、シトシン（C）、チミン（T）の 4 種類の塩基とデオキシリボースと呼ばれる糖が含まれる。DNA はポリヌクレオチドの二重らせん構造をとる。アデニンとチミン、グアニンとシトシンの間に相補性があり、結合する塩基の組み合わせは決まっている。

（2）RNA（リボ核酸）：RNA を構成するヌクレオチドには、アデニン、グアニン、シトシン、ウラシル（U）の 4 種類の塩基とリボースと呼ばれる糖が含まれる。RNA は 1 本の鎖である。

RNA の種類

・mRNA（伝令 RNA）：DNA の遺伝情報のうち必要な部分を転写し、細胞質に出てリボソームと結合する。
・tRNA（運搬 RNA）：細胞質中に存在し、特定のアミノ酸と結合してアミノ酸をリボソームに運ぶ。
・rRNA（リボソーム RNA）：ペプチド結合をつくるときに働く。

（3）真核細胞におけるタンパク質合成

・**遺伝情報の転写**：DNA の遺伝情報を、RNA ポリメラーゼ（RNA 合成酵素）が RNA に転写する。
・**RNA の加工**：DNA にはアミノ酸配列を指定する遺伝情報をもつエキソンと、もたないイントロンがある。ともに RNA に転写され mRNA の前駆体ができる。これからイントロンの部分が切り捨てられ、エキソン部分がつながれて mRNA ができる。これをスプライシングという。

- **遺伝情報の翻訳**：核内で合成されたmRNAは核膜孔から細胞質に移動し、リボソームに付着する。細胞質中のtRNAが特定のアミノ酸と結合し、リボソームへ移動する。リボソームがmRNAを端から移動し、このときmRNAのアンチコドンをもつtRNAが結合する。アミノ酸がペプチド結合してポリペプチドが合成され、その後tRNAが離れる。
- **タンパク質の形成**：ポリペプチドはリボソームによって細胞小器官へ運ばれる。それぞれの部位でタンパク質の立体構造が形成される。

ここできめる! コドン、アンチコドン

翻訳の際にアミノ酸を指定するmRNAの三つ組みの塩基配列（トリプレット）をコドンという。また、コドンに相補的に結合するtRNAのトリプレットをアンチコドンという。

POINT 6 全能性

全能性とは、分化した細胞や分化した細胞の核が、完全な個体を再生する能力を持つことをいう。分化した細胞も、個体をつくるために必要な遺伝情報のすべてを持っている。

- 植物細胞の全能性：分化した細胞に全能性がある。
- 動物細胞の全能性：1個の体細胞から完全な個体はできないが、分化した体細胞の核を取り出し、核を除いた未受精卵に移植すると完全な個体ができる。

クローン：同じ個体から取り出した細胞や核を使って作った完全な個体。すべてが同じ遺伝子構成を持っている。

POINT 7 バイオテクノロジー

(1) 遺伝子組換え：目的の遺伝子を制限酵素で切断して取り出し、DNAリガーゼでベクター（運び屋）とつなぎ合わせて組み込む操作。

大腸菌の場合は、プラスミドと呼ばれるDNAがベクターとして利用されるよ。

(2) PCR法：DNAを95℃の高温にすると、塩基間の水素結合が切れて1本鎖DNAができる。これにプライマーとDNAポリメラーゼを加えてDNAを複製する操作。

(3) 電気泳動：DNAに電圧を加えると陽極（＋）の方向へ移動する性質を利用して、目的とするDNAの長さを推定する方法。

(4) iPS細胞（人工多能性幹細胞）：体細胞に少しの遺伝子を導入してつくりだされた全能性をもつ幹細胞。

(5) ES細胞（胚性幹細胞）：胚盤胞の内部細胞を培養してつくった多能性を持つ細胞。ES細胞はノックアウトマウス（ある特定の遺伝子を欠損させて働かないようにしたマウス）の作成にも利用されている。

STEP 2 一問一答で理解を確認！

1 ホモ接合体とは、同じ対立遺伝子の組み合わせを対にもつものをいう。

○ ホモ接合体とは、同じ対立遺伝子の組み合わせのものであり、ヘテロ接合体は異なる対立遺伝子の組み合わせをもつものである。

2 メンデルの分離の法則とは、体細胞で対をなす遺伝子が、配偶子に分かれて入ることである。

○ 1対の遺伝子は、配偶子を形成するときそれぞれの配偶子に分かれて入る。これを分離の法則という。

3 検定交雑で、子供の表現型が優性形質：劣性形質＝1：1になるとき、優性の親はホモ接合体であることがわかる。

× 検定交雑において、子供にすべて優性形質が現れるときは、優性の親はホモ接合体である。子供に優性形質：劣性形質＝1：1で現れるときは、優性の親はヘテロ接合体である。

4 染色体は、減数分裂の第一分裂前期で相同染色体が対合して二価染色体になるとき、染色分体が交叉することがある。交叉によって染色分体の一部が切れて交換し合うことを組換えという。

× 交叉によって染色分体の一部が切れて交換し合うことを乗換えといい、乗換えによって遺伝子の組み合わせが変わることを組換えという。

5 同じ染色体に2個以上の遺伝子が存在する現象を連鎖という。遺伝子の組換えが起こったとき、その遺伝子間の関係を完全連鎖という。

× 遺伝子の組換えが起こったとき、その遺伝子間の関係を不完全連鎖という。遺伝子の組換えが起こらないときが、完全連鎖である。

6 組換えは連鎖している遺伝子間の距離が大きいほど起こりやすい。

○ 遺伝子間の距離が大きいほど組換えが起こりやすい。組換えが起こる配偶子の割合を組換え価といい、これによって遺伝子間の相対的な距離を知ることができる。

7 雌雄の性によって形や数が異なる染色体を性染色体といい、X染色体とY染色体の組み合わせと、Z染色体とW染色体のものとがある。

○ X、Yの性染色体では、雄がヘテロ接合体になり、Z、Wでは雌がヘテロ接合体になる。

8 五炭糖と塩基とリン酸が結合したものがヌクレオチドであり、ヌクレオチドが重合した高分子を核酸という。そのうち、RNAにだけ含まれる塩基はチミンである。

× RNAにだけ含まれる塩基はウラシルである。DNAだけに含まれる塩基はチミンである。また、RNAを構成する糖はリボースであり、DNAではデオキシリボースである。

9 真核細胞では、DNAから転写されたRNAは、多くの場合、合成後にその一部が取り除かれる。この現象をリプレッサーという。

× 転写されたRNAの一部が取り除かれてmRNAができる。これをスプライシングという。取り除かれる部分をイントロン、それ以外の部分をエキソンという。

10 mRNAは核膜孔を通って細胞質に移動し、リボソームに付着する。さらにtRNAが運んできた特定のアミノ酸が、リボソームでペプチド結合してポリペプチドが合成される。

○ なお、DNAの遺伝情報がRNAに写し取られることを転写といい、RNAの情報に従ってポリペプチドが合成されることを翻訳という。

11 ある特定の遺伝子DNAの断片を取り出し、人工的に別の遺伝子DNAに組み込む操作を遺伝子組換えという。目的の遺伝子DNAを切るために制限酵素を用いる。

○ 制限酵素は、DNAの特定の塩基配列を切断するはたらきをもつ。

過去問にチャレンジ！

問題 1

特別区Ⅰ類（2009年度）

次の文は、遺伝の法則に関する記述であるが、文中の空所 [A] ～ [D] に該当する語又は語句の組合せとして、妥当なのはどれか。

エンドウの種子の形が丸形としわ形の純系の親を交雑して得た雑種第一代では、丸形だけが現れる。このように、雑種第一代において両親のいずれか一方の形質だけが現れることを [A] といい、雑種第一代で現れる形質を [B] 形質、現れない形質を [C] 形質という。

この雑種第一代どうしを自家受精して得られた雑種第二代では、丸形としわ形が [D] の比で現れる。

	A	B	C	D
1	分離の法則	優性	劣性	2：1
2	分離の法則	独立	分離	2：1
3	優性の法則	優性	劣性	2：1
4	優性の法則	独立	分離	3：1
5	優性の法則	優性	劣性	3：1

➡解答・解説は別冊 P.081

問題 2

東京都Ⅰ類（2014年度）

赤色の花のマルバアサガオと白色の花のマルバアサガオとを交雑させると、次の世代にはすべて桃色の花が咲く。この桃色の花のマルバアサガオを自家受精させた場合に、次の世代に咲くマルバアサガオの花の色とその割合として、妥当なのはどれか。

1 全部桃色の花が咲く。
2 赤色の花 1、白色の花 1 の割合で咲く。
3 赤色の花 1、桃色の花 1、白色の花 1 の割合で咲く。
4 赤色の花 1、桃色の花 2、白色の花 1 の割合で咲く。
5 赤色の花 2、桃色の花 1、白色の花 2 の割合で咲く。

➡解答・解説は別冊 P.081

問題 3 国家一般職（2016 年度）

遺伝の法則に関する記述として最も妥当なのはどれか。

1 メンデルの遺伝の法則には、優性の法則、分離の法則、独立の法則があり、そのうち独立の法則とは、減数分裂によって配偶子が形成される場合に、相同染色体がそれぞれ分かれて別々の配偶子に入ることをいう。

2 遺伝子型不明の丸形（優性形質）の個体（AA 又は Aa）に劣性形質のしわ形の個体（aa）を検定交雑した結果、丸形としわ形が 1：1 の比で現れた場合、遺伝子型不明の個体の遺伝子型は Aa と判断することができる。

3 純系である赤花と白花のマルバアサガオを交配すると、雑種第一代（F_1）の花の色は、赤色：桃色：白色が 1：2：1 の比に分離する。このように、優劣の見られない個体が出現する場合があり、これは分離の法則の例外である。

4 ヒトの ABO 式血液型について、考えられ得る子の表現型（血液型）が最も多くなるのは、両親の遺伝子型が AO・AB の場合又は BO・AB の場合である。また、このように、一つの形質に三つ以上の遺伝子が関係する場合、それらを複対立遺伝子という。

5 2 組の対立遺伝子 A、a と B、b について、A は単独にその形質を発現するが、B は A が存在しないと形質を発現しない場合、B のような遺伝子を補足遺伝子といい、例としてカイコガの繭の色を決める遺伝子などが挙げられる。

➡解答・解説は別冊 P.081

問題4

東京都Ⅰ類（2018年度）

遺伝子と染色体に関する記述として、妥当なのはどれか。

1　同一の染色体にある複数の遺伝子が、配偶子の形成に際して行動をともにする現象を連鎖といい、連鎖には独立の法則が当てはまらない。
2　染色体の一部が入れ換わることを染色体の組換えといい、組換えは染色体にある二つの遺伝子間の距離が離れているほど起こりにくい。
3　染色体に存在する遺伝子の配列を図に示したものを染色体地図といい、細胞学的地図と比べると、遺伝子の配列に一致する部分がなく、配列の順序が逆に示される。
4　雌雄の性決定に関与する染色体を性染色体といい、性染色体はX染色体、Y染色体及びZ染色体の3種類の組合せでできており、ヒトの性決定は雌ヘテロ型のXY型に分類される。
5　遺伝子が性染色体に存在するため雌雄で形質の伝わり方が異なる遺伝のことを選択的遺伝子発現といい、選択的遺伝子発現の例として、染色体の減数分裂が挙げられる。

➡解答・解説は別冊P.082

問題5

特別区Ⅰ類（2017年度）

DNAに関するA～Dの記述のうち、妥当なものを選んだ組合せはどれか。

A　翻訳とは、2本のヌクレオチド鎖がそれぞれ鋳型となり、元と同じ新しい2本鎖が2組形成される方法である。
B　DNAの塩基には、アデニン（A）、チミン（T）、グアニン（G）、シトシン（C）の4種類がある。
C　核酸には、DNAとRNAがあり、DNAはリン酸、糖、塩基からなるヌクレオチドで構成されている。
D　転写とは、RNAの塩基配列がDNAの塩基配列に写し取られることである。

1　A　B
2　A　C
3　A　D
4　B　C
5　B　D

➡解答・解説は別冊P.082

問題 6 消防官Ⅰ類（2005 年度）

次の文章の［A］～［D］にあてはまる語句の組み合わせとして、最も妥当なのはどれか。

DNA の遺伝情報は核内で［A］に転写されて細胞質に出て行く。細胞質に出た［A］は、タンパク質合成を行う［B］に付着する。一方、細胞質中にある［C］は、それぞれ特定のアミノ酸と結合し、これを［B］に運ぶ。アミノ酸は［D］によって互いにつながり、DNA がもつ遺伝情報に従ったアミノ酸配列をもつタンパク質が合成される。

	A	B	C	D
1	tRNA	リボソーム	mRNA	ペプチド結合
2	mRNA	リソソーム	tRNA	イオン結合
3	tRNA	ゴルジ体	rRNA	イオン結合
4	mRNA	リボソーム	tRNA	ペプチド結合
5	mRNA	ゴルジ体	rRNA	水素結合

➡解答・解説は別冊 P.083

問題 7 国家一般職（2011 年度）

次は遺伝子に関する記述であるが、［ア］、［イ］、［ウ］に入るものの組合せとして最も妥当なのはどれか。

遺伝子の本体である DNA は 4 種類の構成要素からできており、それらが多数つながった長い鎖状になっている。4 種類の構成要素は、A（アデニン）、［ア］、G（グアニン）、C（シトシン）という符号で表される。その要素は互いに［イ］し、ねじれた 2 本鎖としてつながった二重らせん構造になっている。

ある生物の DNA を解析したところ、A（アデニン）が C（シトシン）の 2 倍量含まれていることが分かった。この DNA 中の推定される G（グアニン）の割合はおよそ［ウ］%である。

	ア	イ	ウ
1	T（チミン）	共有結合	33.3
2	T（チミン）	水素結合	16.7
3	T（チミン）	水素結合	33.3
4	U（ウラシル）	共有結合	33.3
5	U（ウラシル）	水素結合	16.7

➡解答・解説は別冊 P.083

問題8

特別区Ⅰ類（2012年度）

RNA（リボ核酸）に関する記述として、妥当なのはどれか。

1 DNAから伝令RNAへの遺伝情報の転写は、DNA合成酵素の働きにより、DNAの塩基配列を鋳型として行われる。
2 RNAはDNAと異なり、塩基としてチミン（T）をもち、ウラシル（U）をもっていない。
3 伝令RNAは、タンパク質と結合して、タンパク質合成の場となるリボソームを構成する。
4 運搬RNAには、伝令RNAのコドンと相補的に結合するアンチコドンと呼ばれる塩基配列がある。
5 真核生物では、DNAの遺伝情報が伝令RNAに転写され始めると、転写途中の伝令RNAにリボソームが付着して翻訳が始まる。

➡解答・解説は別冊P.083

問題9

国家一般職（2017年度）

バイオテクノロジーに関する記述として最も妥当なのはどれか。

1 ある生物の特定の遺伝子を人工的に別のDNAに組み込む操作を遺伝子組換えという。遺伝子組換えでは、DNAの特定の塩基配列を認識して切断する制限酵素などが用いられる。
2 大腸菌は、プラスミドと呼ばれる一本鎖のDNAを有する。大腸菌から取り出し、目的の遺伝子を組み込んだプラスミドは、試験管内で効率よく増やすことができる。
3 特定のDNA領域を多量に増幅する方法としてPCR法がある。初期工程では、DNAを一本鎖にするため、−200℃程度の超低温下で反応を行う必要がある。
4 長さが異なるDNA断片を分離する方法として、寒天ゲルを用いた電気泳動が利用される。長いDNA断片ほど強い電荷を持ち速く移動する性質を利用し、移動距離からその長さが推定できる。
5 植物の遺伝子組換えには、バクテリオファージというウイルスが利用される。バクテリオファージはヒトへの感染に注意する必要があるため、安全性確保に対する取組が課題である。

➡解答・解説は別冊P.084

問題 10 消防官Ⅰ類（2019年度）

遺伝情報やその調節に関する記述として、最も妥当なのはどれか。

1 真核生物では、DNA の転写、RNA のスプライシング、mRNA の翻訳は全て核内で行われ、スプライシングにより、mRNA の塩基配列に対応しないイントロンが切り取られる。

2 大腸菌などの原核生物では、培地にラクトースがない場合、調節タンパク質がDNAのプロモーターに結合することでラクトース分解酵素遺伝子群がRNAに転写されなくなる。

3 ショウジョウバエの唾液腺染色体に見られる横縞は遺伝子の存在する場所であり、遺伝子が活性化されて転写が盛んに行われている際には、横縞にある DNA がほどけて膨らんでいる。

4 ネクローシスとは遺伝情報にプログラムされた能動的な細胞死のことで、動物の発生における形態形成に重要であり、損傷などで細胞が死ぬアポトーシスと区別される。

5 制限酵素で断片化された DNA と大腸菌のプラスミドを DNA リガーゼでつなぎ合わせ、大腸菌に導入し、目的のタンパク質をつくる遺伝子をクローニングする方法を PCR 法という。

➡解答・解説は別冊 P.084

SECTION 5

動物

STEP 1 要点を覚えよう！

POINT 1 体液

血液：血液はヒトの体重の約 13 分の 1 の重さを占める。

（1）血液：赤血球…核がなくヘモグロビンを含み酸素運搬を行う。寿命は 120 日で古くなった赤血球は肝臓や脾臓で破壊され、ビリルビン（黄色）になり体外に排出される。

白血球…リンパ球（免疫に関係する）、顆粒球、マクロファージなどがあり、異物を捕食する。

血小板…血液凝固にはたらく。血小板が集まりフィブリンと呼ばれる繊維状のタンパク質などが集まって血餅をつくり傷口をふさぐ。

血しょう（液体成分）…大部分が水。血球、栄養分、ホルモン、老廃物の運搬を行う。血液凝固因子を含む。免疫に関係する。

血液の体積の約 55%は液体成分の血しょうで、有形成分の血球は約 45%だよ。

（2）リンパ液：組織液の一部がリンパ管に入ってリンパ液となる。リンパ球を多く含む。

（3）組織液：血しょうが毛細血管から組織中にしみ出したもの。大部分は静脈に戻り血しょうになる。

POINT 2 体液の恒常性

恒常性（ホメオスタシス）：外部環境が変化しても内部環境を一定に保つしくみ。

（1）血液の循環：動脈血…**酸素**を多く含む血液。肺静脈、大動脈を流れる。

静脈血…**二酸化炭素**を多く含む血液。肺動脈、大静脈を流れる。

（2）血管：動脈…筋層と繊維層でできた壁が静脈より厚く、高い血圧に耐える。

静脈…静脈弁があり、血液の逆流を防ぐ。

毛細血管…1 層の内皮細胞層でできている。

（3）リンパ系：リンパ液が毛細リンパ管からリンパ管へ流れ、鎖骨下静脈につながり心臓に向かう一方通行の流れ。逆流を防ぐ弁がある。

(4) 腎臓のつくりとはたらき：皮質には糸球体とボーマンのうからなる腎小体（マルピーギ小体）があり、細尿管につながる。腎動脈から流れる血液の血しょうがろ過され原尿ができる。原尿は再吸収され、吸収されなかった成分が腎うに集まって尿になる。

(5) 肝臓のはたらき：グリコーゲンの合成と貯蔵、尿素の合成（タンパク質の分解で生じるアンモニアをオルニチン回路で尿素に変え、腎臓から排出する）、解毒作用、胆汁の合成（胆汁は消化酵素を含まず、脂肪を乳化し消化を助ける）。

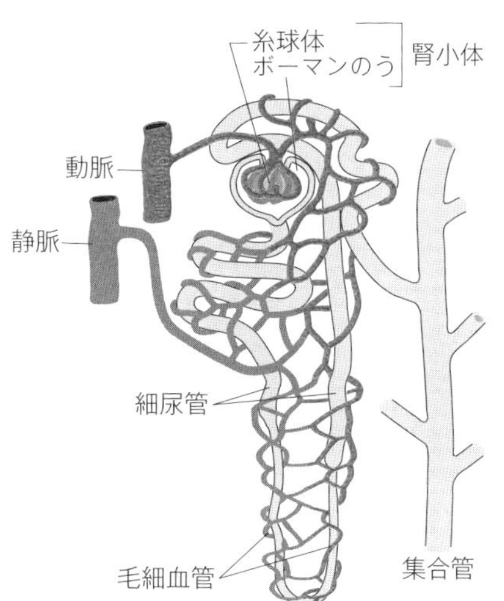

POINT 3 生体防御

生体防御：微生物や異物の侵入を食い止め、体内に侵入した微生物の増殖を抑えるしくみで、自然免疫と獲得免疫の２つがある。

(1) 物理的・化学的生体防御：皮膚、消化器官・消化管の粘膜による異物の排除や涙、消化液、粘膜中の酵素が微生物の細胞膜を溶かすことによる防御。

(2) 自然免疫：病原体が共通して持つ特徴を認識して、食作用によって排除する免疫。体内に侵入した異物を直接細胞内に取り込み消化する。マクロファージ、好中球、樹状細胞を食細胞という。また、病原体が侵入した細胞はNK（ナチュラルキラー）細胞によって破壊される。

(3) 獲得免疫：特定の物質を認識したリンパ球が微生物を除去する免疫。獲得免疫に関係するリンパ球はＴ細胞とＢ細胞。

・抗原抗体反応：抗原は異物として認識される物質。抗体は抗原に対して免疫系でつくられるタンパク質で、抗原と結びついて無毒化する。

・獲得免疫：抗原抗体反応による生体防御のしくみ。

獲得免疫のしくみ

・抗原の侵入→樹状細胞による食作用→食作用で分解された抗原の情報がヘルパーＴ細胞やキラーＴ細胞に伝えられる（抗原提示）→ヘルパーＴ細胞活性化→抗原情報がＢ細胞につたわり、Ｂ細胞が形質細胞（抗体産生細胞）に分化→形質細胞から抗体が産生され、抗体と結合した抗原が無毒化されたり、マクロファージやNK細胞による食作用によって除去される。さらにキラーＴ細胞も活性化し感染細胞を破壊する。

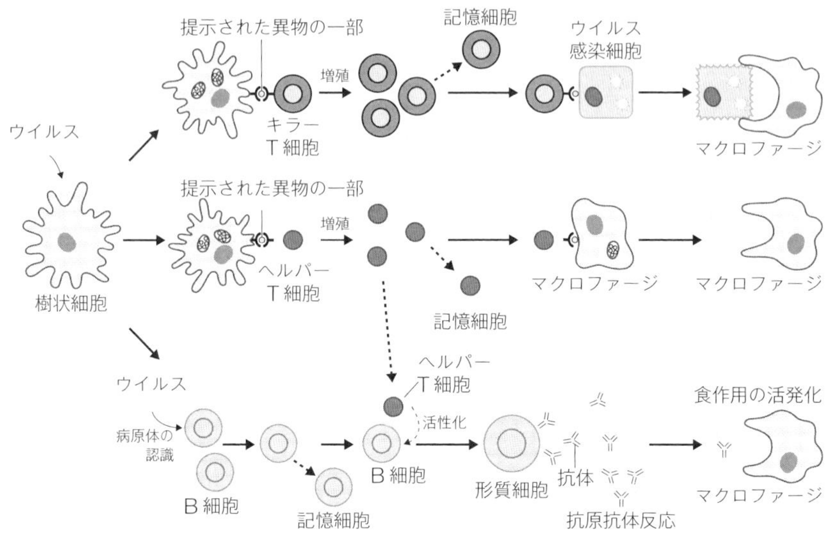

(4) 免疫記憶：活性化された B 細胞、ヘルパー T 細胞、キラー T 細胞の一部は、記憶細胞として長期間体内に残る。自然免疫には免疫記憶のしくみはない。

ここでまとめる! 細胞性免疫と体液性免疫

獲得免疫のうち、T 細胞が直接異物を攻撃するものを細胞性免疫、B 細胞により抗体を産生して異物に対抗するものを体液性免疫という。

POINT 4 免疫に関する疾患と医療

(1) アレルギー：病原体以外の異物に繰り返し接触したとき、異物に対して過剰な免疫反応を引き起こすこと。

(2) 自己免疫疾患：自分の成分に対する免疫反応によって生じる疾患。重症筋無力症、関節リウマチなど。

(3) エイズ（後天性免疫不全症候群）：HIV ウィルスがヘルパー T 細胞を破壊することで免疫が機能しなくなり、感染力の弱い病原菌に感染する。

(4) ワクチン：弱毒化・死滅させた病原菌や無毒化した細菌の毒素（ワクチン）を接種し、免疫の記憶を持たせて病気を予防する治療。

(5) 血清療法：ウマなどの動物にヘビの毒素などに対する抗体をつくらせ、この血清を接種する治療法。

POINT 5 自律神経系と内分泌系

（1）自律神経：大脳の影響を受けない間脳（視床下部）が制御する末梢神経系で、意思とは無関係にはたらく。自律神経系には交感神経と副交感神経がある。これらは互いにほぼ正反対のはたらきをし、拮抗的にはたらく。

・交感神経：脊髄から出る。伝達物質はノルアドレナリン。

・副交感神経：中脳、延髄、脊髄から出る。伝達物質はアセチルコリン。

（2）内分泌系：ホルモンによるからだの調節のしくみ。ホルモンは内分泌腺でつくられ、血液中に分泌され各器官へ伝わり、特定の細胞（標的細胞）にだけはたらく。多くのホルモンは、間脳の視床下部から脳下垂体へ分泌されるホルモンによって調整される。また、自律神経系や血しょう中の物質濃度の変化を、内分泌腺が直接感知することでも調整される。

（3）自律神経系とホルモンの協同：内分泌系と自律神経系の中枢は間脳の視床下部。

血糖値の調整：血しょう中のグルコースを血糖という。ヒトの血糖値は血液100 mLあたり約100 mgである。

【高血糖のとき】間脳の視床下部が感知→すい臓のランゲルハンス島B細胞からインスリンを分泌→肝臓や筋肉中でグリコーゲンを合成し、血糖値が低下する。

【低血糖のとき】間脳の視床下部が感知→副腎髄質からアドレナリンを分泌。これとは別にすい臓のランゲルハンス島A細胞からグルカゴンを分泌→アドレナリン、グルカゴンの働きでグリコーゲンが分解されてグルコースになる。

さらに脳下垂体前葉から副腎皮質刺激ホルモンが分泌され、副腎皮質から糖質コルチコイドの分泌を促し、筋肉などのタンパク質を分解してグルコースが生成される。

体温の調整

【寒いとき】視床下部が感知→交感神経を通じて皮膚に興奮が伝わり、皮膚の血管が収縮し立毛筋が収縮して放熱を防ぐ。加えて視床下部が感知→副腎髄質からアドレナリンが分泌→血糖値が上昇し代謝が盛んになり体温が上がる。さらに、視床下部が感知→脳下垂体前葉→甲状腺からチロキシンが分泌され代謝が促進される。

【熱いとき】視床下部が感知→交感神経を通じて汗腺が開き発汗が盛んになる。

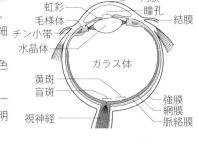

POINT 6 動物の反応と行動

刺激の受容と反応：外界からの刺激は受容器で受け取られ、感覚神経を通して中枢神経系に伝わり、運動神経を通して効果器に伝えられる。

(1) ヒトの眼の構造とはたらき：角膜と水晶体で屈折した光は網膜上で像となる。

・錐体細胞：強い光のもとではたらく視細胞。色の識別に関係する。

・桿体細胞：弱い光も受容できる視細胞。色の識別はできない。

・明順応：暗い所から明るい所に出ると、一瞬眩しくなるが徐々に慣れる。これを明順応という。

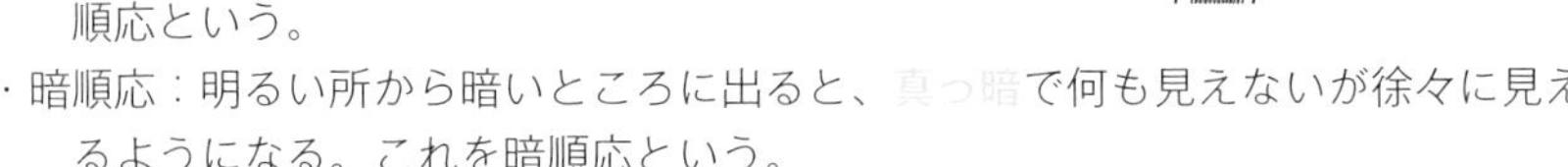

・暗順応：明るい所から暗いところに出ると、真っ暗で何も見えないが徐々に見えるようになる。これを暗順応という。

・入光量の調節：光彩の筋肉のはたらきにより瞳孔の大きさを変えて調節される。

遠近の調節

近くを見るとき：毛様体が収縮→チン小帯が緩む→水晶体が厚くなり焦点距離が**短く**なる。

遠くを見るとき：毛様体が緩む→チン小帯が引張られる→水晶体が薄くなり焦点距離が**長く**なる。

ここで差がつく！ 黄斑と盲斑

黄斑には錐体細胞が集中し、焦点を合わせてものを見るときは、黄斑に映った像を見ている。盲斑では、視神経繊維が束になって網膜を貫いて眼球外に通じており、光は感じとれない。

(2) ヒトの耳の構造とはたらき：ヒトの耳は外耳、中耳、内耳の３つからなる。

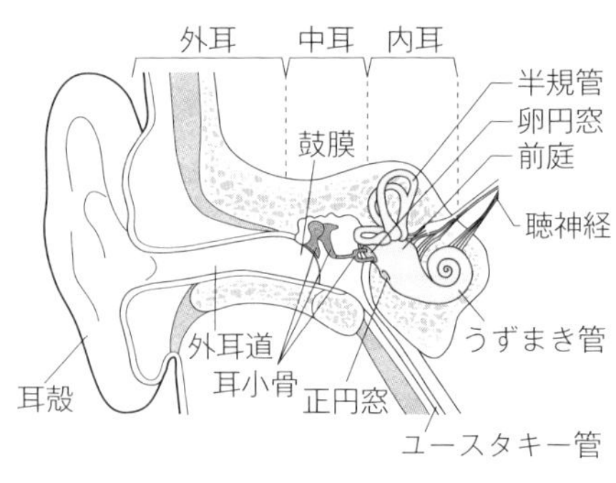

・聴覚のしくみ：外耳道を通った音波は鼓膜を振動させる→耳小骨で振動が増幅される→うずまき管のリンパ液に振動が伝わり、基底膜が振動する→コルチ器で聴細胞が振動を受け取る→聴神経を通って大脳に伝わる。

・平衡覚：内耳の前庭でからだの傾きを感じ、内耳の半規管で回転を感じとる。

STEP 1 要点を覚えよう！

(3) 神経細胞（ニューロン）：細胞体とそこから伸びる軸索、樹状突起で構成。
・ヒトの神経系：中枢神経系…脳、脊髄
末梢神経系…体性神経系（感覚神経·運動神経）、自律神経系（交感神経・副交感神経）

(4) 興奮の伝わり方
・静止電位：興奮していない細胞内部は外側に対して負の電位をもつ。これを静止電位という。細胞内の K^+ が、常に開いているカリウムチャネルを通って細胞外にでるため静止電位が生じる。
・活動電位：刺激を受けるとナトリウムチャネルが開いて Na^+ が細胞内に流入し、細胞内外の電位が逆転する。ナトリウムチャネルはすぐに閉じるが、カリウムチャネルは遅れて開き K^+ が細胞外へ流出して電位が元に戻る。このような膜電位の変化を活動電位という。
・活動電流：刺激が加えられ興奮が生じると、その部位の膜内外の電位が逆転し隣接する部分と電位差が生じ、電流が発生する。これを活動電流という。興奮は活動電流によって伝わる。
・興奮の伝導：神経細胞内を興奮が伝わること。活動電流によって伝わり、両方向に伝わる。伝達の時間は短い。
・興奮の伝達：軸索の末端部は他のニューロン細胞や効果器とわずかなすき間を開けて接している。この接合部分をシナプスといい、すき間のシナプス間隙には神経伝達物質が含まれる。シナプスで興奮が伝わることを興奮の伝達という。興奮の伝達は一方向のみに起こり時間がかかる。
・閾値：感覚細胞が興奮するために必要な最低限の刺激の強さ。

(5) 中枢神経系：ヒトの脳のはたらき。
・大脳：大脳表面の大部分は新皮質であり、感覚野（視覚、聴覚などの中枢）、運動野（随意運動の中枢）、連合野（記憶、思考、理解などの精神活動の中枢）に分けられる。辺縁皮質には記憶に関わる海馬が含まれる。
・間脳：視床と視床下部からなり、視床は大脳に伝わる興奮を中継する。視床下部は自律神経の中枢。
・中脳：姿勢を保持。眼球運動や瞳孔の調節を行う中枢。
・小脳：からだの平衡を保つ中枢。
・延髄：心臓の拍動運動、呼吸の中枢や消化液を分泌する中枢。
・脊髄：受容器で受けた刺激による興奮を脳に伝え、脳からの指令を効果器に伝える神経の経路かつ脊髄反射の中枢。

(6) 反射：刺激に対して意識とは無関係に瞬時に起きる反応。中脳、延髄、脊髄が中枢となる反応で大脳を経由しないので、反応が素早く起こる。

STEP 2 一問一答で理解を確認！

	問題	解答
1	赤血球には核がなく、ヘモグロビンを含み酸素を運搬する。白血球は不定形の有形成分で血液の凝固に関与する。	× 赤血球には核がなく、ヘモグロビンが酸素を運搬する。白血球は不定形の有形成分で、食作用や免疫に関係する。
2	血しょうが毛細血管から組織中にしみ出したものがリンパ液である。	× 血しょうが毛細血管から組織中にしみ出したものは組織液であり、その一部がリンパ管に入ってリンパ液になる。
3	酸素を多く含む鮮やかな赤色をした血液を動脈血といい、肺動脈に流れる血液は動脈血である。	× 酸素を多く含む鮮やかな赤色をした血液を動脈血といい、二酸化炭素を多く含む血液を静脈血という。心臓から肺に向かう血管は肺動脈と呼ばれるが、これを流れる血液は静脈血である。
4	腎臓の皮質には、糸球体とボーマンのうからなる腎小体があり、原尿がつくられる。	○ 腎小体でつくられた原尿は細尿管を通る間に毛細血管に再吸収され、再吸収されなかった成分が腎うに集まって尿になる。
5	肝臓のはたらきには、グリコーゲンの合成と貯蔵、尿素の合成、解毒作用、脂肪の分解などがある。	× 肝臓には、グリコーゲンの合成・貯蔵、尿素の合成、解毒作用などのはたらきがあるが、脂肪の分解作用はない。なお、肝臓でつくられる胆汁は消化酵素を含まず、脂肪を乳化し分解を助ける。
6	体内に侵入した病原体は、樹状細胞やマクロファージ、好中球などによって捕食される。これを食作用という。これによって異物が排除される免疫のしくみを自然免疫という。	○ 病原体が共通して持つ特徴を認識して、食作用によって排除する免疫を自然免疫という。

7 獲得免疫では、樹状細胞がB細胞に抗原提示を行い、ヘルパーT細胞が抗体産生細胞に分化して抗体を産生する。抗体は抗原と結びつき抗原抗体反応を起こす。

× 獲得免疫では、樹状細胞がヘルパーT細胞に抗原提示を行い、B細胞が抗体産生細胞に分化して抗体を産生する。抗体は抗原と結びつき抗原抗体反応を起こす。

8 活性化されたB細胞、ヘルパーT細胞、キラーT細胞の一部は記憶細胞として長期間体内に残り、再び病原体が侵入したとき速やかに抗体が産生される。これを免疫記憶という。

○ 最初に抗体が作られるのを一次応答といい、記憶細胞のはたらきで次に抗体が作られることを二次応答という。自然免疫に免疫記憶はない。

9 病原体以外の異物に対して過剰な免疫反応を起こすことを拒絶反応という。

× 病原体以外の異物に対して過剰な免疫反応を起こすことをアレルギーという。特に激しい反応を、アナフィラキシーショックという。拒絶反応とは、別の個体の臓器を移植したとき定着しないで脱離する反応のことをいう。

10 血糖値が高いときには、間脳の視床下部が感知し、すい臓のランゲルハンス島B細胞からインスリンが分泌され、グリコーゲンの合成が促されたり、副腎髄質からアドレナリンが分泌されたりする。

× インスリンはグリコーゲン合成を促進し、血糖値を下げるが、副腎髄質からアドレナリンが分泌されると、グリコーゲンが分解されてグルコースが増加する。低血糖のときに起きる反応である。

11 ヒトの眼にある錐体細胞は弱い光を受容でき、暗いところでものを見るときはたらく。桿体細胞は強い光の下ではたらき、色の違いを識別する。

× 錐体細胞は強い光の下で働き、色の違いを識別する。桿体細胞は弱い光を受容できるが、色の識別はできない。

12 傾きは耳の内耳の前庭で感知し、回転は内耳の半規管で感じとる。

○ からだの傾きは、前庭の平衡石のずれにより感覚毛が押されることで知覚する。回転は半規管の中のリンパ液の動きで知覚する。

過去問にチャレンジ！

問題 1

東京都Ⅰ類（2013年度）

ヒトの血液に関する記述として、妥当なのはどれか。

1　血液は、体積の約55%の有形成分と約45%の液体成分からできており、有形成分のうち最も多いのは、白血球である。
2　血しょうは、約90%が水分であり、栄養分や老廃物を運搬するほか、血しょう中の成分が血液凝固の反応において繊維状のフィブリンとなる。
3　赤血球は、核を有する球状の細胞であり、赤血球に含まれるグロブリンによって体内の組織へ酸素を運搬する。
4　白血球は、核がない中央がくぼんだ円盤状の細胞であり、出血したときに集まって傷口をふさぐとともに血液凝固に働く因子を放出する。
5　血小板は、核を有する不定形の細胞であり、体内に侵入した細菌やウイルスなどの異物を食作用により分解し排除するほか、免疫反応に関係している。

➡解答・解説は別冊 P.086

問題 2

消防官Ⅰ類（2009年度）

ヒトの血液に関する記述として、最も妥当なのはどれか。

1　採取した血液をしばらく放置すると、有形成分の血清と液体成分の血餅に分かれる。
2　血小板には栄養素や老廃物を運ぶ働きがある。
3　白血球は体内に入ってきた細菌を食作用により処理し、免疫にも深くかかわる。
4　血しょうは骨髄でつくられる円盤状の細胞で、ヘモグロビンの働きにより酸素を運ぶ。
5　足をすりむいたとき、しばらくすると自然に血が止まるのは、赤血球の働きである。

➡解答・解説は別冊 P.086

問題 3 国家一般職（2015 年度）

ヒトの体液に関する記述として最も妥当なのはどれか。

1 体液は、通常、成人男性では体重の約 40%を占め、血管内を流れる血液と、組織の細胞間を満たすリンパ液の二つに大別される。
2 血液は、一般的に静脈を通って毛細血管に達し、血液の液体成分である血しょうの一部が、毛細血管壁から染み出ると全てリンパ液となる。
3 赤血球の核に多量に含まれているヘモグロビンは、主に栄養分や老廃物を体内で運搬する役割を果たしている。
4 白血球は、毛細血管壁を通り抜けて血管外に出ることができ、一部の白血球には、体内に侵入した病原体などの異物を取り込み、それを分解する働き（食作用）がある。
5 血しょうは、粘性のある淡黄色の液体で、約 60%が水であり、主に酸素と結び付くことによって各組織に酸素を運搬する役割を果たしている。

➡解答･解説は別冊 P.086

問題 4 消防官Ⅰ類（2018 年度）

免疫に関する記述として、最も妥当なのはどれか。

1 ナチュラルキラー細胞は、病原体などが感染した細胞やがん細胞などを認識して排除するはたらきをもつ。
2 HIV は、生まれつきヘルパーT 細胞に欠陥があることで、成長にしたがって免疫の働きが低下していく病気である。
3 自己免疫疾患とは、関節リウマチなど、自己の物質を抗体として認識して攻撃してしまうことをいう。
4 予防接種とは、あらかじめほかの動物に毒素を接種して抗体をつくらせておき、その抗体を患者に接種することをいう。
5 アレルギーとは、免疫力の低下のため、免疫反応が起こらない状態を示し、花粉症などが例としてあげられる。

➡解答･解説は別冊 P.087

問題 5

国家専門職（2021 年度）

ヒトの免疫に関する記述として最も妥当なのはどれか。

1 体内に侵入した異物は、自然免疫とともに獲得免疫（適応免疫）でも排除される。自然免疫では異物を特異的に体内から排除するが、獲得免疫では異物を非特異的に体内から排除する。がん細胞を異物として認識して排除する働きは自然免疫に該当し、主に血小板によって行われる。

2 獲得免疫は、その仕組みにより細胞性免疫と体液性免疫とに分けられる。細胞性免疫では、NK（ナチュラルキラー）細胞による食作用とマクロファージによる異物の排除が行われる。一方、体液性免疫では、ウイルスなどに感染した自己の細胞をT細胞が直接攻撃する。

3 他人の皮膚や臓器を移植した場合、移植された組織が非自己と認識されると、B細胞が移植された組織を直接攻撃する。これにより、移植された組織が定着できなくなることを免疫不全といい、これを防ぐため、皮膚などの移植の際には、体液性免疫を抑制する免疫抑制剤が投与される。

4 免疫記憶の仕組みを利用して、あらかじめ弱毒化した病原体や毒素などを含む血清を注射し、人為的に免疫を獲得させる方法を血清療法という。一方、あらかじめ他の動物からつくった、ワクチンと呼ばれる抗体を注射することで、症状を軽減させる治療法を予防接種という。

5 免疫が過敏に反応し、体に不都合に働くことをアレルギーという。花粉などのアレルゲンが体内に侵入すると、抗体がつくられる。再度同じアレルゲンが侵入すると、抗原抗体反応が起き、それに伴って発疹や目のかゆみ、くしゃみ、鼻水などのアレルギー症状が現れる。

➡解答・解説は別冊 P.087

問題 6

東京都Ⅰ類（2008 年度）

ヒトの脳に関する記述として、妥当なのはどれか。

1 大脳は、髄質と皮質とに分けられ、髄質には思考や判断などの精神活動の中枢があり、皮質にはだ液の分泌の中枢がある。

2 間脳は、視床と視床下部とに分けられ、視床下部には自律神経系の中枢があり体温を調節するはたらきがある。

3 中脳には、視覚や聴覚などの感覚中枢、姿勢を保つ中枢及び随意運動の中枢がある。

4 小脳には、眼球の運動の中枢及び瞳孔の大きさを調節する中枢があり、血糖量を調節するはたらきがある。

5 延髄には、心臓の拍動や呼吸運動などの生命維持に重要な機能の中枢及びからだの平衡を保つ中枢がある。

➡解答・解説は別冊 P.088

問題 7　国家一般職（2009 年度）

ヒトの生体防御や老廃物排出に関する記述として最も妥当なのはどれか。

1　体内にウイルスや細菌などの抗原が侵入すると、血小板の一種であるＴ細胞とＢ細胞の働きによってこれを排除するタンパク質である抗体が生成され、抗体と結合した抗原は赤血球の食作用により処理される。

2　ヒトの体は、以前に侵入した抗原に対する免疫記憶があり、２回目以降の侵入にすみやかに多量の抗体を生産して反応できる。この性質により体に直接害のない異物に過剰な抗原抗体反応が引き起こされ、生体に不都合な症状が起きることをアレルギーという。

3　肝臓では血液中の有害物の無毒化や不用代謝物の分解が行われ、そのランゲルハンス島の細胞で、タンパク質の分解によって生じた毒性の強いアンモニアが無毒のアミノ酸に分解される。

4　腎臓では、腎小体で血液がろ過されて原尿がつくられる。この原尿は、細尿管を通過する際にアミノ酸が、次の膀胱で残りの多量の水分と無機塩類が血液中に再吸収されて、尿素が濃縮される。

5　一部のホルモンは腎臓の再吸収の作用に関係しており、脳下垂体後葉から分泌されるアドレナリンは水の再吸収を促進し、副腎皮質から分泌されるインスリンは無機塩類の再吸収を調節する。

➡解答・解説は別冊 P.088

問題 8　国家一般職（2012 年度）

ヒトの器官に関する記述として最も妥当なのはどれか。

1　脳は小脳、中脳、大脳などにより構成されている。小脳には呼吸運動や眼球運動の中枢、中脳には言語中枢、大脳には睡眠や体温の調節機能がある。

2　耳は聴覚の感覚器であるとともに、平衡覚の感覚器でもある。平衡覚に関する器官は内耳にあり、前庭はからだの傾きを、半規管は回転運動の方向と速さを感じる。

3　心臓と肺との血液の循環は肺循環と呼ばれる。これは全身から戻ってきた血液が、心臓の左心房から肺静脈を通して肺に送られ、その後、肺動脈を通して心臓の右心室に送られるものである。

4　小腸は、胃で消化できない脂肪をグリセリンに分解する消化酵素を分泌している。このグリセリンは、大腸の柔毛の毛細血管より血液に吸収される。

5　腎臓は、タンパク質の分解の過程で生じた血液中のアンモニアを、尿素に変えるはたらきがある。この尿素は、胆のうを通して体外に排出される。

➡解答・解説は別冊 P.088

問題 9

特別区Ⅰ類（2019 年度）

視覚器に関する記述として、妥当なのはどれか。

1 眼に入った光は、角膜とガラス体で屈折して網膜上に像を結び、視神経細胞により受容される。
2 網膜に達する光量は、虹彩のはたらきによって瞳孔の大きさが変化することで調節される。
3 視細胞のうち錐体細胞は、うす暗い所ではたらき、明暗に反応するが、色の区別には関与しない。
4 視細胞のうち桿体細胞は、網膜の中央部に分布し、盲斑には特に多く分布している。
5 視神経繊維が集まって束となり、網膜を貫いて眼球外に通じている部分を黄斑というが、光は受容されない。

➡解答・解説は別冊 P.089

問題 10

国家専門職（2019 年度）

ヒトの受容器に関する記述として最も妥当なのはどれか。

1 近くのものを見るとき、眼では、毛様筋が緩み、水晶体を引っ張っているチン小帯が緩むことで、水晶体が厚くなる。これにより、焦点距離が長くなり、網膜上に鮮明な像ができる。
2 網膜には、薄暗い場所でよく働く桿体細胞と色の区別に関与する錐体細胞の2種類の視細胞が存在する。このうち、桿体細胞は、網膜の中心部の盲斑と呼ばれる部分によく分布している。
3 耳では、空気の振動として伝わってきた音により、鼓膜が振動する。これが中耳の耳小骨を経由し、内耳のうずまき管に伝わり、その中にある聴細胞が興奮することにより、聴覚が生じる。
4 内耳には、平衡覚の感覚器官である前庭と半規管があり、半規管は空気で満たされている。体が回転すると、前庭にある平衡石がずれて感覚毛が傾き、回転運動の方向や速さの感覚が生じる。
5 皮膚には、圧力を刺激として受け取る圧点、温度を刺激として受け取る温点・冷点などの感覚点がある。これらの感覚点は、部位によらず、皮膚全体に均一に分布している。

➡解答・解説は別冊 P.089

問題 11　特別区Ⅰ類（2017 年度）

次のＡ～Ｅは、体内環境の維持に関するホルモンであるが、血糖量の増加に働くものの組合せとして、妥当なのはどれか。

Ａ　アドレナリン
Ｂ　インスリン
Ｃ　グルカゴン
Ｄ　鉱質コルチコイド
Ｅ　チロキシン

1　A　C
2　A　D
3　B　C
4　B　E
5　D　E

➡解答・解説は別冊 P.090

問題 12　消防官Ⅰ類（2019 年度）

血糖値の調節に関する記述として、最も妥当なのはどれか。

1　糖尿病には、肝臓のランゲルハンス島Ｂ細胞の損傷が原因のものと、インスリンの分泌量の増加やインスリンに反応できないことが原因のものとがある。
2　血糖濃度が低下すると、間脳の視床下部が情報を受け取り、交感神経を通じて、すい臓のランゲルハンス島のＡ細胞からグルカゴンの分泌を促す。
3　何らかの原因で血糖濃度を調節するしくみが正常に働かなくなり、血糖濃度が低下した状態が慢性的になる症状の病気を糖尿病という。
4　一般にヒトの血糖濃度は、血液 100〔ml〕中にグルコース 100〔mg〕を含む状態でほぼ安定しているが、食事をとると血糖濃度は下降し続ける。
5　腎臓でのグルコースとグリコーゲンの出し入れを調整し、血糖値を一定に維持しているのは自律神経系やホルモンである。

➡解答・解説は別冊 P.090

SECTION 6

植物

STEP 1 要点を覚えよう！

POINT 1 植物ホルモン

植物ホルモン：植物の特定の部位で合成され、植物の成長や反応を調整する物質。

（1）種子の休眠と発芽

・アブシシン酸：種子の形成を促進し、休眠を維持する。乾燥状態に置かれると葉で合成され、気孔の閉鎖を促す。

・ジベレリン：アブシシン酸のはたらきを抑制し、休眠を打破し発芽を促す。細胞の縦方向の成長を促進。

（2）茎と根の成長

・屈性：刺激に対して植物が一定方向に屈曲する性質。茎は光の当たる側に向かって屈曲する正の光屈性を示し、根は負の光屈性を示す。重力に関しては、茎は負の重力屈性、根は正の重力屈性を示す。

・オーキシン：細胞の伸長に関係し、屈曲に関与する。

（3）芽の成長

・頂芽優性：頂芽が成長しているとき、側芽の成長が抑制される現象で、オーキシンとサイトカイニンが関係する。

（4）果実の成長・成熟　落葉・落果

・エチレン：リンゴなどの果実の成熟を促進。離層を形成し落葉・落果を促進。

・ジベレリン：果実の結実と成長を促進。ブドウの子房の発達を促進。種なしブドウの生産に利用。

・オーキシン：果実の結実と成長を促進。離層の形成を抑制。落葉・落果の防止。

POINT 2 植物の環境応答

（1）限界暗期：花芽形成は一定の連続した暗期の長さが影響する。花芽形成が起こり始める連続した暗期の長さが限界暗期。

・長日植物：暗期の長さが限界暗期以下になると、花芽形成が促進される植物。春咲き植物に多い。ダイコン、アブラナ、コムギなど。

・短日植物：暗期の長さが限界暗期以上になると、花芽形成が促進される植物。秋咲き植物に多い。アサガオ、イネ、キクなど。

・フロリゲン（花成ホルモン）：適当な日長になると、茎頂で花芽形成を促進する植物ホルモン。

（2）春化：花芽形成には、日長のほかに一定期間にわたる低温状態を必要とするものがある。花芽の形成が低温で誘導される現象。

乾燥に対する環境応答

気孔：葉の裏側に多く孔辺細胞に囲まれた穴で、酸素や二酸化炭素などのガス交換が行われたり、蒸散が行われる。孔辺細胞が吸水して細胞内の膨圧が高まると、孔辺細胞は外側に湾曲して気孔が開く。脱水して膨圧が減少すると、内側に戻り気孔が閉じる。

アブシシン酸：植物が水分不足になると、葉でアブシシン酸が合成され孔辺細胞の脱水を促し、膨圧が低下し、気孔が閉じて蒸散が抑えられる。

動物の食害に対する環境応答

昆虫が葉を食べると、葉でシステミンという植物ホルモンが合成され、これがジャスモン酸の合成を誘導→ジャスモン酸は昆虫のタンパク質分解酵素を阻害する物質の合成を促す→これを食べた昆虫はタンパク質の消化が不十分になるため食害が抑えられる。

POINT 3 被子植物のなりたち

頂端分裂組織（生長点）：茎と根の先端にある分裂組織。細胞分裂を活発に行い、縦方向に成長する。

- 茎頂分裂組織：茎の先端部にあり、それを包む葉とともに芽という。
  頂芽…茎の先端にある芽。
  側芽…茎と葉の間にできる芽。枝になる。
- 根端分裂組織：主根の先端にあり、根冠におおわれる。主根の側部からは側根がつくられる。

形成層：茎や根の木部と師部の間にある分裂組織。茎や根を横方向に成長させる。

- 道管：木部にあり、根から吸収した水などが通る。
- 師管：師部にあり、葉でつくられた栄養分（有機物）が通る。

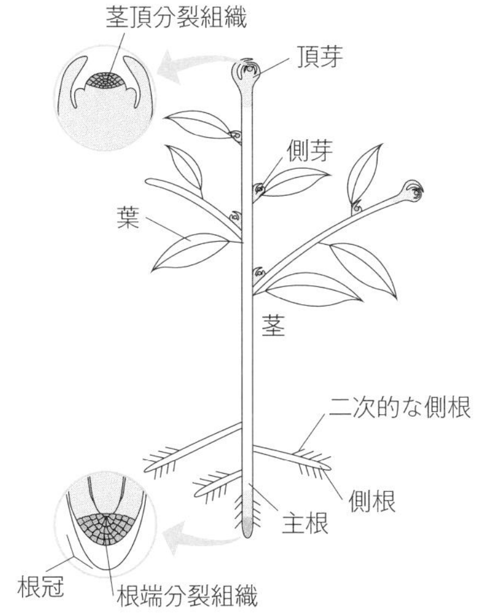

STEP 2 一問一答で理解を確認！

1 アブシシン酸は種子の休眠状態を維持し、乾燥耐性の保持に有用な役割をする。

○ アブシシン酸は、植物が乾燥状態に置かれたとき気孔の閉鎖を促す。

2 ジベレリンは休眠を打破する。さらに、細胞の縦方向の成長を促進する。

○ ジベレリンはオーキシンとの共同作用で細胞の伸長を促進する。

3 植物は光に対して一定の方向に曲がる性質があり、これを光屈性という。光屈性に関係する植物ホルモンのオーキシンは、茎の先端に光が当たると光の当たらない方に移動し、伸びが抑えられて茎が曲がる。

× オーキシンは茎の先端に光が当たると、光の当たらない方に移動し、オーキシンの移動した側の伸びが大きくなり、屈曲する。

4 サイトカイニンは、バナナやリンゴの果実の成熟を促す。

× バナナやリンゴの果実の成熟を促すのは、エチレンである。サイトカイニンはオーキシンとともに頂芽優勢に関与する。

5 ジャスモン酸は食害を受けた植物の葉で合成され、タンパク質分解酵素の阻害物質の合成を促進し、食害を防ぐ効果がある。

○ ジャスモン酸は、昆虫がもつタンパク質分解酵素の阻害物質の合成を促進するので、昆虫が葉を食べなくなる。

6 暗期の長さが限界暗期より長くなると花芽形成が促進される植物を長日植物という。

× 暗期の長さが限界暗期より長くなると花芽形成が促進される植物を短日植物という。暗期が限界暗期より短くなると花芽形成が促進されるものが長日植物である。

7 暗期の長さの影響でつくられる花芽形成を促す植物ホルモンはフロリゲンという。

○ 赤色光と遠赤色光を吸収する色素タンパク質のフィトクロムのはたらきで、フロリゲン（花成ホルモン）が合成される。

8 植物が乾燥状態におかれると、葉でアブシシン酸が合成され、その働きで膨圧が低下する。そのため気孔が閉じ蒸散が抑制される。

○ アブシシン酸が合成されると、孔辺細胞の脱水が促進され膨圧が低下する。

9 茎や根の先端には頂端分裂組織があり、横方向に成長する。

× 茎や根の先端にある頂端分裂組織は、縦方向に成長する。

10 葉と茎の間には、枝になる頂芽がある。

× 葉と茎の間には側芽があって、これが成長すると枝になる。

11 根端分裂組織は、主根の先端にある。

○ 主根の先端には根端分裂組織があり、根冠におおわれている。

12 双子葉植物の根は、太い側根とひげ根からなる。

× 双子葉植物の根は、太い主根と側根からなる。

13 茎や根には形成層と呼ばれる分裂組織がある。

○ 茎や根の木部と師部の間に形成層と呼ばれる分裂組織があり、茎や根を太らせる。

14 木部には葉でつくられた栄養分が通る道管があり、師部には根が吸収した水が通る師管がある。

× 木部には根が吸収した水が通る道管があり、師部には葉でつくられた栄養分が通る師管がある。

STEP 3 過去問にチャレンジ！

問題 1　特別区Ⅰ類（2021年度）

植物ホルモンに関する記述として、妥当なのはどれか。

1　エチレンには、果実の成熟や落果、落葉を抑制する働きがある。
2　ジベレリンには、種子の発芽や茎の伸長を促進する働きがある。
3　オーキシンには、種子の発芽や果実の成長を抑制する働きがある。
4　フロリゲンには、昆虫の消化酵素の働きを阻害する物質の合成を促進し、食害の拡大を防ぐ働きがある。
5　サイトカイニンには、細胞分裂の抑制や葉の老化の促進、葉の気孔を閉じる働きがある。

➡解答・解説は別冊 P.091

問題 2　特別区Ⅰ類（2013年度）

植物ホルモンに関するＡ～Ｄの記述のうち、妥当なものを選んだ組合せはどれか。

A　サイトカイニンには、細胞分裂の促進や葉の老化の抑制・気孔の開孔などの働きがある。
B　エチレンには、果実の成熟や落葉・落果の促進などの働きがある。
C　アブシシン酸には、茎の成長や不定根の形成の促進、子房の成長の促進などの働きがある。
D　オーキシンには、種子の休眠の維持や発芽の抑制、葉の気孔の閉孔などの働きがある。

1　A　B
2　A　C
3　B　C
4　B　D
5　C　D

➡解答・解説は別冊 P.091

問題 3 東京都Ⅰ類（2003年度）

花芽の形成又は発芽の調節に関する記述として、妥当なのはどれか。

1 長日植物は、明期の長さにかかわらず、暗期が連続した一定の長さ以下になると、花芽を形成する植物であり、例として、キク、コスモスがあり、秋に開花する。

2 短日植物は、暗期が連続した一定の長さ以上になると、花芽を形成する植物であり、例として、オオムギ、ホウレンソウがあり、春に開花する。

3 光中断は、暗期の途中に光を短時間あてて暗期を中断することであり、これにより連続した暗期が限界暗期以下になると、短日植物では花芽ができず、長日植物では花芽ができる。

4 春化処理は、秋まき植物の発芽種子への低温処理であり、秋まきコムギでは、冬の低温と冬の短日条件で花芽が形成されることから、発芽後に氷点下の温度で保存し、春にまいて開花させる。

5 光発芽種子は、光によって発芽が促進される種子で、発芽を促す光として、近赤外光が有効であり、近赤外光の照射直後に赤色光が照射されると、近赤外光の効果は打ち消され発芽しなくなる。

➡解答・解説は別冊 P.091

問題 4 東京都Ⅰ類（2021年度）

植物のつくりとはたらきに関する記述として、最も妥当なのはどれか。

1 裸子植物であるアブラナの花は、外側から、がく、花弁、おしべ、めしべの順についており、めしべの根もとの膨らんだ部分を柱頭といい、柱頭の中には胚珠とよばれる粒がある。

2 おしべの先端にある小さな袋をやく、めしべの先端を花粉のうといい、おしべのやくから出た花粉が、めしべの花粉のうに付くことを受精という。

3 根は、土の中にのび、植物の体を支え、地中から水や水に溶けた養分などを取り入れるはたらきをしており、タンポポは太い根の側根を中心に、側根から枝分かれして細い根のひげ根が広がっている。

4 茎には、根から吸収した水や水に溶けた養分などが通る道管、葉でつくられた栄養分が運ばれる師管の2種類の管が通っている。

5 葉の表皮は、水蒸気の出口、酸素や二酸化炭素の出入り口としての役割を果たしており、葉の内部の細胞の中には、ミドリムシといわれる緑色の粒が見られる。

➡解答・解説は別冊 P.092

問題 5 国家専門職（2008 年度）

植物と水に関する記述として最も妥当なのはどれか。

1 水は、植物体内において物質を運搬し、生化学反応の反応物質として働くだけでなく、植物細胞の形の保持や植物のからだの支持に関与している。蒸散量が吸水量を上回り植物体が水分欠乏に陥ると、細胞の膨圧が維持できなくなり、植物はしおれる。

2 植物は、太陽の光エネルギーを使って、大気中の酸素と根から吸収した水及び窒素酸化物から有機物を合成する光合成を行う。光合成速度は、植物を取り巻く外部環境の影響も受けるが、主に体内に存在する水の量に依存する。

3 根から吸収された水は、師管を通って同化組織のある葉に運ばれる。体内で水分が過剰になったときには、葉脈の末端にある水孔から排水されるが、このとき、無機塩類は体内に残留するため細胞内の浸透圧が保持される。

4 植物体の表面を覆う表皮細胞の外面には水を通しにくい形成層があり、水分の蒸発を防いで乾燥からからだを保護している。また、葉の柵（さく）状組織に発達している気孔では蒸散が行われ、蒸散時に発生する水の気化熱により葉の温度上昇が抑えられている。

5 乾燥状態になると、植物体内では植物ホルモンの一つであるバソプレシンが急速に合成され、その濃度が高まる。バソプレシンの作用により孔辺細胞内の浸透圧が上昇すると気孔の閉孔が誘導され、その結果、蒸散量が低下し、植物体から失われる水分量は減少する。

➡解答・解説は別冊 P.092

問題 6

国家専門職（2020 年度）

植物の環境応答に関する記述として最も妥当なのはどれか。

1 植物は、乾燥によって水不足の状態に陥ると、気孔が開いて、空気中の水蒸気を取り込む。この調節はアブシシン酸を介して行われており、水不足が体内のアブシシン酸を増加させ、アブシシン酸が孔辺細胞に作用して膨圧が低下し、気孔が開く。

2 植物は、氷点以下の低温や高濃度の塩分によるストレスを受けると、オーキシンの含有量が増え、ストレス抵抗性に関わる様々な遺伝子の発現を誘導する。植物が持つこのストレス抵抗性は、繰り返しストレスにさらされた場合よりも、一度に強いストレスを受けた場合の方が高くなる。

3 植物は、昆虫による食害などによって傷害を受けると、体内でエチレンを作る。エチレンはタンパク質の合成を阻害する働きを有しており、これによってエチレンを食べた昆虫の成長が妨げられるので、食害の拡大を防ぐのに役立つ。

4 植物は、病原性の細菌や菌類などの病原体に感染すると、菌体成分に由来する物質を感知して様々な応答を示す。その一つに、感染部位の周辺で起きる自発的な細胞死があり、これによって病原体を初期に感染した部位に閉じ込め、全身に広がるのを防いでいる。

5 植物は、花芽の形成の際に日長のほかに温度の影響を受ける場合がある。カーネーションなどの短日植物では、花芽形成を促進する遺伝子の発現が、夏の高温にさらされることで抑制され、花芽の形成が遅れることがある。この現象を春化という。

➡解答・解説は別冊 P.093

SECTION 7
生態系・進化

STEP 1
要点を覚えよう！

POINT 1 植生・バイオーム

植生：ある場所に生育する植物の集団。
優占種：最も広い空間を占め、その植生を代表する植物。
相観：植生の外観上の特徴。優占種によって特徴づけられる。
植生の遷移
（1）一次遷移：火山活動や地殻変動によって生じた、生物のいない場所で始まる植生の遷移。このうち陸上で始まる遷移を乾性遷移、湖沼から始まり、陸上の植生に変化する遷移を湿性遷移という。

乾性遷移の進み方

裸地（岩石の風化で細かな砂粒になる）→荒原（地衣類・コケ植物が生育）→草原（土壌の形成、草本植物）→陽樹の低木林→陽樹林→混成林→陰樹林（極相林）

（2）二次遷移：山火事や森林の伐採、耕作放棄があった土地からの遷移。土壌があるので一次遷移より速く遷移が進む。
バイオーム：地域ごとに環境に適応した植物と動物が形成している集団をいう。

POINT 2 個体群

個体群：ある一定地域に生活する同種個体の集まり。
（1）成長曲線：一定の個体群密度になるまで急速に成長するが、密度効果により成長曲線はS字形になる。
（2）密度効果：個体群密度が大きくなると、生活空間や食物が不足し、増殖が制限される。
（3）相変異：昆虫の形態、色、行動などが密度効果で著しく変化する現象。バッタは普段単独で生活する（孤独相）であるが、大量発生すると集合して行動する（群生相）。
（4）生存曲線：同時に生まれた個体の、年齢ごとの生存数のグラフ。
・晩死型：幼齢時の死亡率が低く、長生きするもの…ほ乳類
・平均型：年齢ごとの死亡率がほぼ一定のもの…鳥類、ハ虫類
・早死型：幼齢時の死亡率が高いもの…魚類、昆虫類

(5) 年齢ピラミッド：年齢ごとの個体数を積み重ねたグラフ。幼若型、安定型、老齢型の３つのタイプに分類される。

群れ：同種の動物個体どうしが集合して、統一の取れた行動をする集団。防衛上、摂食上有利であり、繁殖行動を行いやすい。群れが大きくなりすぎると種内競争が起こる。

ニッチ（生態的地位）：生物群集の中でそれぞれの種の占める役割や位置づけ。ニッチが似ている個体群では種間競争が起こる。

ここで創き出る！ 共生と寄生

相利共生は双方が利益を受ける関係、片利共生は一方のみが利益を受ける関係をいう。寄生では、宿主は寄生者により不利益を受ける。

POINT 3 食物連鎖

生態系：ある地域に住む生物群が非生物的環境の中で、調和と独立を保っている１つのまとまり。

食物連鎖：個体群の食う食われるの関係。

・生産者：光エネルギーを利用し無機物から有機物をつくりだす生物…植物
・消費者：生産者の作った有機物を直接、間接に利用する生物…一次消費者（植物食性動物）、二次消費者（動物食性動物）など
・分解者：排泄物や遺骸を分解し、無機物に変換する動物…菌類・細菌類

POINT 4 生態系の物質収支

(1) 生産者の物質収支
・総生産量：生産者が光合成で生産する有機物の総量
・純生産量：生産者の総生産量から、生産者自身の呼吸による消費量を差し引いた有機物量
・成長量：純生産量－(被食量＋枯死量)

(2) 消費者の物質収支
・同化量：摂食量－不消化排出量
・純生産量：同化量－(呼吸量＋老廃物排出量)
・成長量：純生産量－(被食量＋死亡量)

POINT 5 進化論の変遷

用不用説（ラマルク）：よく使われる器官は発達し、使われない器官は退化する。

自然選択説（ダーウィン）：生存競争により、環境に適したものが生き残る（適者生存）。その形質が次の世代に伝わる。

突然変異説（ド・フリース）：生物の進化は突然変異によって起こる。

中立説：分子レベルの突然変異は、自然選択に対して遊離でも不利でもない中立的なものが大部分である。

STEP 2 一問一答で理解を確認！

1 ある地域に生育する植物全体を植生といい、植生の外観上の特徴を生態系という。

× ある地域に生育する植物全体を植生といい、植生の外観上の特徴を相観という。

2 火山活動や地殻変動によって生じた、生物のいない場所で始まる植生の遷移を一次遷移という。

○ 一次遷移のうち、陸上で始まる遷移を乾性遷移、湖沼から始まり陸上の植生に変化する遷移を湿性遷移という。

3 ある空間で生活する同種の生物の集団を個体群という。個体群の密度によって個体群や個体に影響が現れることを相変異という。

× ある空間で生活する同種の生物の集団を個体群という。個体群の密度によって個体群や個体に影響が現れることを密度効果といい、密度効果によって個体群内の個体の形態や行動に著しい変化が生じることを相変異という。

4 同時に生まれた個体の年齢ごとの生存数のグラフを生存曲線という。晩死型、平均型、早死型の３つに分類される。

○ 晩死型の動物は、親が子供を手厚く保護し育てる動物に多い。ほ乳類はこのタイプである。早死型の動物は幼齢時の死亡率が高い。魚類や昆虫類など、卵を産みっぱなしで世話しないものに多い。

5 同種の動物どうしの集団で、統一の取れた行動をする集団を群れという。群れになると外敵から守られたり、繁殖行動に有利であったりするため、群れの大きさは大きいほど有利である。

× 群れの中で限られた生活場所や食物などの種内競争が生じるため、群れは大きければ有利というわけではない。適切な群れの大きさがある。

6 ニッチとは食物や生活空間などの資源の利用に関して、生態系内で各生物が占める位置を意味する。ニッチが似ている個体群間では種間競争が起こる。

○ ニッチが似ている個体群間では、えさの取り合いなど種間競争が起こる。

7 片方だけに利益となる共生を片利共生、両方に利益となる共生を相利共生という。アリとアブラムシは相利共生の例である。

○ マメ科の植物と根粒菌の関係も相利共生の例である。サメとコバンザメは片利共生の例である。

8 2種類の個体どうしが、一方が他方から栄養分などの利益を得るような関係を寄生という。利益を得る側を寄生者、寄生される側を宿主といい、宿主は害を受けることはない。

× 宿主は寄生者によって害を受ける。片利共生では、相手には害がない。

9 生態系はその地域に住む生物群からなるまとまりである。

× 生態系は、その地域に住む生物群と非生物的環境から成り立っている。

10 食物連鎖において、無機物から有機物をつくりだすものを生産者、生産者の作った有機物を消費するものを消費者、排泄物や遺骸などの有機物を無機物に分解するものを分解者という。

○ 生産者は主に光合成によって有機物を生産する植物である。消費者は植物食性動物（一次消費者)、動物食性動物(二次消費者)などに細分される。菌類や細菌類は分解者である。

11 生産者が光合成によって生産した有機物の総量を総生産量といい、これから自身の呼吸量を差し引いたものが成長量である。

× 生産者の総生産量から呼吸量を差し引いたものは、純生産量である。純生産量から生産者の枯死量や被食量を引いたものが成長量である。

過去問にチャレンジ！

問題 1 　特別区Ⅰ類（2016年度）

次の文は、植生に関する記述であるが、文中の空所 [A] ～ [C] に該当する語の組合せとして、妥当なのはどれか。

植生を構成する植物のうち、個体数が多く、地表面を広くおおっている種を [A] 種という。植生全体の外観を [B] といい、[A] 種によって決まる。植生とその地域に生息する動物などを含めたすべての生物の集まりを [C] といい、[B] によって区分される。

	A	B	C
1	先駆	群生相	ニッチ
2	先駆	相観	ニッチ
3	先駆	相観	バイオーム
4	優占	群生相	ニッチ
5	優占	相観	バイオーム

➡解答・解説は別冊P.094

問題 2　東京都Ⅰ類（2004年度）

次のA～Dのうち、植物群落の遷移に関する記述として、妥当なものの組合せはどれか。

A　乾性遷移とは、溶岩台地などの裸地から始まる遷移をいい、裸地に侵入した地衣類やコケ植物の根が岩石の風化を促進することにより、岩石の保水力が衰え、栄養塩類が次第に乏しくなるため、草本類や木本類は侵入できない。

B　二次遷移とは、主に森林の伐採や山火事によって植物群落が破壊された跡地から始まる遷移をいい、すでに土壌が形成されており、根や種子が残っているため、一次遷移に比べて、速い速度で遷移が進む。

C　陽樹林とは、草原や低木の植物群落に、陽樹が侵入して形成される森林をいい、陽樹林の内部では、次第に光の量が多くなり、陽樹の芽生えが次々と生育するため、陰樹の芽生えは生育できない。

D　極相とは、遷移の最後に到達する、大きな変化を示さない安定した植物群落の状態をいい、それぞれの地域の気候条件を反映した植物群落が形成されるため、必ずしも極相が森林になるとは限らない。

1　A、B
2　A、C
3　B、C
4　B、D
5　C、D

➡解答・解説は別冊P.094

問題 3

国家一般職（2008 年度）

同じ時期に生まれた個体群内のある世代の個体数が、出生後の時間とともに減少する様子をグラフ化したものを生存曲線という。図のように、その動物の寿命を 100 とした相対年齢を横軸、出生時の生存個体数を 10^3 とした対数目盛を縦軸に表すと、大きくⅠ、Ⅱ、Ⅲの三つの型に分類できる。次のA～Eの動物のうち、一般的にⅠの型に該当するものの組合せとして最も妥当なのはどれか。

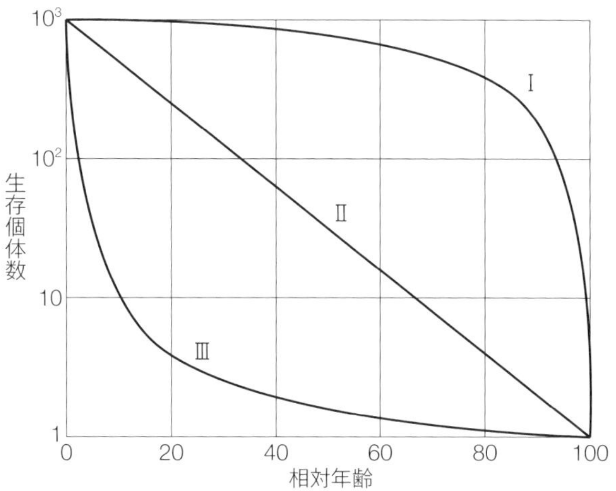

A　ゾウ、クジラのように、大型で寿命の長い動物
B　火山活動、山火事、洪水などのかく乱によってできた、競争相手の少ない空間に急速に広がる場合に有利な動物
C　食物連鎖において、下位の動物
D　多くの野鳥のように、各発育段階ごとの死亡率がほぼ一定している動物
E　発育初期に親による保護や養育を手厚く受ける動物

1　A、B
2　A、E
3　B、D
4　C、D
5　C、E

➡解答・解説は別冊 P.094

問題 4 国家専門職（2017 年度）

生物の個体群に関する記述として最も妥当なのはどれか。

1 個体群の成長の変化の過程を表した成長曲線を見ると、時間の経過につれて、食物や生活空間などに制限がない場合には個体数が際限なく増加していくが、制限がある場合には、成長曲線は逆 U 字状となり、最初は急速に個体数が増加していくものの、ある一定の個体数に達すると、その後は急速に減少する。

2 年齢ピラミッドは、個体群を構成する各個体を年齢によって区分し、それぞれの個体数を積み重ねて図示したものであり、幼若型と老齢型の二つの型に大別されている。年齢ピラミッドの形からは、個体群間の年齢層を比較できるが、個体群の将来的な成長や衰退などの変化を予想することはできない。

3 動物は、同種の個体どうしで群れを作ることによって、摂食の効率化や繁殖活動の容易化などの利益を得ているが、一定の大きな群れになると敵から見つかりやすくなり、攻撃される危険性が高まる。このため、外敵から身を守るよう、群れは無限に大きくなる傾向がある。

4 種間競争は、食物や生活場所などの要求が似ている異種個体群間で生じる。個体群間の生態的地位（ニッチ）の重なりが大きいほど、種間競争は激しくなるが、ニッチがある程度異なる種どうしであれば共存は可能である。

5 異種の生物が相手の存在によって互いに利益を受けている関係を相利共生といい、一方は利益を受けるものの他方は不利益を受ける関係を片利共生という。片利共生の場合において、利益を受ける方の生物を宿主という。

➡解答・解説は別冊 P.095

問題 5

消防官Ⅰ類（2021年度）

生態や環境に関する次の記述で、［A］～［C］に当てはまる語句の組合せとして、最も妥当なのはどれか。

ある地域に生息する同種の個体のまとまりを［A］といい、その地域に生息する異種の［A］全体を［B］という。［A］は別の種の［A］と競争や捕食といった相互作用をしながら生活する。また、動物の中には1個体や1家族が空間を占有し、他の個体がその空間に侵入してくると追い払う行動を示すものがある。このように防衛された空間を［C］という。

	A	B	C
1	群れ	生態系	行動圏
2	群れ	生物群集	縄張り
3	群れ	生物群集	行動圏
4	個体群	生態系	行動圏
5	個体群	生物群集	縄張り

➡解答・解説は別冊P.095

問題 6

特別区Ⅰ類（2004年度）

次の文は、生物の密度効果に関する記述であるが、文中の空所［A］～［C］に該当する語の組合せとして、妥当なのはどれか。

トノサマバッタは、低い個体群密度では［A］と呼ばれる通常の個体になるが、幼虫の時に高い密度で成長した場合は、体色が黒く、長いはねを持ち、後あしが短くて飛ぶ能力が高いなどの特徴を持つ［B］と呼ばれる個体になる。このように、個体群密度が個体の形質に影響を及ぼす現象を［C］という。

	A	B	C
1	単相	複相	相変異
2	単相	群生相	相変異
3	単相	群生相	遷移
4	孤独相	複相	遷移
5	孤独相	群生相	相変異

➡解答・解説は別冊P.095

問題 7　特別区Ⅰ類（2020 年度）

生態系における物質収支に関する記述として、妥当なのはどれか。

1　総生産量とは、生産者が光合成によって生産した無機物の総量をいう。
2　生産者の純生産量とは、総生産量から現存量を引いたものをいう。
3　生産者の成長量とは、純生産量から枯死量と被食量を引いたものをいう。
4　消費者の同化量とは、生産量から被食量と死亡量を引いたものをいう。
5　消費者の成長量とは、摂食量から不消化排出量を引いたものをいう。

➡解答・解説は別冊 P.095

問題 8　国家専門職（2012 年度）

生物の進化に関する記述として最も妥当なのはどれか。

1　ダーウィンは、従来の自然選択説に対して、用不用の説に基づく進化論を提唱した。これは、生物は環境に適応しようとするが、その結果が子孫に遺伝（獲得形質の遺伝）し、次第に環境に適応した形質をもつ生物が誕生するというものである。
2　古生代末や中生代末には生物が大量絶滅したが、その絶滅の空白を埋めるように別の系統の生物が新たに誕生し繁栄している。古生代末の裸子植物の絶滅後に被子植物が、中生代末の恐竜類の絶滅後にほ乳類が、それぞれ誕生したと考えられている。
3　人類は、中央アジアに生息していた霊長類より進化したものと考えられている。進化の主な要因は氷河期到来による森林の消失と草原の出現で、その結果、大脳、手、耳などの機能が発達したと考えられている。
4　恒温動物の種分化に関しては、温暖な地域では大型化し、寒冷な地域では小型化する傾向がみられる。我が国では、南九州の屋久島に生息するヤクシカやヤクザルは、それぞれシカ類、サル類のなかで最も大きいことがこの例として挙げられる。
5　大陸から離れた島にすむ生物は、ほかの場所へ移動することが難しく地理的に隔離された状態が続くと単一種の集団間に生殖的隔離が起き、種分化が生じることがある。我が国では、海洋島である小笠原諸島において、種分化が起こり、陸産貝類や植物などの固有種が多く見られる。

➡解答・解説は別冊 P.096

CHAPTER

地学

この章で学ぶこと

学習経験がなかったとしても文系の受験生にはおすすめの科目

CHAPTER4では地学を取り扱います。生物と同様に自然科学の中でも学習する受験生の多い科目の一つです。**過去の合格者でも生物と地学は両方学習しているケースが多い**印象があります。地学もやはり暗記の内容が大半であることと、地理と学習内容が重複する部分があり、人文科学の地理との相乗効果も狙える、という点もメリットとして存在します。学習内容が生物ほどの広さでもなく、単純な暗記で得点できる問題も多いので、学習経験がなくてもおすすめしたい科目ではあります。

ただし、試験種によっては地学の出題がないこともあります。事前に出題数をふまえたうえで、学習時間を割くかどうか検討するようにしてください。

学習するのであれば、地球の内部構造、宇宙・天体の分野を中心に押さえるのが常套手段

地学も多くの試験で1～2問程度の出題ですが、前述のとおり地学は学習する分量が少ないため、得点できる可能性は生物に比べても高いといえます。範囲が広くないので、ひととおり学習するのが望ましいですが、あえて学習範囲を絞っていくなら**SECTION1「地球の内部構造」**、**SECTION4「宇宙・天体」**あたりでしょう。

計算問題もありますが、基本的には単純な計算で解けるものも多いので、難易度は低めです。他にも分析を求められるような問題もありますが、そこまで高度なものは出題されないので、これも得点は取りやすいのではないでしょうか。

過去問の問題演習を中心に対策する

生物と同様ですが、暗記中心の科目なので「**本試験で何が問われやすいか**」が特に重要になってきます。そこで、ひととおりのインプットを終えたら、必ず問題演習を通して重要な知識を明確に意識するようにしてください。同じ知識問題でも選択肢の書かれ方が異なるだけで、突然解けなくなってしまう…というケースはよくあります。選択肢の記述として書かれたうえで正誤が判断できなければ得点力は付きません。とにかくやみくもに知識をつけるというよりは、本試験の問われ方に合わせて知識をインプットすることを意識して学習を進めていきましょう。

試験別対策

国家一般職・国家専門職・裁判所職員

例年は1問程度問われていましたが、2024年度以降の試験からは時事に関連する程度の問われ方になります。ただし、地学も時事的な内容と関連させた出題は作りやすいといえます。ひととおり学習しておくとよいでしょう。

地方上級

例年1問程度問われています。出題テーマはかなりばらつきがあるため、絞り込むのは難しいかもしれません。難易度が高くなることがある点は他の科目と同様です。

東京都Ⅰ類

例年1問程度問われています。出題テーマにばらつきがあり、やはり広く学習したほうがよいでしょう。

特別区Ⅰ類

例年2問程度出題されます。前述した「地球の内部構造」や「宇宙・天体」の出題頻度が高めですが、幅広く出題されることも多いので、注意が必要です。基本レベルの問題を得点できるように準備しましょう。

市役所

原則として地方上級と同様の傾向です。ただし、市役所の場合は難易度が大きく下がることもあるので、基本事項を押さえておきましょう。

警察官Ⅰ類

警視庁、県警でどちらも1問程度の出題ですが、出題がないこともあります。幅広くさまざまなテーマから問われますが、やはり「地球の内部構造」や「宇宙・天体」が比較的出題される傾向です。

消防官Ⅰ類

東京消防庁では出題されませんが、市役所消防では例年1問程度出題があります。こちらも警察官Ⅰ類と同様に、幅広く出題される傾向にあるため、基本事項を広く学習しておきましょう。

SECTION 1

地球の内部構造・地球の歴史

STEP 1 要点を覚えよう！

POINT 1 地球の内部構造

地球の大きさ：半径約 6,400 km。

地球内部は層状構造になっており、表面から地殻（固体）、マントル（固体）、外核（液体）、内核（固体）に分類される。内部ほど密度が大きくなる。

・地殻：固体の岩石からなる。大陸地殻と海洋地殻からなる。大陸地殻の厚さは 30 ～ 60 km で上部が花こう岩質層、下部が玄武岩質層であり、海洋地殻の厚さは 5 ～ 10 km で花こう岩質層はなく、玄武岩質層のみである。地殻の質量の半分以上が SiO_2 である。

・マントル：流動性のある固体。約 45% が SiO_2。

・外核：液体状の鉄、ニッケル。

・内核：固体状の鉄、ニッケル。

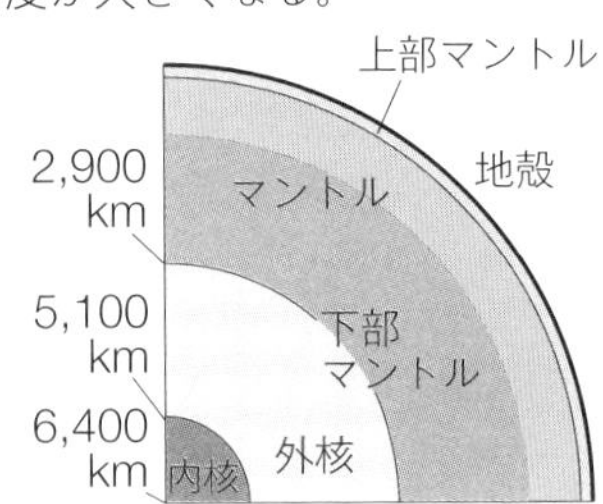

地球内部の温度：中心の温度は約 5,000 ～ 6,000 K と推定される。

境界面
・モホロビチッチ不連続面：地殻とマントルの境界面
・グーテンベルク不連続面：マントルと外核の境界面　深さ約 2,900 km
・レーマン不連続面：外核と内核の境界面　深さ約 5,100 km

・リソスフェア：地表からマントル上部を粘性で区別したとき、上部の粘性の大きい部分。

・アセノスフェア：リソスフェアの下側の粘性が小さい部分。

アイソスタシー（地殻均衡）：地殻はマントルより密度が小さく、マントルに浮いている状態でつり合いが取れている。これをアイソスタシーという。スカンジナビア半島はかつて氷河に覆われていたが、氷が融けてアイソスタシーが失われたため地面が隆起した。

地磁気：地球は北極付近に S 極をもつ大きな磁石のようである。この地球の磁気を地磁気という。かつては南極付近に S 極が存在した時期もあり、地磁気の逆転は繰り返し起こっている。

POINT 2 プレート

プレート：地球の表面を覆う十数枚の硬い岩盤。リソスフェアの部分。
プレートテクトニクス：それぞれのプレートが1年に数センチ移動するという考え。

プレート境界

・発散型：プレートが互いに**離れていく**部分。**海嶺**（大山脈）を形成する。
・収束型：プレートが互いに**近づく**部分。
① 沈み込み型：**海溝**を形成する。大陸プレートと海洋プレートが衝突し密度の大きい海洋プレートが沈み込み、**トラフ**（舟状海盆）を生ずる。地震が多発し、大陸内部には海溝に並行して**火山**が分布する。
② 衝突型：造山帯を形成する。密度の小さい大陸プレート同士が衝突し、沈み込まずに大山脈を形成する。
③ 平行型：プレートが互いにすれ違う。**トランスフォーム断層**を形成する。

プレートの沈み込みで生じた火山分布の海溝側面につくられた帯状の境界を**火山フロント**というよ。

POINT 3 地震

(1) **地震波**：地震の発生した場所を**震源**といい、震源の真上の場所を**震央**という。
震源から**観測点**までの距離を震源距離という。
・P波（primary wave）：縦波で固体、液体、気体中すべてで伝わる。S波より速く、**初期微動**をもたらす。
・S波（secondary wave）：横波で固体中のみ伝わる。そのため外核は伝わらない。P波より遅く、**主要動**をもたらす。
・初期微動継続時間：**P波**が到達してから、**S波**が到達するまでの時間。震源から観測点までの距離に比例して長くなる。

大森公式：震源距離を求める公式。

$d=kt$　d：震源距離〔km〕　k：比例定数　t：初期微動継続時間〔秒〕

P波の速度 Vp〔km/s〕、S波の速度 Vs〔km/s〕とすると、$t=\frac{d}{Vs}-\frac{d}{Vp}$ より、

$d=\frac{VpVs}{Vp-Vs}\cdot t$ となり、$k=\frac{VpVs}{Vp-Vs}$ となる。

(2) **震度とマグニチュード**
・震度：地震の揺れの大きさ。日本では震度0から7までで表し、5弱、5強、6弱、6強を含む**10段階**で表す。
・マグニチュード：地震のエネルギーの大きさ。マグニチュードが1大きくなると、地震のエネルギーは約**32倍**になる。

POINT 4 日本の地質構造

糸魚川・静岡構造線（フォッサマグナ）：東北日本と西南日本に二分する。

中央構造線：西南日本を、西南日本内帯と西南日本外帯に区分する。

・西南日本内帯：飛騨帯、飛騨外縁帯、美濃・丹波帯、領家帯に区分される。

・西南日本外帯：三波川帯、秩父帯、四万十帯に区分される。

日本周辺のプレート：日本列島の南半分は**ユーラシアプレート**、北半分は**北アメリカプレート**に乗っており、その下に**フィリピン海プレート**と**太平洋プレート**とが沈み込んでいる。

西南日本外帯

・**三波川帯**：中生代付加体を原岩とする**中生代後期**の高圧型変成帯。

・**秩父帯**：大半が**中生代ジュラ紀**の非変成付加体。

・**四万十帯**：北部は**中生代後期**、南部は**新生代第三紀**の非変成付加体。

付加体とは、海溝で形成された堆積層が海洋プレートの沈み込みによって陸側に付加されたものだよ。

POINT5 地層と断層

地層塁重の法則：「互いに異なる2つの地層のうち、上側の地層は下側の地層より新しい」とする法則。

整合と不整合：1枚ごとの単層が地殻変動せずに連続して積み重なったものを**整合**といい、上下の地層が堆積する間に海底が陸化して侵食を受け、再び沈降して上の地層が堆積する場合などを**不整合**という。不整合面は凹凸している。

地殻変動

・褶曲：地層が圧力を受けて曲げられた構造。波形の山の部分を**背斜**といい、谷の部分を**向斜**という。

・断層：地層が圧力や張力を受けて、割れ目に沿ってずれた構造。境目が断層面となる。

・活断層：第四紀に動いた断層のことで、今後も動く見込みのある断層。

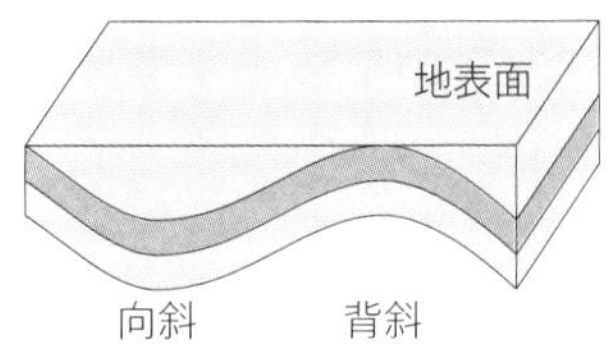

断層の種類

正断層	傾斜した断層面に沿って上盤が**ずり下がった**もの。
逆断層	傾斜した断層面に沿って上盤が**ずり上がった**もの。
横ずれ断層	水平方向の変位で断層面に沿って**横にずれた**もの。

POINT6 化石

示準化石：地層ができた**年代**を決めるカギとなる化石。

・古生代…**三葉虫**、フズリナ（紡錘虫）

・中生代…**アンモナイト**

示相化石：地層ができたころの**環境**が推定できる化石…**サンゴ**

相同器官：形や働きは異なるが、起源が同じ器官。

　例 ヒトの手、イヌの前脚、コウモリの翼

相似器官：起源は異なるが、形や働きが似ている器官。

　例 昆虫の翅と鳥の翼

痕跡器官：退化して働きを失っているが、痕跡として残っている器官。

　例 ヒトの虫垂、尾てい骨

POINT7 地質時代と生物の変遷

地質年代		生物の変遷	動物界	植物界
新生代	第四紀		哺乳類時代	被子植物時代
	新第三紀 古第三紀	人類の出現、哺乳類の繁栄		
中生代	白亜紀	アンモナイト・恐竜類の絶滅		
	ジュラ紀	鳥類の出現 アンモナイト・恐竜類の繁栄	は虫類時代	裸子植物時代
	三畳紀	は虫類の繁栄、哺乳類の出現		
古生代	ペルム紀	三葉虫・紡錘虫の絶滅		
	石炭紀	は虫類・紡錘虫の出現 両生類の繁栄	両生類の時代	シダ植物時代
	デボン紀	両生類の出現、魚類の繁栄	魚類時代	
	シルル紀	サンゴの繁栄		
	オルドビス紀	三葉虫の繁栄、魚類の出現		
	カンブリア紀	バージェス動物群	無セキツイ 動物時代	藻類時代
先カンブリア時代		エディアカラ生物群		

STEP 2 一問一答で理解を確認！

1 地殻はマントルより密度が小さく、マントルに浮かんだ状態である。これをアイソスタシー（地殻均衡）という。

○ 地殻の花こう岩質では密度が約 **2.7** g/cm^3 であり、玄武岩質は約 **3.0** g/cm^3 である。マントル上部の密度は約 **3.3** g/cm^3 である。

---

2 大陸地殻では、上部に玄武岩質層があり、下部に花こう岩質層がある。

× 花こう岩質層の密度は約 2.7 g/cm^3 であり、玄武岩質層の密度は約 3.0 g/cm^3 である。密度の小さい花こう岩質層が**上側**になる。海洋地殻には花こう岩質層は存在しない。

---

3 マントルと外核の境界面を、モホロビチッチ不連続面という。

× マントルと外核の境界面を、**グーテンベルク**不連続面という。深さは地下約 2,900 km である。

---

4 リソスフェアは地表からマントル上部の粘性の大きい部分であり、アセノスフェアはリソスフェアの下側の粘性の小さい部分である。

○ **プレート**はリソスフェアの部分に当たる。

---

5 日本列島の付近には、ユーラシアプレート、北アメリカプレート、フィリピン海プレート、太平洋プレートの 4 つのプレートがあり、北アメリカプレートと太平洋プレートが海洋プレートで、沈み込むプレートである。

× 日本列島の付近には、ユーラシアプレート、北アメリカプレート、フィリピン海プレート、太平洋プレートの 4 つのプレートがあり、日本列島の南半分がユーラシアプレートに、北半分が北アメリカプレートに乗っており、その下に**フィリピン海プレート**と太平洋プレートが沈み込んでいる。

---

6 プレートを移動させる原動力は、地球内部の熱によってとけたマグマの移動である。

× プレートを移動させる原動力は、地球内部の熱によって起こる**マントル対流**である。

	問題	解答
7	地震波は震源から発するが、震央角距離が 103°以遠にはP波が伝わらず、103°～142°ではS波も伝わらない。このゾーンをシャドー·ゾーンという。	× 震央角距離が 103°以遠には**S波**が伝わらず、103°～142°では**P波**も伝わらない。このゾーンをシャドー・ゾーンという。外核が**液体**であるためS波が伝わらず、P波も屈折するためこの間の地域には伝わらない。
8	地震波のP波は縦波であり、固体中のみを伝わる。初期微動を生じさせる波である。	× P波は縦波であり、進行方向に振動する波である。縦波は固体、液体、気体の**すべて**を伝わる。初期微動を生じさせるのはP波である。
9	震源から遠い地点ほど初期微動継続時間が長くなる。そのため、初期微動継続時間から、震源距離を求めることができる。	○ 震源までの距離を d〔km〕、初期微動継続時間を t〔秒〕とし、比例定数を k とすると、$d=kt$ となる。これを大森公式という。
10	示準化石とは、地層ができた年代を特定できる化石であり、アンモナイトは古生代の示準化石である。	× アンモナイトは**中生代**の示準化石である。古生代の示準化石には、**三葉虫**や紡錘虫、新生代新第三紀では**ビカリア**などがある。
11	示相化石とは地層ができたころの環境が推定できる化石である。	○ 示相化石の例では、**サンゴ**は暖かくて浅い海であったことがわかる。
12	相同器官とは、起源は異なるが形やはたらきが似ている器官のことであり、相似器官とは形やはたらきは異なるが、起源が同じ器官のことである。	× 相同器官とは、形やはたらきは**異なる**が、起源が**同じ**器官のことであり、相似器官とは、起源は**異なる**が形やはたらきが**似ている**器官のことである。

過去問にチャレンジ！

問題 1 特別区Ⅰ類（2020 年度）

地球の内部構造に関する記述として、妥当なのはどれか。

1 地球の内部構造は、地殻・マントル・核の 3 つの層に分かれており、表層ほど密度が大きい物質で構成されている。
2 マントルと核の境界は、モホロビチッチ不連続面と呼ばれ、地震学者であるモホロビチッチが地震波の速度が急に変化することから発見した。
3 地殻とマントル最上部は、アセノスフェアという低温でかたい層であり、その下には、リソスフェアという高温でやわらかく流動性の高い層がある。
4 地球の表面を覆うプレートの境界には、拡大する境界、収束する境界、すれ違う境界の 3 種類があり、拡大する境界はトランスフォーム断層と呼ばれる。
5 地殻は、大陸地殻と海洋地殻に分けられ、大陸地殻の上部は花こう岩質岩石からできており、海洋地殻は玄武岩質岩石からできている。

➡解答・解説は別冊 P.097

問題 2 警察官Ⅰ類（2018 年度）

地球の内部構造に関する記述として、最も妥当なのはどれか。

1 地殻の厚さは大陸と海洋では大きく異なる。大陸地殻の厚さは 5 ～ 10 km と比較的薄くなっているが、海洋地殻の厚さは 30 ～ 60 km となっている。
2 大陸地殻は、玄武岩質の岩石からなる上部地殻と、花こう岩質の岩石からなる下部地殻に分かれ、海洋地殻はほとんどが花こう岩質の岩石からできている。
3 地殻の下部には、地殻より密度が小さい岩石でできたマントルがある。
4 地球の中心部に近い核とマントルとの境界は、モホロビチッチ不連続面と呼ばれる。
5 核は、深さ約 5,100 km で外核と内核とに分けられ、外核は液体、内核は固体である。

➡解答・解説は別冊 P.097

問題3

特別区Ⅰ類（2010年度）

地球表面のプレートに関する記述として、妥当なのはどれか。

1 プレートの生まれるところには大規模な地形ができ、大西洋の中央部や東太平洋の海底には、トラフと呼ばれる大山脈がある。
2 2つのプレートが近づく境界の海底に、一方のプレートが他方のプレートの下に沈み込んでできた大きなくぼんだ地形をフォッサマグナという。
3 太平洋プレートとフィリピン海プレートが沈み込む境界に平行に火山列が走っており、火山列の後面につくられた境界を活断層という。
4 ヒマラヤ山脈は、インド・オーストラリアプレートとユーラシアプレートのトランスフォーム断層によってできたものである。
5 日本列島は、ユーラシアプレート、北アメリカプレート、太平洋プレート及びフィリピン海プレートの4つのプレートの境界付近に位置している。

➡解答・解説は別冊P.097

問題4

警察官Ⅰ類（2021年度）

変動地形に関する記述中の空所A～Eに当てはまる語句の組合せとして、最も妥当なのはどれか。

日本列島は沈み込むプレートの力によって押され、絶えずひずんでいる。内陸地震はこうした力によって地殻上部が破壊され、断層が形成される際に起こる。圧縮力がはたらいている場合には、断層を境にして上側にある地盤がずり上がる（　A　）や、断層を境にして水平方向にずれる（　B　）が形成される。一方、引っ張りの力がはたらいている場合には、断層を境にして上側にある地盤がずり落ちる（　C　）が形成される。また､圧縮力が加わることで水平だった地層が曲がって、褶曲という構造ができることがある。褶曲には、上に向かって凸に曲がった（　D　）と下に向かって凸に曲がった（　E　）がある。

	A	B	C	D	E
1	正断層	横ずれ断層	逆断層	背斜構造	向斜構造
2	正断層	縦ずれ断層	逆断層	向斜構造	背斜構造
3	逆断層	横ずれ断層	正断層	背斜構造	向斜構造
4	逆断層	横ずれ断層	正断層	向斜構造	背斜構造
5	逆断層	縦ずれ断層	正断層	向斜構造	背斜構造

➡解答・解説は別冊P.098

問題 5　　特別区Ⅰ類（2014 年度）

地震に関する記述として、妥当なのはどれか。

1　地震が発生した場所を震央、震央の真上の地表点を震源、震央から震源までの距離を震源距離という。
2　S 波による地震の最初の揺れを初期微動といい、最初の揺れから少し遅れて始まる P 波による大きな揺れを主要動という。
3　地震による揺れの強さを総合的に表す指標を震度といい、気象庁の震度階級は、震度 0 から震度 7 までの 10 階級となっている。
4　地震の規模を表すマグニチュードは、1 増すごとに地震のエネルギーが 10 倍になる。
5　海洋プレートが大陸プレートの下に沈み込む境界面をホットスポットといい、その付近では巨大地震が繰り返し発生する。

➡解答・解説は別冊 P.098

問題 6　　国家専門職（2015 年度）

地震に関する記述として最も妥当なのはどれか。

1　地震発生と同時に、地震波である P 波と S 波は震源から同時に伝わり始めるが、縦波である P 波の方が横波である S 波より速く伝わる。両者の波の観測点への到達時刻の差を初期微動継続時間といい、震源から観測点までの距離に比例してこの時間は長くなる。
2　地球内部は地殻、マントル、核の三つに分けられる。マントルは、地震が発生した際に S 波が伝わらないことから固体であると推定され、核は、P 波の伝わる速度がマントルに比べて速いことから液体であると推定されている。
3　世界で起きる地震は、プレート内部の地殻深部で起きるものが多い。我が国で地震の発生が多いのは、日本列島全体が太平洋プレートの上にあるからであり、アルプス－ヒマラヤ地域で比較的発生が多いのも、この地域がユーラシアプレートの中央に位置しているからである。
4　地震の大きさは、通常、マグニチュードと震度で表される。マグニチュードは地震の規模を示し、地震波のエネルギーは、マグニチュードが 1 大きくなると約 2 倍になる。一方、震度は地震の強さを示し、震度が 1 大きくなると、地震の伝達範囲は 4 倍に広がる。
5　断層は地震による地層のずれで発生し、ずれ方によって正断層と逆断層の二つのいずれかに分類される。逆断層は、断層面が滑りやすく地震が発生するたびにずれる断層で活断層とも呼ばれる。一方、正断層は一度ずれると断層面が固着するので、再び地層がずれることはない。

➡解答・解説は別冊 P.098

問題 7 裁判所職員（2014 年度）

わが国の地質に関する次のA～Eの記述の正誤の組合せとして最も適当なものはどれか。

A 地質学的観点からみたとき、東北日本と西南日本の境界は中央構造線である。
B 日本海は新第三紀になって開き、このとき、東北日本は反時計回りに、西南日本は時計回りに回転した。
C 四万十帯は典型的な付加体であり、その形成年代は白亜紀～新第三紀である。
D 中央日本では西南日本から続いた地質の帯状構造が屈曲している。これは、伊豆火山弧が北方に衝突しているためである。
E 秋吉台でみられる石灰岩にはフズリナ類の化石が含まれており、中生代に海山で形成されたものと考えられている。

	A	B	C	D	E
1	誤	正	誤	正	正
2	誤	正	正	正	誤
3	正	誤	誤	正	正
4	正	誤	正	誤	正
5	正	正	誤	正	誤

➡解答・解説は別冊 P.099

問題 8 東京都Ⅰ類（2016 年度）

地質時代に関する記述として、妥当なのはどれか。

1 三畳紀は、新生代の時代区分の一つであり、紡錘虫（フズリナ）が繁栄し、は虫類が出現した時代である。
2 ジュラ紀は、中生代の時代区分の一つであり、アンモナイト及び恐竜が繁栄していた時代である。
3 第四紀は、新生代の時代区分の一つであり、頭足類及び始祖鳥が出現した時代である。
4 デボン紀は、中生代の時代区分の一つであり、三葉虫及び多くの種類の両生類が繁栄していた時代である。
5 白亜紀は、新生代の時代区分の一つであり、無脊椎動物が繁栄し、魚類の先祖が出現した時代である。

➡解答・解説は別冊 P.099

SECTION 2

火山・岩石

STEP 1 要点を覚えよう！

POINT 1 火山

(1) **マグマ**：マントルを形成する岩石が溶けたもので、種々の気体が溶け込んでいる。マントル上部の地表から地下数百 km 以内で発生する、マグマのたまっている場所を**マグマだまり**という。

(2) **火山噴出物**

・火山ガス：マグマに溶け込んでいる気体が噴出する。90％が水蒸気でその他に CO_2（二酸化炭素）、SO_2（二酸化硫黄）、H_2S（硫化水素）などを含む。

・溶岩：冷え固まったときに火山岩になる。

・火山砕屑物：火山岩塊、火山れき、火山灰。

火山砕屑物が高温のガスとともに流れ下る現象を、**火砕流**というよ。

(3) **噴火の様式と火山の形**：火山の噴火の形式は、溶岩の**粘性**と関係する。噴火の形式の違いで火山の形も違ってくる。

・**ハワイ式噴火**：溶岩が流動性に富み、火口から静かに流れ出す。**溶岩台地**、**盾状火山**（マウナロアなど）を形成する。

・**ストロンボリ式噴火**：流動性に富む溶岩の流出、小規模な爆発を繰り返す。**成層火山**（富士山、三原山など）を形成する。

・**ブルカノ式噴火**：粘性の高い溶岩の噴火で、爆発的な噴火を起こす。**成層火山**（桜島、浅間山など）を形成する。

・**プリニー式噴火**：粘性の高い溶岩の噴火で、溶岩が火口に盛り上がったり、固まったまま火口からせり上がったりする。**溶岩円頂丘（溶岩ドーム）**を形成する。

ここで差をつける！ ホットスポット

プレート（リソスフェア）より下のアセノスフェア内で、**プルーム**（マントルの上昇流）が生じ、マグマが発生して火山活動を起こすところ。

POINT 2 火成岩

マグマが冷えてできた岩石で、地表付近で急激に冷やされてできる**火山岩**と、地下深くでゆっくりと冷やされてできる**深成岩**がある。

(1) **火山岩**：小さい結晶の部分（**石基**）と、比較的大きな結晶の部分（**斑晶**）が混ざり合った**斑状組織**をもつ。SiO_2（二酸化ケイ素）の含有率で玄武岩、安山岩、流紋岩に分類される。

(2) **深成岩**：含まれる結晶の大きさがほぼ均一な**等粒状組織**をもつ。SiO_2 の含有率でかんらん岩、斑れい岩、閃緑岩、花こう岩に分類される。

造岩鉱物：火成岩をつくっている鉱物には、**無色鉱物**と**有色鉱物**がある。

・無色鉱物：白色ないし無色の鉱物。石英、長石（カリ長石、斜長石）。

・有色鉱物：黒色～黒緑色、またはオリーブ色の鉱物。黒雲母、角閃石、輝石、かんらん石。

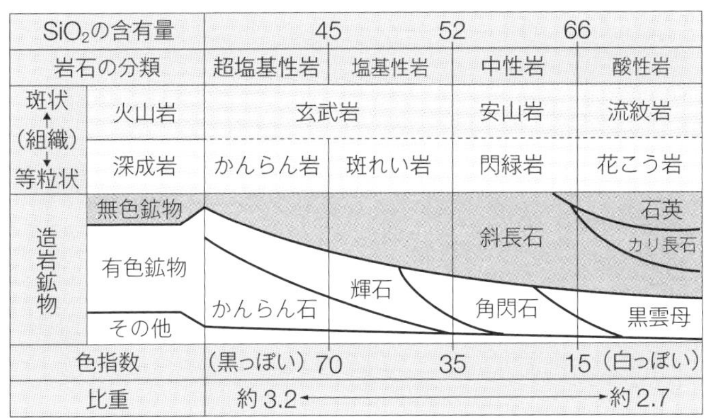

火成岩の分類

POINT 3 堆積岩

堆積した物質はしだいに固まり堆積岩となる。これが層状に重なって地層になる。堆積物が堆積岩になる作用を**続成作用**という。

堆積岩の分類

・砕屑岩：風化・侵食によって生じたれき、砂、泥や火山砕屑物が堆積したもの。

・生物岩：生物の遺骸が堆積したもの。サンゴ石灰石、放散虫チャートなど。

・化学岩：水溶液の成分が沈殿したり、反応して沈殿したりした岩石。石灰岩、チャートなど。

POINT 4 変成作用

堆積岩や火成岩が地下のマグマの貫入により、高温高圧にさらされて変化する作用。それによってできる岩石を**変成岩**という。変成岩は薄く板状にはがれる性質があり、これを**片理**という。

STEP 2 一問一答で理解を確認！

1	海底にあるマグマの吹き出し部分にできた大山脈を、中央海嶺という。	○　海嶺では、海嶺を境目に両側に海底が移動しており、そのすき間に玄武岩質の**マグマ**が噴出している。
2	ホットスポットとは、火山分布の海溝側のラインをさす。太平洋の周辺に分布している。	×　ホットスポットは固定された場所で絶えずマグマの活動が活発に行われている場所である。ハワイ諸島やその北西の**天皇海山列**はホットスポットの例である。火山分布の海溝側のラインは、**火山フロント**（火山前線）と呼ばれる。
3	マグマの粘性の高い噴火では、溶岩台地が形成される。	×　粘性の大きいマグマの噴火では、**成層火山**や**溶岩ドーム**が形成される。粘性の低いマグマが流れ出るように噴出する場所では、溶岩台地が形成される。
4	花こう岩は深成岩であり、二酸化ケイ素を多く含む。玄武岩は火山岩であり、二酸化ケイ素の含有率は低い。	○　花こう岩は**深成岩**であり、二酸化ケイ素を多く含むため白っぽい岩石である。玄武岩は**火山岩**であり、二酸化ケイ素の含有率が低く黒っぽい岩石である。
5	斑状組織のガラス質の部分を斑晶、比較的大きな結晶部分を石基という。	×　斑状組織の小さい結晶やガラス質の部分を**石基**、比較的大きな結晶部分を**斑晶**という。
6	火山岩は、結晶の粒が均一な等粒状組織をもち、かんらん岩、花こう岩などがある。	×　火山岩は、**斑状**組織をもつ。等粒状組織をもつのは、**深成岩**である。

7 火成岩をつくる鉱物には、無色鉱物の石英、かんらん石、輝石や、有色鉱物の黒雲母、長石、角閃石などがある。

× 火成岩をつくる鉱物のうち、無色鉱物は石英、**長石**であり、有色鉱物は黒雲母、**輝石**、角閃石、**かんらん石**である。

8 石灰岩地帯では、二酸化炭素を含む雨水によって石灰岩が溶け、鍾乳洞ができる。また、その逆反応によって、鍾乳石や石筍ができる。

○ 石灰石の主成分は**炭酸カルシウム**であり、水に溶けない。これが二酸化炭素を含む水と反応すると、**炭酸水素カルシウム**になり水に溶けて鍾乳洞ができる。地熱などでこの逆反応が起きると、再び**炭酸カルシウム**が生じ、鍾乳石や石筍となる。

9 火砕流とは、噴火によってとけた雪や多量の水が火山砕屑物と混ざって流れ下る現象をいう。

× 火砕流は、高温の**火山性ガス**と火山灰などの火山砕屑物が流れ下る現象である。噴火によってとけた雪や多量の水が火山砕屑物と混ざって流れ下る現象は、**火山泥流**という。

10 二酸化ケイ素の含有率が最も高いのは酸性岩であり、最も低いのは超塩基性岩である。

○ 二酸化ケイ素（SiO_2）の含有率は、高い順に**酸性岩**＞中性岩＞塩基性岩＞**超塩基性岩**となる。

11 堆積物が長い時間をかけて堆積し、次第に固まって堆積岩が生成される作用を変成作用という。

× 堆積物が長い時間をかけて堆積し、堆積岩が生成される作用は**続成作用**という。変成作用とは、**マグマの貫入**により、堆積岩や火成岩が変化する作用をいう。

STEP 3 過去問にチャレンジ！

問題 1 東京都Ⅰ類（2020 年度）

火山に関する記述として、妥当なのはどれか。

1 火砕流は、噴火によってとけた雪など多量の水が火山砕屑（せつ）物と混ざって流れ下る現象である。
2 大量の火山灰や軽石が一度に大量に噴出すると、インドのデカン高原のような大規模な溶岩台地が形成される。
3 ハワイ式噴火は、粘性の高いマグマが間欠的に爆発的噴火を引き起こすものであり、例としてハワイ島のマウナロア火山の噴火がある。
4 粘性が低い玄武岩質のマグマが繰り返し噴出すると、富士山のような円錐形の成層火山が形成される。
5 ホットスポットは、アセノスフェア内の特に温度の高い狭い部分から高温のプルームが上昇して火山活動を行う地点である。

➡解答・解説は別冊 P.101

問題 2 東京都Ⅰ類（2019 年度）

地球の岩石に関する記述として、妥当なのはどれか。

1 深成岩は、斑晶と細粒の石基からなる斑状組織を示し、代表的なものとして玄武岩や花こう岩がある。
2 火山岩の等粒状組織は、地表付近でマグマが急速に冷却され、鉱物が十分に成長することでできる。
3 火成岩は、二酸化ケイ素（SiO_2）の量によって、その多いものから順に酸性岩、中性岩、塩基性岩、超塩基性岩に区分されている。
4 火成岩の中で造岩鉱物の占める体積パーセントを色指数といい、色指数の高い岩石ほど白っぽい色調をしている。
5 続成作用は、堆積岩や火成岩が高い温度や圧力に長くおかれることで、鉱物の化学組成や結晶構造が変わり、別の鉱物に変化することである。

➡解答・解説は別冊 P.101

問題 3 国家専門職（2013 年度）

火山活動に関する記述Ａ～Ｄのうち、妥当なもののみを挙げているのはどれか。

A マントルの一部が溶けて発生したマグマは、まわりの岩石より密度が小さく、液体であるため移動しやすいので、上昇する。マグマは、一時、火山の下のマグマ溜りに蓄えられる。マグマには H_2O や CO_2 などの揮発性成分も含まれており、マグマ溜りの中でその圧力が高まると、岩石を打ち破ってマグマが地表に噴出する。

B 火山の噴火の仕方や形状は様々であり、マグマの粘性やその成分の量と関係が深い。マグマの粘性は、一般に SiO_2 成分が多くなるほど小さくなる。粘性の小さな溶岩が流出してできるのが溶岩円頂丘（溶岩ドーム）であり、我が国では阿蘇山のものが有名である。一方、粘性の大きな溶岩が噴出して形成された火山を盾状火山といい、我が国では有珠山が有名である。

C 火山は世界各地に存在するが、ハワイのようにプレートの境界に存在する火山島を除き、その多くはプレート内部に分布するものである。我が国の火山は主に太平洋プレート内部に位置するが、活火山は桜島や雲仙岳、三原山など少数であり、大多数は 100 年以上噴火記録のない富士山や浅間山など活火山には分類されない火山である。

D マグマが固まってできた岩石が火成岩であり、その固まり方によって多様な岩石ができる。深成岩はマグマが深いところでゆっくり固まったものであり、同じような粒度をもつ鉱物からなる等粒状組織を示すことが多い。一方、火山岩は、地表や地表近くでマグマが急速に冷えて固まってできたものであり、斑晶と石基からなる斑状組織を示す。

1 A、B
2 A、C
3 A、D
4 B、C
5 C、D

➡解答・解説は別冊 P.101

問題 4 国家一般職（2009 年度）

火山活動に関する記述として最も妥当なのはどれか。

1 盾状火山は、玄武岩質で粘性の低いマグマの噴出により、溶岩流が広く流れ出して形成されるため、傾斜のゆるい山となり、噴火が繰り返し起きてできた面積の広い火山が多い。代表的なものにハワイ・マウナロア山がある。

2 成層火山は、二酸化珪素の含有量の少ないマグマの噴火により、同時期に流出した火砕物と溶岩が幾層にも交互に重なり合って堆積するため、整った円錐形となる。我が国では富士山以外には成層火山はほとんどみられない。

3 溶岩円頂丘とは、安山岩質で温度の高い溶岩が、火山活動が収束しつつあるときに火口の上にゆっくりとドーム状に盛り上がったもので、そのまま火山活動を終える場合が多く、なだらかな山容を示す。代表的なものに岩手山や三宅島がある。

4 カルデラの多くは、マグマが急激に上昇して噴出し、爆発によるエネルギーで山体が破壊されてできた窪地である。形成されたカルデラに地下からの湧き水がたまってできた湖としては、諏訪湖や十和田湖などがある。

5 海洋プレートが沈み込むときに、プレート間に生じる摩擦によって発熱が起こり、岩石が溶けてマグマが生じる。火山はマグマがたまった上部に発生すると考えられている。我が国では多くの火山が帯状に分布しており、火山帯の西側のへりは明瞭な線で結ばれ、火山前線と呼ばれる。

➡解答・解説は別冊 P.102

問題 5 特別区Ⅰ類（2016 年度）

次の文は、火山岩に関する記述であるが、文中の空所 A ～ C に該当する語の組合せとして、妥当なのはどれか。

火山岩はマグマが急速に冷えるとできる岩石で、細かい結晶やガラス質の物質からなる A と、大きな結晶の B からできている。A と B から構成される組織を、C 組織という。

	A	B	C
1	石基	バソリス	等粒状
2	石基	斑晶	斑状
3	バソリス	斑晶	斑状
4	斑晶	石基	斑状
5	斑晶	バソリス	等粒状

➡解答・解説は別冊 P.102

問題 6　　裁判所職員（2019 年度）

火成岩に関する次のA～Dの記述の正誤の組合せとして最も妥当なものはどれか。

A　マグマが冷え固まってできた岩石を火成岩といい、火成岩には、地表や地下の浅いところで急速に冷えてできた火山岩と、地下深くでゆっくり冷えてできた深成岩とがある。

B　マグマが急速に冷えると、鉱物がよく成長し、粒が大きく、大きさの揃った結晶の集合体になる。

C　火成岩のうち、ガラス質を多く含むのは、地表や、地下の浅いところでできた火山岩である。

D　かんらん石や輝石など鉄やマグネシウムを含む鉱物は、無色または淡い色をしており、このような鉱物を多く含んだ火成岩は、白っぽい色をしている。

	A	B	C	D
1	正	誤	正	誤
2	正	正	誤	誤
3	誤	誤	正	正
4	誤	正	誤	正
5	誤	誤	正	誤

➡解答・解説は別冊 P.103

問題 7　　警察官Ⅰ類（2021 年度）

岩脈と岩体に関する記述中の空所A～Dに当てはまる語句の組合せとして、最も妥当なのはどれか。

マグマは地下深部から割れ目を通って上昇してくる。こうした割れ目を満たしたマグマが冷えて固まり、岩脈や（　A　）になる。また、上昇してきたマグマがマグマだまりを作ってゆっくりと固化したものが、（　B　）からなる（　C　）である。（　C　）には直径が 10 km を超えるような大規模なものもあり、それは（　D　）と呼ばれる。

	A	B	C	D
1	岩床	火山岩	バソリス	貫入岩体
2	岩床	深成岩	貫入岩体	バソリス
3	バソリス	火山岩	岩床	貫入岩体
4	バソリス	深成岩	貫入岩体	岩床
5	貫入岩体	火山岩	岩床	バソリス

➡解答・解説は別冊 P.103

SECTION 3

大気・海洋

STEP 1 要点を覚えよう！

POINT 1 大気圏

(1) **大気圏の層区分**

・対流圏：地表～高度約 11 km。高さとともに気温が**下がる**。気象現象が起きる。

・成層圏：高度約 11 km ～約 50 km。高さ 20 km までは気温は**一定**。その後上空では高さとともに気温が**上がる**。20 ～ 30 km に**オゾン層**があり、太陽からの有害な紫外線を吸収している。

・中間圏：高度約 50 ～約 85 km。高さとともに気温が**下がる**。

・熱圏：高度約 85 km ～大気の上限。高さとともに気温が**急激に上昇**する。大気の一部が電離してイオンになっているので、**電離層**とも呼ばれる。

(2) **大気の組成**：上空約 80 km までは、窒素、酸素、アルゴン、二酸化炭素の混合物である。

POINT 2 太陽放射

太陽放射は**可視光線**、波長の短い**紫外線**、波長の長い**赤外線**などの電磁波として放出される。このうち、可視光線のエネルギーが最も強い。

太陽定数：地球の大気圏上面で、太陽光線に垂直な単位面積あたりの単位時間に入射するエネルギー量 ＝**1.37 kW/m²**

POINT 3 地球の熱収支

(1) **地球全体の熱収支**：地球の熱収支はつりあっており、地表や大気の温度は安定している。

・**太陽放射**：地球が太陽から受けるエネルギーの約 30％は反射と散乱で**大気圏外**に戻る。さらに約 20％が大気などに吸収され、残りの**約 50％**が地表に届く。

・**地球放射**：地球は**赤外線**を放射している。その大半が大気や雲に吸収される。

・**温室効果**：大気は可視光線や紫外線をよく通すが、大気中の水蒸気や二酸化炭素が**赤外線**を吸収するため、地球放射により大気が暖められる。

(2) **緯度による熱収支の差**

・太陽放射エネルギーの緯度による差：地球は球形で、高緯度ほど太陽の光を斜めに受け、単位面積当たりのエネルギーが**少なく**、低緯度ほど**多く**なる。

・緯度による熱収支の違い：地球放射は緯度による差が**少ない**ため、高緯度では熱が**不足**し、低緯度では**過剰**になる。

・熱収支の過不足の解消：高緯度で気温が**低く**なり低緯度で**高く**なるので、大気や海水の循環により熱の移動が行われる。

POINT 4 大気の大循環

大気の大循環は3つの循環モデルで考えられる。

・**亜熱帯圏界面**：赤道付近の熱帯収束帯で熱せられて上昇した大気が、緯度20°～30°の亜熱帯高圧帯で下降し、地表付近では中緯度から低緯度に向かう東風の**貿易風**となる。これを**ハドレー循環**という。

・**中緯度圏界面**：亜熱帯高圧帯で下降した大気が、地表付近で中緯度から高緯度に向かう西風の**偏西風**となる。偏西風は寒帯前線で上昇する。

・**極圏界面**：地表付近で極高圧帯から吹き出す**極偏東風**が吹く。

対流圏と成層圏の境界面を圏界面というよ。

POINT 5 大気の運動

風：風が吹く原動力は、気圧差による力（**気圧傾度力**）である。さらに地球の自転による力（**転向力**）がはたらくため、風は等圧線に垂直には吹かない。

> **局地風**：地形などの影響による、狭い範囲に吹く風。
> ①**海陸風**：日中は**海**から**陸**へ海風が吹き、夜間は**陸**から**海**に陸風が吹く。
> ②**山谷風**：日中に**谷**から**尾根**に谷風が吹き、夜間に**尾根**から**谷**に山風が吹く。
> **高気圧・低気圧付近の風**：高気圧では**下降気流**が生じ地表で周囲に吹き出す。低気圧では渦を巻いて**上昇気流**が生じる。

ここで覚える！ ジェット気流

寒帯圏界面と中緯度圏界面の境目で吹く寒帯前線ジェット気流と、中緯度圏界面と亜熱帯圏界面の境目で吹く亜熱帯ジェット気流がある。最大風速は100 m/s以上になることもある。

POINT 6 気圧

気圧：単位面積当たりの大気の重さ。1気圧は760 mmHgに相当する。

（1）高気圧：周囲より気圧の高い区域。**下降気流**が生じ、天気はよい。

> **日本付近の気団**：大陸や海洋上に長時間とどまる高気圧を気団という。
> ・シベリア気団：冬に活動。低温・乾燥…**シベリア高気圧**。
> ・小笠原気団：夏に活動。高温・多湿…**北太平洋高気圧**。
> ・オホーツク海気団：梅雨期、秋雨期に活動…**オホーツク海高気圧**。

(2) 低気圧：周囲より気圧の低い区域。**上昇気流**が生じ、雲が発生しやすく天気が悪くなることが多い。

・**温帯低気圧**：**中緯度**で発生する低気圧。中心の**東側**に温暖前線を、**西側**に寒冷前線を伴う。**偏西風**の影響を受けて西から東へ進むものが多い。

・**熱帯低気圧**：海水温が高い海上で発生する低気圧。前線を伴わない。平均風速の最大値が **17.2 m/s** を超えるものを台風という。

(3) **前線**：異なる気団が接する境界面を前線面といい、前線面と地表面との交線が前線である。

・**温暖前線**：**暖気**が**寒気**の上にゆるやかに上昇し、寒気を押しながら移動する。穏やかな雨が**広い範囲**で降り、前線通過後はゆっくりと気温が**上がる**。

・**寒冷前線**：**寒気**が**暖気**の下にもぐりこみ、暖気を押し上げながら移動する。積乱雲が発達し、強い雨が**狭い範囲**に降る。前線通過後は急に気温が**下がる**。

・**停滞前線**：寒気と暖気に勢力がつり合って、同じ場所に長時間とどまった状態。

・**閉塞前線**：**寒冷前線**が**温暖前線**に追いつき、2つの冷たい空気の間に前線が閉じ込められた状態。

POINT 7 日本の天気

(1) **春**：3月から4月にかけて、長江流域の移動性高気圧と低気圧が**交互**にやってきて、3～5日の周期的な天気の変化がみられる。

(2) **梅雨**：5月中旬から7月中旬にかけて、北の寒冷な**オホーツク海高気圧**と、南の温暖な北太平洋高気圧の間に梅雨前線が発生し、雨が続く。

(3) **夏**：**北太平洋高気圧**が日本列島を覆い、高温多湿な天候が続く。気圧配置は**南高北低型**になる。

(4) **秋**：9月中旬から10月上旬には、梅雨に似た秋雨前線が停滞する。この前線が南下すると、移動性高気圧と低気圧が交互にやってきて周期的な天気の変化になる。

(5) **冬**：大陸の寒冷な**シベリア高気圧**が発達し、寒気が流れ込む。気圧配置は**西高東低型**になり、日本海側に大雪を降らせ、太平洋側は乾燥した晴天が続く。

フェーン現象：湿った空気が山を越えて吹き下りるとき、乾燥した高温の空気になる現象。飽和していない空気は高度が変化すると**乾燥断熱減率**に従って100 m高度が変化するごとに約 **1℃**温度が増減し、飽和に達すると**湿潤断熱減率**により100 m上がるごとに約 **0.5℃**温度が下がる。

POINT 8 海洋

海水の組成：海水1 kg中に溶けているすべての塩は、約35 gである。塩化ナトリウムが最も多い。

(1) **海流**：海水の流れのうち、海洋の表層をほぼ一定方向に流れる部分。

- **北太平洋の海流**：亜熱帯地域では時計回りに北赤道海流・**黒潮**・北太平洋海流・**カリフォルニア海流**が流れる。
- **日本列島周辺の海流**：暖流の黒潮が時計回りに、寒流の**親潮**が北から南に反時計回りに流れる。日本海側では南から北へ**対馬海流**が、北から南へリマン海流が流れる。

(2) **エルニーニョとラニーニャ**

- **エルニーニョ**：熱帯太平洋東部で海面水温が平常より**上昇**する現象。世界各地に干ばつ、大雨などの異常気象をもたらす。日本では、**長い梅雨**、**冷夏**、**暖かな冬**となる。
- **ラニーニャ**：熱帯太平洋東部で海面水温が平常より**低下**する現象。日本では、**暑い夏**、**寒い冬**になることが多い。

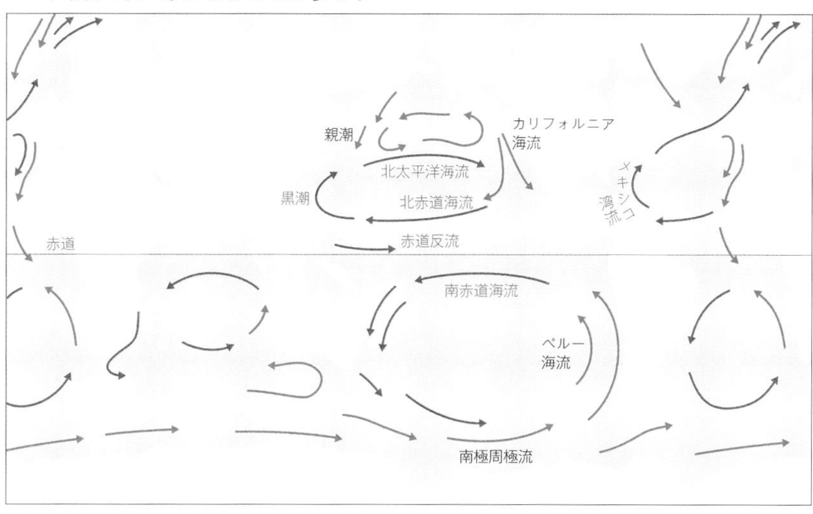

→ 暖流
→ 寒流

POINT 9 地球環境の変化

(1) **地球温暖化**：化石燃料の燃焼による**二酸化炭素**の増加により、地球の気温が上昇する。温暖化によって、氷河や南極の氷の融解、異常気象や大型の台風の発生、病原となる生物の拡大など多くの問題が発生している。

(2) **オゾン層の破壊**：フロンガスによるオゾン層の破壊によって、有害な**紫外線**が地表に届くようになる。

(3) **酸性雨**：化石燃料の燃焼に伴う窒素酸化物や硫黄酸化物の増加によって、**酸性**の強い雨が降る。コンクリートを溶かしたり、金属を腐食させる。土壌が酸性化し、植物や生態系全体に大きな影響が出る。

STEP 2 一問一答で理解を確認！

1 オゾン層は上空20～30 kmの場所に存在し、太陽からの紫外線を吸収している。

○ オゾン層は**成層圏**に存在し、太陽からの有害な紫外線を吸収する。

---

2 大気圏と大気圏外の境目を圏界面という。

× 圏界面とは、**対流圏**と**成層圏**の境界面をさす。圏界面では気温が極小値となり、平均気温が −56℃程度になる。

---

3 大気の組成は、高さによらずほぼ一定の組成を保っている。

× 上空約80 km付近までは、**窒素**（約80%）、**酸素**（約20%）、**アルゴン**、**二酸化炭素**からなるが、それ以上では、酸素分子が分解して生じる酸素原子が主成分となり、さらに上空ではヘリウムが主成分となる。

---

4 太陽放射のうち、可視光線のエネルギーが最も強い。

○ 太陽放射は可視光線や、それより波長の短い**紫外線**、波長の長い**赤外線**などの電磁波を含む。その中で最もエネルギーが高いのは、**可視光線**である。

---

5 地球の大気圏上面で、太陽光線に垂直な単位面積当たりに単位時間に入射するエネルギー量を太陽定数といい、その値は1.37 kW/m^2（1 m^{2}あたり1秒間に受けるエネルギー）である。

○ 太陽定数とは、地球の大気圏上面で、太陽光線に垂直な単位面積あたりの単位時間に入射するエネルギー量のことで、その値は**1.37 kW/m^2**である。

---

6 地球に入射する太陽放射のうち、地表に吸収されるのは約80%程度である。

× 地球に入射する太陽放射のうち、約30%は反射や散乱で大気圏外へ戻り、約20%が大気に吸収されるので、地表に吸収されるのは約**50%**である。

7 フェーン現象が起きると、山の反対側の地域で気温が下がり冷害が発生する。

× 湿った空気の塊が山を上昇するとき、飽和水蒸気量に達し雨や雪を降らせる。山頂を越えると**乾燥した高温の空気**の塊となって山の反対側の地域に吹き下りる。この現象をフェーン現象という。

8 海のそばでは、昼間に海から陸に向かって海風が吹き、夜に陸から海に向かって陸風が吹く。

○ 水は暖まりにくく冷めにくい。昼間は陸の方が気温が**高く**なり、上昇気流が生じるため、海から陸に向かって風が吹く（**海風**）。夜間は海の方が気温が**高く**なるので、陸から海に向かって**陸風**が吹く。

9 水平方向の２地点間の気圧差を気圧傾度という。気圧傾度によってはたらく力を気圧傾度力といい、風は気圧の高い方から低い方に向かって吹く。

○ 風を起こす原動力は**気圧傾度力**である。鉛直方向の空気の流れは、周囲との温度差によって起こる対流が原因である。

10 回転する物体上では、見かけの力がはたらき、物体の動きは曲げられる。この見かけの力を転向力（コリオリの力）という。北半球では進行方向に垂直左向きの転向力が作用し、南半球では垂直右向きの力が作用する。

× 北半球では進行方向に垂直**右向き**の転向力が作用し、南半球では垂直**左向き**の力が作用する。転向力の大きさは緯度によって異なり、赤道では**0**で、高緯度に行くほど大きくなり、極で**最大**になる。

11 中緯度地帯において、上空の東風のうち特に強い風の流れをジェット気流という。

× 中緯度地帯において、上空の**西風**のうち特に強い風の流れをジェット気流という。

12 寒冷前線が通過すると積乱雲が発達し、激しい雨が短時間降る。前線の通過後は気温が急激に下がる。

○ 寒冷前線は寒気が暖気を押し上げるので激しい上昇気流が生じ、**積乱雲**が発達する。前線通過後は南または南西の風から、西または北西の風に変わり気温が**下がる**。

過去問にチャレンジ！

問題 1　国家専門職（2005 年度）

大気に関する次の記述のうち、最も妥当なのはどれか。

1　大気は、高度に伴う気温の変化により下から対流圏、成層圏、中間圏、熱圏の四つの層に区分される。対流圏から中間圏までは一貫して気温が下がるが、オゾン層がつくられる熱圏は紫外線を吸収するために非常に熱くなっている。また、空気は対流圏を超えると軽い分子である水素やヘリウムで占められ、窒素を含まなくなる。

2　風は、偏西風帯では上空へ行くほど強くなり、圏界面付近の特に強い流れをジェット気流という。日本付近の上空では、高気圧や低気圧の位置にかかわらず流れる場所のあまり変わらない亜熱帯ジェット気流が吹いており、常時秒速340 m を超えることから航空機のスピードアップに利用されている。

3　穏やかな天気の日に、海岸地方では日中は陸上から海へ陸風が吹き、夜間には海から陸上へ海風が吹くことがあり、これらを海陸風という。これは、陸上の温度が１日の間であまり変化しないのに対し、海面の温度が日中は日射によって高くなり、夜間は放射によって低くなることで気圧差が生じるためである。

4　梅雨前線は、亜熱帯高気圧の小笠原高気圧から吹き出す温かい湿潤な大気と、高緯度にあり寒冷なシベリア高気圧から吹き出す大気の境目にできる温暖前線の一つである。この時期は勢力の強いチベット高気圧が西日本まで覆うため、小笠原高気圧が日本列島の東側に位置し、梅雨前線は日本列島沿岸に生じる。そのため、梅雨が見られるのは日本だけである。

5　夏にオホーツク海高気圧が発生すると、その南部の空気は親潮によって冷やされ、寒冷で湿った気団になる。この高気圧の勢力が強いと、東日本の太平洋側に「やませ」と呼ばれる北東の冷たい風が吹き出し、この風が続くと東北地方に冷夏をもたらすことがある。

➡解答・解説は別冊 P.104

問題 2

特別区Ⅰ類（2019 年度）

次の文は、大気の大循環に関する記述であるが、文中の空所 [A] ～ [C] に該当する語の組合せとして、妥当なのはどれか。

赤道付近で暖められ上昇した大気は、緯度 30° 付近で下降し、東寄りの風となって赤道へ向かう。この風を [A] といい、低緯度地域での大気の循環を [B] 循環という。[B] 循環による下降流は、地上で [C] を形成する。

	A	B	C
1	貿易風	極	熱帯収束帯
2	偏西風	ハドレー	熱帯収束帯
3	貿易風	ハドレー	熱帯収束帯
4	偏西風	極	亜熱帯高圧帯
5	貿易風	ハドレー	亜熱帯高圧帯

➡解答・解説は別冊 P.104

問題 3

国家一般職（2007 年度）

地球のエネルギー収支に関する記述として最も妥当なのはどれか。

1 緯度が高い地域では、太陽放射の入射量の方が地球放射の放射量より大きく、緯度が低い地域ではその反対に地球放射の放射量の方が大きい。
2 経度が大きい地域では、太陽放射の入射量の方が地球放射の放射量より大きく、経度が小さい地域ではその反対に地球放射の放射量の方が大きい。
3 太陽放射は主に地球の昼の面に入射するが、地球放射も地球の昼の部分からのものがそのほとんどを占め、波長が短い可視光線から波長の長い赤外線まで幅広い波長に及んでいる。
4 太陽放射は主に地球の昼の面に入射するが、地球放射は地球の昼の部分からも夜の部分からも放射されており、地球放射で主に放射されるのは赤外線である。
5 太陽放射は主に地球の昼の面に入射するが、地球放射はそのほとんどが昼の大陸の部分から放射され、地球放射で主に放射されるのは赤外線である。

➡解答・解説は別冊 P.104

問題 4

特別区Ⅰ類（2022 年度）

日本の四季の天気に関する記述として、妥当なのはどれか。

1 冬は、西高東低の気圧配置が現れ、冷たく湿ったオホーツク海高気圧から吹き出す北西の季節風により、日本海側に大雪を降らせる。
2 春は、貿易風の影響を受け、移動性高気圧と熱帯低気圧が日本付近を交互に通過するため、天気が周期的に変化する。
3 梅雨は、北の海上にある冷たく乾燥したシベリア高気圧と、南の海上にある暖かく湿った太平洋高気圧との境界にできる停滞前線により、長期間ぐずついた天気が続く。
4 夏は、南高北低の気圧配置が現れ、日本付近が太平洋高気圧に覆われると、南寄りの季節風が吹き、蒸し暑い晴天が続く。
5 台風は、北太平洋西部の海上で発生した温帯低気圧のうち、最大風速が 17.2 m/s 以上のものをいい、暖かい海から供給された大量の水蒸気をエネルギー源として発達し、等圧線は同心円状で、前線を伴い北上する。

➡解答・解説は別冊 P.105

問題 5

東京都Ⅰ類（2018 年度）

線状降水帯に関する次の文章の空欄に当てはまる語句の組合せとして、妥当なのはどれか。

線状降水帯は、大きさが幅［ア］km、長さ［イ］km に及び、複数の［ウ］が線状に並ぶ形態をしている。［ウ］の寿命はおよそ 1 時間であるが、大気の状態により［ウ］が次々と発生することで線状降水帯は形成され、同じ場所に強い雨を継続して降らせるなど、［エ］の原因の一つとなっている。

	ア	イ	ウ	エ
1	2～5	5～30	積乱雲	局地的大雨
2	2～5	50～300	積乱雲	集中豪雨
3	2～5	50～300	乱層雲	局地的大雨
4	20～50	5～30	乱層雲	局地的大雨
5	20～50	50～300	積乱雲	集中豪雨

➡解答・解説は別冊 P.105

問題 6　　国家一般職（2006 年度）

日本の気象に影響を及ぼす現象についての記述Ａ～Ｄの正誤の組合せとして最も妥当なのはどれか。

A　中緯度地帯の高層大気の動きとしては、ジェット気流があり、地表付近の偏西風とは異なり常に一定の幅で赤道に平行して一定の速度で吹いている。この気流の影響により、高気圧や低気圧は西から東へ移動する。

B　南米ペルー沖の海面の水温は、平年値よりも２～5℃低下することがあり、エルニーニョ現象と呼ばれている。これは、暖流の流れが通常よりも弱まることが原因で発生すると考えられており、この現象が発生した年には日本では、空梅雨などの異常気象になるといわれている。

C　北西太平洋の熱帯海域で発生した熱帯低気圧のうち、最大風速が 17.2 m/ 秒以上になったものを台風という。台風は、水温の高い海域を通過する間に多量の水蒸気の供給を受け、その水蒸気が凝結するときに放出するエネルギーで発達しながら北上する。

D　温帯低気圧は、暖気が寒気の上をはい上がる寒冷前線と寒気が暖気の下にもぐり込む温暖前線、又は、温暖前線が寒冷前線に追いついて重なった閉塞前線を伴っている。寒冷前線が通過するときは、広範囲に長い時間雨が降るのが特徴である。

	A	B	C	D
1	正	正	正	誤
2	正	正	誤	誤
3	正	誤	誤	正
4	誤	誤	正	正
5	誤	誤	正	誤

➡解答・解説は別冊 P.105

問題 7 国家一般職（2008 年度）

図のように、風上側山麓のA点（高度 0 m）で、気温 22.0℃の飽和していない空気塊が山の斜面を上昇し、B点（高度 1,300 m）で飽和状態に達し、空気塊中の過剰な水蒸気が凝結して雲を発生させ、その後、山頂のC点（高度 2,500 m）に達するまで雲を生じさせ続け、C点に達したときまでに凝結した水分をすべて雨として降らせた。そして、C点を越えてからの空気塊は飽和していない状態に戻り、下降気流となって山の斜面を降下し、風下側山麓のD点（高度 0 m）に到達した。この空気塊が断熱的に変化したとき、D点での温度として最も妥当なのはどれか。
ただし、乾燥断熱減率は 100 m について 1.0℃、湿潤断熱減率は 100 m について 0.5℃とする。

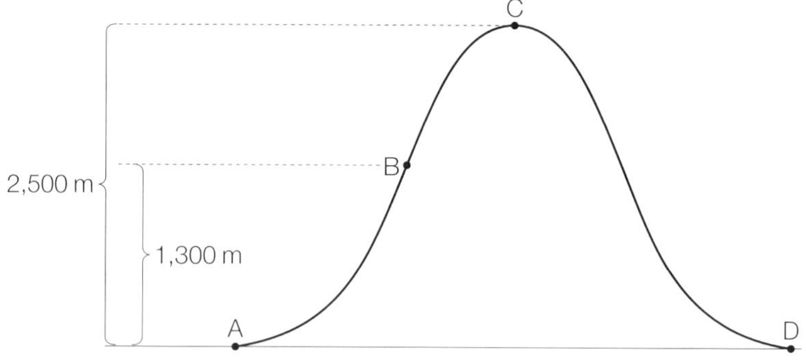

1　15.5℃
2　22.0℃
3　25.5℃
4　28.0℃
5　34.5℃

➡解答・解説は別冊 P.106

問題 8　特別区Ⅰ類（2017 年度）

次の図は、世界の主な海流を表したものであるが、図中の空所 A ～ C に該当する海流の組合せとして、妥当なのはどれか。

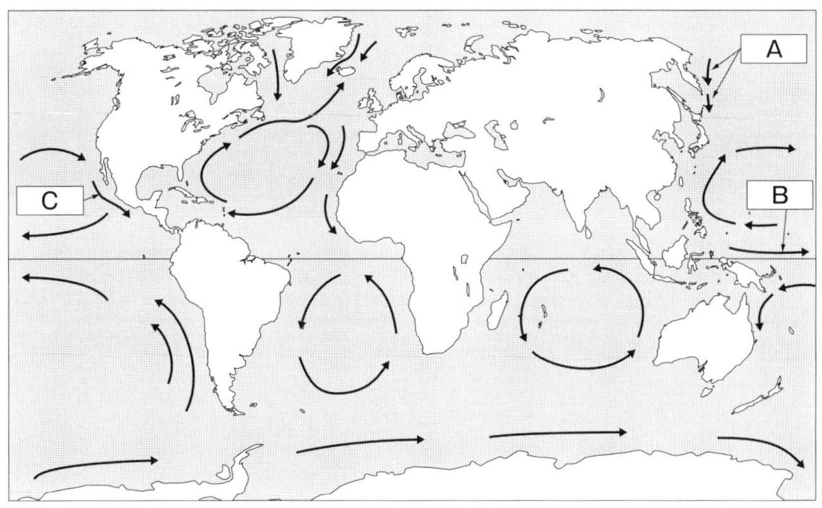

	A	B	C
1	親潮	赤道反流	カリフォルニア海流
2	親潮	赤道反流	メキシコ湾流
3	親潮	北赤道海流	カリフォルニア海流
4	黒潮	北赤道海流	メキシコ湾流
5	黒潮	北赤道海流	カリフォルニア海流

➡解答・解説は別冊 P.106

SECTION 4

宇宙・天体

STEP 1 要点を覚えよう！

POINT 1 太陽

太陽の半径は地球の約 **109 倍**、太陽の質量は地球の約 **33 万倍**である。緯度によって自転周期は異なり、赤道に近いほど**速く**、高緯度ほど**遅い**。赤道部で約 25 日である。

(1) 太陽表面

・**光球**：サングラスを通して太陽を見たときの円盤状の部分。表面温度は約 5,800 K。

・**黒点**：光球上の黒い斑点部分。周囲より温度が低い。11 年周期で増減を繰り返す。太陽活動が活発な時ほど黒点の数は**多い**。黒点付近で生じる爆発を**フレア**という。フレアの発生で太陽風が強くなり、地球では通信障害が発生する。これを**デリンジャー現象**という。

・**白斑**：黒点のまわりに現れる明るく輝く斑点。周囲より高温な部分。

・**粒状斑**：光球全体に見られる斑点。平均的な大きさは **1,000 km** 程度。

(2) 太陽の大気

太陽大気の主成分は水素とヘリウムであり、その約 90%が**水素**である。

・**彩層**：皆既日食のとき、光球に接して淡紅色に輝く厚さ数千 km の層。上部の温度は 1 万 K 程度。

・**コロナ**：彩層の外側の部分。温度は 200 万 K 程度。コロナからイオンや電子が流れ出す。これを太陽風という。

・**プロミネンス**：彩層からコロナに吹き出す赤い炎状の気体。

(3) 太陽の中心核

太陽の中心から半径の約 0.2 倍の範囲に広がっていると考えられ、中心核温度は約 1,600 万 K とされている。

・**核融合**：水素原子核 4 個が融合して 1 個のヘリウム原子核が生ずる際に、大量のエネルギーが発生する。

ここで差をつける! ▶ **太陽光のスペクトル**

太陽光をプリズムに通すことによって得られるスペクトルには、ところどころに暗線（吸収線）が見られる。これをフラウンホーファー線といい、太陽の大気中の成分を知ることができる。

POINT 2 太陽系の惑星

太陽系には8個の惑星があり、地球型惑星と木星型惑星に分類される。

(1) **地球型惑星**：主に、岩石や金属で構成され、小型で密度が**大きい**。

・**水星**：大気をもたず、昼夜の温度差が600℃近くになる。太陽系の惑星の中で最も**小さい**。

・**金星**：**二酸化炭素**を主成分とする大気に覆われる。温室効果で地表の温度が460℃にも達し、水は存在しない。自転の向きが地球とは**逆方向**である。

・**地球**：太陽系で唯一、液体の**水**が存在する。

・**火星**：かつては液体の水が存在したと考えられている。半径は地球の**半分**程度。自転周期は地球と**ほぼ同じ**。2つの衛星をもつ（フォボスとダイモス）。

(2) **木星型惑星**：大型で密度が**小さい**。

・**木星**：太陽系**最大**の惑星。水素やヘリウムを主成分とする大気をもつ。表面には巨大な渦の大赤斑が見られる。80以上の衛星をもつ。ボイジャー1号により薄い**環（リング）**が発見された。

・**土星**：平均密度が太陽系の惑星の中で**最小**。氷や塵からなる大きなリングをもつ。衛星タイタンには、探査機ホイヘンスが着陸した。

・**天王星**：大気の主成分は水素とヘリウムで、若干のメタンが含まれる。メタンにより太陽光の赤色光が吸収され、**青緑色**に見える。自転軸が公転面とほぼ平行である。

・**海王星**：氷と岩石からなる。大気の主成分は水素とヘリウム。

(3) **太陽系外縁天体と小惑星**

・**太陽系外縁天体**：冥王星のように、海王星の外側をまわる天体。

・**小惑星**：多くの小惑星は、火星と木星の間に存在する。

ケプラーの法則

・第一法則（**楕円軌道の法則**）：惑星は太陽を1つの焦点とする**楕円軌道**を公転する。

・第二法則（**面積速度一定の法則**）：惑星は惑星と太陽を結ぶ線分が単位時間に一定**面積**を描くように動く。

・第三法則（**調和の法則**）：惑星と太陽の平均距離の**3乗**と、その惑星の公転周期の**2乗**の比は、惑星によらず一定である。

ここで覚える！ 彗星

彗星は、太陽の周りで細長い楕円の公転軌道を描き、主成分は氷と塵である。太陽と**反対側**に尾を伸ばす。

惑星の視運動：天球上での惑星の見かけの動き。**西**から**東**への動きを順行、**東**から**西**への動きを逆行という。順行から逆行（その逆も）のときに動きが止まることを**留**という。

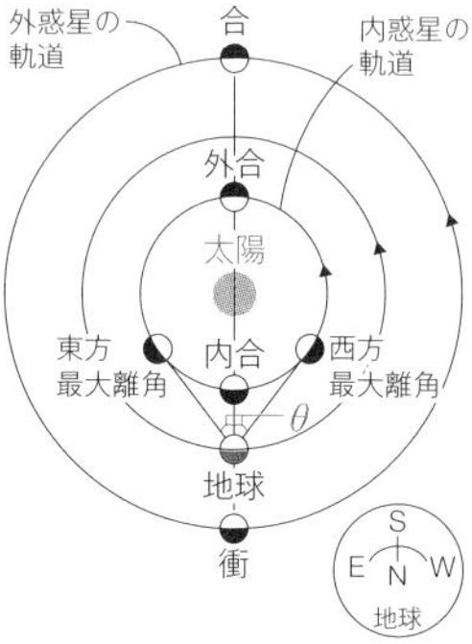

・外惑星：地球の軌道の**外側**を公転している惑星。軌道上で地球が外惑星を追い越す前後で**逆行**が起こる。

合：外惑星が太陽と同じ方向にあるとき。

衝：外惑星が太陽の反対側にあるとき。

・内惑星：地球の軌道の**内側**を公転している惑星。軌道上で内惑星が地球を追い越す前後で**逆行**が起こる。

外合：内惑星が太陽の向こう側にあるとき。

内合：内惑星が太陽と地球の間にあるとき。

宵の明星：金星が太陽から最も**東**側に離れたとき（東方最大離角）。

明けの明星：金星が太陽から最も**西**側に離れたとき（西方最大離角）。

POINT 3 地球

（1）**恒星の日周運動と地球の自転**：地球は西から東に回転運動している。そのため、恒星は東から西に動くように見える。これを**日周運動**という。その周期は 23 時間 56 分 4 秒である。

（2）**地球の自転の証拠**

・**フーコーの振り子**：長い針金に重いおもりをつるして振らせると、振動面が回転する。北半球では上から見て時計回り、南半球では反時計回りに回転する。

・**コリオリの力（転向力）**：物体の進行方向が北半球では右にそれる。

（3）**太陽の年周運動**：太陽は 1 年かけて西から東へ 1 周する。太陽が春分点を通過し再び戻るまでの時間を 1 太陽年といい、約 365.2422 日である。

（4）**地球の公転の証拠**

・**年周視差**：地球から見たときと、太陽から見たときの方向の違いから生じる角度。

・**年周光行差**：地球の公転による、星の見かけの変化を表す量。星からくる光も地球の公転速度も有限なので、星からくる光は真の方向よりも斜め前からくるように見える。この角度の差を**年周光行差**という。

POINT 4 恒星

（1）**恒星の明るさ**

・見かけの等級：地球から見たときの明るさの等級。1 等級小さくなると、明るさは約 **2.5 倍**になる。

・絶対等級：恒星を 32.6 光年の距離に置いたときの明るさの等級。

・恒星の色と表面温度：表面温度の高いものから、**青**>**白**>**黄**>**赤**となる。

（2）**HR 図**：恒星の表面温度の高いものを横軸の左側に、低いものを右側にとり、縦軸に絶対等級をとって多くの恒星をグラフにした図。

・**主系列星**：HR 図の左上から右下に並ぶグループ。太陽も主系列星である。
・**巨星**：HR 図の右上に位置するグループ。表面温度は低いが、放出するエネルギーが多いため明るい。色が赤く赤色巨星ともいう。
・**白色矮星**：HR 図左下のグループ。表面温度は高いが、放出するエネルギーが低く暗い。
(3) **恒星の運命**：恒星の終末はその質量で決まる。
・太陽質量の半分程度の星：巨星にならず、水素の反応が終わると**白色矮星**になる。
・太陽質量と同じ程度の星：巨星になったのち、炭素、酸素の芯を持つ**白色矮星**になる。
・太陽質量の数倍～十数倍の星：超新星爆発をして**中性子星**になる。極めて質量が大きいものは**ブラックホール**になる。

▲地球に近い恒星の HR 図

ここで覚える！ **恒星の一生**

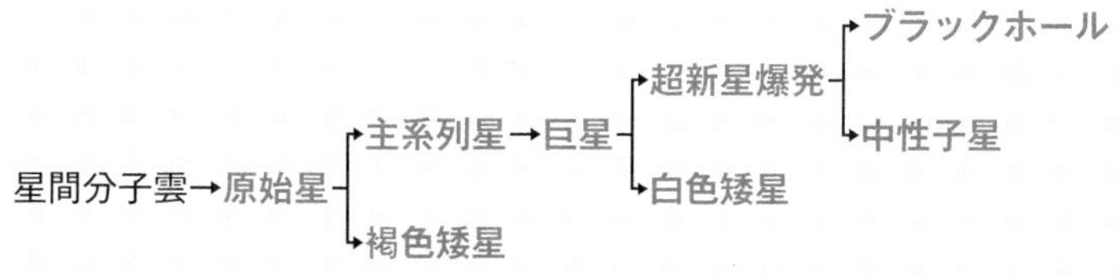

POINT 5 銀河と宇宙

銀河：多数の星、ガス、塵及びダークマターなどで構成され、銀河の質量の大部分は**ダークマター**である。
銀河系（天の川銀河）：太陽系が属している銀河。銀河系の中心部分を**バルジ**といい、半径約 7.5 万光年の球状の部分を**ハロー**という。
球状星団：数十万個の星が球状に集まっている星団。中心に近づくほど密度が高い。銀河を取り巻く**ハロー**の中に分布する。ダークマターを含まない。
宇宙の膨張と電磁波
(1) **ビッグバン**：宇宙の初期は**高温**・**高密度**状態であり、約 138 億年前にビッグバンを起こして膨張が始まった。
(2) **ハッブル-ルメートルの法則**：すべての銀河は地球から遠ざかるような運動をしていて、その速さは、地球とその銀河までの**距離に比例**している。
(3) **赤方偏移**：遠方の天体から到来する光の波長が、波長の**長い方**（**赤い方**）にずれることをいう。
(4) **宇宙背景放射**：宇宙のあらゆる方角から **3K** の物質からの放射に一致する電磁波が観測されること。**ビッグバン**の正しさを示す証拠とされる。

STEP 2 一問一答で理解を確認！

1 太陽の自転周期は赤道に近いほど遅く、極に近いほど速い。

× 太陽は気体でできており、緯度によって自転周期が異なる。赤道に近い部分で**速く**、高緯度ほど**遅い**。

2 黒点は周囲より温度の低い部分であり、黒点の数は太陽の活動が活発な時ほど少なくなる。

× 黒点は周囲より温度の低い部分であるが、黒点の数は太陽の活動が活発な時期ほど**多く**なる。約11年周期で数は増減する。

3 太陽のエネルギーは、4個の水素原子核が1個のヘリウムに変化する核融合反応による。

○ 4個の水素原子核が**核融合**して1個のヘリウム原子核に変化するとき、質量が減少する。この質量の減少分がエネルギーに変換される。

4 水星には二酸化炭素を主成分とする大気があり、温室効果により地表は高温になっている。

× 水星には大気は**なく**、昼と夜の寒暖差が非常に大きい。

5 木星型惑星は、固体でできた硬い物質でできているので質量が大きく、密度が大きい。

× 木星型惑星は、中心部に岩石や氷の核があり、その周りを液状の水素や金属性水素原子が取り巻いた構造をしている。大型で質量は大きいが密度は**小さい**。

6 ケプラーの第2法則は調和の法則と呼ばれ、惑星と太陽の平均距離の3乗と、その惑星の公転周期の2乗の比が惑星によらず一定であるというものである。

× ケプラーの第2法則は**面積速度一定**の法則と呼ばれ、惑星は、惑星と太陽を結ぶ線分が単位時間に**一定面積**を描くように動くというものである。惑星と太陽の平均距離の3乗と、その惑星の公転周期の2乗の比が惑星によらず一定であるというのは、ケプラーの**第3法則**で調和の法則と呼ばれる。

7	フーコーの振り子の振動面は、北半球では上からみて時計回りに回転する。	○　振り子の振動面は回転しないが、地球が自転しているので、観察者には振り子の振動面が回転するように見える。北半球では上から見て**時計回り**に回転する。
8	年周視差は地球が自転していることの証拠になる。	×　年周視差が存在するのは、地球が**公転**しているからである。
9	太陽の年周運動は、地球の公転の証拠になる。	×　太陽の年周運動と地球の公転は**相対的**な運動であり、地球が公転するので太陽が動いて見えるのか、太陽自体が移動しているのかは判断できない。そのため、天動説と地動説の論争が長く続いた。
10	恒星の見かけの等級では、1等星が最も明るい星である。	×　1等星より明るい星は、**0等星**、**−1等星**……と表す。
11	1等星と6等星のように、5等級の差があると、明るさは約100倍の差になる。	○　5等級の差で明るさは、2.5^5＝約**100倍**になる。
12	赤色に見える恒星の表面温度は、青色のものより高い。	×　青色の恒星の表面温度は約45,000 K、赤色の恒星は3,300 K程度で、**青色**に見える恒星の表面温度の方が高い。
13	HR図の中央付近を左上から右下に並ぶグループは、主系列星と呼ばれる。このグループの星は表面温度が高いが放出するエネルギーが少なく、暗い星である。	×　主系列星の星は表面温度が高ければ、放出するエネルギーも**多く**、**明るい**星になる。表面温度が高いが放出するエネルギーが少なく、暗い星であるのは、HR図の左下のグループで、**白色矮星**と呼ばれる。

過去問にチャレンジ！

問題 1 　東京都Ⅰ類（2015 年度）

太陽に関する記述として、妥当なのはどれか。

1 黒点は、磁場が弱く周囲の光球より温度が高いため黒く見え、その数は変化しない。
2 フレアから発生する強いX線は、地球の大気圏に影響を与え、通信障害などを引き起こすことがある。
3 太陽を構成する元素は、ヘリウムが大部分を占めており、次いで酸素、鉄の順に多い。
4 中心核では、核分裂反応が繰り返されており、大量のエネルギーが発生している。
5 太陽系の惑星は、太陽を中心に公転しており、太陽に近い位置の惑星から順に、水星、金星、火星、地球、土星、木星、海王星、天王星、冥王星である。

➡解答・解説は別冊 P.107

問題 2 　特別区Ⅰ類（2018 年度）

次の文は、太陽を構成する元素に関する記述であるが、文中の空所 A ～ C に該当する語の組合せとして、妥当なのはどれか。

太陽光をプリズムに通すと、光の帯の A が見られる。太陽光の A には、多くの吸収線（暗線）が見られ、 B 線と呼ばれている。 B 線によって、太陽の大部分を構成する C 、ヘリウムなどの元素を知ることができる。

	A	B	C
1	オーロラ	アルベド	水素
2	オーロラ	フラウンホーファー	窒素
3	ケルビン	アルベド	窒素
4	スペクトル	フラウンホーファー	水素
5	スペクトル	アルベド	窒素

➡解答・解説は別冊 P.107

問題 3 国家専門職（2004 年度）

太陽に関する次の記述のうち、最も妥当なのはどれか。

1 太陽の中心部では、4 個の水素原子核が 1 個のヘリウム原子核に変わる熱核融合反応が起こり、このとき失われた質量がエネルギーとなって放射される。この発生したエネルギーは放射・対流などによって太陽表面に運ばれる。

2 太陽の質量は地球の質量の約 100 倍であり、太陽系全体の質量に占める太陽の割合はほぼ 50% である。太陽の構成物質は主に気体であるので、質量の差と比較すると半径の差は大きく、太陽の半径は地球の半径の 1 万倍を超えている。

3 大気の元素組成は地球も太陽もほとんど差がなく、最も多いのが窒素、次いで酸素である。これは地球などの太陽系の惑星が、太陽と同時期にできたことの証拠の一つであると考えられている。

4 太陽は恒星の一つであるが、他の恒星と比較してみると、表面温度が高く絶対等級が暗い。このため太陽は主系列星ではなく、最後はブラックホールになると考えられている巨星に分類されている。

5 太陽の表面に見られる黒点は約 11 年の周期で増減するものの、太陽が自転していないため、一般に移動しないが、地球から観測すると地球の公転により、黒点が太陽の表面上を移動しているようにみえる。

➡解答・解説は別冊 P.107

問題 4　特別区Ⅰ類（2022 年度）

太陽の表面に関する記述として、妥当なのはどれか。

1　可視光線で見ることができる太陽の表面の層を光球といい、光球面の温度は約 5800 K である。
2　光球面に見られる黒いしみのようなものを黒点といい、黒点は、周囲より温度が低く、太陽活動の極大期にはほとんど見られない。
3　光球の全面に見られる、太陽内部からのガスの対流による模様を白斑といい、白斑の大きさは約 1000 km である。
4　光球の外側にある希薄な大気の層を彩層といい、彩層の一部が突然明るくなる現象をコロナという。
5　彩層の外側に広がる、非常に希薄で非常に高温の大気をプロミネンスといい、プロミネンスの中に浮かぶガスの雲をフレアという。

➡解答・解説は別冊 P.108

問題 5　特別区Ⅰ類（2019 年度）

太陽系の惑星に関する記述として、妥当なのはどれか。

1　金星は、地球と同じような自転軸の傾きと自転周期をもち、極地方はドライアイスや氷で覆われている。
2　火星は、地球とほぼ同じ大きさであるが、自転速度は遅く、自転と公転の向きが逆である。
3　木星は、太陽系最大の惑星であり、60 個以上の衛星が確認されているが、環（リング）をもっていない。
4　土星は、平均密度が太陽系の惑星の中で最も小さく、小さな岩石や氷の粒からなる大きな環（リング）をもっている。
5　天王星は、大気に含まれるメタンによって青い光が吸収されるため、赤く見える。

➡解答・解説は別冊 P.108

問題 6 特別区Ⅰ類（2020 年度）

太陽系の天体に関する記述として、妥当なのはどれか。

1 惑星は、太陽の周りを公転する天体であり、地球型惑星と木星型惑星に分類されるが、火星は地球型惑星である。
2 小惑星は、太陽の周りを公転する天体であり、その多くは、木星と土星の軌道の間の小惑星帯に存在する。
3 衛星は、惑星などの周りを回る天体であり、水星と金星には衛星があるが、火星には衛星はない。
4 彗(すい)星は、太陽の周りをだ円軌道で公転する天体であり、氷と塵(ちり)からなり、太陽側に尾を形成する。
5 太陽系外縁天体は、冥王星の軌道よりも外側を公転する天体であり、海王星は太陽系外縁天体である。

➡解答・解説は別冊 P.109

問題 7 裁判所職員（2020 年度）

太陽系の惑星に関する記述として最も妥当なものはどれか。

1 太陽系には 8 個の惑星があるが、8 個のうち最も小さいものは金星であり、最も大きいものは土星である。
2 金星、地球には厚い大気があるが、木星、土星には大気がほとんどない。
3 太陽系の惑星は、その特徴から地球型惑星と木星型惑星にわけられるが、木星型惑星は地球型惑星に比べると、密度が大きい。
4 液体の水は、太陽系の惑星のうち水星と地球には存在するが、その他の惑星には存在しない。
5 木星型惑星は、地球型惑星に比べると、質量が大きく、リングや多数の衛星を持っている。

➡解答・解説は別冊 P.109

問題 8

特別区Ⅰ類（2016 年度）

次の文は、惑星の運動におけるケプラーの法則に関する記述であるが、文中の空所 [A] ～ [C] に該当する語の組合せとして、妥当なのはどれか。

第 1 法則とは、「惑星は、太陽を 1 つの焦点とするだ円軌道を描く」という法則のことである。

第 2 法則とは、「太陽と惑星を結ぶ線分が一定時間に描く [A] は一定である」という法則のことである。

第 3 法則とは、「惑星と太陽との平均距離の [B] は、惑星の公転周期の [C] に比例する」という法則のことである。

	A	B	C
1	角度	2 乗	3 乗
2	角度	3 乗	2 乗
3	面積	2 乗	2 乗
4	面積	2 乗	3 乗
5	面積	3 乗	2 乗

➡解答・解説は別冊 P.109

問題 9

裁判所職員（2017 年度）

天体に関する次のＡ～Ｃの記述の正誤の組合せとして最も適当なものはどれか。

A 太陽や恒星などの天体の日周運動は、その天体自体が運動しているのではなく、地球の自転によって起こる見かけの運動で、太陽の日周運動は恒星の日周運動とほぼ同じである。

B ある星座を観測し、1 時間後にその星座を見るとその星座が東から西に約 15 度移動したように見える。これは、地球が西から東に自転しているためである。

C ある星座を観測し、後日、同じ時間に同じ地点から同じ星座を観測すると、その星座は西から東に移動したように見える。

	A	B	C
1	正	正	正
2	正	正	誤
3	正	誤	正
4	誤	正	誤
5	誤	誤	正

➡解答・解説は別冊 P.110

問題 10　東京都Ⅰ類（2014年度）

恒星の進化に関する次の図の空欄 A ～ D に当てはまる語句の組合せとして、妥当なのはどれか。

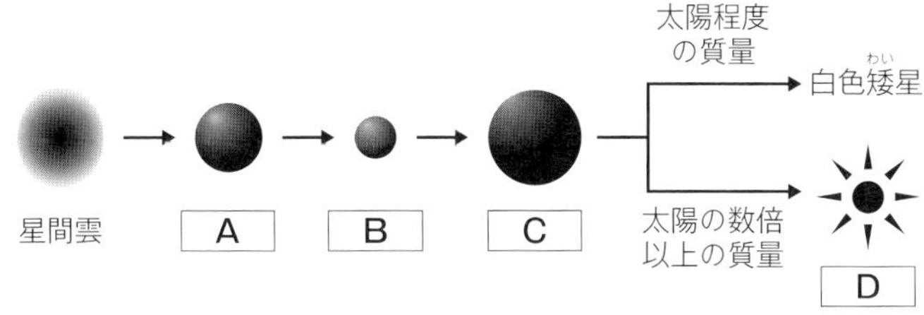

	A	B	C	D
1	原始星	主系列星	巨星	超新星
2	原始星	超新星	主系列星	巨星
3	主系列星	巨星	原始星	超新星
4	超新星	巨星	原始星	主系列星
5	超新星	原始星	巨星	主系列星

➡解答・解説は別冊P.110

問題 11　　国家専門職（2006 年度）

宇宙に関する記述として最も妥当なのはどれか。

1　銀河のスペクトルを観測すると、ごく近くの銀河を除いて、すべての銀河のスペクトル線は波長の短いほうにずれている。これを赤方偏移という。

2　地球から銀河までの距離と、その銀河の移動する速さを測定すると、遠い銀河ほど速い速度で地球に近づいている。これをハッブル-ルメートルの法則という。

3　宇宙のある決まったいくつかの方向から、絶対温度が約 30 度の物質からの放射に一致する電磁波が観測される。これを宇宙背景放射という。

4　宇宙の年齢は有限であり、人類が観測できる宇宙の領域は、ほぼ光速度と宇宙の年齢の積を半径とする範囲内である。この領域の境界を宇宙の地平線という。

5　初期の宇宙は極低温で非常に小さく、約 1000 ～ 2000 億年前に大爆発（ビッグバン）を起こし膨張を始め、現在の姿にまでひろがったと考えられている。この説をビッグバンモデルという。

➡解答・解説は別冊 P.110

CHAPTER 5

数学

この章で学ぶこと

おそらく多くの受験生がほとんど学習する必要のない科目

CHAPTER5では数学を取り扱います。**過去の合格者で数学を真正面から学習していたケースはかなり少ない**といえます。そもそも数学をストレートに出題する試験種が少ないことから、学習の必要性が低い点が挙げられます。もともと数学をそれなりに得意にしていて、志望する受験先で数学が自然科学の1つとして問われるところを予定しているのであれば、まずは過去問から入るのがよいかもしれません。問題なく解けるのであれば、それもまた別途の対策は不要ではないでしょうか。

ただし、**数学で学習した内容が数的処理や専門科目の経済学などにおいてプラスになる**部分はあります。特に東京都Ⅰ類や裁判所一般職などでは、かなり数学寄りの数的処理を出題してくるケースもあるため、役に立つ部分もあると思います。

学習するのであれば、方程式や関数を中心に押さえるのが常套手段

受験先が地方上級・市役所や国立大学法人、または東京消防庁などであれば、数学も1～2問程度は出題されています。そこで、そのような試験の受験を予定していて、もともと数学がそれなりにできる方であれば、学習に時間を割くのもありでしょう。ただ、その場合でもまずは基本事項を押さえることが最優先です。本書の**SECTION1「計算の基本」**、**SECTION2「方程式と不等式」**、**SECTION3「関数とグラフ」**あたりから始めるようにしてください。

例えば近年の東京都Ⅰ類で2次関数の最大値を題材にした問題が出題されるなど、試験種によって特に数的処理と数学でかなり重複するところもあります。過去問を分析しながら、必要な知識があればその都度補っていく程度には取り掛かってみるのもよいかもしれません。

まずは基本レベルを押さえて、その範囲で解ける問題だけを狙う

本書でもSTEP3で過去問を掲載していますが、どうしてもかなり昔にさかのぼった問題が多くなるため、なかなか現在の傾向を掴むのは難しいでしょう。まずは基本レベルだけでも押さえるようにして、「**基本で解ける問題が出てきた場合だけ得点する**」という程度に割り切って対策したほうがよいと思います。

試験別対策

国家一般職・国家専門職・裁判所職員

基本的に出題はありません。ただし、裁判所一般職の数的処理が過去にかなり数学寄りの問題を出す傾向があったため、2024年度以降も続く可能性もあります。念のため注意しておいてもよいかもしれません。

地方上級

例年1問程度問われています。方程式や関数が中心ですが、図形の問題なども出題されたことがあります。余裕があれば対策してもよいかもしれません。

東京都Ⅰ類

出題されませんが、数的処理の中で数学寄りの問題が出題されることがあります。余裕があれば対策してもよいかもしれません。

特別区Ⅰ類

出題されません。数学の知識があることで「数的処理や経済学の問題が解きやすくなるかも…」という程度なので、無理する必要はありません。

市役所

原則として地方上級と同様の傾向です。ただし、市役所の場合は簡単な問題が出てくることもあるので、そのような問題は得点したいです。

警察官Ⅰ類

県警で1問程度の出題です。方程式や関数が出題のメインになるので、余裕があれば押さえておくとよいでしょう。

消防官Ⅰ類

東京消防庁で2問、市役所消防で1問程度の出題があります。特に以前の東京消防庁は数学を5問程度出題するほど理系に寄せた出題だったのですが、近年はかなり落ち着きました。東京消防庁はやや難易度が高いですが、市役所消防は関数の出題頻度が高く、難易度が低めです。

SECTION 1

計算の基本

STEP 1 要点を覚えよう！

POINT 1 多項式の加法、減法、乗法

多項式の加法、減法、乗法は、数のときと同じように次の法則を使って行う。

交換法則…$A+B=B+A$、$AB=BA$

結合法則…$(A+B)+C=A+(B+C)$、$(AB)C=A(BC)$

分配法則…$A(B+C)=AB+AC$、$(A+B)C=AC+BC$

(1) 多項式の和と差

多項式の和や差は、かっこをはずして同類項をまとめ、次のように計算する。

例1 $(3x^2-2x+5)+(4x^2+x-8)$
$=3x^2-2x+5+4x^2+x-8$ （かっこをはずす）
$=(3+4)x^2+(-2+1)x+(5-8)$ （同類項をまとめる）
$=7x^2-x-3$

例2 $(x^2+6x-3)-(2x^2-7x+4)$
$=x^2+6x-3-2x^2+7x-4$ （かっこをはずす）
$=(1-2)x^2+(6+7)x+(-3-4)$ （同類項をまとめる）
$=-x^2+13x-7$

(2) 多項式の積

多項式の積は、分配法則を使って、次のように計算する。

例 $(a-2)(b+3)=a(b+3)-2(b+3)$
$=ab+3a-2b-6$

POINT 2 展開の公式

多項式の積を計算して単項式の和の形に表すことを、その式を展開するという。

$(a+b)^2=\boldsymbol{a^2+2ab+b^2}$、 $(a-b)^2=\boldsymbol{a^2-2ab+b^2}$

$(a+b)(a-b)=\boldsymbol{a^2-b^2}$

$(x+a)(x+b)=\boldsymbol{x^2+(a+b)x+ab}$

$(ax+b)(cx+d)=\boldsymbol{acx^2+(ad+bc)x+bd}$

$(a+b)^3=\boldsymbol{a^3+3a^2b+3ab^2+b^3}$、$(a-b)^3=\boldsymbol{a^3-3a^2b+3ab^2-b^3}$

$(a+b)(a^2-ab+b^2)=\boldsymbol{a^3+b^3}$、$(a-b)(a^2+ab+b^2)=\boldsymbol{a^3-b^3}$

式を展開するときは、上記公式が利用できないかを式の形を見て判断し、利用できそうなときは使って計算できるといいね。

重要度					
	国家一般職：☆☆☆	地方上級：★☆☆	東京都Ⅰ類：★☆☆	市役所：★☆☆	消防官Ⅰ類：★☆☆
	国家専門職：☆☆☆	裁判所職員：☆☆☆	特別区Ⅰ類：★☆☆	警察官Ⅰ類：★☆☆	

POINT 3 因数分解の公式

1つの多項式を、1次以上の多項式の積に表すことを、もとの式を因数分解するという。展開の公式を逆にみると、因数分解の公式が得られる。

式を因数分解するときは次の手順で行う。①**共通因数**でくくる→②**因数分解の公式**を利用する→③工夫して**式変形**を行い、①や②の活用をはかる。

$a^2+2ab+b^2=(a+b)^2$、$a^2-2ab+b^2=(a-b)^2$

$a^2-b^2=(a+b)(a-b)$

$x^2+(a+b)x+ab=(x+a)(x+b)$

$acx^2+(ad+bc)x+bd=(ax+b)(cx+d)$

$a^3+3a^2b+3ab^2+b^3=(a+b)^3$、$a^3-3a^2b+3ab^2-b^3=(a-b)^3$

$a^3+b^3=(a+b)(a^2-ab+b^2)$、$a^3-b^3=(a-b)(a^2+ab+b^2)$

POINT 4 多項式の除法

多項式 A を多項式 B で割ったときの商を Q、余りを R とすると、次が成り立つ。

$A=BQ+R$　（R は0か、B より次数の低い多項式）

多項式 A を多項式 B で割るとき、次のことに注意する。

①A も B も同じ文字で**降べきの順**に整理する。（次数の高い方から順に並べる）

②R の次数が B の次数より低くなるまで**割り算を続ける**。

③筆算のとき、ある次数の項がないときは、その項の場所をあけておく。

例題　x^3-5x+4 を $x-2$ で割った商と余りを求めよ。

右の筆算から、

商　x^2+2x-1

余り　**2**

$$
\begin{array}{r|l l}
 & x^2+2x-1 & \\
\hline
x-2 & x^3 \quad\quad -5x+4 & \\
 & x^3-2x^2 & \cdots(x-2)\times x^2 \\
\cline{2-2}
 & \quad 2x^2-5x+4 & \\
 & \quad 2x^2-4x & \cdots(x-2)\times 2x \\
\cline{2-2}
 & \quad\quad -x+4 & \\
 & \quad\quad -x+2 & \cdots(x-2)\times(-1) \\
\cline{2-2}
 & \quad\quad\quad 2 &
\end{array}
$$

POINT 5 対称式

x^2+y^2 において、文字 x と文字 y を入れ替えると、y^2+x^2 となり、もとの式と同じになる。このように、2つの文字を入れ替えても、もとの式と同じになる式を対称式という。また、$x+y$、xy を基本対称式という。すべての対称式は、基本対称式で表すことができる。

ここできめる！ ▶ 対称式

次の対称式の変形はよく利用するので覚えておくとよい。

$x^2+y^2=(x+y)^2-2xy$

$x^3+y^3=(x+y)^3-3xy(x+y)$

STEP 2 一問一答で理解を確認！

1 次の式を展開せよ（問１～６）。
$(2x-1)^2$

$4x^2-4x+1$
$(a-b)^2=a^2-2ab+b^2$ より、
$(2x-1)^2=(2x)^2-2(2x)\cdot 1+1^2$
$=4x^2-4x+1$

2 $(x-7)(x+4)$

$x^2-3x-28$
$(x+a)(x+b)$
$=x^2+(a+b)x+ab$ より、
$(x-7)(x+4)$
$=x^2+(-7+4)x+(-7)\cdot 4$
$=x^2-3x-28$

3 $(3x+1)(2x-4)$

$6x^2-10x-4$
$(ax+b)(cx+d)$
$=acx^2+(ad+bc)x+bd$ より、
$3\cdot 2x^2+\{3\cdot(-4)+1\cdot 2\}x+1\cdot(-4)$
$=6x^2-10x-4$

4 $(x-4)(x^2+4x+16)$

x^3-64
$(a-b)(a^2+ab+b^2)=a^3-b^3$ より、
$(x-4)(x^2+4\cdot x+4^2)=x^3-4^3$
$=x^3-64$

5 $(a+2)(a-2)(a^2+4)$

a^4-16
$(a+2)(a-2)(a^2+4)$
$=(a^2-4)(a^2+4)$
$=a^4-16$

6 $(x-2)(x-1)(x+3)(x+4)$

$x^4+4x^3-7x^2-22x+24$
与式 $=(x-2)(x+4)(x-1)(x+3)$
$=(x^2+2x-8)(x^2+2x-3)$
$X=x^2+2x$ とおくと、
与式 $=(X-8)(X-3)$
$=X^2-11X+24$
$=x^4+4x^3-7x^2-22x+24$

7 次の式を因数分解せよ（問７～９）。
$x^2+16x+64$

$(x+8)^2$

与式 $=x^2+2\cdot 8x+8^2=(x+8)^2$

---

8 x^2+x-6

$(x-2)(x+3)$

和が 1、積が -6 となる 2 数は -2 と 3 である。

$x^2+x-6=(x-2)(x+3)$

---

9 $2x^2-x-15$

$(x-3)(2x+5)$

$ac=2$、$bd=-15$、$ad+bc=-1$ を満たす a、b、c、d をたすきがけにより求める。

$$\begin{array}{ccccc} 1_a & \times & -3_b & — & -6 \\ 2_c & & 5_d & — & 5 \\ \hline & & & ad+bc & -1 \end{array}$$

---

10 適当な文字について、降べきの順に並べて、次の式を因数分解せよ。
$x^2+xy-2y^2+3x+9y-4$

$(x-y+4)(x+2y-1)$

x について整理する。

与式 $=x^2+(y+3)x-(2y^2-9y+4)$

$=x^2+(y+3)x-(y-4)(2y-1)$

$=x^2+(y+3)x+(-y+4)(2y-1)$

$=(x-y+4)(x+2y-1)$

---

11 多項式 $4x^2-5x-3$ を多項式 $x-4$ で割った商と余りを求めよ。

商　$4x+11$　余り　41

次のように筆算をする。

$$\begin{array}{r} 4x+11 \\ x-4\,\big)\overline{\,4x^2-\ 5x-3} \\ \underline{4x^2-16x\quad} \\ 11x-\ 3 \\ \underline{11x-44} \\ 41 \end{array}$$

---

12 $x+y=6$、$xy=-3$ のとき、$\dfrac{1}{x}+\dfrac{1}{y}$ の値を求めよ。

-2

$\dfrac{1}{x}+\dfrac{1}{y}=\dfrac{x+y}{xy}=\dfrac{6}{-3}=-2$

過去問にチャレンジ！

問題 1

裁判所職員（2009年度）

$ax+by=c$、$by+cz=a$、$cz+ax=b$、$abc(a+b+c)\neq 0$ のとき、

$\dfrac{1}{x+1}+\dfrac{1}{y+1}+\dfrac{1}{z+1}$ の値はどれか。

1　2
2　1
3　$\dfrac{1}{2}$
4　-1
5　-2

➡解答・解説は別冊 P.112

問題 2

国家一般職（2005年度）

$x-\dfrac{1}{x}=1$ のとき、$x^3-\dfrac{1}{x^3}$ の値はいくらか。

1　2
2　4
3　6
4　8
5　10

➡解答・解説は別冊 P.112

問題 3

特別区 I 類（2009年度）

整式 $A=4x^4+2x^2-3x+7$ を整式 $B=x^2-x+3$ で割ったとき、その商と余りの組合せとして、妥当なのはどれか。

	商	余り
1	$4x^2+4x-6$	$-21x+25$
2	$4x^2-4x+18$	$-33x+61$
3	$4x^2-4x+6$	$-21x+25$
4	$4x^2-4x+18$	$-21x+25$
5	$4x^2+4x-6$	$-33x+61$

➡解答・解説は別冊 P.112

問題 4 消防官Ⅰ類（2020年度）

$(x+2y-1)(x-3y+1)$ を展開したものとして、最も妥当なのはどれか。

1 $x^2-xy-y-6y^2-1$
2 $x^2-5xy+y-5y^2-1$
3 $x^2-xy-5y-6y^2-1$
4 $x^2-5xy+5y-6y^2-1$
5 $x^2-xy+5y-6y^2-1$

➡解答・解説は別冊 P.113

問題 5 消防官Ⅰ類（2018年度）

$ab^2-bc^2+b^2c-c^2a$ を因数分解したものとして、最も妥当なのはどれか。

1 $(a-b)(b-c)(c-a)$
2 $(b-c)(ab+bc+ca)$
3 $(b-c)(ab-bc-ca)$
4 $(a+b)(b-c)(c-a)$
5 $(a-b)(ab+bc+ca)$

➡解答・解説は別冊 P.113

問題 6 消防官Ⅰ類（2020年度）

$x>y$ で、$x+y=4$、$xy=-6$ のとき、x^2-y^2 の値として、最も妥当なのはどれか。

1 $-8\sqrt{10}$
2 $2\sqrt{10}$
3 $4\sqrt{6}$
4 $6\sqrt{6}$
5 $8\sqrt{10}$

➡解答・解説は別冊 P.113

SECTION 2

方程式と不等式

STEP 1

要点を覚えよう！

POINT 1 1次方程式と1次不等式

1次方程式は、移項などを行い $ax=b$ の形に整理し、両辺を x の係数で割ることで、解 $x=\dfrac{b}{a}$ を得る。1次不等式も同様に、$ax<b$（$ax>b$）の形に整理し、両辺を x の係数で割る。不等式の両辺を**負の数で割ると不等号の向きが変わる**ことに注意しよう。

1次不等式 $ax<b$ の解

$a>0$ のとき、$x<\dfrac{b}{a}$　　$a<0$ のとき、$x>\dfrac{b}{a}$

POINT 2 2次方程式、2次方程式の解と係数の関係

2次方程式の解法は、因数分解を利用する方法と解の公式を利用する方法がある。因数分解がしっかりとできるように、また、解の公式は必ず覚えておこう。

① 2次方程式の解の公式と判別式

2次方程式 $ax^2+bx+c=0$ の解の公式

$$x=\frac{-b\pm\sqrt{b^2-4ac}}{2a}$$

特に、2次方程式 $ax^2+2b'x+c=0$ の場合

$$x=\frac{-b'\pm\sqrt{b'^2-ac}}{a}$$

$ax^2+2b'x+c=0$ の式に該当する場合は、計算が楽になるので利用しよう。

また、解の公式の根号の中の式 b^2-4ac を**判別式**といい、D で表す。
2次方程式 $ax^2+bx+c=0$ の実数解と判別式 D について、次が成り立つ。

$D>0$ ⇔異なる2つの実数解をもつ
$D=0$ ⇔ただ1つの実数解（重解）をもつ
$D<0$ ⇔実数解をもたない

② 2次方程式の解と係数の関係

2次方程式 $ax^2+bx+c=0$ の2つの解を α、β とすると、次が成り立つ。

$$\alpha+\beta=-\frac{b}{a}、\alpha\beta=\frac{c}{a}$$

POINT 3 2次不等式

2次不等式は、グラフを利用して解く。

2次方程式 $ax^2+bx+c=0$ $(a>0)$ の異なる2つの実数解を $\boldsymbol{\alpha}$、$\boldsymbol{\beta}$ $(\alpha<\beta)$ とする。$y=ax^2+bx+c$ のグラフをかくと、2次不等式の解が視覚化できる。

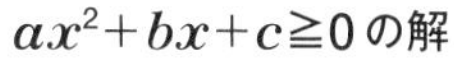

$ax^2+bx+c\geqq0$ の解

$x\leqq\alpha$、$\beta\leqq x$

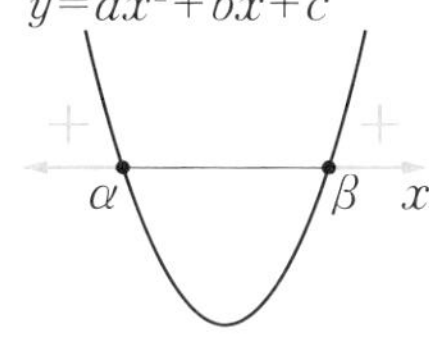

$ax^2+bx+c\leqq0$ の解

$\alpha\leqq x\leqq\beta$

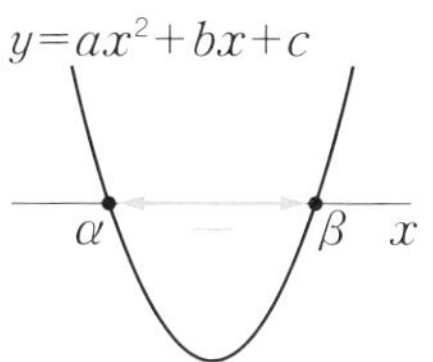

POINT 4 絶対値記号を含む方程式と不等式

絶対値記号を含む式は、次の絶対値の性質を使って、**絶対値記号をはずして**から計算する。

絶対値の性質

- $|\boldsymbol{a}|\geqq0$
- $\boldsymbol{a}\geqq0$ のとき　$|a|=a$、　$\boldsymbol{a}<0$ のとき　$|a|=-a$

絶対値記号を含む方程式と不等式の解

$a\geqq0$ とする。

$|x|=a$ の解は、$\boldsymbol{x=\pm a}$

$|x|>a$ の解は、$\boldsymbol{x<-a}$、$\boldsymbol{a<x}$

$|x|<a$ の解は、$\boldsymbol{-a<x<a}$

POINT 5 相加平均と相乗平均の関係

$a>0$、$b>0$ のとき、相加平均 $\left(\frac{a+b}{2}\right)$ と相乗平均 $(\sqrt{ab})$ の間には次の大小関係がある。これを利用して式の**最小値**を求めることがある。

$$\frac{a+b}{2}\geqq\sqrt{ab}$$ （等号成立は、$\boldsymbol{a=b}$ のとき）

STEP 2 一問一答で理解を確認！

1 次の不等式を解け。
$2(3x-1)<9x+13$

$x>-5$
$2(3x-1)<9x+13$
$6x-2<9x+13$
$-3x<15$
$x>-5$

---

2 次の方程式を解け（問２～３）。
$x^2-6x+8=0$

$x=2$、4
$x^2-6x+8=(x-2)(x-4)=0$
$x=2$、4

---

3 $x^2+6x+4=0$

$x=-3\pm\sqrt{5}$
$x^2+2\cdot3x+4=0$ より、
$x=\dfrac{-3\pm\sqrt{3^2-1\cdot4}}{1}=-3\pm\sqrt{5}$

---

4 次の不等式を解け（問４～５）。
$x^2-7x-18<0$

$-2<x<9$
$(x+2)(x-9)<0$
$-2<x<9$

---

5 $x^2+5x-24\geqq0$

$x\leqq-8$、$3\leqq x$
左辺を因数分解して、
$(x-3)(x+8)\geqq0$
$x\leqq-8$、$3\leqq x$

---

6 a は定数とする。２次方程式 $x^2-ax-a^2+5=0$ が重解をもつような a の値を求めよ。

$a=\pm2$
２次方程式 $x^2-ax-a^2+5=0$ の判別式を D とする。
$D=(-a)^2-4\cdot1\cdot(-a^2+5)$
$=a^2+4a^2-20=5a^2-20$
２次方程式が重解を持つ条件は、
$D=0$ だから、$5a^2-20=0$
$5a^2=20$　$a^2=4$　$a=\pm2$

7 2次方程式 $2x^2-8x-5=0$ の2つの実数解を α、β とするとき、$\alpha^2+\beta^2$ の値を求めよ。

21

解と係数の関係から、

$$\alpha+\beta=-\frac{-8}{2}=4、\alpha\beta=-\frac{5}{2}$$

$$\alpha^2+\beta^2=(\alpha+\beta)^2-2\alpha\beta$$

$$=4^2-2\cdot\left(-\frac{5}{2}\right)=16+5=21$$

8 次の不等式を解け（問8～9）。

$|x+4|\geqq 2$

$x\leqq -6$、$-2\leqq x$

$x+4\leqq -2$、$2\leqq x+4$

$x\leqq -6$、$-2\leqq x$

9 $|x-3|\leqq 8$

$-5\leqq x\leqq 11$

$-8\leqq x-3\leqq 8$

$-8+3\leqq x-3+3\leqq 8+3$

$-5\leqq x\leqq 11$

10 次の連立方程式を解け。

$$\begin{cases} 2x-3y=13 \\ 3x+y=3 \end{cases}$$

$x=2$、$y=-3$

上の式を(1)、下の式を(2)とし、加減法で解くと、(1)＋(2)×3 より、

$$\begin{array}{rr} & 2x-3y=13 \\ +) & 9x+3y=\ 9 \\ \hline \end{array}$$

$11x=22$　$x=2$

$x=2$ を(2)に代入して、$6+y=3$

$y=-3$

11 $a>0$ とする。

$a+\dfrac{1}{a}$ の最小値を求めよ。

2

$a>0$ より、相加平均・相乗平均の関係から、

$$a+\frac{1}{a}\geqq 2\sqrt{a\cdot\frac{1}{a}}=2$$

等号成立は、$a=\dfrac{1}{a}$ のとき、

すなわち、$a^2=1$

$a>0$ より、$a=1$ のとき、$a+\dfrac{1}{a}$ は最小値 2 をとる。

STEP 3 過去問にチャレンジ！

問題 1 特別区Ⅰ類（2011 年度）

2 次方程式 $2x^2-3x+6=0$ の 2 つの解を α、β とするとき、$\alpha-\dfrac{1}{\beta}$、$\beta-\dfrac{1}{\alpha}$ を解に持つ 2 次方程式はどれか。

1 $3x^2-3x+4=0$
2 $3x^2-6x+4=0$
3 $3x^2+6x+4=0$
4 $6x^2-5x+8=0$
5 $6x^2+5x+8=0$

➡解答・解説は別冊 P.115

問題 2 特別区Ⅰ類（2012 年度）

次の図のように、縦が 3 m、横が 4 m の長方形の池の周りに、幅が x で一定の花壇を造る。今、花壇の面積を 44 m^2 以上 144 m^2 以下、かつ、花壇の外周の長さを 54 m 以下とするとき、x の範囲はどれか。

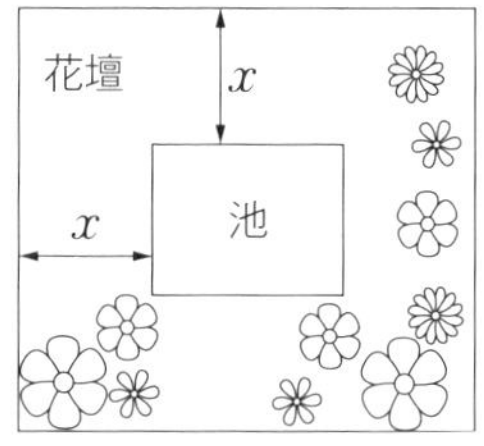

1 2 m≦x≦4.5 m
2 2 m≦x≦5 m
3 2.5 m≦x≦4.5 m
4 5 m≦x≦5.5 m
5 5.5 m≦x≦8 m

➡解答・解説は別冊 P.115

問題 3

特別区Ⅰ類（2013 年度）

$x+\dfrac{8}{x}$ の最小値はどれか。ただし、$0<x\leqq 10$ とする。

1　$3\sqrt{2}$
2　$3\sqrt{3}$
3　$4\sqrt{2}$
4　$4\sqrt{3}$
5　$5\sqrt{2}$

➡解答・解説は別冊 P.116

問題 4

消防官Ⅰ類（2019 年度）

方程式 $|x-2|=3x$ の解として、最も妥当なのはどれか。

1　-1
2　0
3　$\dfrac{1}{2}$
4　-1、$\dfrac{1}{2}$
5　1、2

➡解答・解説は別冊 P.116

問題 5 消防官Ⅰ類（2018年度）

不等式 $|2x-1|>3$ を満たす x の範囲として、最も妥当なのはどれか。

1 $x<1$、$3<x$
2 $x>-1$
3 $-1<x<2$
4 $x<-1$、$2<x$
5 $0<x<3$

➡解答・解説は別冊 P.117

問題 6 消防官Ⅰ類（2019年度）

連立方程式 $\begin{cases} x^2+y^2=10 \\ x^2+y^2-2x+y=15 \end{cases}$ の解の x の値として、最も妥当なのはどれか。

1 1、3
2 1、2
3 −3、−1
4 2、3
5 −1、3

➡解答・解説は別冊 P.117

問題 7

消防官 I 類（2018 年度）

2 次方程式 $x^2-ax+3a-5=0$ が実数解を持つような定数 a の値の範囲として、最も妥当なのはどれか。

1　$2\leqq a\leqq 10$
2　$a\leqq 2$、$10\leqq a$
3　$\frac{1}{2}<a<3$
4　$2<a<10$
5　$a<2$、$10<a$

➡解答・解説は別冊 P.117

SECTION 3

関数とグラフ

STEP 1 要点を覚えよう！

POINT 1 2次関数のグラフ

2次関数 $y=ax^2+bx+c$ のグラフの形の曲線を**放物線**という。放物線は線対称な図形で、対称になる直線を**軸**といい、放物線と軸の交点を**頂点**という。また、放物線において、$a>0$ のときは**下に凸**、$a<0$ のときは**上に凸**という。

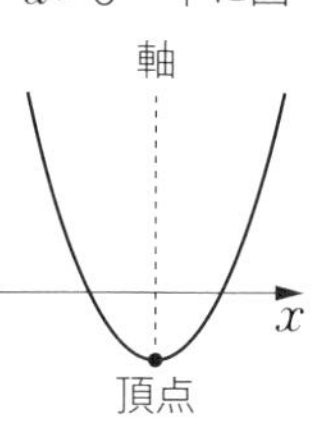

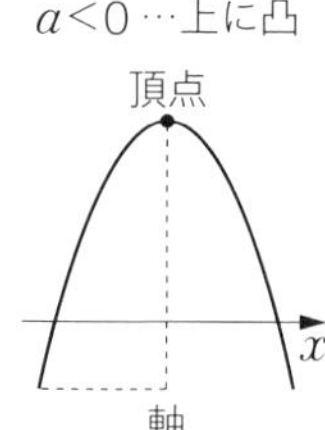

(1) 関数のグラフの平行移動

関数 $y=f(x)$ のグラフを x 軸方向に p、y 軸方向に q だけ平行移動したグラフの式は、$y-q=f(x-p)$ と表せる。

(2) 放物線の頂点の座標と軸の方程式

放物線 $y=ax^2$ の頂点の座標は原点であり、この放物線を x 軸方向に p、y 軸方向に q だけ平行移動すると、

放物線の式は、$y-q=a(x-p)^2$

頂点の座標は、$(p,\ q)$、

軸の方程式は、$x=p$

また、頂点の座標と軸の方程式は、

$y=ax^2+bx+c$ を $y=a(x-p)^2+q$

の形に変形することで得られる。

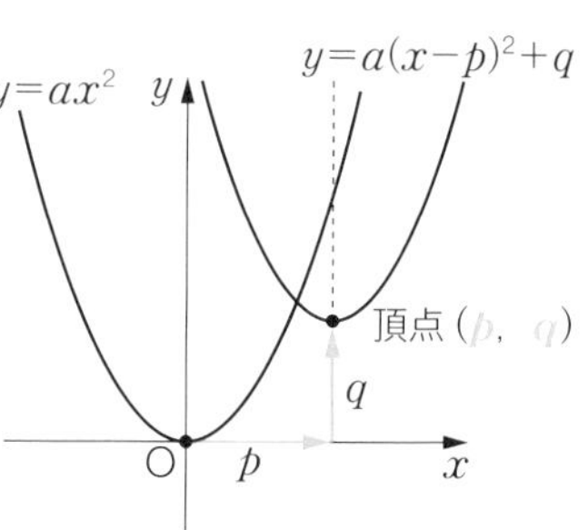

例　放物線 $y=x^2-8x+10$ の頂点の座標と軸の方程式は、平方完成より、

$$
\begin{aligned}
y&=x^2-8x+10\\
&=x^2-2\cdot4x+4^2-4^2+10\\
&=(x-4)^2-16+10\\
&=(x-4)^2-6
\end{aligned}
$$

頂点の座標　$(4,\ -6)$

軸の方程式　$x=4$

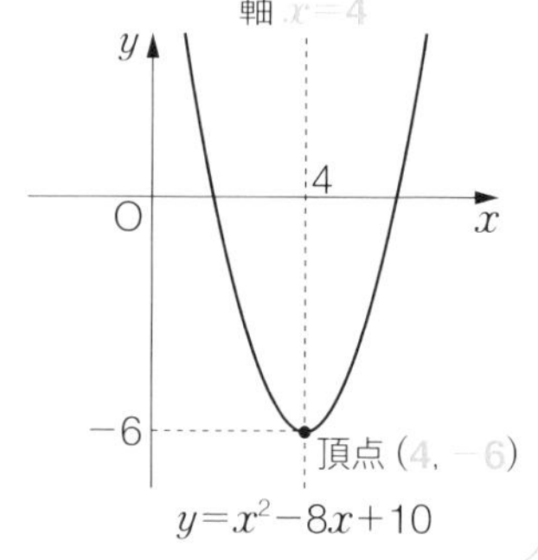

(3) 放物線と x 軸との交点

放物線 $y=ax^2+bx+c$ と x 軸との交点の x 座標は、2 次方程式 $ax^2+bx+c=0$ を解いて得られる。
この 2 次方程式の判別式を D とすると、次のことが成り立つ。

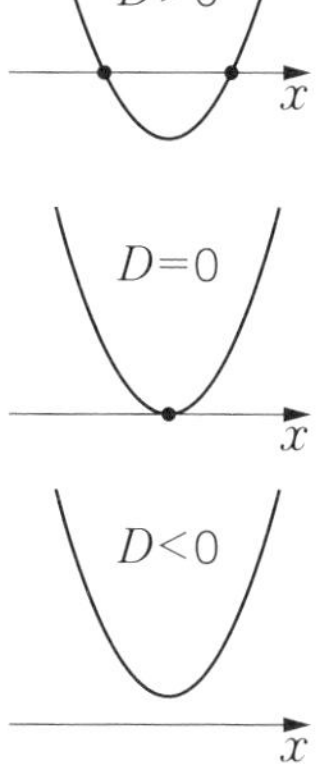

$D>0$ ⇔ x 軸と異なる 2 点で交わる
$D=0$ ⇔ x 軸に 1 点で接する
$D<0$ ⇔ x 軸と共有点をもたない

POINT 2 2 次関数の最大値・最小値

関数の最大値と最小値は、グラフをかいて**グラフから読み取る**。その際、定義域に注意しよう。文章問題などでは、定義域が明示されていなくても、x のとり得る値の範囲が定まっている場合がある。

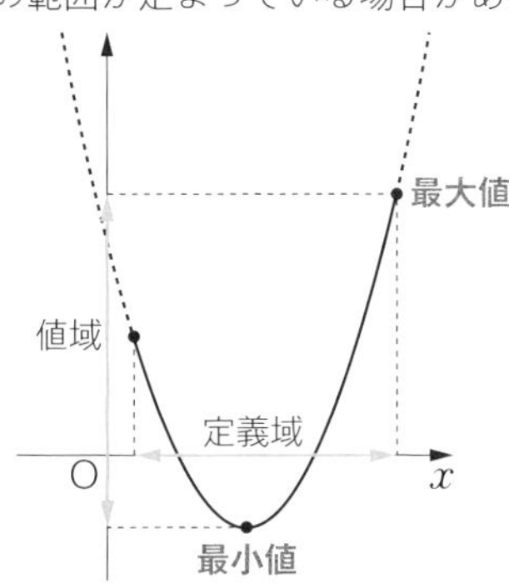

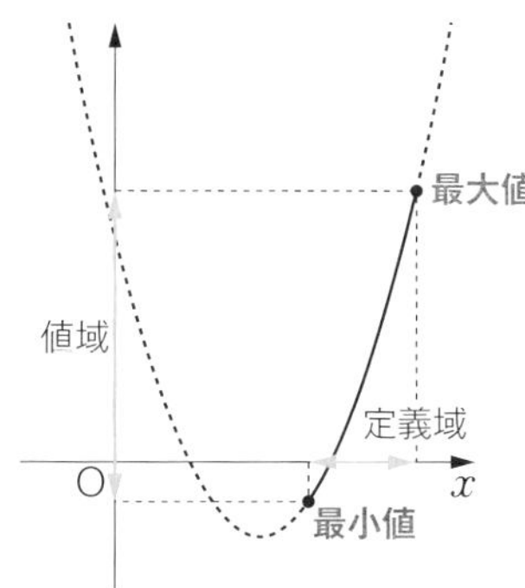

POINT 3 絶対値記号を含む関数

絶対値記号を含む関数は、絶対値の性質を利用して場合分けをし、まず、**絶対値記号をはずす**。

> 例題　関数 $y=|x-1|+2x$ のグラフをかけ。

(i) $x \geqq 1$ のとき
$y=(x-1)+2x=3x-1$
(ii) $x<1$ のとき
$y=-(x-1)+2x=x+1$

答え（右図）

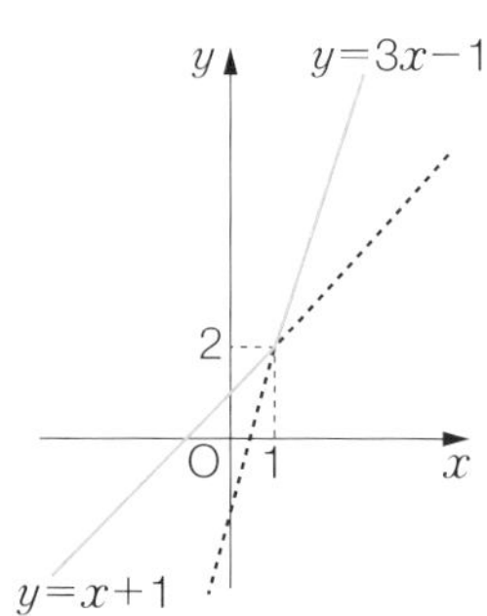

STEP 2 一問一答で理解を確認！

1 放物線 $y=x^2+6x-5$ の頂点の座標と軸の方程式を求めよ。

頂点の座標：(−3, −14)
軸の方程式：$x=-3$
式を平方完成すると、
$y=x^2+6x-5$
$=x^2+2\cdot 3x+3^2-3^2-5$
$=(x+3)^2-9-5=(x+3)^2-14$
となるから、頂点の座標は、(−3, −14) であり、軸の方程式は $x=-3$ である。

2 放物線 $y=x^2+3x+4$ を x 軸方向に −2、y 軸方向に 3 だけ平行移動した放物線の式を求めよ。

$y=x^2+7x+17$
与えられた放物線を x 軸方向に −2、y 軸方向に 3 だけ平行移動した放物線の式は、x を $x-(-2)=x+2$ に、y を $y-3$ に置き換えて、
$y-3=(x+2)^2+3(x+2)+4$
$y=(x^2+4x+4)+(3x+6)+7$
$=x^2+7x+17$

3 次の関数の最大値と最小値を求めよ。
$y=x^2-4x+3$ ($0\leqq x\leqq 5$)

最大値：8 ($x=5$)
最小値：−1 ($x=2$)
$y=x^2-4x+3=(x-2)^2-1$
より、放物線は下に凸で、頂点の座標は、(2, −1) であるから、グラフは下の実線部分である。

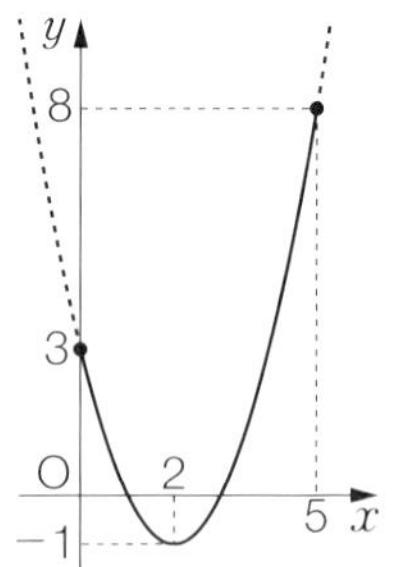

グラフより、$x=5$ のとき最大値
$y=(5-2)^2-1=8$
$x=2$ のとき最小値 −1 をとる。

4　2次関数 $y=x^2-3x+2m-1$ のグラフが x 軸と異なる2点で交わるように、定数 m の値の範囲を求めよ。

$m<\frac{13}{8}$

2次方程式 $x^2-3x+2m-1=0$ の判別式を D とすると、

$D=(-3)^2-4\cdot1\cdot(2m-1)$

$=9-8m+4=-8m+13$

放物線 $y=x^2-3x+2m-1$ が x 軸と異なる2点で交わる条件は、

$D>0$ であるから、$-8m+13>0$

$m<\frac{13}{8}$

5　次の関数の最大値を求めよ。

$y=|x(x+6)|$　$(-7\leqq x\leqq -1)$

9 ($x=-3$)

(ⅰ) $x(x+6)\geqq 0$ のとき、

すなわち、$x\leqq -6$、$0\leqq x$ のとき

$y=x(x+6)=x^2+6x$

$=(x+3)^2-9$

(ⅱ) $x(x+6)<0$ のとき、

すなわち、$-6<x<0$ のとき

$y=-x(x+6)=-x^2-6x$

$=-(x+3)^2+9$

(ⅰ)、(ⅱ) より、グラフは下の実線部分である。

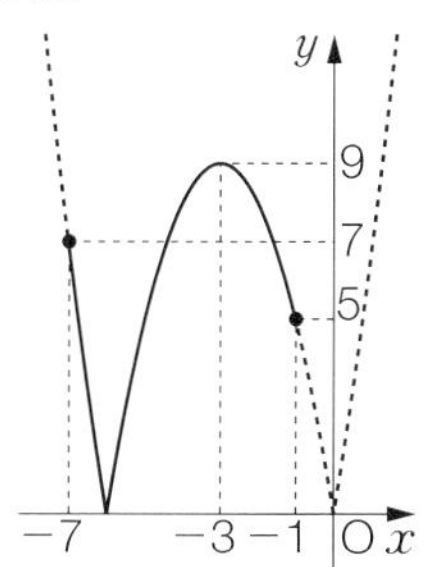

グラフより、$x=-3$ のとき最大値 9 をとる。

STEP 3 過去問にチャレンジ！

問題 1　国家一般職（2009 年度）

a を定数とし、x の 2 次関数

$$y=2x^2-4ax+8a+10$$

のグラフが x 軸と接するとき、とり得る a の値をすべて挙げているのはどれか。

1　-1、5
2　1、3
3　2
4　$2-\sqrt{5}$、$2+\sqrt{5}$
5　$1-2\sqrt{2}$、$1+2\sqrt{2}$

➡解答・解説は別冊 P.118

問題 2　消防官Ⅰ類（2021 年度）

実数 x、y が $3x^2+y^2=12$ を満たすとき、x^2-y^2+4x の最大値として、最も妥当なのはどれか。

1　6
2　8
3　10
4　12
5　14

➡解答・解説は別冊 P.118

問題 3

国家一般職（2004 年度）

グラフ $y=|x-1|-x+2$ と $y=-x+a$ が 2 点で交わるような a のすべての範囲を示したのはどれか。

1　$a>0$
2　$a>1$
3　$a>2$
4　$a>3$
5　$a>4$

➡解答・解説は別冊 P.118

SECTION 4

三角比、指数対数、図形

STEP 1 要点を覚えよう！

POINT 1 三角比の定義と相互関係

右図のように、原点を中心とし半径 r の円周上に ∠AOP＝θ となる点 $\mathrm{P}(x, y)$ をとる。このとき、三角比を次のように定義する。

$$\sin\theta=\frac{y}{r}、\cos\theta=\frac{x}{r}、\tan\theta=\frac{y}{x}$$

この式で、$r=1$ とすると、$\sin\theta=y$、$\cos\theta=x$ となり、これを利用して、三角比の値が求められる。

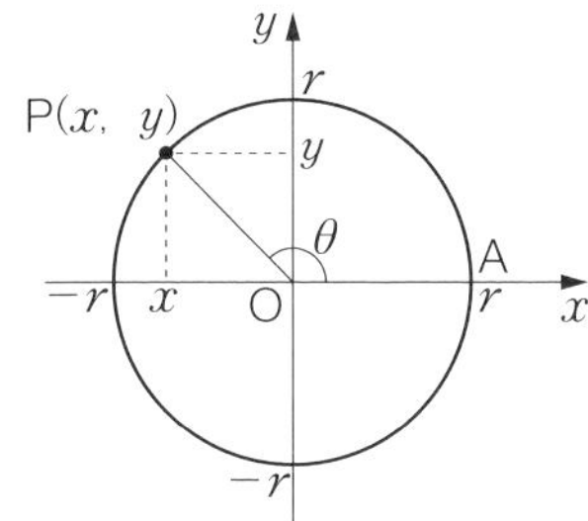

三角比の相互関係

$$\tan\theta=\frac{\sin\theta}{\cos\theta}\qquad \sin^2\theta+\cos^2\theta=1\qquad 1+\tan^2\theta=\frac{1}{\cos^2\theta}$$

POINT 2 正弦定理、余弦定理と三角形の面積

正弦定理（R は △ABC の外接円の半径）

$$\frac{a}{\sin A}=\frac{b}{\sin B}=\frac{c}{\sin C}=2R$$

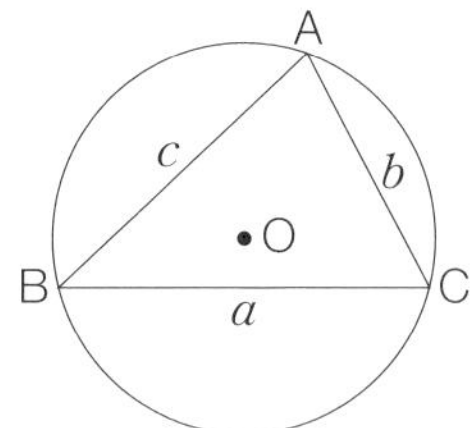

余弦定理

$$a^2=b^2+c^2-2bc\cos A$$
$$b^2=c^2+a^2-2ca\cos B$$
$$c^2=a^2+b^2-2ab\cos C$$

三角形の面積

$$S=\frac{1}{2}ab\sin C=\frac{1}{2}bc\sin A=\frac{1}{2}ca\sin B$$

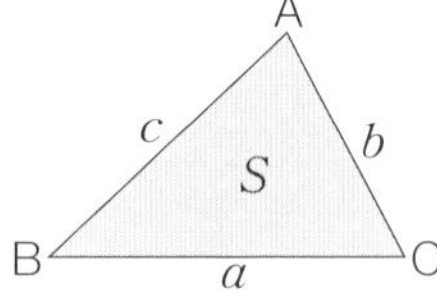

三角形の辺の長さ、**内角の大きさ**、**外接円の半径**等を求めるときは、上記の定理が使えないかを考えて解くといいよ。

POINT 3 指数と対数

指数の計算は**指数法則**を、対数の計算は**対数の性質**を用いて行う。

(1) 指数法則

$a>0$、m、n は正の整数、r は正の有理数とするとき、$\boldsymbol{a^0=1}$、$\boldsymbol{a^{-r}=\frac{1}{a^r}}$、$\boldsymbol{a^{\frac{m}{n}}=\sqrt[n]{a^m}}$ と定める。

指数法則（r、s は有理数）

$a^r a^s=a^{r+s}$　　$(a^r)^s=a^{rs}$　　$(ab)^r=a^r b^r$

(2) 対数の性質

$a>0$、$a \neq 1$ とする。正の数 M について、$a^p=M$ を満たす実数 p を a を底とする M の対数といい、$\log_a M$ で表す。

$$a^p=M \Leftrightarrow p=\log_a M$$

対数の性質（a、b、c、M、N は正の数、$a \neq 1$、$b \neq 1$、$c \neq 1$、k は実数）

① $\log_a MN=\log_a M+\log_a N$　　② $\log_a \frac{M}{N}=\log_a M-\log_a N$

③ $\log_a M^k=k\log_a M$　　④ $\log_a b=\frac{\log_c b}{\log_c a}$

POINT 4 相似、面積比

(1) 高さが共通な三角形の面積比

右図で、△ABD と △ADC は底辺をそれぞれ BD、DC とすると、高さは共通だから、**面積比**は**底辺の長さの比**と等しい。

△ABD：△ADC＝BD：DC＝m：n

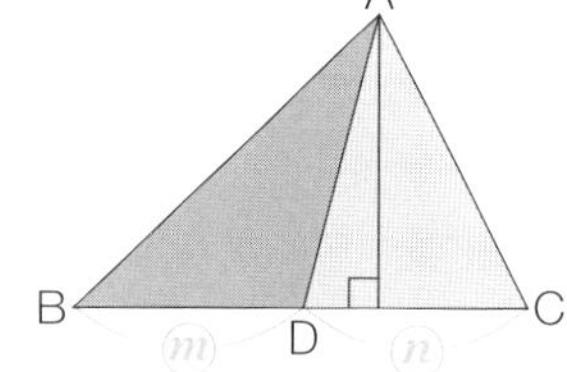

(2) 底辺が共通な三角形の面積比

右図で、△ABC と △DBC の底辺をそれぞれ共通の辺 BC とするとき、**面積比**は**高さの比**と等しい。

△ABC：△DBC＝m：n

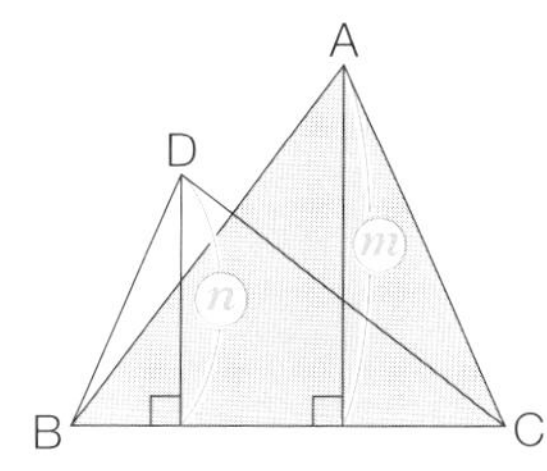

(3) 相似な図形

△ABC∽△DEF で相似比が m：n のとき、**△ABC：△DEF＝m^2：n^2**

上記**面積比の式**を利用して、**三角形の面積**を求める問題がよく出題されるので、しっかり覚えておこう。

STEP 2 一問一答で理解を確認！

1 θは鋭角とする。$\cos\theta=\frac{3}{5}$のとき、$\sin\theta$、$\tan\theta$の値を求めよ。

$\sin\theta=\frac{4}{5}$、$\tan\theta=\frac{4}{3}$

$\sin^2\theta+\cos^2\theta=1$に$\cos\theta=\frac{3}{5}$を代入して、$\sin^2\theta+\left(\frac{3}{5}\right)^2=1$　$\sin^2\theta=\frac{16}{25}$

θは鋭角だから、$\sin\theta>0$、$\sin\theta=\frac{4}{5}$

$\tan\theta=\frac{\sin\theta}{\cos\theta}=\frac{4}{5}\div\frac{3}{5}=\frac{4}{3}$

---

2 $0^\circ\leqq\theta\leqq180^\circ$のとき、$\sin\theta=\frac{\sqrt{3}}{2}$を満たす$\theta$を求めよ。

$\theta=60^\circ$、120°

右図より、

$\theta=60^\circ$、120°

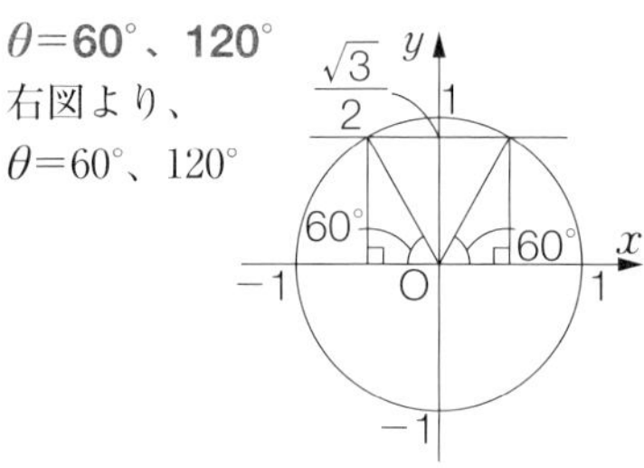

---

3 $0^\circ\leqq\theta\leqq180^\circ$のとき、$\cos\theta=-\frac{1}{\sqrt{2}}$を満たす$\theta$を求めよ。

$\theta=135^\circ$

右図より、

$\theta=135^\circ$

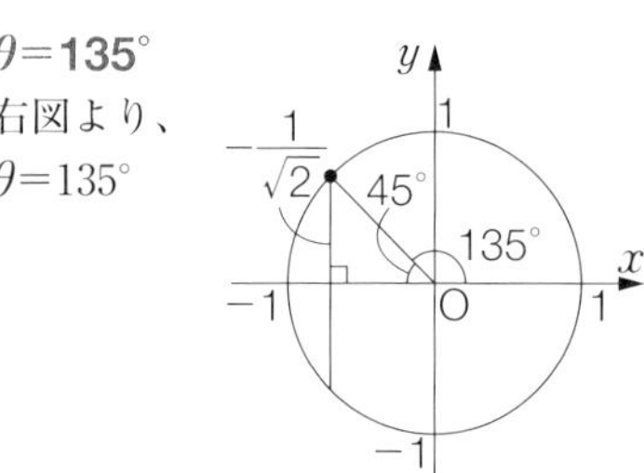

---

4 $0^\circ\leqq\theta\leqq180^\circ$のとき、$\cos\theta\geqq-\frac{\sqrt{3}}{2}$を満たす$\theta$を求めよ。

$0^\circ\leqq\theta\leqq150^\circ$

右下図より、$0^\circ\leqq\theta\leqq180^\circ$の範囲で、

$\cos\theta=-\frac{\sqrt{3}}{2}$

を満たすθは、

$\theta=150^\circ$

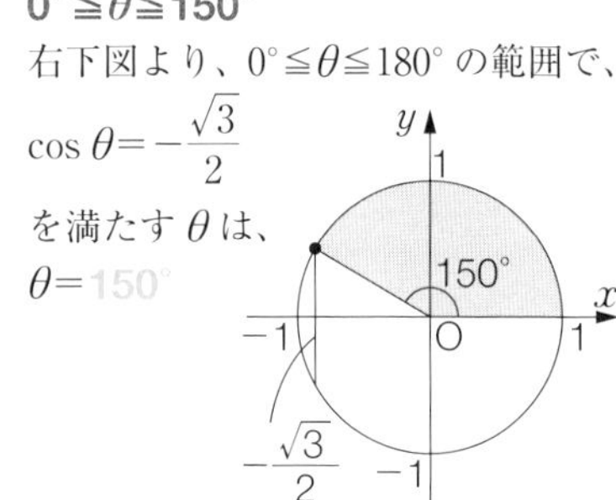

5 △ABC において、頂点 A、B、C の対辺 BC、CA、AB の長さをそれぞれ a、b、c とする。$b=3\sqrt{2}$、$c=4$、$A=45°$ のとき、a の値を求めよ。

$a=\sqrt{10}$

余弦定理より、$a^2=b^2+c^2-2bc\cos A$

$=(3\sqrt{2})^2+4^2-2\cdot3\sqrt{2}\cdot4\cos45°$

$=18+16-2\cdot3\sqrt{2}\cdot4\cdot\dfrac{1}{\sqrt{2}}$

$=34-24=10\quad a=\sqrt{10}$

6 △ABC において、頂点 A、B、C の対辺 BC、CA、AB の長さをそれぞれ a、b、c とする。$a=4$、$c=6$、$\angle B=120°$ である △ABC の面積 S を求めよ。

$6\sqrt{3}$

$S=\dfrac{1}{2}ac\sin B=\dfrac{1}{2}\cdot4\cdot6\cdot\dfrac{\sqrt{3}}{2}=6\sqrt{3}$

7 不等式 $\left(\dfrac{1}{4}\right)^x<\dfrac{1}{64}$ を解け。

$x>3$

$\left(\dfrac{1}{4}\right)^x<\left(\dfrac{1}{4}\right)^3$

底 $\dfrac{1}{4}$ は 1 より小さいから、$x>3$

8 $\log_6 9+\log_6 4$ を簡単にせよ。

2

与式 $=\log_6 9\cdot4=\log_6 36$

$=\log_6 6^2=2\log_6 6=2\cdot1=2$

9 $2\log_3 12-\log_3 18-3\log_3 2$ を簡単にせよ。

0

与式 $=\log_3 12^2-(\log_3 18+\log_3 2^3)$

$=\log_3\dfrac{12^2}{18\cdot2^3}=\log_3 1=0$

10 $(\log_2 81+\log_4 3)\log_3 4$ を簡単にせよ。

9

与式 $=\left(\log_2 3^4+\dfrac{\log_2 3}{\log_2 2^2}\right)\cdot\dfrac{\log_2 2^2}{\log_2 3}$

$=\left(4\log_2 3+\dfrac{\log_2 3}{2}\right)\cdot\dfrac{2}{\log_2 3}$

$=\dfrac{9\log_2 3}{2}\cdot\dfrac{2}{\log_2 3}=9$

STEP 3 過去問にチャレンジ！

問題 1 国家一般職（2011 年度）

$\sin\theta=\dfrac{1}{3}$（$0^\circ \leqq \theta \leqq 90^\circ$）のとき、$2\cos\theta+\tan\theta$ はいくらか。

1 $\dfrac{5\sqrt{2}}{6}$

2 $\dfrac{7\sqrt{2}}{6}$

3 $\dfrac{11\sqrt{2}}{6}$

4 $\dfrac{17\sqrt{2}}{12}$

5 $\dfrac{19\sqrt{2}}{12}$

➡解答・解説は別冊 P.120

問題 2 裁判所職員（2008 年度）

辺 AB＝6、辺 AD＝10 とする長方形 ABCD において、BC を 2：3 に分ける点を E とし、AC と DE の交点を F とする。このとき三角形 AEF の面積は次のどれか。

1 11.21
2 11.25
3 11.27
4 11.30
5 11.33

➡解答・解説は別冊 P.120

問題 3

消防官Ⅰ類（2020年度）

△ABC において、$a=4$、$b=5$、$c=6$ のとき、△ABC の外接円の半径として、最も妥当なのはどれか。

1 $\frac{8}{3}$

2 $\frac{8}{7}\sqrt{7}$

3 $\frac{16}{5}$

4 $\frac{16}{7}\sqrt{7}$

5 $\frac{16}{3}$

➡解答・解説は別冊 P.121

問題 4

消防官Ⅰ類（2019年度）

$0^\circ \leqq \theta \leqq 180^\circ$ のとき、不等式 $\tan\theta+1 \geqq 0$ を満たす θ の値の範囲として、最も妥当なのはどれか。

1 $45^\circ \leqq \theta \leqq 135^\circ$
2 $90^\circ < \theta \leqq 135^\circ$
3 $45^\circ \leqq \theta \leqq 180^\circ$
4 $0^\circ \leqq \theta < 90^\circ$、$135^\circ \leqq \theta \leqq 180^\circ$
5 $45^\circ \leqq \theta < 90^\circ$、$90^\circ < \theta \leqq 135^\circ$

➡解答・解説は別冊 P.121

問題 5

裁判所職員（2006年度）

正の数 A、B、C について、$A^x=B^y=C^z=256$、$\log_2 ABC=8$ を満たすとき、$\frac{1}{x}+\frac{1}{y}+\frac{1}{z}$ の値はいくつか。

1 -3
2 -1
3 1
4 3
5 5

➡解答・解説は別冊 P.121

問題 6　　国家専門職（2011 年度）

座標平面上において、点 A(−1, 0)、点 B(1, 0) があり、直線 $y=x-2$ 上に任意の点 P をとる。このとき、AP＋PB（線分 AP と線分 PB の長さの合計）の最小値はいくらか。

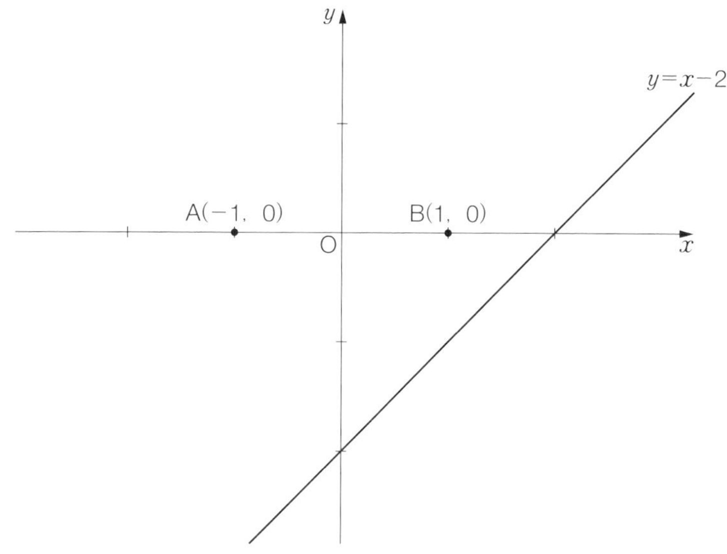

1　$\sqrt{10}$
2　$1+\sqrt{5}$
3　$\dfrac{\sqrt{26}+\sqrt{2}}{2}$
4　$\dfrac{3\sqrt{2}+\sqrt{10}}{2}$
5　$2\sqrt{5}$

➡解答・解説は別冊 P.122

索　引

物理

索引　化学

索　引　　生物

索 引 地学

索　引

数学

きめる！公務員試験　自然科学

カバーデザイン　野条友史（BALCOLONY.）
本文デザイン　宮嶋章文
本文イラスト　ハザマチヒロ
編集協力　コンデックス株式会社
校正　秋下幸恵、株式会社ダブルウイング、遠藤理恵
印刷所　株式会社リーブルテック
編集担当　徳永智哉

読者アンケートご協力のお願い
※アンケートは予告なく終了する場合がございます。

この度は弊社商品をお買い上げいただき、誠にありがとうございます。本書に関するアンケートにご協力ください。右のQR コードから、アンケートフォームにアクセスすることができます。ご協力いただいた方のなかから抽選でギフト券（500 円分）をプレゼントさせていただきます。

アンケート番号：802163

※QR コードは株式会社デンソーウェーブの登録商標です。

NS

Gakken

きめる! KIMERU SERIES

［別冊］

自然科学〈物理／化学／生物／地学／数学〉

Natural Sciences

解答解説集

この別冊は取り外せます。矢印の方向にゆっくり引っぱってください。→

きめる! 公務員試験

自然科学

解答解説

1 1 力と運動

問題 1 国家専門職（2009 年度）…… 本冊 P.026

正解：2

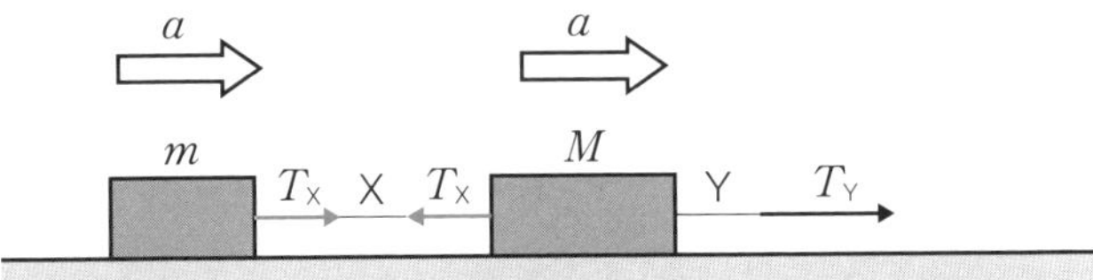

上図に示すように、質量 m、M の物体が、摩擦力ゼロの面上で加速度 a で運動している。この時、物体にかかる力は**糸の張力**である。図に示すように、物体に張力がはたらく。その力を用いて運動方程式 $ma=F$ を立てる。

ｉ）質量 m の物体について

質量 m には、m と M をつなぐ糸の張力がかかっているので、

$ma=T_X$ ……①

よって、糸 X の張力は ma である。

ⅱ）質量 M の物体について

質量 M は右向きに引っ張られる力 T_Y と、左向きに引っ張られる力 T_X のそれぞれがかかっているので、

$Ma=T_Y-T_X$ ……②

①を②に代入すると

$Ma=T_Y-ma$

$T_Y=Ma+ma=(M+m)a$

よって、糸 Y の張力は $(M+m)a$ である。

以上のことから、正しい組合せは、糸 X：ma、糸 Y：$(M+m)a$ となり、正解は **2** となる。

問題 2 国家専門職（2004 年度）…… 本冊 P.026

正解：2

ばねに力 F〔N〕を加えると、ばねが伸びるがその時の**伸び量 x〔m〕は、加えた力 F に比例**する。その比例定数を**ばね定数 k〔N/m〕**と呼ぶ。つまり、$F=kx$ の関係が成り立ち、これを**フックの法則**と呼ぶ。

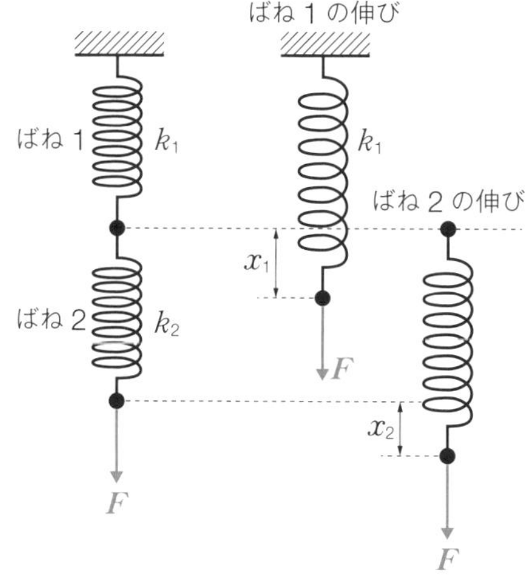

問題文のように、２本のばねをつなぎ合わせて１本のばねとし、力 F を加えた場合、両方のばねに力 F が加わる。そのため、２本のばねにそれぞれフックの法則を適用すれば、**伸び量** $x=x_1+x_2$ が求まる。その結果、全体のばね定数 k が求まる。

ばね１に**フックの法則**を適用すると、

$$F=k_1x_1 \qquad x_1=\frac{F}{k_1}$$

ばね２に**フックの法則**を適用すると、

$$F=k_2x_2 \qquad x_2=\frac{F}{k_2}$$

以上から、ばね全体の伸び量 x を求める。

$$x=x_1+x_2=\frac{F}{k_1}+\frac{F}{k_2}=F\left(\frac{1}{k_1}+\frac{1}{k_2}\right) \quad \cdots\cdots①$$

全体のばね定数 k を求めるため、式①をフックの法則 $F=kx$ に当てはめると、次のようになる。

$$F=kx=\frac{x}{\left(\frac{1}{k_1}+\frac{1}{k_2}\right)}=\overbrace{\frac{1}{\frac{1}{k_1}+\frac{1}{k_2}}}^{\text{全体のばね定数}k}x$$

つまり、ばね定数 k_1 と k_2 のばねをつないだ際の全体のばね定数 k は次のように求められる。

$$k=\frac{1}{\frac{1}{k_1}+\frac{1}{k_2}}=\frac{1}{\frac{1}{20}+\frac{1}{30}}=\frac{1}{\frac{3}{60}+\frac{2}{60}}=\frac{1}{\frac{5}{60}}=\frac{60}{5}=\mathbf{12}\ \text{〔N/m〕}$$

CHAPTER 1 物理

問題3 国家一般職（2012年度）……本冊 P.027

正解：1

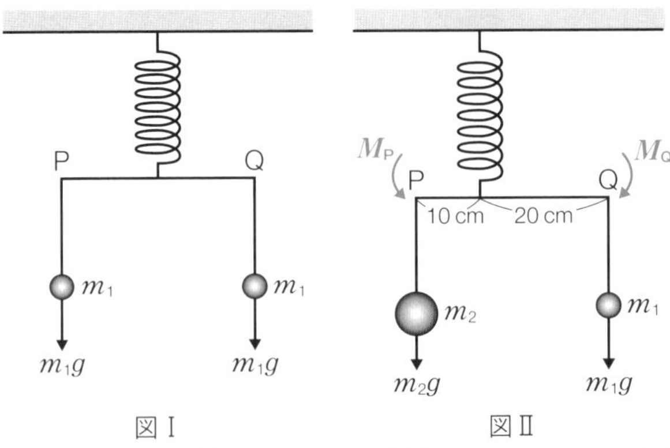

図Ⅰ　　　　図Ⅱ

図Ⅰに示すように、棒の両端P、Qに同じ質量 m_1=1.0 kg のおもりを取り付けた際、ばねには $F=mg=2m_1g$ の力が働く。

フックの法則 $F=kx$ より、次のように表せる。

$$k=\frac{F}{x}=\frac{2m_1g}{x}=\frac{2\times1.0\times g}{0.10}=20g \quad \cdots\cdots①$$

よって、**ばね定数 k** が求められた。

続いて**図Ⅱ**では、点P端のおもりを替えた際に、点Pから10 cmの位置にばねをつないだことで棒が水平を保ったままつり合っている。つまり、2つのおもりによって棒にはたらくモーメント **M_P と M_Q がつり合っている。**

モーメント M は作用する力 F と、回転中心から力が作用する点までの距離 r の積で表され、$M=Fr$ である。

よって、$M_P=0.10m_2g$、$M_Q=-0.20m_1g$（右まわりのモーメントを負とした）モーメントのつり合いにより、

$M_P+M_Q=0$　　$10m_2g=20m_1g$　　$m_2=2m_1$

つまり、**m_2 は m_1 の2倍の質量**であることが分かった。

以上より、図Ⅱの状態でのおもりの総質量 m は、

$m=m_1+m_2=m_1+2m_1=3m_1$　……②

ばねの伸びは、$F=kx$ であるから、m_1=1.0 kg と、①、②を代入して、

$$x=\frac{F}{k}=\frac{mg}{k}=\frac{3m_1g}{20g}=\frac{3\times1.0}{20}=0.15\,〔\mathrm{m}〕=15\,〔\mathrm{cm}〕$$ である。

問題 4 特別区Ⅰ類（2019 年度）…………………………………………………… 本冊 P.027

正解：4

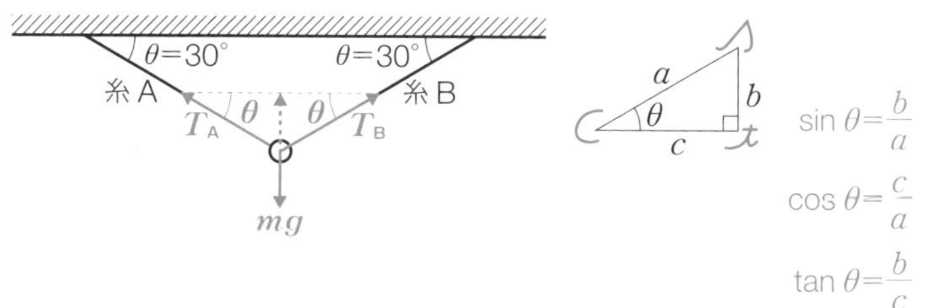

上図のように、おもりにはたらく重力 $\boldsymbol{F=mg}$ が、2 本の糸の張力によってもたらされる**鉛直上向きの力とつり合っている**。また、2 本の糸の角度は同じであるため、**張力 T_A と T_B は等しい**。

T_A および T_B によってもたらされる上向きの力は、

$\sin\theta=\dfrac{T'}{T_A}$ なので、$T'=T_A\sin\theta$

θ　$T'=T_A\sin\theta$　T_A

糸 2 本により T' の力が 2 つ働くため、合計の力 T は、

$T=2T'=2T_A\sin\theta$

よって、$T_A=T_B=\dfrac{T}{2\sin\theta}$

T は mg とつり合っており、$\sin 30°=\dfrac{1}{2}$

mg は問題文に与えられている通り **2 N** であるから、

$T_A=\dfrac{mg}{2\sin 30°}=\dfrac{2}{2\times\frac{1}{2}}=\dfrac{4}{2}=2$〔N〕

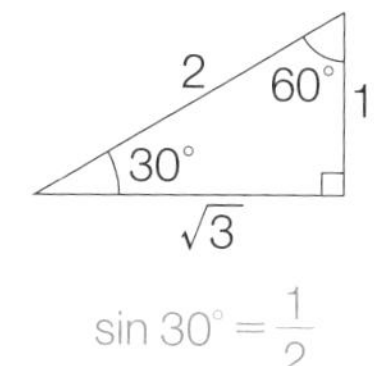

問題 5 東京都Ⅰ類（2020 年度）…………………………………………………… 本冊 P.028

正解：2

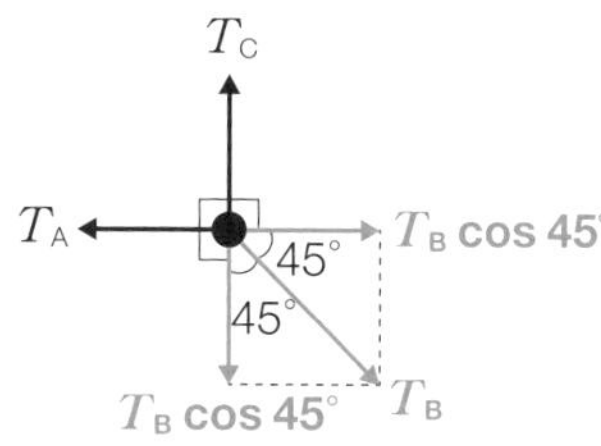

物体にかかる力を図示すると、上図のようになり、T_A と T_C それぞれの力とつり合う逆向きの力が生じている。

T_A に逆向きの力は、

$T_A = T_B \cos 45°$

T_C に逆向きの力も、

$T_C = T_B \cos 45°$ であり、**同じ**になる。

つまり、$T_A = T_C$

次に、T_A と T_B の関係は、

$T_A = T_B \cos 45° = \dfrac{T_B}{\sqrt{2}}$ なので、

$T_B = \sqrt{2}\,T_A$ である。

よって、$T_A = T_C$、$T_B = \sqrt{2}\,T_A = \sqrt{2}\,T_C$ となり、比で示すと、

$T_A : T_B : T_C = 1 : \sqrt{2} : 1$ である。

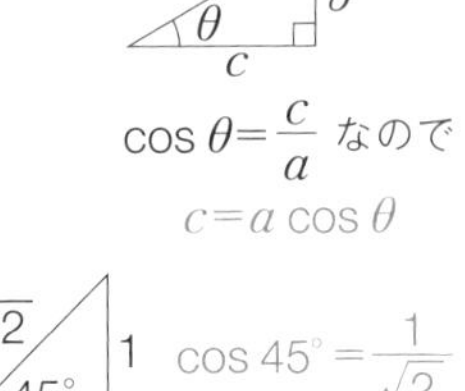

問題 6　東京都Ⅰ類（2005 年度）…………………………………… 本冊 P.028

正解：4

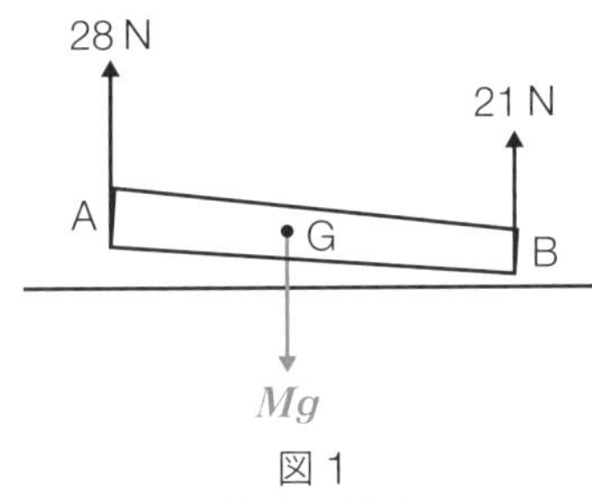

図 1

図 1 に示すように、左端 A を少し持ち上げるのに **28 N**、右端 B を少し持ち上げるのに **21 N** の力が必要であることから、この **2 つの力の和が棒にはたらく重力 Mg とつり合っている**と考えてよい。つまり、$F = Mg = 28 + 21 = 49$〔N〕である。

よって、$\boldsymbol{F = Mg}$ より、

$M = \dfrac{F}{g} = \dfrac{49}{9.8} = 5.0$〔kg〕となる。

図 2 に示すように、左端 A に 28 N の力を加えた際、28 N の力による B 点を中心とした右まわりのモーメントと、重心に作用する重力 Mg による左まわりのモーメントが**つり合っている**。

$28 \times 2.1 = Mg(2.1 - x)$　……①

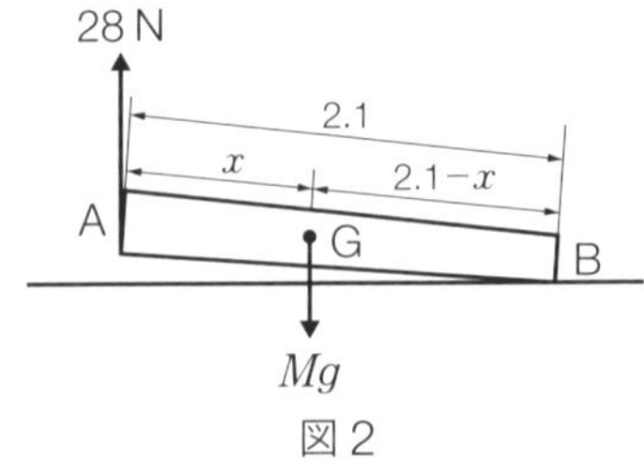

図 2

同じように、図3においてもA点を中心としたモーメントがつり合っている。

$21\times2.1=Mgx$ ……②

①および②のいずれの式からも、x を求めることができる。ここでは式がシンプルな②式を用いて x を求めると、次のようになる。

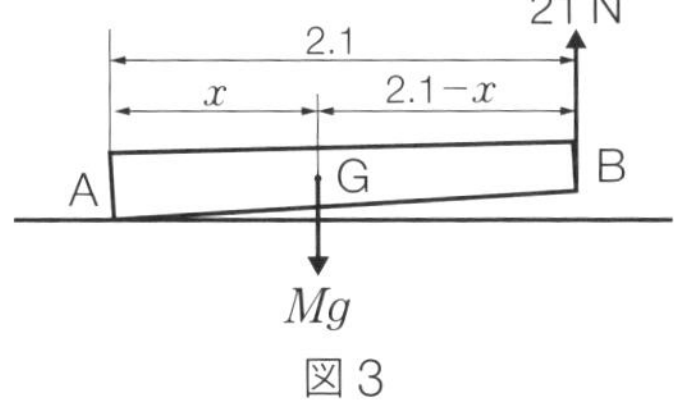

図3

$Mgx=44.1$

$x=\dfrac{44.1}{Mg}=\dfrac{44.1}{5.0\times9.8}=$**0.9〔m〕**

以上により、正しい組合せは、M:**5.0** kg、x:**0.9** m となり、正解は**4**となる。

問題7 国家専門職（2016年度）…… 本冊 P.029

正解：3

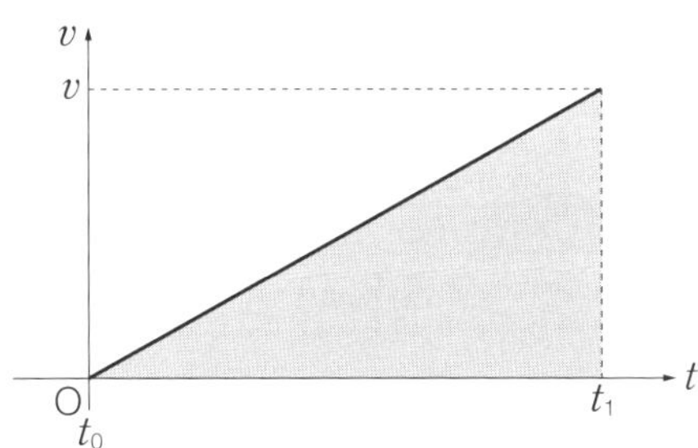

等加速度直線運動における距離と時間の関係は、以下のとおりである。

$x=v_0t+\dfrac{1}{2}at^2$

ここで、$a=\dfrac{v}{t}$ なので、停止状態 $v_0=0$ として $a=\dfrac{v}{t}$ を代入すると、

$x=\dfrac{1}{2}\dfrac{vt^2}{t}=\dfrac{1}{2}vt$ となる。

よって、図の**三角形の面積が進んだ距離である**ことが分かる。

$x=\dfrac{1}{2}vt$ より、$v=\dfrac{2x}{t}=\dfrac{2\times50.0}{4.00}=$**25.0 m/s**

$a=\dfrac{v-v_0}{t_1-t_0}=\dfrac{25.0}{4.0}=$**6.25〔m/s²〕**

別解

$x=v_0t+\dfrac{1}{2}at^2$ 　より、$v_0=0$ だから、$x=\dfrac{1}{2}at^2$

$a=\dfrac{2x}{t^2}=\dfrac{2\times50.0}{4^2}=\dfrac{100}{16}=$**6.25〔m/s²〕**

問題 8 警察官Ⅰ類（2019 年度）……………………………………………… 本冊 P.029

正解：2

粗い水平面上で抵抗を受けて、**等加速度直線運動（減速）**をするので、$x=v_0t+\frac{1}{2}at^2$ において、右辺の第 2 項は減速なので、以下の式が成り立つ。

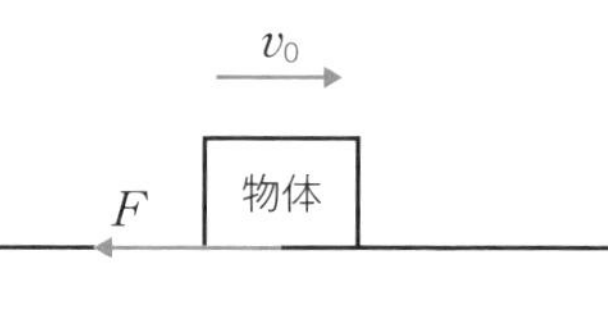

$$x=v_0t-\frac{1}{2}at^2$$

加速度 $a=\frac{v_0}{t}=$一定　なので、

$$x=v_0t-\frac{1}{2}\cdot\frac{v_0}{t}\cdot t^2=v_0t-\frac{1}{2}v_0t$$

$$=\frac{1}{2}v_0t$$

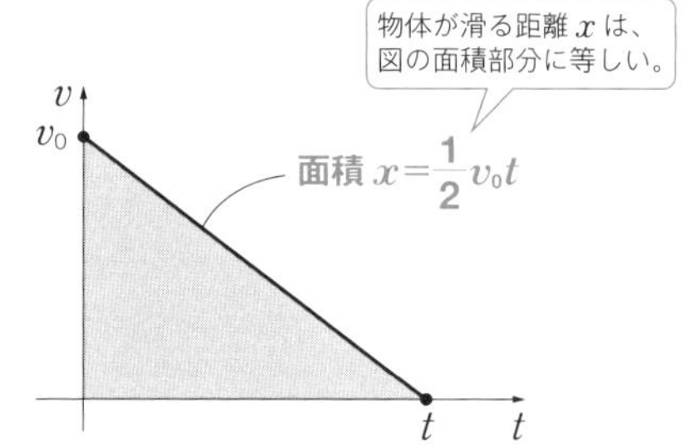

問題 9 国家一般職（2011 年度）……………………………………………… 本冊 P.030

正解：4

質量 m〔kg〕の物体に力 F〔N〕が作用すると物体に加速度 a〔m/s²〕が生じるが、これらは**ニュートンの運動の法則**によって表される。

$$F=ma$$

いま、20 N の力を質量 10 kg の台車に与えた際、台車の加速度は、

$$a=\frac{F}{m}=\frac{20}{10}=2.0\ \text{〔m/s}^2\text{〕}$$

加速度 a は、**速度 v の時間 t に対する変化**を意味するので、

$$a=\frac{v}{t}$$

よって、$a=2.0$〔m/s²〕の加速度で 4.0 秒間加速した場合の速度は次のようになる。

$$v=at=2.0\times4.0=8.0\ \text{〔m/s〕}$$

問題 10　国家一般職（2005 年度）

本冊 P.030

正解：4

6 N ← → 10 N

物体に一定の加速度が生じて**等加速度直線運動**をする時、**速度 v** と**距離 x** は次のように表される。

速度 $v=v_0+at$　……①

距離 $x=v_0t+\frac{1}{2}at^2$　……②

（a：加速度〔m/s^2〕、v：速度〔m/s〕、v_0：初速度〔m/s〕、t：時間〔s〕、x：距離〔m〕）

ニュートンの運動の法則（運動方程式）で a を求める。

$F=ma$

$a=\frac{F}{m}=\frac{10-6}{5}=\frac{4}{5}=\mathbf{0.8\ m/s^2}$

$a=0.8$ m/s^2 の**等加速度直線運動**なので、静止状態からの**移動距離 x** は式②より、

$x=v_0t+\frac{1}{2}at^2=\frac{1}{2}at^2=\frac{1}{2}\times0.8\times10^2=\mathbf{40}$〔m〕

問題 11　裁判所職員（2020 年度）

本冊 P.031

正解：4

A　×　物体に重力がはたらく時、重力加速度 $g≒9.8$ m/s^2 の加速度で自由落下をする（空気抵抗が無視できる場合）。重力加速度は、**初速度に無関係で一定**（$g≒9.8$ m/s^2）である。

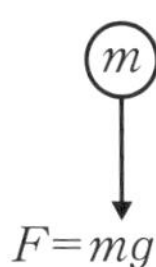

B　×　物体が自由落下する際、重力により下向きに $\boldsymbol{F=mg}$ の力がはたらく。**重力加速度 g は一定**であり、質量 m に比例して**物体にはたらく力が変化**する。

C　○　物体を斜め方向に投げると、物体は放物運動をする。この時、水平方向には初速度 v_0〔m/s〕に対して $v_0\cos\theta$ の速度が与えられた後、そのまま**等速度運動**をする。一方で、垂直方向には、**重力**がはたらくため、重力加速度 g の**等加速度運動**をする。

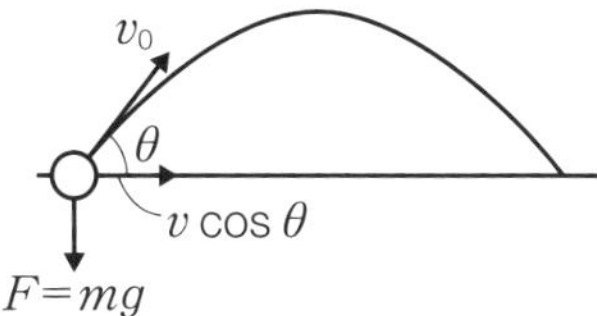

D　○　物体には重力加速度 g がはたらいて自由落下する。空気抵抗が無ければ、**物質の質量や形状に関係なく同じように落下**する。

E　×　上昇中も下降中も同じ重力加速度 g が作用しているため、**向きも大きさも同じ**である。常に鉛直下向きに重力加速度 $g \fallingdotseq 9.8\,\mathrm{m/s^2}$ が作用した状態で物体が運動する。

よって、**C**と**D**は正しい内容であり、妥当なもののみを全て挙げているものは**4**である。

問題 12　特別区Ⅰ類（2013 年度）……………………………… 本冊 P.031

正解：4

まず、等速円運動の関係式を整理する。

図 1 より、角度 θ〔rad〕において、

円弧の長さ $\boldsymbol{l}=r\theta$

中心方向の角速度 $\boldsymbol{\omega}$〔rad/s〕$=\dfrac{v}{r}$

周期 $T=\dfrac{\text{1 回転での円弧の距離}}{\text{速さ}}=\dfrac{2\pi r}{v}=\dfrac{2\pi}{\omega}$

速さ $\boldsymbol{v}=r\omega$

加速度 $\boldsymbol{a}=r\omega^2=\dfrac{v^2}{r}$

運動方程式（中心方向）

$mr\omega^2=F$　　または $m\dfrac{v^2}{r}=F$

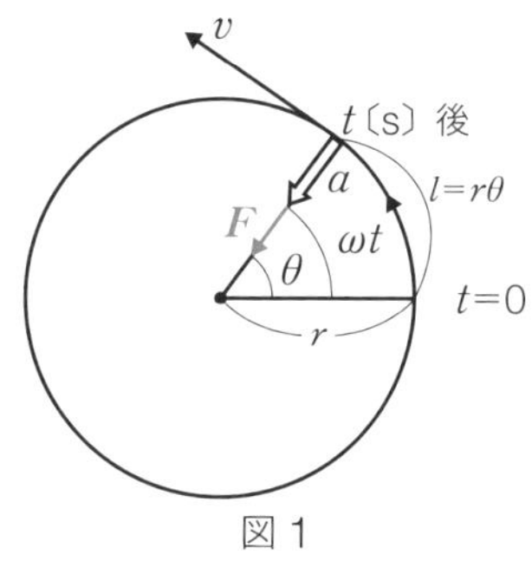

図 1

これらの関係式から、おもりの円運動の周期を求める。

図 2 より、おもりには重力による**鉛直方向の力** $2mg$ と、**遠心力** $2mr\omega^2$ がはたらき、その力を糸の張力で受けてつり合っている。水平・鉛直方向に分けて、それぞれの運動方程式を示す。

水平方向　$mr\omega^2=T\sin\theta$　……①

鉛直方向　$mg\ =T\cos\theta$　……②

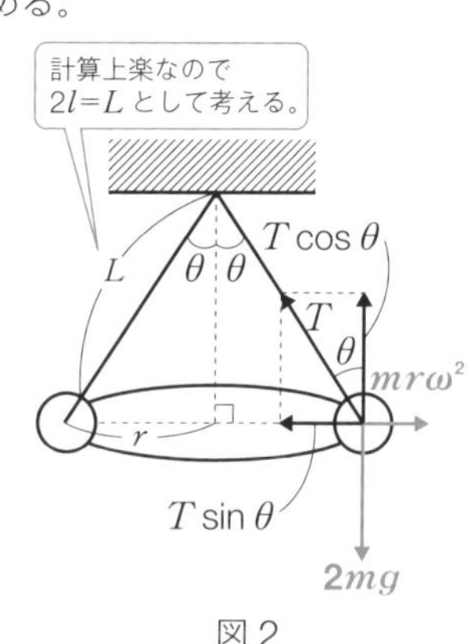

図 2

式②より、$T=\dfrac{mg}{\cos\theta}$

これを式①に代入すると、

$2mr\omega^2=2mg\dfrac{\sin\theta}{\cos\theta}$　　$r\omega^2=g\dfrac{\sin\theta}{\cos\theta}$

$r=L\sin\theta$ なので、

$\omega^2=\dfrac{g\sin\theta}{L\sin\theta\cos\theta}=\dfrac{g}{L\cos\theta}$

$$T=\frac{2\pi}{\omega}=\frac{2\pi}{\sqrt{\dfrac{g}{L\cos\theta}}}=2\pi\sqrt{\frac{L\cos\theta}{g}}$$

ここで、$L=2l$ なので L を $2l$ にして、$T=2\pi\sqrt{\dfrac{2l\cos\theta}{g}}$ 〔s〕

問題 13 国家一般職（2014 年度）………… 本冊 P.032

正解：2

ばねに取り付けられた円柱を液体に浸したことで**浮力**が生じたため、ばねにかかる荷重が小さくなった結果、**ばねの伸びが半分** $\left(\frac{1}{2}\right)$ になった。

つまり、円柱に作用する重力 $F=mg$ の、**半分の** $F'=\frac{F}{2}=\frac{mg}{2}$ **が発生した浮力**である。

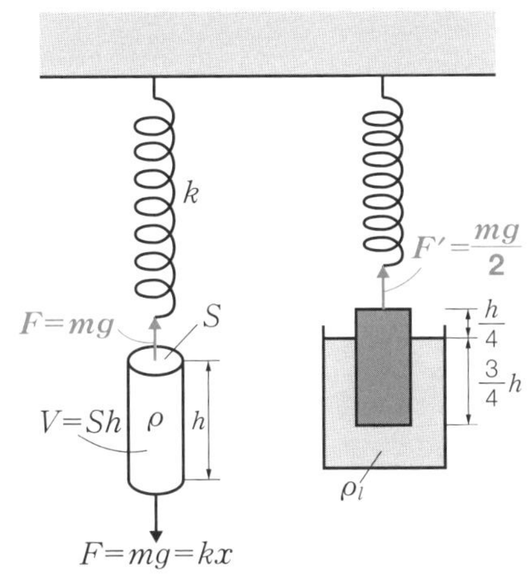

浮力は、**アルキメデスの原理**より、「流体中にある物体は、その物体が**排除している（押しのけている）流体の重さに等しい**大きさの浮力を受ける」ため、次のように示される。

浮力を F_f、液体の密度を ρ_l、排除した体積を V_l とすると、$F_f=\rho_l V_l g$ 〔N〕の関係がある。

よって、$\frac{mg}{2}=\rho_l V_l g$ ……①

円柱の質量 m は、$m=\rho V=\rho Sh$ 〔kg〕 ……②

排除した体積 V_l は、$V_l=S\times\frac{3}{4}h=\frac{3}{4}Sh$ 〔m³〕 ……③

②、③を①に代入すると、

$$\frac{\rho Shg}{2}=\frac{3}{4}\rho_l Shg$$

よって、$\rho_l=\frac{4\rho}{3\times2}=\frac{4}{6}\rho=\frac{2}{3}\rho$ 〔kg/m³〕

問題 14 特別区Ⅰ類（2015 年度）…… 本冊 P.033

正解：2

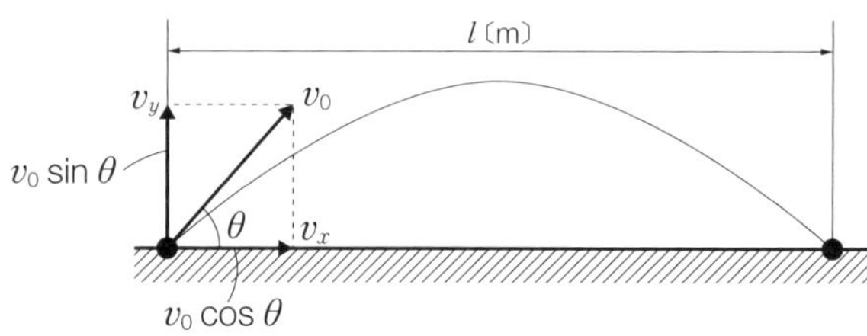

空気抵抗が無視できる場合の斜方投射の問題である。

水平方向の初速度を v_x とすると、

$v_x = v_0 \cos\theta$

水平方向には速度 v_x で**等速運動**を行うため、小球を打ち上げてから落下するまでの時間 t_f〔s〕を求めれば、$l = v_x t_f$ で水平到達距離が求まる。

鉛直方向は重力加速度 g での**等加速度運動**である。

鉛直方向の初速度を v_y とすると、鉛直方向の速度 v は、

$v = v_y - gt$

ここで最高点で $v = 0$ となるので、それまでにかかる時間 t は、

$0 = v_y - gt \qquad t = \dfrac{v_y}{g}$

$v_y = v_0 \sin\theta$ なので、$t = \dfrac{v_0 \sin\theta}{g}$ である。

打ち上げから t〔s〕後に最高点に達した後、今度は自由落下して初期の高さに戻る。最高点から初期の高さまで落下するのに要する時間は、打ち上げから最高点に至るまでに要する**時間 t と同じ**であるため、打ち上げから落下までに要する時間 t_f は、

$t_f = 2t = 2 \times \dfrac{v_0 \sin\theta}{g}$ である。

よって、l は次のように求められる。

$$l = v_x t_f = v_0 \cos\theta \times 2 \times \frac{v_0 \sin\theta}{g} = {v_0}^2 \frac{2\sin\theta\cos\theta}{g}$$

2 倍角の公式　$2\sin\theta\cos\theta = \sin 2\theta$　を利用すれば、$l = \dfrac{{v_0}^2 \sin 2\theta}{g}$〔m〕となる。

1 2 仕事とエネルギー

問題 1 国家一般職（2016 年度）……………………………… 本冊 P.040

正解：2

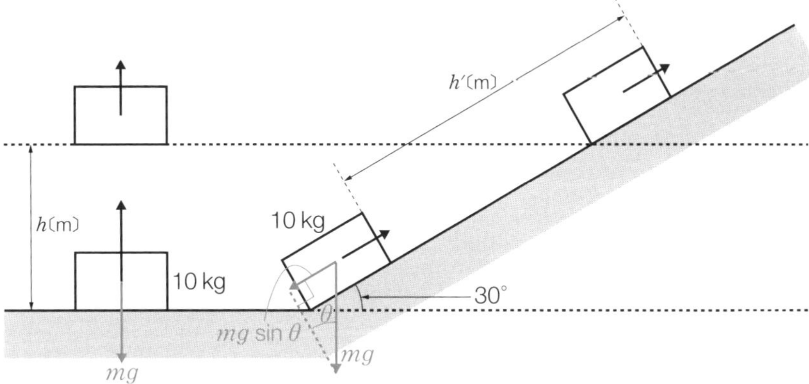

仕事 W＝力 F×距離 s なので、

Aについて、$W=Fs=mg\times h$

　$mg=10\times10=$**100**〔N〕

Bについて、$W'=Fs=mg\sin\theta\times h'$

　$mg\sin 30^\circ\quad mg\times\frac{1}{2}=10\times10\times\frac{1}{2}=$**50**〔N〕

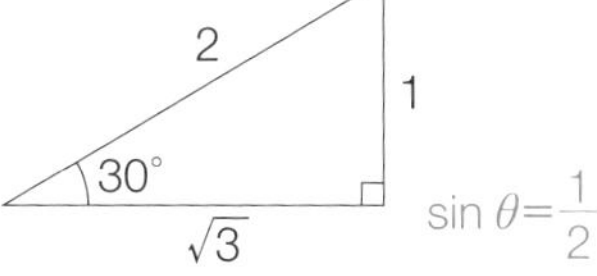

Cについて、$F=mg\sin\theta=mg\sin 60^\circ$

$$=mg\times\frac{\sqrt{3}}{2}=10\times10\times\frac{\sqrt{3}}{2}=\mathbf{50\sqrt{3}}\text{〔N〕}$$

2　$\sqrt{3}$　60°　1

$\sin\theta=\frac{\sqrt{3}}{2}$

　よって、問題文の空欄に当てはまる語句は、A：**100**、B：**50**、C：**$50\sqrt{3}$** となり、正解は**2**である。

問題 2　国家一般職（2021 年度）……………………………… 本冊 P.041

正解：1

$m_A = 2.0\ \text{kg}$　　　　　　　　$m_B = 3.0\ \text{kg}$

$v_A = 5.0\ \text{m/s}$　　　　$v_B = -3.0\ \text{m/s}$

A　　　　　　　　　　B

衝突後の状態に ′ を付けて示すと、**運動量保存の法則**より、次の式が成り立つ。

衝突前の運動量　衝突後の運動量

$$\boldsymbol{m_A v_A + m_B v_B = m_A v_A' + m_B v_B'} \quad \cdots\cdots ①$$

反発（はねかえり）係数 e より

$$e = -\frac{v_A' - v_B'}{v_A - v_B}$$

$$-(v_A' - v_B') = e(v_A - v_B) = 0.5 \times \{5.0 - (-3.0)\} = 4.0\ \text{〔m/s〕}$$

$$(v_B' - v_A') = 4.0$$

$$v_B' = v_A' + 4.0 \quad \cdots\cdots ②$$

式②を式①に代入して衝突後の A の速度 v_A' を求める。

$$m_A v_A + m_B v_B = m_A v_A' + m_B (v_A' + 4.0)$$

$$m_A v_A + m_B v_B = m_A v_A' + m_B v_A' + 4.0\ m_B$$

$$m_A v_A + m_B v_B = (m_A + m_B) v_A' + 4.0\ m_B$$

$$(m_A + m_B) v_A' = m_A v_A + m_B v_B - 4.0\ m_B$$

よって、

$$v_A' = \frac{m_A v_A + m_B (v_B - 4.0)}{m_A + m_B} = \frac{2.0 \times 5.0 + 3.0 \times (-3.0 - 4.0)}{2.0 + 3.0}$$

$$= \frac{-11}{5.0} = \mathbf{-2.2\ 〔m/s〕}$$

問題 3　特別区 I 類（2014 年度）……………………………… 本冊 P.041

正解：1

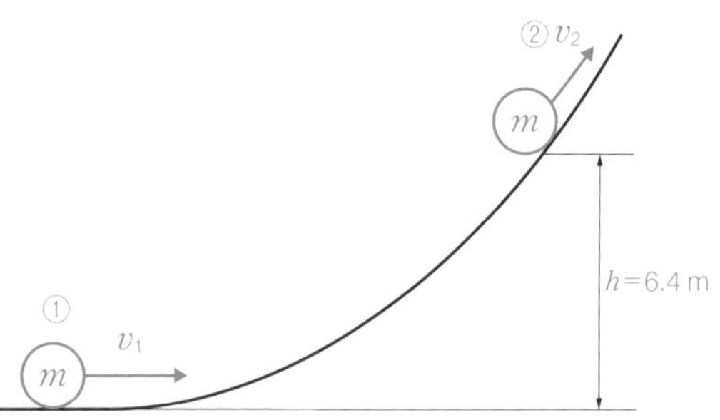

点①と点②との間で**力学的エネルギー保存の法則**が成り立つことから、

$$\overbrace{\frac{1}{2}mv_1^2}^{①}=\overbrace{\frac{1}{2}mv_2^2+mgh}^{②}$$

これを v_2 について解くと、水平面からの高さが6.4 mの地点での物体の速さが求まる。

$$\frac{1}{2}v_2^2=\frac{1}{2}v_1^2-gh$$

$$v_2^2=v_1^2-2gh$$

$$v_2=\sqrt{v_1^2-2gh}=\sqrt{14.0^2-2\times9.8\times6.4}=\mathbf{8.4}\ \text{〔m/s〕}$$

問題 4　消防官Ⅰ類（2017年度）…… 本冊 P.042

正解：5

斜面に沿って下降した場合でも、鉛直に落下した場合でも、位置エネルギーの変化は**鉛直方向の距離で決まる。**

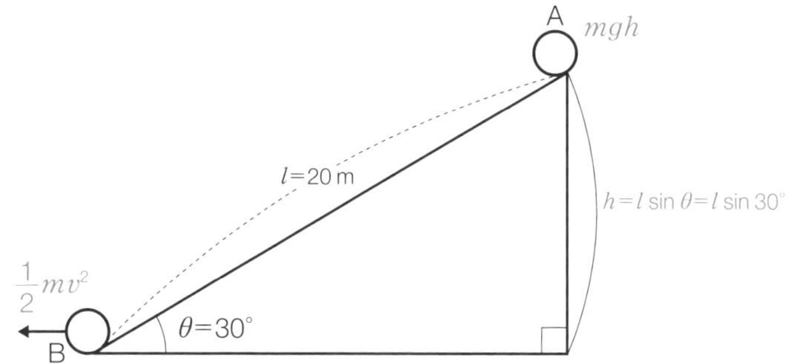

点Bから点Aまでの高さ h は $l\sin\theta$ と表すことができ、小球の運動エネルギーは $\frac{1}{2}mv^2$ であるから、**力学的エネルギー保存の法則**より、

$$\frac{1}{2}mv^2=mgh=mgl\sin30^\circ=\frac{1}{2}mgl$$

$$v^2=gl$$

$$v=\sqrt{gl}=\sqrt{9.8\times20}=\mathbf{14}\ \text{〔m/s〕}$$

正解：4

はね返り係数 $e=-\dfrac{v_A'-v_B'}{v_A-v_B}$ を使って求める。

力学的エネルギー保存の法則から、物体が高さ h だけ下降すると、$mgh=\dfrac{1}{2}mv^2$ より、

$v^2=2gh \quad v=\sqrt{2gh}$

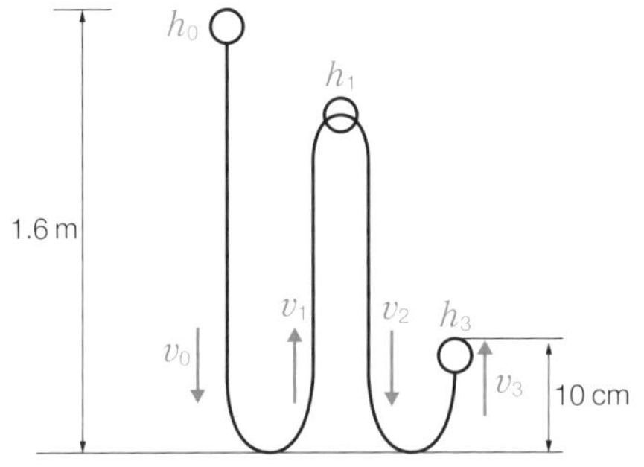

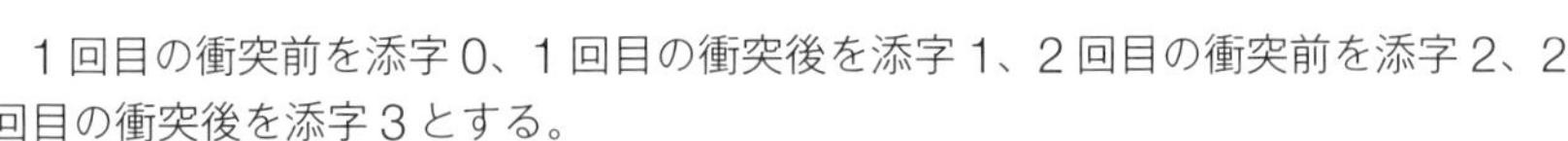

1 回目の衝突前を添字 0、1 回目の衝突後を添字 1、2 回目の衝突前を添字 2、2 回目の衝突後を添字 3 とする。

はね返り係数 e について、1 回目のはね返りの時、

$e=-\dfrac{-v_1}{v_0}=-\dfrac{\sqrt{2gh_1}}{\sqrt{2gh_0}}=\dfrac{\sqrt{h_1}}{\sqrt{h_0}}=\sqrt{\dfrac{h_1}{h_0}}$ ……①

2 回目のはね返りの時、1 回目のはね返りで高さ h_1 になったものが再び落下するので、**速度は 1 回目のはね返り時と同じ**になる。

$e=-\dfrac{v_3}{-v_2}=\dfrac{\sqrt{2gh_2}}{\sqrt{2gh_1}}=\sqrt{\dfrac{h_2}{h_1}}$ ……②

2 回はね返ることから、式①と②の積をとると、

$\sqrt{\dfrac{h_1}{h_0}}\cdot\sqrt{\dfrac{h_2}{h_1}}=e^2$

$e^2=\sqrt{\dfrac{h_2}{h_0}}=\sqrt{\dfrac{0.10}{1.6}}=\mathbf{0.25}$

$e=\sqrt{e^2}=\sqrt{0.25}=\mathbf{0.50}$

問題 6 特別区Ⅰ類（2005 年度） ………………………… 本冊 P.043

正解：4

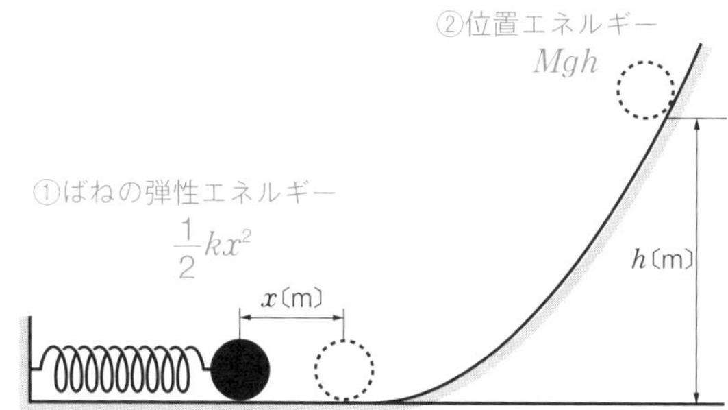

ばねを縮める力 F〔N〕と変形量 x〔m〕の関係は、**フックの法則**で示される。

$F=kx$ （F：弾性力の大きさ、x：ばねの伸びの大きさ、k：ばね定数）

ばねに蓄えられるエネルギー E（**ばねの弾性エネルギー**）は、**ばねに行った仕事と等しい**ので、ばねの弾性エネルギーは、$\frac{1}{2}kx^2$

力学的エネルギー保存の法則より、次の式が成り立つ。

$$\frac{1}{2}kx^2=Mgh$$

これを h について解くと、$h=\frac{kx^2}{2Mg}$〔m〕

問題 7 国家専門職（2011 年度） ………………………… 本冊 P.044

正解：4

小球 A が小球 B と衝突する直前の速度 v_A を、**力学的エネルギー保存の法則**で求め、運動量保存の法則と、はね返り係数 e の式を用いて、B の衝突後の速さ v_B' を求める。

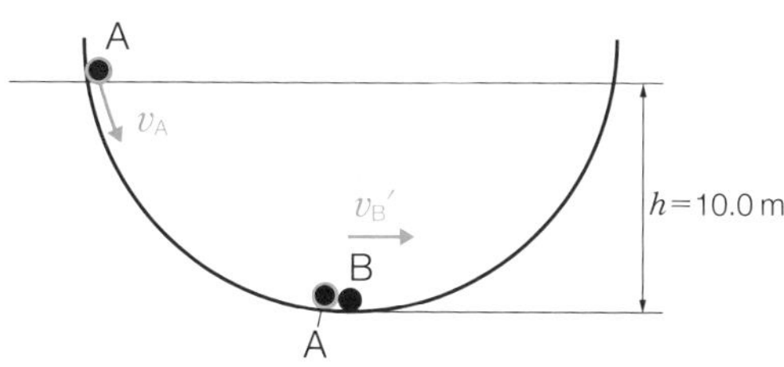

$$\frac{1}{2}m_Av_A{}^2=m_Agh \qquad \frac{1}{2}v_A{}^2=gh$$

$v_A^2=2gh$

$v_A=\sqrt{2gh}=\sqrt{2\times9.8\times10}=$ **14 m/s**

運動量保存の法則を適用すると、

$m_Av_A+m_Bv_B=m_Av_A'+m_Bv_B'$ ……①

v_A'、v_B' の2つが未知のため、はね返り係数 e を用いて解を求める。

$$e=-\frac{v_A'-v_B'}{v_A-v_B}$$

$v_B'-v_A'=e(v_A-v_B)=0.20\times(14-0)=0.20\times14=$ **2.8**

$v_A'=v_B'-2.8$ ……②

②を①に代入して v_B' について解くと、

$m_Av_A=m_A(v_B'-2.8)+m_Bv_B'$　　$m_Av_A=m_Av_B'-2.8m_A+m_Bv_B'$

$m_Av_A=v_B'(m_A+m_B)-2.8m_A$　　$m_Av_A+2.8m_A=v_B'(m_A+m_B)$

$$v_B'=\frac{m_Av_A+2.8m_A}{m_A+m_B}=\frac{4.0\times14+2.8\times4.0}{4.0+2.0}=11.2\ \text{〔m/s〕}$$

よって、Bの衝突直後の速度はおよそ **11 m/s** である。

問題8　消防官Ⅰ類（2019年度）…… 本冊 P.044

正解：5

1　×　太鼓は、膜をたたく**力学的エネルギー**を、**波のエネルギー**（**音波**）に変えている。

2　×　太陽電池は、半導体を用いて**光エネルギー**を電気エネルギーに変えている。

3　×　動物の運動は、体内での**化学エネルギー**を**熱エネルギー**に変えている。

4　×　エネルギー変換によってエネルギーの**形態は変化するが**、その**総量は保存される**。

5　○　原子は、**原子核**と呼ばれる中心部と周りの電子で構成されており、原子核は、**陽子**と**中性子**、**中間子**等で構成されている。このように原子核の構成粒子でできたエネルギーを、**核エネルギー**という。

問題9　裁判所職員（2009年度）…… 本冊 P.045

正解：2

Aについて、乾電池に導線をつないで豆電球を点灯させたとき、豆電球のフィラメントに流れる電気エネルギーが、光や熱に変換されている。よって、選択肢の中で最も関連が強いのは**化学エネルギー**である。

Bについて、空気ポンプで空気を圧縮する際、シリンダ内のガスが加熱される。これは、空気に対して力学的な仕事をしていることを意味する。よって、選択肢の中で最も関連が強いのは**力学的エネルギー**である。

Cについて、ガソリンエンジンは、燃料（ガソリンなど）が持っている**化学エネルギー**を燃焼によって熱エネルギーに変え、その後熱機関で仕事に変換している。

よって、正しい組み合わせは、A：**化学エネルギー**、B：**力学エネルギー**、C：**化学エネルギー**となり、正解は**2**である。

1 3 電磁気

問題 1 特別区（2018 年度）…… 本冊 P.052

正解：3

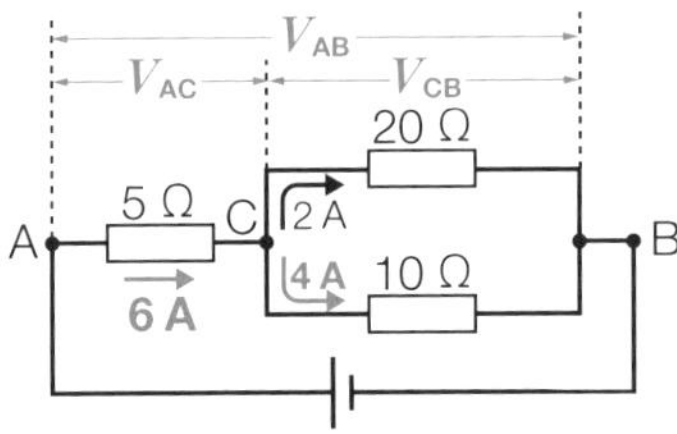

図のように C をおくと、AB 間の電圧＝**AC 間の電圧＋CB 間の電圧**であるから、AC 間と CB 間それぞれの電圧を求める。

まず、電流が 2 A とわかっている 20 Ω の抵抗に加わる電圧を、**オームの法則 $V=IR$**（V：電圧、I：電流、R：抵抗）で求める。

20 Ω の抵抗に加わる電圧（＝CB 間の電圧）は、$V_{CB}=IR=20\times2=$**40〔V〕**

また、10 Ω の抵抗に流れる電流は、CB 間の電圧 $V_{CB}=40$〔V〕から、

$I=\frac{V}{R}=\frac{40}{10}=$**4〔A〕**

5 Ω の抵抗に流れる電流は、**20 Ω と 10 Ω の抵抗に流れる電流の和**であるから、

$I=2+4=$**6〔A〕**

AC 間の電圧は、5 Ω の抵抗に 6 A の電流が流れるから、

$V_{AC}=6\times5=$**30〔V〕**

AB 間の電圧は V_{CB} と V_{AC} の和となるから、

$V_{AB}=V_{AC}+V_{CB}=30+40=$**70〔V〕**

よって、正解は **3** である。

問題 2 特別区（2011 年度）…… 本冊 P.052

正解：5

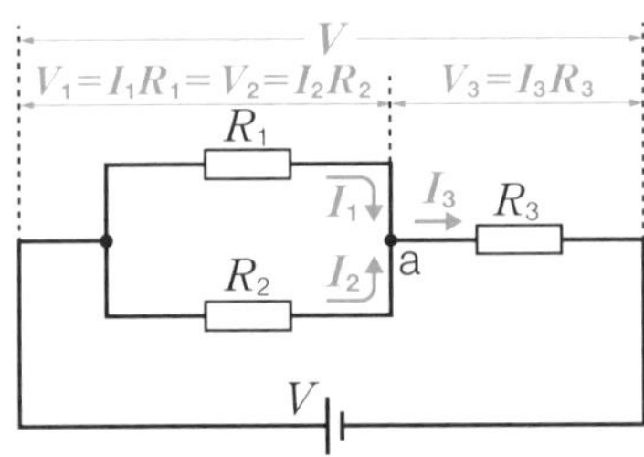

まず、**オームの法則**から、R_1 に加わる電圧 V_1 を求める。

オームの法則 $I=\frac{V}{R}$ より、R_1 に加わっている電圧 V_1 は $V=IR$ から、

$V_1=I_1R_1=1.4\times30=$**42〔V〕**

と求められる。

次に、R_2 に加わる電圧を求める。R_1 と R_2 が**並列接続**されているので、**V_1 と V_2 は等しく**、$V_2=V_1=$**42〔V〕**である。

よって、R_2 に流れる電流は、

$I_2=\frac{V_2}{R_2}=\frac{42}{20}=$**2.1〔A〕**

キルヒホッフの法則より、**R_1 と R_2 を流れる電流の和から、R_3 を流れる電流 I_3 を求める**。a 点で R_1 を流れる電流 I_1 と R_2 を流れる電流 I_2 が合流することから R_3 を流れる電流 I_3 は、

$I_3=I_1+I_2=1.4+2.1=$**3.5〔A〕**

よって、**5** が正解となる。

問題 3 消防官Ⅰ類（2021 年度）………… 本冊 P.053

正解：2

1 × 直線電流が作る磁場の強さは、電流からの距離が近いほど強い。強さは距離に反比例する。

2 ○ 円形電流が円の中心に作る磁場は円の**半径が小さいほど強い**。磁場の強さは半径に反比例する。

3 × ソレノイド電流の向きに**右手**の親指以外の指先を合わせると、親指の向きが磁場の向きになる。

4 × フレミングの左手の法則は電流と磁場と電磁力（生じる力）の向きの関係を表す法則である。設問の誘導起電力の向きと磁力線の数の変化を表す法則は**レンツの法則**である。

5 × レンツの法則は**誘導起電力の向きと磁束の強さの変化**の関係を表す法則である。設問のコイルの巻数と誘導起電力の強さの関係を表す法則は**ファラデーの法則**である。

問題 4 国家一般職（2022 年度）………… 本冊 P.053

正解：2

1 × **導体**は電子が自由に動くことによって電気が伝えられるが、**不導体**は電子

が**自由に動くことができない**ため電気を通しにくい。

2　○　直列接続の合成抵抗は各抵抗の和となり、並列接続の場合は各抵抗の逆数の和が**合成抵抗の逆数**となる。

3　×　コンセントから得られる電気は**交流**であり、乾電池は**直流**である。電力が同じ場合は交流の電圧の**実効値**が直流電圧に等しい。

4　×　磁石を分割してもその両端には**必ずN極とS極ができる**。同じ磁極の間には**斥力**、異なる磁極の間には**引力**が生じる。

5　×　直線電流（電流を流した直線導線）の周りには**同心円状**に磁場が生じる。右ねじの進む向きに電流を流すと、**右ねじを回す向き**に磁場ができる。

問題5　国家一般職（2017年度）…………………………………………………………… 本冊P.054

正解：3

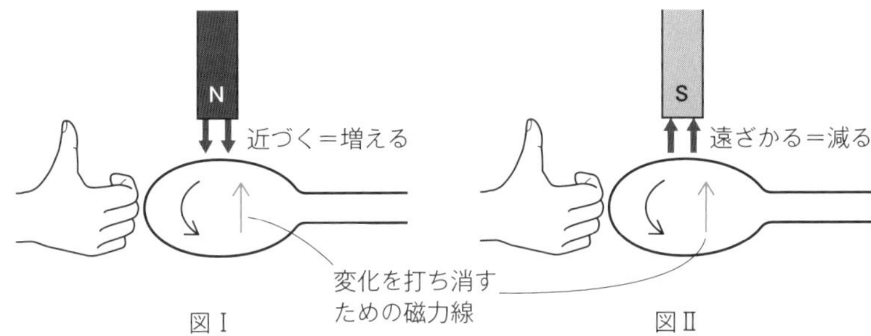

図Ⅰ　　図Ⅱ

磁場の向きに沿って引いた線である**磁力線**は、**N**極から出て**S**極に入る。

レンツの法則は、外部からの作用による磁力線の変化を打ち消す向きに誘導電流が流れることをいう。N極からS極の方向に磁場ができるため、図Ⅰでは**下向きの磁力線が増えることを打ち消すように**、コイルには**上向き**の磁力線が生じる②の向きに電流が流れ、図Ⅱでは上向きの磁力線が減ることを打ち消すように、コイルには**上向き**の磁力線が生じる④の向きに電流が流れる。

以上により、問題文の空欄に当てはまる語句は、A：**N**、B：**S**、C：②、D：④となり、正解は**3**である。

問題6　特別区Ⅰ類（2020年度）…………………………………………………………… 本冊P.055

正解：4

起電力と抵抗を図のように左右に分けて、**キルヒホッフの第2法則（電圧則）**で考える。

電圧則　：　**起電力 E の和＝抵抗での電圧降下 IR の和**

（回路図）　（左）　　　　　　　（右）

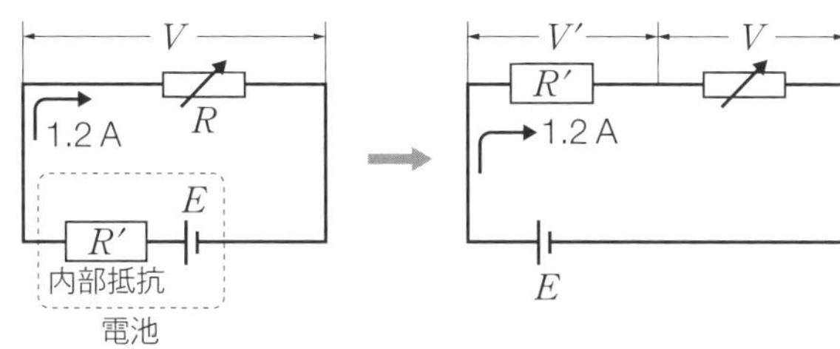

$V'+V=E$

$V=E-V'=E-IR'=3.0-1.2\times 0.5=$**2.4〔V〕**

オームの法則より、

$R=\dfrac{V}{I}=\dfrac{2.4}{1.2}=$**2.0〔Ω〕**

よって、正しい組み合わせは、V：**2.4 V**、R：**2.0 Ω**となり、正解は**4**である。

問題 7　国家一般職（2013 年度）……………………………… 本冊 P.055

正解：4

3.0 Ωの抵抗に流れる電流 $I_{(3\Omega)}=\dfrac{V}{R}=\dfrac{12.0}{3.0}=$**4〔A〕**

6.0 Ωの抵抗に流れる電流 $I_{(6\Omega)}=\dfrac{V}{R}=\dfrac{12.0}{6.0}=$**2〔A〕**

電池から流れる電流は $I=I_{(3\Omega)}+I_{(6\Omega)}=4+2=$**6〔A〕**

回路全体の抵抗（合成抵抗）は、

$R=\dfrac{V}{I}=\dfrac{12.0}{6.0}=$**2.0〔Ω〕**

この並列回路を 2 つ直列に接続した回路の抵抗は

$R'=R+R=$**$2R$**

消費される電力 P は $P=IV=\dfrac{V}{R}V=\dfrac{V^2}{R}$

1 つのとき $P_1=\dfrac{V^2}{R}$

2 つのとき $P_2=\dfrac{V^2}{R'}=\dfrac{V^2}{2R}=\dfrac{1}{2}P_1$　　したがって、**0.5 倍**

以上により、問題文の空欄に当てはまる語句は、A：**6.0 A**、B：**2.0 Ω**、C：**0.50** となり、正解は**4**である。

問題 8 特別区Ⅰ類（2019 年度） ……………………………………… 本冊 P.056

正解：4

ファラデーの法則より、コイル 1 回巻き当たり $|V|=\left|\frac{\Delta\Phi}{\Delta t}\right|$ の大きさの誘導起電力が生じるため、N 回巻きのコイルでは $|V|=N\left|\frac{\Delta\Phi}{\Delta t}\right|$〔V〕の起電力が生じる。

磁束の変化は、

$$\left|\frac{\Delta\Phi}{\Delta t}\right|=\frac{1.8\times10^{-3}}{0.75}$$ であるから、

コイルの両端に生じる誘導起電力の大きさは

$$|V|=N\left|\frac{\Delta\Phi}{\Delta t}\right|=200\times\frac{1.8\times10^{-3}}{0.75}=\mathbf{0.48}\ 〔\mathrm{V}〕$$

よって、正解は **4** である。

問題 9 消防官Ⅰ類（2019 年度） ……………………………………… 本冊 P.056

正解：1

電流計は測りたい抵抗に**直列**に接続し、**電圧計**は測りたい抵抗に**並列**に接続して使う。

これを模式図で表すと、右図のようになる。

よって、**電流計測**では

$I=\frac{V}{R} \Rightarrow \frac{V}{R+R'}$ で R' が**小さければ**、

$I\fallingdotseq\frac{V}{R}$ と影響を小さくできる。

また、**電圧計測**では、

$V=IR \Rightarrow I\frac{RR'}{R+R'}=IR\times\frac{R'}{R+R'}$ で、

R' が**大きければ**、$V\fallingdotseq IR$ と影響を小さくできる。

電流の計測

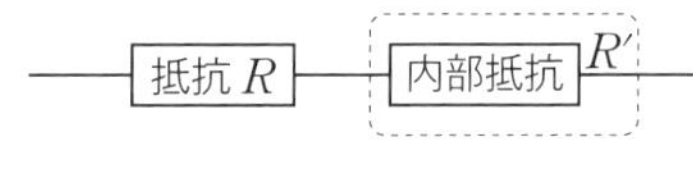

電圧の計測

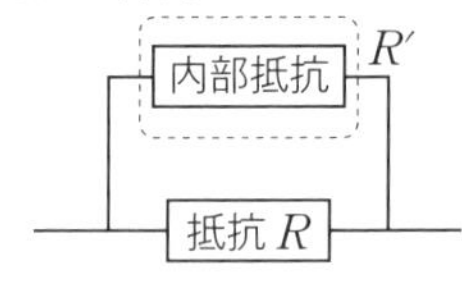

以上により、問題文の空欄に当てはまる語句は、A：**直列**、B：**小さい**、C：**並列**、D：**大きい**となり、正解は **1** である。

問題 10 国家専門職（2014 年度） …………………………………… 本冊 P.057

正解：1

抵抗（この場合ニクロム線）に電流が流れると**ジュール熱**が発生する。このジュール熱が水を温める。電池や電力が単位時間あたりにする仕事を P とすると、P は単位時間に発生するジュール熱と等しい。

$P=IV=\dfrac{V}{R}V=\dfrac{V^2}{R}$〔W〕（=〔J/s〕）であるから、ジュール熱は $\dfrac{V^2}{R}$〔J/s〕だけ発生するため、**電圧 V が大きい**ほど、**抵抗 R が小さい**ほど**発生する熱が多く**なる。

直列に接続すると電池の電圧、ニクロム線の抵抗値はその和となり、並列に接続すると電池の電圧は変わらないが、同じ抵抗値のニクロム線であれば抵抗値の逆数の和となる。

したがって、それぞれの電圧、抵抗、ジュール熱の関係は下表のようになる。

	電圧	抵抗	ジュール熱
A	$2V$	R	$\dfrac{(2V)^2}{R}=4\dfrac{V^2}{R}$
B	V	$2R$	$\dfrac{V^2}{2R}=\dfrac{1}{2}\dfrac{V^2}{R}$
C	V	$\dfrac{R}{2}$	$\dfrac{V^2}{\frac{R}{2}}=2\dfrac{V^2}{R}$
D	$2V$	$2R$	$\dfrac{(2V)^2}{2R}=2\dfrac{V^2}{R}$
E	V	R	$\dfrac{V^2}{R}$

よって、発熱（ジュール熱）は A の $4\dfrac{V^2}{R}$ が最大、B の $\dfrac{1}{2}\dfrac{V^2}{R}$ が最小となるため、水の温度上昇も **A が最大**、**B が最小**となる。以上により、正しい組合せは、最大：**A**、最小：**B** となり、正解は **1** である。

1 4 波動

問題 1 裁判所職員（2018 年度）…… 本冊 P.064

正解：1

音の**高さ**は、**振動数（周波数）**が大きいほど**高く**、音の**強さ**は、**振幅**が大きいほど**強い**。また、音色は**波の形（波形）**によって決まる。

音速は、分子が密なほど**速く**伝わるため、**固体中＞液体中＞気体中**の順に大きい。

以上により、音に関する記述Ａ～Ｅの空欄に入る語句の正しい組合せは、**A：振動数**、**B：振幅**、**C：波形**、**D：大きい**、**E：固体中＞液体中＞気体中**となり、正解は**1**である。

問題 2 東京都Ⅰ類（2003 年度）…… 本冊 P.064

正解：2

1 × 光の色は**波長**によって決まるが、**白色**は**全ての波長（色）が合わさった光**である（光の三原色（赤・緑・青）を合わせると白色になる）ため**白色光**は可視光の**全ての波長をもつ**。

2 ○ 太陽光は昼間に比べ**夕方の方が長く大気中を通過**するため波長の長い**赤い光**は波長の短い**青い光よりも散乱されにくく**、赤い光が残り夕焼けは赤く見える。

3 × **ガラス**のような媒質に入ると光の速度は波長が**短い光**ほど空気中の速度（≒真空中の速度）より**遅く**なり**屈折率が大きくなる**。

4 × 薄い膜の表面での反射光と裏面での反射光とが重なり合うことにより、特定の波長の反射光だけ強め合って特定の色として見えるのは、**光の干渉**である。シャボン玉の表面が色づいて見えるのは、光の干渉の現象だが、虹は光の**分散**によって色が分かれて見える。

5 × 光は進行方向と垂直に振動する横波であり、全方向に振動しているが、偏光板を通過すると偏光板のスリットと同じ方向に振動している一部の**横波だけが通過する**。縦波になることはない。

問題 3 国家一般職（2019 年度）…… 本冊 P.065

正解：2

1 × 光の速度は**媒質により異なる**。真空中においては 1 秒間に約 30 万 km 進む。

2 ○ **散乱現象**は波長の短い光ほど強く起こり、波長の短い**青色の光**は**散乱され**

やすい。太陽光が大気層を長い距離通過する夕方では、**散乱しにくい**波長の長い**赤色の光**が残るため夕日は赤く見える。

3　×　偏光板は**特定の振動方向の光だけ通す**ため、カメラのレンズに偏光板を付けて撮影すると通過する光が制限されるため**暗く映る**。

4　×　シャボン玉が自然光で色づくのは、シャボン玉の**薄い膜の表面と裏面で反射した光が干渉**するためである。

5　×　光は**絶対屈折率**が1より**大きい**媒質中では、**屈折**という現象が生じる。

問題4　東京都Ⅰ類（2017年度）……………………………………………… 本冊P.065

正解：4

1　×　AMラジオ放送に使われる電磁波は、100～1000 mの波長の電磁波（中波）で、遠距離まで電波の伝わり方が安定している。マイクロ波は1～100 cmと短い波長で、主に衛生放送や無線LAN等に利用される。

2　×　電磁波は、真空中において、**周波数に関係なく同じ**速度で伝わる。

3　×　電磁波の波長は**中波・短波（波長：mオーダー）＞可視光（波長：nmオーダー）＞X線等の放射線（波長：nm、pmオーダー）**である。

4　○　紫外線は可視光よりわずかに波長が短い程度で、放射線であるγ線はこれよりも波長が短い。よって**紫外線**は、波長が**γ線よりも長い**。また殺菌作用があるため殺菌灯に利用されている。

5　×　電磁波の波長が短いものほど透過しやすいため、波長の長い赤外線は波長の短いX線と比べて物質を**透過しにくく**、大気中の二酸化炭素に**吸収される**。

問題5　特別区Ⅰ類（2020年度）……………………………………………… 本冊P.066

正解：4

移動する音源から発せられる音波の波長λは、音速をa、音源が近づく速さをv、音の振動数をf_0とすると、

$$\lambda=\frac{a-v}{f_0}\ \text{〔m〕}$$

観測者にはこの波長の音波が音速aで伝わるから、観測される音の振動数fは

$$f=\frac{a}{\lambda}=f_0\frac{a}{a-v}=864\times\frac{340}{340-20}=\mathbf{918\ Hz}$$

問題6　国家専門職（2015年度）……………………………………………… 本冊P.066

正解：3

CHAPTER 1 物理

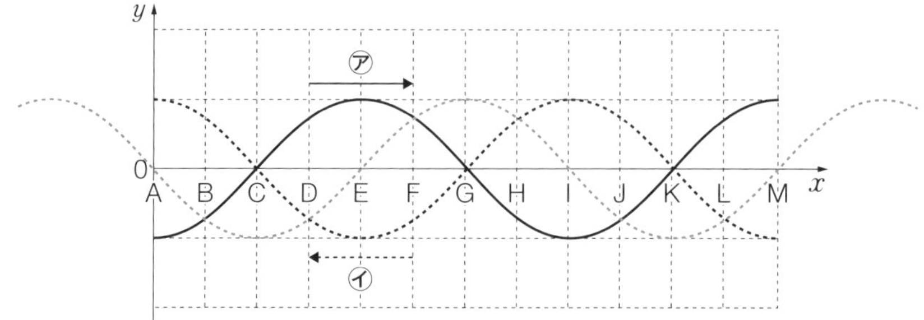

波はx軸の**8マス**で**1波長**となっており、周期が**8秒**であることから、波の速度は$v=\frac{\lambda}{T}=\frac{8}{8}=1$マス/秒となる。($v$:速度、$\lambda$:波長、$T$:周期)

2秒後の㋐と㋑の波は図中の色点線のようになり、**A、E、I、M**の点だけ波㋐も波㋑も$y=0$となる。

したがって、2つの合成波において$y=0$となる点はA、E、I、Mの4点であり、正解は**3**となる。

問題7 **国家専門職(2018年度)** ……………………………………………… **本冊 P.067**

正解:3

1 × 音は、救急車が近づいてくるとき**高く**、遠ざかるとき**低く**聞こえる。これは、音源が近づくところでは波長が**短く**、振動数は**大きく**なり、その結果、音源の出す音より高く聞こえるためである。

2 × 温度の異なる空気では音速が異なるため屈折する。放射冷却により地表付近の空気が上層よりも低くなるような場合(朝方に多い)に、**昼間には聞こえない遠くの音が聞こえることがある。**

3 ○ 凸レンズに光軸と平行な光線を当てると、焦点に光が集まる。焦点から出た光は凸レンズを通過すると光軸と**平行**に進む。凸レンズによる実像は物体と**逆向き**となり、虚像は同じ向きとなる。

4 × 白色光を異なる媒質に斜めに入射させると**屈折**し、波長により屈折率が異なるため色が分かれる。これを光の分散という。

5 × 鏡と歯車を用いたフィゾーの実験は、**光の速さ**を測定した実験である。ホイヘンスの原理は、**波動現象**を説明したものである。

問題8 **東京都Ⅰ類(2002年度)** ……………………………………………… **本冊 P.067**

正解:4

作図すると**実像**となることがわかる。

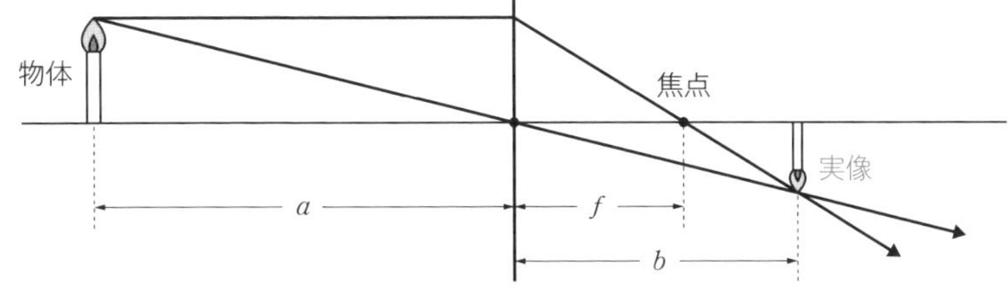

レンズの公式より

$$\frac{1}{a}+\frac{1}{b}=\frac{1}{f}$$

$$\frac{1}{b}=\frac{1}{f}-\frac{1}{a}=\frac{1}{12}-\frac{1}{30}=\frac{30-12}{12\times30}$$

$$b=\frac{12\times30}{30-12}=\frac{360}{18}=\mathbf{20\ cm}$$

したがって、正解は**4**である。

問題 9　消防官Ⅰ類（2020 年度）………………………………………… 本冊 P.068

正解：4

1　×　ドップラー効果は波源や観測者が動くことに対して観測される波の周波数が変化する現象であり、**音に限らず**、**光等波であれば同様の現象が生じる**。

2　×　光は進行方向に垂直な様々な方向に振動している横波であるため、特定の方向にのみ振動する偏光を得ることが可能であるが、**音**は**進行方向と同じ方向に振動している縦波**であるためそのような振動の方向の選択肢はなく、**音**に対しては**生じない**。

3　×　光の屈折率は振動数、すなわち色によって異なる。光の色が分離することを**分散**という。

4　○　空が**青く**見えるのは、波長の**短い**光（青い光）が大気の塵によって**散乱**するためである。

5　×　音波は縦波であるため分子が密な媒質中ほど速く伝わる性質がある。このため水中での音速は空気中の音速に比べて**大きく**なる。

問題 10　消防官Ⅰ類（2018 年度）………………………………………… 本冊 P.068

正解：2

波の速度 v を振動数 f と波長 λ で表すと、

$v=f\lambda$〔m/s〕　$f=\frac{v}{\lambda}$

図より波長（最大から最大までの距離）は 4 cm＝**0.04 m** とわかる。また、秒速 24 cm＝**0.24 m/s** なので、

$f=\frac{v}{\lambda}=\frac{0.24}{0.04}=6$〔Hz〕

したがって、正解は**2**である。

問題 11 警察官Ⅰ類（2021 年度）……………………………………………… 本冊 P.069

正解：3

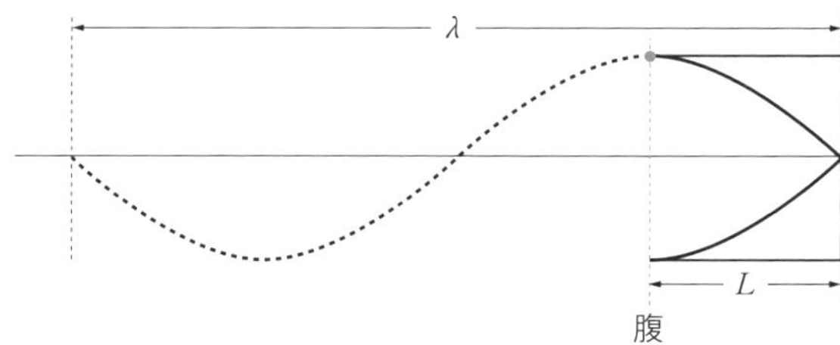

共鳴が起きるときは管口が**腹**となるときであるので、管の長さ L が $\frac{1}{4}$ 波長のときが 1 度目の共鳴となる。

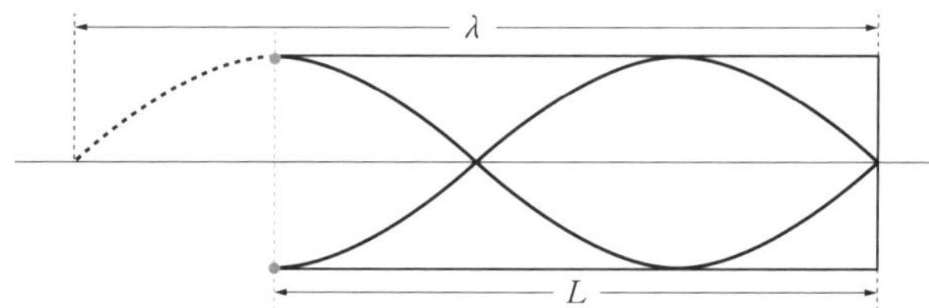

次に共鳴が起きるのは、上図のように

$L=\frac{3}{4}\lambda$ のときである。

波の基本式 $v=f\lambda$ より、$\lambda=\frac{v}{f}=\frac{a}{f}$　（a：音速〔m/s〕）

$L=\frac{3}{4}\lambda$ に $\lambda=\frac{a}{f}$ を代入すると、

$L=\frac{3}{4}\times\frac{a}{f}$

$f=\frac{3}{4}\times\frac{a}{L}=\frac{3}{4}\times\frac{340}{0.4}=637.5$〔Hz〕≒**638**〔Hz〕

よって、正解は**3**となる。

1 5 熱・原子・その他

問題 1 消防官Ⅰ類（2020 年度）…… 本冊 P.076

正解：2

1 × 熱が伝わる現象を伝熱と呼び、伝熱の基本的な形態として、以下の３形態がある。①**熱伝導**（例 鍋を火にかけると徐々に取っ手の部分も熱くなってくる)、②**対流**（熱伝達）（例 ろうそくの火の側面に手をかざしてもあまり熱くないが、火の上部に手をかざすと、熱が対流で上部に移動しているため、熱く感じる)、③**熱放射**（熱輻射）（例 白熱電球の近くにいると熱く感じる)。問題文にある**赤外線などの放射**による熱移動は、**ふく射**である。

2 ○ 問題文の内容は、**熱伝導**の現象である。物体を構成する原子や分子は、その温度に応じて熱運動をしている。温度が異なる物体同士を接触させると、原子や分子の衝突を通じて熱運動が伝わり、やがて**熱平衡（同じ温度）**になって熱移動が停止する。

3 × 温度がある固体内部の原子・分子は、必ず**熱運動をしている**。原子や分子が完全に停止するのは、**絶対零度（0 K ＝－273.15℃）の時**である。

4 × 比熱とは、単位質量（1 g や 1 kg）の物質の温度を単位温度（1 K や 1℃）**上昇させるのに必要な熱量**である。

5 × 液体の沸点は、**圧力によって変化する**。水は、**1 気圧（101.3 kPa）**においては 100℃で沸騰して蒸気に変わるが、圧力が高くなるとより高温でなければ沸騰しない。

問題 2 東京都Ⅰ類（2022 年度）…… 本冊 P.076

正解：4

基本事項として、質量と比熱と温度が異なる物体 A と B を接触させると、温度が**高い A から温度が低い B に向かって熱が移動**して、やがて温度 T_m になって**熱平衡**に達する。この時、物体 A が失う熱量と物体 B が受け取る熱量は等しいため、比熱の公式 $Q=mc\Delta T$ より、以下の関係が成り立つ。

A が失う熱 Q_A：熱が奪われて温度が（T_A-T_m）だけ下がるので、

$Q_A=m_Ac_A(T_A-T_m)$

B が得る熱 Q_B：熱をもらって温度が（T_m-T_B）だけ上がるので、

$Q_B=m_Bc_B(T_m-T_B)$

これらが等しいので、両者をイコールで結ぶと①式のようになる。

$m_Ac_A(T_A-T_m)=m_Bc_B(T_m-T_B)$ ……①

式①を、T_m を求める式に変形すると、

$$T_m=\frac{m_Ac_AT_A+m_Bc_BT_B}{m_Ac_A+m_Bc_B} \quad \cdots\cdots②$$

$$m_Ac_AT_m+m_Bc_BT_m=m_Ac_AT_A+m_Bc_BT_B \quad \cdots\cdots②'$$

式②′を問題文の**ア**に適用すると、質量 m は等しいため以下のようになる。

$$c_AT_m+c_BT_m=c_AT_A+c_BT_B$$

$$16c_A+16c_B=6c_A+28c_B$$

$$10c_A=12c_B$$

$$\therefore \quad c_A=1.2c_B \quad \cdots\cdots③$$

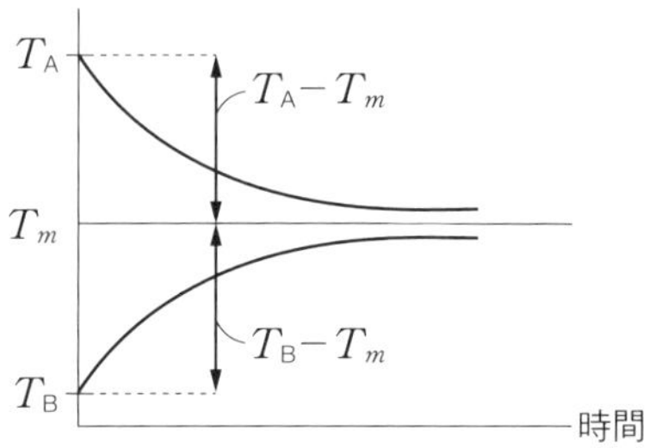

同様の計算を**イ**に適用すると、

$$T_m=\frac{c_BT_B+c_CT_C}{c_B+c_C}$$

$$36c_B+36c_C=28c_B+46c_C$$

$$8c_B=10c_C$$

$$\therefore \quad c_C=0.8c_B \quad \cdots\cdots④$$

以上より、同じ質量の物体 A と C の混合温度 T_m は次のようになる。

$$T_m=\frac{c_AT_A+c_CT_C}{c_A+c_C}$$

式③、④を代入すると、

$$T_m=\frac{1.2c_BT_A+0.8c_BT_C}{1.2c_B+0.8c_B}=\frac{c_B(1.2\times6+0.8\times46)}{2.0c_B}=\frac{1.2\times6+0.8\times46}{2.0}$$

$$=22℃$$

問題 3 **警察官 I 類（2018 年度）** …… 本冊 P.077

正解：1

本問題は、問題 2 で出てきた②の式を用いて求めることができる。
水を A、鉄球を B として問題文に与えられた数値を代入すると、次のようになる。

$$T_m=\frac{m_Ac_AT_A+m_Bc_BT_B}{m_Ac_A+m_Bc_B}=\frac{220\times4.2\times45+210\times0.44\times100}{220\times4.2+210\times0.44}=50℃$$

問題 4 **国家一般職（2015 年度）** …… 本冊 P.077

正解：2

本問題も、問題 2 で出てきた②および②′の式を用いて求めることができる。

$$T_m=\frac{m_Ac_AT_A+m_Bc_BT_B}{m_Ac_A+m_Bc_B}=\frac{c_AT_A+c_BT_B}{c_A+c_B}$$

$$20c_A+20c_B=18c_A+40c_B$$

$$2c_A=20c_B$$

$$c_A=10c_B$$

固体Bの比熱は固体Cの**2倍**であるため、$c_A=10c_B=$**$20c_C$**
よって、固体Aと固体Cの混合温度は以下のようになる。

$$T_m=\frac{20c_C T_A+c_C T_C}{20c_C+c_C}=\frac{c_C(20T_A+T_C)}{21c_C}=\frac{20\times18+81}{21}=\mathbf{21℃}$$

問題5 東京都Ⅰ類（2014年度） 本冊 P.078

正解：2

熱容量 C〔J/K〕と比熱 c〔J/(g·K)〕と質量 m〔kg〕の関係は、比熱の公式より、$C=mc$

水が入ったティーカップ全体の熱容量：

ティーカップの熱容量は $C_{cup}=84$ J/K、ティーカップに入っている100gの水の熱容量は $C_{water}=100\times4.2=$**420 J/K**であるから、100gの水が入ったティーカップ全体の熱容量 C_1 は、次のようになる。

$C_1=C_{cup}+C_{water}=84+420=$**504 J/K** ……①

後から加える水の熱容量：

後から加える80gの水の熱容量は $C_2=80\times4.2=$**336 J/K** ……②

①、②より、混合温度 T_m を求める。**問題2**で出てきた②の式、

$T_m=\frac{m_A c_A T_A+m_B c_B T_B}{m_A c_A+m_B c_B}$ において、$C=mc$ であるので、次のように混合温度が求まる。

$$T_m=\frac{C_1T_1+C_2T_2}{C_1+C_2}=\frac{504\times10+336\times60}{504+336}=\mathbf{30℃}$$

問題6 国家一般職（2020年度） 本冊 P.078

正解：2

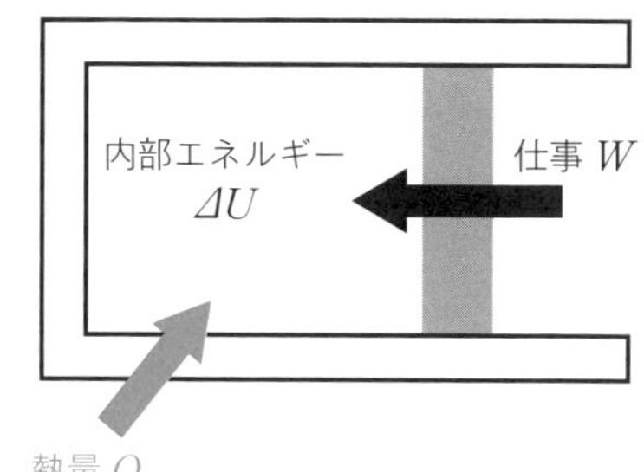

右図に示すように、摩擦の無いピストンとシリンダに封入された気体の内部エネルギーを U とする。シリンダー内の気体は、外部と熱エネルギー Q のやり取りと、仕事 W のやり取りを行うとする。

この時、内部エネルギーの変化量 ΔU と加えた熱量 Q と気体に加えられる仕事 W との間には、**熱力学第一法則**によって次の関係式

が成り立つ。

$\Delta U = Q + W$

ここで、Q と W の正負は次のように取る。

熱量 Q:加熱時に内部エネルギーが増加するので**正**（+）、放熱時に内部エネルギーが低下するので**負**（－）。

仕事 W:圧縮時に内部エネルギーが増加するので**正**（+）、膨張時に内部エネルギーが低下するので**負**（－）。

よって、熱力学第一法則 $\Delta U = Q + W$ に示すように、内部エネルギーの変化量 ΔU は、熱量 Q と仕事 W の**和**である。また、熱の出入りが無視できるということは、$Q=0$ であることを意味し、**外部との熱のやり取りが無い**ことから、**断熱変化**と呼ばれる。また、空気が膨張して外部に対して仕事を行うのは、**負**の仕事であり、膨張に伴い、温度が低下して内部エネルギーも低下するため、内部エネルギーも**負**となる。気体の持つ内部エネルギー U の大小は、気体の**温度**に対応する。m〔kg〕の理想気体の内部エネルギー ΔU と温度変化量 ΔT の関係は、定容比熱を c_v とすると、$\Delta U = mc_v\Delta T$ であるから、**断熱膨張**をすれば空気の温度は**下降**（低下）する。

以上から、気体の状態変化に関するA～Dに当てはまるものの組合せは、A：**和**、B：**断熱変化**、C：**負**、D：**下降**となり、正解は**2**である。

問題7 特別区Ⅰ類（2003年度）…… 本冊 P.079

正解：5

原子は、原子核の周りにある電子軌道を電子がまわっている。原子核は陽子と中性子で構成され、これを**核子**と呼ぶ。核子（陽子と中性子）は**核力**と呼ばれる力で強く結びついている。

原子核中に含まれる**陽子**の数を**原子番号**と呼ぶ。中性子の数は、原子の数と同じとは限らない。原子核中の原子と中性子の数の和を**質量数**と呼ぶ。原子番号が同じ（原子の数が同じ）で、質量数が異なる物質（中性子の数が異なる）同士は、互いに**同位体**と呼ばれる。

1 × 原子核の陽子と中性子は、電気力ではなく**核力**によって結び付いている。
2 × 原子番号は、原子核に含まれる**陽子の数**である。
3 × α 線は**ヘリウム**の原子核で、β 線は原子核から放出される**高速**の電子である。
4 × 核子は、**陽子と中性子**から構成される。電子ではない。
5 ○ 正しい記述である。

問題 8 東京都Ⅰ類（2019 年度）………………………………………… 本冊 P.079

正解：1

放射性崩壊をする原子核を放射性原子核と呼ぶ。放出される光には次のものがある。

α 線：**ヘリウム**の原子核（陽子 2 個、中性子 2 個）によるもので、1 枚の紙でも遮断できる。

β 線：原子核から放出される**高速**の電子によるもので、薄いアルミニウム板などで遮断できる。

γ 線：原子核から出る波長が**短い**電磁波で、鉛板や厚い鉄板等で遮断できる。

1　○　正しい記述である。
2　×　これは **γ 線**の説明である。波長が**短い**ほどエネルギーが**高く**、透過力もある。
3　×　これは **α 線**の説明である。β 線は、原子核から飛び出した電子である。
4　×　放射性物質の原子核は、α 線、β 線、γ 線などの放射線を出しながら、より安定した別の原子に変わっていく。これを**放射性崩壊**という。放射性崩壊によって放射能が時間とともに低下し、その強さがはじめの半分なるまでに要する時間を**半減期**と呼ぶ。
5　×　吸収線量は、**Gy（グレイ）**という単位で示される。Gy は、**物質がどれだけ放射線のエネルギーを吸収したか**を表す量であり、物質 1 kg 当たり 1 ジュールのエネルギー吸収が起こった場合の吸収量が 1 Gy である。**シーベルト（Sv）**は、放射線が**人体に及ぼす影響**を含めた線量である。

問題 9 国家一般職（2018 年度）………………………………………… 本冊 P.080

正解：2

1　×　原子核中の陽子と中性子の数の和を質量数と呼ぶ。原子番号が同じ（原子の数が同じ）で、質量数が異なる（中性子の数が異なる）物質同士を、**同位体**と呼ぶ。
2　○　正しい記述である。
3　×　α 線は**ヘリウム**の原子核（陽子 2 個、中性子 2 個）によるもので、β 線は原子核から放出される**高速の電子**によるものである。波長が短い **β 線**の方が、α 線よりもエネルギーが**高く**、物質への**透過率も高い**。
4　×　太陽で起こっている反応は**核融合反応**で、4 つの水素原子（H）が核融合してヘリウム（He）になり、その際に失われたわずかな質量が、莫大なエネルギーに変化している。
5　×　X 線は赤外線よりも**はるかに波長が短い**放射線である。

問題 10 国家専門職（2007 年度）……………………………………………………… 本冊 P.080

正解：2

1 × 運動量は質量 m〔kg〕と速度 v〔m/s〕の積で表される。よって、その単位をSI基本単位で表すと、**kg·m/s** となる。

2 ○ 圧力〔Pa〕は、単位面積当たりに作用する力である。力 F〔N〕は質量 m〔kg〕と加速度 a〔m/s²〕の積（$F=ma$）であるから、圧力の基本単位は次のようになる。

$$\mathrm{Pa}=\frac{\mathrm{N}}{\mathrm{m}^2}=\frac{\mathrm{kg \cdot m}}{\mathrm{m}^2 \cdot \mathrm{s}^2}=\mathbf{kg/(s^2 \cdot m)}$$

3 × 力〔N〕は、質量 m〔kg〕と加速度 a〔m/s²〕の積（$F=ma$）であり、次のように表せる。$\mathrm{N}=\mathbf{kg \cdot m/s^2}$

4 × 仕事〔J〕は、力 F〔N〕と距離 x〔m〕の積であり、基本単位は次のように表せる。

$\mathrm{J}=\mathrm{N \cdot m}=\mathbf{kg \cdot m^2/s^2}$

5 × 仕事率〔W〕は、単位時間当たりの仕事であり、基本単位は次のように表せる。

$\mathrm{W}=\mathrm{J/s}=\mathbf{kg \cdot m^2/s^3}$

2 1 物質の構成

問題 1 特別区Ⅰ類（2014 年度）…… 本冊 P.090

正解：1

1 ○ **電気陰性度**の大きい**窒素（N）**、**酸素（O）**、**フッ素（F）**の原子（X 原子とする）が**水素原子（H）**と共有結合している場合、共有電子対は X 原子のほうに引き寄せられ、水素原子は**正**に、X 原子は**負**に帯電する。正に帯電した水素原子は、隣の分子（もしくは同じ分子内）にある電気陰性度の大きい原子（Y 原子とする）と、**静電気的な引力**（クーロン力）により引き付け合う（水素原子は非常に小さいので、Y 原子に十分に近づくことができる）。このように、電気陰性度の大きい原子どうしが水素原子を間に置いて結び付く結合を、**水素結合**という。水素結合には、**分子内水素結合**と**分子間水素結合**がある（前者は Y 原子が X 原子と同じ分子内にある場合、後者は Y 原子が隣の分子にある場合である）。選択肢の文は後者の説明になっている。水素結合は、**ファンデルワールス力よりも強く、共有結合やイオン結合よりは弱い**結合である。なお、電気陰性度とは、分子内で原子が結合するとき、相手の**電子**を引き付ける強さの度合いをいう。

2 × **共有結合**とは、2 個の原子が、互いの**価電子**（最外殻の電子）のうちいくつかを**共有**することにより形成される結合である。静電気的な力(クーロン力)による結合ではない。

3 × 選択肢の文中、**ファンデルワールス力**は「**クーロン力**」の誤り。クーロン力とは、電荷をもつ 2 つの粒子の間に働く静電気的な力で、**静電気力**ともいう。クーロン力は、電荷の符号が ＋ と－のときは**引力**となり、＋と＋、－と－のときは**斥力**（反発する力）となる。**イオン結合**において、**陽イオン**と**陰イオン**の間に働く引力はクーロン力である。ファンデルワールス力とは、すべての分子間に働く弱い引力で、分子間力の一つである。

4 × **金属結合**とは、金属元素の原子が集まって**金属結晶**をつくるときの結合である。金属結合において、金属原子はいくつかの**価電子**を放出して**陽イオン**になり、放出された電子は、規則正しく整列した陽イオンの間を自由に動き回る**自由電子**となる。「隣り合う 2 個の原子の間で共有される価電子による結合」は、**共有結合**である。

5 × 選択肢の文は、**配位結合**ではなく「**極性引力**（極性分子間に働く静電気的な引力）」の説明になっている。配位結合とは、結合する 2 つの原子のうち、**どちらか一方の原子のみから電子対（2 個の価電子）が提供される**ことにより形成される結合である（もう一方の原子からは、電子を受け入れる**空軌道**のみが提供される）。2 つの原子が電子を出し合って共有する**共有結合**とは上記の点で異なるが、結果としてできた結合は、共有結合とまったく同じである。

問題 2　消防官Ⅰ類（2018 年度）　　本冊 P.090

正解：1

1　○　原子は、中心をなす**原子核**と、その周囲を取り巻く**電子**により構成される。原子核は**陽子**と**中性子**からなる。陽子は**正**の電荷をもち、電子は**負**の電荷をもつ。陽子 1 個がもつ正の電荷と、電子 1 個がもつ負の電荷の**絶対値**は**等しい**。

2　×　**陽子**と**中性子**の質量はほぼ等しく、**電子**の質量は極めて小さい。

3　×　**同位体**とは、同じ元素でありながら、原子核中の**中性子**の数が異なる原子のことをいう。同じ元素では、**陽子**の数は必ず同じで、その数を**原子番号**という。原子を構成する要素のうち、電子の質量は極めて小さいので、原子の質量は、陽子の数と中性子の数によってほぼきまる。陽子の数と中性子の数の和を**質量数**といい、原子の質量は、質量数にほぼ比例する。以上をまとめると、同位体とは、「原子番号が同じで質量数が異なる原子」と表現することもできる。同位体は、質量が異なるだけで、化学的性質は**ほとんど同じ**である。

4　×　原子内の**電子**は、**電子殻**と呼ばれるいくつかの層に分かれて存在している。電子殻は、原子核に近い**内側**から順に、K 殻、L 殻、M 殻、N 殻……のように呼ばれる。それぞれの電子殻に入ることができる電子の数はきまっていて、内側から n 番目の電子殻に収容できる電子の最大数は $\mathbf{2n^2}$ 個である。したがって、K 殻、L 殻、M 殻、N 殻に収容できる電子の最大数は、それぞれ 2 個、8 個、18 個、**32** 個であり、「N 殻では最大で 36 個」は誤り。

5　×　原子は、原子番号と同じ数の電子をもつ。原子内の電子は、原子核に近い内側の電子殻に位置しているほうが、エネルギーの低い安定な状態になるので、原則として、電子は**内側**の電子殻から順に収容される。原子番号 11 のナトリウム原子の場合、最も内側の K 殻に最大収容数である 2 個、L 殻に同じく最大収容数である 8 個の電子が入り、残る 1 個の電子が M 殻に入る。このような規則性が最初にくずれるのが、原子番号 19 の**カリウム**と、原子番号 20 の**カルシウム**のところである。これらの場合、K 殻に 2 個、L 殻に 8 個、M 殻に 8 個（M 殻の最大収容数は 18 個）の電子が入り、残る 1 個か 2 個の電子は M 殻に入らずに、その外側の **N 殻**に入る（その理由は、K 殻以外の電子殻が、エネルギー準位の異なるいくつかの電子軌道に分かれていることによる。カリウム、カルシウムの 19 番目、20 番目の電子は、まだ空いている M 殻に入るよりも、N 殻にある 4s 軌道に入るほうが、エネルギーの低い安定な状態になるのである）。したがって、カルシウム原子の電子配置は、K 殻 2 個、L 殻 8 個、M 殻 **8** 個、N 殻 2 個である。

問題 3　警察官Ⅰ類（2018 年度）　　本冊 P.091

正解：4

1 × 選択肢の文中、**電子**は「**中性子**」の誤り。
2 × 同位体は、質量が異なるだけで、化学的性質は**ほとんど同じ**である。
3 × 黄リンと赤リン、黒鉛とダイヤモンドは、**同位体**ではなく、**同素体**の例である。同素体とは、同じ元素からなる単体でありながら、**化学的性質の異なる**ものをいう。性質の違いは、原子の配列や結合の仕方の違いによる。
4 ○ **原子量**とは、炭素の同位体の一つである ^{12}C 原子の質量を 12 とし、これを基準として、他の原子の質量を相対的に表した値である。ある元素の原子量は、その元素の**同位体**の**相対質量**に、それぞれの同位体の**存在比**を掛けた平均値として求められる。
5 × **放射性同位体**とは、ある元素の同位体のうち、**放射能**、すなわち**放射線を出す**性質をもつものをいう（放射線を「吸収する」のではない）。放射性同位体の原子核は不安定なため、放射線を出しながら壊変（崩壊）し、他の安定した原子核に変化する。

問題 4 東京都Ⅰ類（2018 年度）……………………………………………… 本冊 P.091

正解：1

1 ○ 水素 (H_2)、酸素 (O_2)、アルミニウム (Al) は、いずれも 1 種類の元素でできている**単体**である。
2 × 選択肢の文中、**混合物**は「**化合物**」の誤り。水 (H_2O)、塩化ナトリウム (NaCl)、メタン (CH_4) は、いずれも化合物である。
3 × 選択肢の文中、**化合物**は「**混合物**」の誤り。**空気**は窒素 (N_2)、酸素 (O_2) などの混合物、**海水**や**牛乳**も混合物である。
4 × 選択肢の文中、**同位体**は「**同素体**」の誤り。**ダイヤモンド**、**フラーレン**は、炭素 (C) の同素体である。
5 × 選択肢の文中、**同素体**は「**同位体**」の誤り。天然に存在する水素原子のほとんどは、原子核が陽子 1 個だけからなる ^{1}H（左上の小さい数字は**質量数**を表す）であるが、陽子 1 個と中性子 1 個をもつ ^{2}H（**重水素**·ジュウテリウム）、陽子 1 個と中性子 2 個をもつ ^{3}H（**三重水素**・トリチウム）もわずかに存在する。^{1}H、^{2}H、^{3}H は、**互いに同位体**である。

問題 5 裁判所職員（2020 年度）……………………………………………… 本冊 P.092

正解：1

1 ○ 原子は、正の電荷をもつ**陽子**と、負の電荷をもつ**電子**を同じ数だけもっている。陽子 1 個がもつ正の電荷と、電子 1 個がもつ負の電荷の絶対値は等しいので、原子は全体として電気的に**中性**である。
2 × 電子は**負**の電荷をもつので、原子が電子を失ったときは**正**の電荷を帯びた陽イオンに、電子を受け取ったときは**負**の電荷を帯びた陰イオンになる。

3 ×　価電子の数が1～3個の原子は、電子を失って陽イオンになりやすく、価電子の数が6～7個の原子は、電子を受け取って陰イオンになりやすい。一般に、原子には、原子番号が最も近い貴ガス（**希ガス**）と同じ電子配置になろうとする傾向がある。貴ガス（希ガス）の原子は、最外殻の電子が8個（ヘリウムは2個）という安定した電子配置になっている。価電子の数が1～3個と少ない原子は、その電子を放出すれば、一つ内側の電子殻が最外殻となるので安定する。価電子の数が6～7個の原子は、1個か2個の電子を受け取ることで最外殻の電子が8個になり、安定した電子配置になれる。

4 ×　イオン結合でできる化合物は、一般に、常温では**結晶**を形成する（これを**イオン結晶**という）。イオン結合は比較的結び付きが強いので、イオン結晶は融点が高く、硬いのが特徴である。イオン結晶の多くは水溶性で、固体の状態では電気を通さないが、融解して液体になり、または水溶液になると、イオンが液体の中を自由に動くことができるので、電気を通すようになる。イオン結晶の代表的なものが食塩（塩化ナトリウム：NaCl）である。

5 ×　**電子親和力**とは、原子が電子1個を受け取って1価の陰イオンになるときに放出されるエネルギーをいう。電子親和力が大きい原子ほど、陰イオンになりやすい。原子から電子を取り去って**陽イオン**にするために必要なエネルギーは、イオン化エネルギーという（イオン化エネルギーが小さい原子ほど、陽イオンになりやすい）。正確には、中性の原子から電子1個を取り去って1価の陽イオンにするために必要なエネルギーを**第一イオン化エネルギー**、1価の陽イオンからさらに電子1個を取り去って2価の陽イオンにするために必要なエネルギーを**第二イオン化エネルギー**という（以下、同様に第三～となる）。同一原子では、第一イオン化エネルギーよりも、第二イオン化エネルギーのほうが大きくなる（第三～以下も同様）。

問題6　国家一般職（2017年度）
本冊 P.092

正解：1

1 ○　選択肢の記述は、イオン結合とイオン結晶に関する説明として正しい。

2 ×　窒素分子は、窒素原子が三重結合した物質で、電子を6個共有している。窒素原子（N）は原子番号7で、電子を7個もっている。そのうち、最外殻にある価電子は5個であるが、もう一つの窒素原子と**3個**の価電子を共有すれば、最外殻の電子が8個という、貴ガス（希ガス）と同じ安定した電子配置になる。これが、窒素分子の結合が三重結合になる理由である。多数の非金属の原子が次々に共有結合してできた共有結合の結晶（共有結晶）の例としては、ダイヤモンド、黒鉛、ケイ素、二酸化ケイ素（石英·水晶）、炭化ケイ素などが挙げられる。共有結合の結晶は、一般に極めて**硬く**、融点が**高く**、電気を**通さない**（黒鉛は例外で電気を通す）。二酸化炭素の固体である**ドライアイス**は、分子どうしが分子間の弱い引力である**ファンデルワールス力**により結合してできる**分子結晶**の例であり、共有結合の結晶ではない。分子結晶は結合力が弱いので、融点は**低く**、結晶は壊れやすい。

3　×　**電気陰性度**とは、分子内で原子が結合するときに、相手の**電子**を引き付ける強さの度合いをいう（**陽子**を引き付ける強さではない）。電気陰性度の差が大きい原子どうしが共有結合すると、電気陰性度の大きい原子のほうが共有電子対を強く引き寄せるので、電荷の偏りが生じる。この電荷の偏りを**極性**という。電気陰性度の差によりそれぞれの結合に極性が生じても、それらが打ち消し合うことで、分子全体としては電荷の偏りがなく、極性が生じないこともある。一方、分子全体としても電荷の偏り（すなわち極性）が生じることもある。前者を**無極性分子**※、後者を**極性分子**といい、そのどちらになるかは分子の形による。水（H_2O）や**アンモニア**（NH_3）は**極性分子**、メタン（CH_4）や二酸化炭素（CO_2）は無極性分子の例である。

※　結合の極性がなく、分子全体としての極性もない分子も無極性分子という。H_2、O_2 のような二原子分子の単体がそれに当たる。

4　×　多数の分子が**分子間力**により規則正しく配列した結晶を、**分子結晶**という。分子間力は、イオン結合、共有結合、金属結合よりも**弱い**ので、分子結晶は分子間の凝集力が弱く、一般に融点は**低く**、結晶が**軟らかく**、**昇華性**をもつものが多い。分子結晶は、固体でも液体でも電気を**通さない**。**水**（氷）、ドライアイス（**二酸化炭素**）、ナフタレン、ヨウ素などが分子結晶の例である。このうち、氷は、ファンデルワールス力よりも強い**水素結合**により分子が結合した水素結合結晶で、同族の水素化合物にくらべて融点が高い。**塩化ナトリウム**は分子結晶でなく、**イオン結晶**の例である。

5　×　**金属結合**では、金属原子はいくつかの価電子を放出して**陽イオン**になり、放出された**電子**は、規則正しく整列した陽イオンの間を自由に動き回る**自由電子**となる。したがって、「金属原子から放出された**陽子**と電子が自由に動き回り」の部分は誤り。また、**熱伝導性**、**電気伝導性**が大きいことは金属の特性として正しいが、**潮解性**があるという記述は正しくない。潮解とは、固体が空気中の水蒸気を吸収してその水に溶けることをいい、潮解性とはそのような性質をいう。潮解性を有する物質には、水酸化ナトリウム、塩化カルシウム、塩化マグネシウムなどがある。

問題 7　消防官Ⅰ類（2020 年度）……………………………… 本冊 P.093

正解：2

1　×　選択肢の文は、**ろ過**ではなく、「**再結晶**」の説明になっている。
2　○　選択肢の文は、**抽出**の説明として正しい。
3　×　選択肢の文は、**再結晶**ではなく、「**分留**」の説明になっている。
4　×　選択肢の文は、**昇華**ではなく、「**クロマトグラフィー**」の説明になっている。

5　×　選択肢の文は、**蒸留**ではなく、「**昇華**」の説明になっている。

問題8　消防官Ⅰ類（2016年度）…… 本冊 P.093

正解：4

問題文の条件から、水1 molの質量は、1.0×2＋16＝**18**〔g〕。270 gの水の物質量は、270÷18＝**15**〔mol〕。水分子には2個の水素原子（H）が含まれるので、15 molの水に含まれる水素原子の数は、$6.0\times10^{23}\times2\times15=\mathbf{1.8\times10^{25}}$〔個〕である。

問題9　国家一般職（2009年度）…… 本冊 P.094

正解：3

メタンを完全燃焼させたときの化学反応式は、以下のとおりである。

$CH_4+2O_2 \rightarrow CO_2+2H_2O$

この式から、メタン1 molを完全燃焼させたときに生成する水は2 molとわかる。メタン0.5 molを完全燃焼させたときに生成する水は、その2倍の**1 mol**である。

水素を完全燃焼させたときの化学反応式は、以下のとおりである。

$2H_2+O_2 \rightarrow 2H_2O$

この式から、水素2 molを完全燃焼させたときに生成する水は2 molとわかる。水素0.5 molを完全燃焼させたときに生成する水は**0.5 mol**である。

したがって、メタン0.5 molと水素0.5 molの混合気体を完全燃焼させたときに生成する水の物質量は、**1.5 mol**である。

問題文の条件から、水1 molの質量は、1.0×2＋16.0＝18.0〔g〕であるから、水1.5 molの質量は、18.0×1.5＝**27.0**〔g〕。

以上により、メタン0.5 molと水素0.5 molの混合気体を完全燃焼させたときに生成する水の質量は**27 g**であり、正解は**3**となる。

問題10　特別区Ⅰ類（2015年度）…… 本冊 P.094

正解：3

プロパンを完全燃焼させたときの化学反応式は、以下のとおりである。

$C_3H_8+5O_2 \rightarrow 3CO_2+4H_2O$

この式から、プロパン1 molを完全燃焼させたときに生成する水は**4 mol**とわかる。

問題文の条件から、プロパン1 molの質量は、12.0×3+1.0×8=44〔g〕。すなわち、プロパン4.4 gの物質量は**0.1 mol**である。プロパン0.1 molを完全燃焼させたときに生成する水は**0.4 mol**である。

問題文の条件から、水1 molの質量は、1.0×2+16.0=18.0〔g〕であるから、水0.4 molの質量は、18.0×0.4=**7.2**〔g〕。

以上により、プロパン4.4 gを完全燃焼させたときに生成する水の質量は**7.2 g**であり、正解は**3**となる。

問題 11 **東京都Ⅰ類（2020年度）** ………… **本冊P.095**

正解：3

一酸化炭素を完全燃焼させたときの化学反応式は、以下のとおりである。

$2CO+O_2 \rightarrow 2CO_2$

この式から、一酸化炭素2 molを完全燃焼させるときに必要となる酸素は**1 mol**とわかる。

問題文の条件から、一酸化炭素1 molの質量は28 gなので、一酸化炭素2.8 gの物質量は**0.1 mol**である。0.1 molの一酸化炭素を完全燃焼させるときに必要となる酸素の物質量は、以下のように求められる。

$\frac{0.1}{2}\times 1=\mathbf{0.05}$〔mol〕

問題文の条件から、酸素1 molの質量は32 gなので、酸素0.05 molの質量は、32×0.05=**1.6**〔g〕。

以上により、一酸化炭素2.8 gを完全燃焼させるときに必要となる酸素の質量は**1.6 g**であり、正解は**3**となる。

問題 12 **国家専門職（2018年度）** ………… **本冊P.095**

正解：2

アの「3.01×10^{24}個の水素分子」の物質量は、以下のように求められる。

$\frac{3.01\times10^{24}}{6.02\times10^{23}}=\mathbf{5.0}$〔mol〕

イの「標準状態（0℃、1.013×10^5 Pa）で44.8 Lの酸素分子」の物質量は、以下のように求められる。

アボガドロの法則により、1 molの気体が占める体積は、気体の種類にかかわらず、標準状態において22.4 Lである。したがって、標準状態で44.8 Lの酸素分子

CHAPTER 2 化学

の物質量は、44.8÷22.4＝**2.0**〔mol〕である。

ウの「27.0 g の水分子」の物質量は、以下のように求められる。

問題文の条件から、水 (H_2O)1 mol の質量は、1.0×2＋16.0＝18.0〔g〕であるから、27.0 g の水の物質量は、27.0÷18.0＝**1.5**〔mol〕である。

エの「2.0 mol のアセチレン (C_2H_2) を完全燃焼させたときに生成する二酸化炭素分子」の物質量は、以下のように求められる。

アセチレンを完全燃焼させたときの化学反応式は、以下のとおりである。

$2C_2H_2 + 5O_2 \rightarrow 4CO_2 + 2H_2O$

この式から、アセチレン 2.0 mol を完全燃焼させたときに生成する二酸化炭素は**4.0 mol** とわかる。

以上により、物質量の大きさは**ア＞エ＞イ＞ウ**であり、正解は**2**となる。

2 2 物質の状態

問題 1 国家専門職（2020 年度）本冊 P.102

正解：3

1 × **金属結合**を形成する物質（すなわち**金属**）には、融点·沸点が低いものも、高いものもある。最も融点の低い金属は**水銀**で、融点は約－**38.8℃**と、常温で**液体**である唯一の金属である（融点の数値は「理科年表 2023」（国立天文台編）による。以下同様）。最も融点の高い金属は**タングステン**で、融点は **3422℃**である。身近な金属では、鉄の融点が 1538℃、銅の融点が約 1084.6℃、アルミニウムの融点が約 660.3℃、鉛の融点が約 327.5℃である。**分子**からなる物質（**分子性物質**）は、**分子間力**により引き付け合って、液体になったり固体（**分子結晶**）になったりする。分子間力は、金属結合やイオン結合、共有結合よりも**弱い**ので、分子性物質は、融点・沸点が**低い**ものが多い。同じような構造の分子では、**分子量**が大きいほど分子間力が強くなり、融点・沸点が高くなる傾向がある。分子性物質の中でも、**水素結合**を形成している物質は、同程度の分子量をもつ水素結合を形成しない物質よりも、融点・沸点が異常に**高い**。これは、分子間力として、すべての分子間に働く弱い**ファンデルワールス力**に加えて、それよりも強い、水素結合による結合力が加わるためである。水素結合を形成する水（H_2O）の融点は **0℃**、水素結合を有しない硫化水素（H_2S）の融点は－**82.9℃**である。以上を考え合わせても、「金属結合で結ばれている物質よりも、水素結合で結ばれている物質の方が（融点・沸点が）高い」とはいえないので、選択肢前半の記述は誤りである。選択肢後半の記述は、「**水素結合から成る物質**」ではなく、「**金属結晶**」に関する説明になっている。

2 × **液体**から**気体**への変化は、**昇華**でなく**蒸発**という。圧力が一定のとき、一定量の気体の体積は、**絶対温度**に**比例**する（温度が上がると**大きく**なる）。これを**シャルルの法則**という。

3 ○ 選択肢の記述は、**結晶**に関する説明として正しい。

4 × **塩化ナトリウム**（$NaCl$）も**グルコース**（$C_6H_{12}O_6$）も水によく溶けるが、このうち、「水溶液中で**イオンに電離する**」のは塩化ナトリウムのみで、グルコースは**電離しない**。水溶液中でイオンに電離して電気伝導性を示す物質を**電解質**といい、水溶液中で電離しない物質を**非電解質**という。電解質には、酸·塩基·イオン性塩類などが、非電解質には、ショ糖・ベンゼン・アルコールなどが含まれる。一般に、**イオン結晶**は、**極性溶媒**である**水**にはよく溶けるが、**無極性溶媒**である**ベンゼン**、トルエン、ヘキサン、ジエチルエーテルなどには**溶けにくい**（この部分は選択肢の記述が正しい）。**無極性分子**である**ヨウ素**、**ナフタレン**は、反対に、極性溶媒である水には**溶けにくく**、無極性溶媒に溶けやすい。

5 × **同じ元素**からなる**単体**であるが、単分子を構成する原子の数や、原子の配列、結合の仕方などが違うために異なる性質を示すものを、互いに**同素体**であるという。**酸素**(O_2)と**オゾン**(O_3)は同素体の例である。**金**(Au)と**白金**(Pt)は**異なる元素**である。**青銅**は銅(Cu)と錫(Sn)の**合金**、**黄銅**は銅と亜鉛(Zn)の**合金**である。**同位体**(アイソトープ)とは、同じ元素の原子で**中性子**の数が異なるものをいう。**高分子化合物**とは、分子量が1万を超えるような物質のことをいう。高分子化合物は**自然界にも存在し**、それらを**天然高分子化合物**という。デンプン、タンパク質、核酸、セルロース、天然ゴムなどがその例である。石油などから人工的に合成される高分子化合物を、**合成高分子化合物**という。ナイロン、ポリエステル、ポリエチレン、ポリエチレンテレフタラート(PET)などがその例である。

問題2 特別区Ⅰ類(2020年度) ……………… 本冊 P.102

正解:2

ボイル・シャルルの法則により、気体の体積は**圧力**に**反比例**し、**絶対温度**に**比例**する(圧力をP〔Pa〕、体積をV〔L〕、絶対温度をT〔K〕とすると、$\frac{PV}{T}$は一定の値になる)。問題文の条件により、0K=−273℃であるから、気体を加熱したときの圧力(P'〔Pa〕とする)は以下のように求められる。

$$\frac{(1.0\times10^5)\times72.0}{27+273}=\frac{P'\times36.0}{87+273}$$

$$P'=\frac{7.2\times10^6}{300}\times\frac{360}{36.0}=\frac{7.2\times10^4}{3}\times10=\mathbf{2.4\times10^5}\text{〔Pa〕}$$

以上により、求める圧力P'は**2.4×10^5 Pa**となり、正解は**2**である。

問題3 特別区Ⅰ類(2017年度) ……………… 本冊 P.103

正解:4

水酸化鉄(Ⅲ)、**粘土**、硫黄、金属などのコロイド溶液に**少量**の**電解質**を加えると、コロイド粒子が反発力を失って集まり、**沈殿**する。このような現象を、**凝析**という。これらのコロイドは水との親和力(**親水性**)が**小さく**、不安定であるが、粒子の表面に同種の電荷をもっているために、粒子どうしが反発し合うことで分散状態を保っている。そこに少量の電解質を加えると、コロイド粒子と反対の電荷をもつイオンを吸着して反発力を失い、分子間力により引き合って凝析する。このようなコロイドを、**疎水コロイド**という。

デンプンやゼラチン(**タンパク質**)などのコロイド溶液は、**少量**の**電解質**を加えても沈殿しないが、電解質を**多量に**加えると沈殿する。これらのコロイドは**親水性**が**大きく**、粒子の表面に水分子を引き付けて**水和**され、安定に分散している。多量の電解質を加えると、電離したイオンがコロイド粒子の水和水を奪い、コロイド粒子は沈殿する。このような現象を**塩析**といい、このようなコロイドを**親水コロイド**という。

以上により、**A**：**凝析**、**B**：**疎水**、**C**：**塩析**、**D**：**親水**となり、正解は**4**である。

問題4 **裁判所職員（2017年度）** ………………………………………… **本冊 P.103**

正解：1

1 ○ **絶対零度**（0 K＝－273℃）では、理論上、すべての粒子の**熱運動**が停止する。これよりも低い温度は**存在しない**。
2 × セルシウス温度の**0℃**は、絶対温度では**273 K**、絶対温度の**0 K**は、セルシウス温度では**－273℃**である。絶対温度をT〔K〕、セルシウス温度をt〔℃〕で表すと、$T=t+273$となる。
3 × 気体分子の**熱運動**の平均の速さは、温度が**高い**ほど**大きく**なる。同じ温度では、分子量が**小さい**気体ほど、平均の速さは**大きい**。
4 × 物質には、**固体**・**液体**・**気体**の３つの状態があり、温度や圧力によって、液体から固体になったり、液体から気体になったりする。このような変化を、物質の**状態変化**という。状態変化では、**物質の種類は変わらずに**、物質の形や状態だけが変わる。このような変化を**物理変化**という。**化学変化**とは、ある物質が分解または化合して、**別の物質に変わる**ことをいう。物質の状態変化は、化学変化ではなく、物理変化である。
5 × 常温・常圧で**液体**である**単体**の物質は、**臭素**(**Br**)と**水銀**(**Hg**)のみである。**水**(**H_2O**)は**化合物**であり、単体ではない。

2 3 物質の性質・反応

問題1 消防官Ⅰ類（2017年度）……本冊 P.110

正解：4

1 × 物質が**水素**を**失う**反応を**酸化**といい、**水素**を**得る**反応を**還元**という。
2 × 原子が**電子**を**失う**反応を**酸化**といい、**電子**を**得る**反応を**還元**という。
3 × 電池で**電子**が導線から**流れ出す負極**では**酸化反応**が、**電子**が導線に**流れ込む正極**では**還元反応**が起こる。
4 ○ 選択肢の記述は、**電気分解**に関する説明として正しい。
5 × **酸化還元反応**において、他の物質から電子を**奪って**相手を**酸化**する働きをもつ物質を**酸化剤**といい、他の物質に電子を**与えて**相手を**還元**する働きをもつ物質を**還元剤**という。通常は酸化剤として働く物質でも、さらに酸化力の強い物質と反応するときには、還元剤として働くことがある（同様に、通常は還元剤となる物質が酸化剤となることもある）。酸化剤にも還元剤にもなり得る物質には、**過酸化水素**（H_2O_2）、**二酸化硫黄**（SO_2）などがある。したがって、過酸化水素が「酸化剤にも還元剤にもなることができる**唯一**の物質である」という記述は誤り。

問題2 裁判所職員（2016年度）……本冊 P.110

正解：2

電池の正極と負極を導線で結ぶと、**負極**では**酸化反応**が、**正極**では**還元反応**が進行する。このとき、**電子**は導線を**負極**から**正極**へ移動する。電流の向きは電子の流れと逆方向と定義されているので、**電流**は**正極**から**負極**に流れる。

以上により、A：**酸化**、B：**負極から正極**、C：**正極から負極**となり、正解は2である。

問題3 国家専門職（2021年度）……本冊 P.111

正解：4

1 × 酸化とは、物質が「**酸素**と**結び付く**こと」「**水素**を**失う**こと」「**電子**を**失う**こと」である。**酸化剤**とは、**酸化還元反応**において反応する相手の物質を**酸化させ**、自らは**還元される**物質であるから、「酸素を放出し、水素や電子を受け取っている」のが**酸化剤**であり、「酸素を受け取り、水素や電子を放出している」のが**還元剤**である（選択肢の記述とは逆）。**シュウ酸**や**硫化水素**は**還元剤**である。**希硫酸**は、強酸ではあるが、**酸化剤、還元剤にはならない**（熱濃硫酸（加熱した濃硫酸）は、強い酸化作用をもつ酸化剤である）。**二酸化硫黄**は、反応する相手の物質により、**酸化剤にも還元剤にもなり得る。**

2 × **金属原子**が**水溶液**中で**電子**を放出して**陽イオン**になる性質を、金属の**イオン化傾向**という。金属を**イオン化傾向**の大きい順に並べたものを**イオン化列**といい、**陽イオン**へのなりやすさ、すなわち**酸化**のされやすさを表す。**めっき**とは、金属の表面に他の金属を被覆することをいい、その方法の一つとして、金属のイオン化傾向の差を利用する化学めっき（無電解めっき）がある。缶詰の缶やおもちゃなどに利用される**ブリキ**は、鉄板の表面に**錫**をめっきしたものである。

3 × 食品の劣化を防ぐ添加物には、微生物の増殖を抑制する保存料や、自身が**酸化される**ことによって食品の酸化を防ぐ**酸化防止剤**がある。**ビタミンC**（アスコルビン酸）は、**酸化防止剤**の一種である。**漂白剤**には、酸化作用を利用する酸化漂白剤と還元作用を利用する還元漂白剤があるが、塩素系漂白剤は**酸化漂白剤**である（つまり、自らは**還元される**ことにより色素を分解する）。塩素系漂白剤は、**次亜塩素酸ナトリウム**などの次亜塩素酸塩を主成分とする。塩素系漂白剤は、**酸**と反応すると有害な**塩素**ガスを発生する。次亜塩素酸ナトリウムは、漂白剤のほか、殺菌剤、消毒剤などに使用される。希釈された水溶液は**食品添加物**としても使用され、野菜や果物の殺菌や、カット野菜の変色を防ぐ目的で用いられている。

4 ○ 選択肢の記述は、**電池**及び**燃料電池**に関する説明として正しい。

5 × 選択肢の記述は、**鉛蓄電池**ではなく、「**リチウムイオン電池**」の説明になっている。リチウムイオン電池の実用化に貢献した功績により、2019年に、**吉野彰**氏ら3名が**ノーベル化学賞**を受賞した。**鉛蓄電池**は、負極に**鉛**（Pb）、正極に**酸化鉛(IV)**（PbO_2）、電解液に**希硫酸**を用いた二次電池で、**自動車**用のバッテリーに使用されている。

問題4 国家専門職（2017年度） …… 本冊 P.112

正解：1

1 ○ 選択肢の記述は、**電池**に関する説明として正しい。

2 × **亜鉛板**と**銅板**を**希硫酸**に浸したものは、**ボルタ電池**である。ボルタ電池の負極では、亜鉛が亜鉛イオン（Zn^{2+}）となって溶け出し、極板には電子（$2e^-$）が残る。両極を導線で結ぶと、負極から正極に電子が移動し、正極では、電解液中の水素イオン（H^+）が電子を受け取って**水素ガス**が発生する（銅は水素よりもイオン化傾向が小さいので、銅板は変化しない）。**ダニエル電池**は、**亜鉛板**を浸した**硫酸亜鉛**水溶液と**銅板**を浸した**硫酸銅**水溶液を、**素焼き板**などで仕切ったものである（素焼き板は、両極の水溶液が混ざりにくいようにするとともに、両溶液間のイオンの移動を可能にする）。両極を導線で結ぶと、**負極**では、銅よりもイオン化傾向の大きい亜鉛が**亜鉛イオン**（Zn^{2+}）となって溶け出し、放出された**電子**（$2e^-$）は、導線を通って正極に移動する。**正極**では、溶液中の**銅(Ⅱ)イオン**（Cu^{2+}）が電子を受け取って、銅板の表面に**銅**（Cu）が析出する。したがって、選択肢の文中、「負極で亜鉛が溶けて～銅が析出する」の部分は、ダニエル電池に関する説明として正しい。電解液をペースト状に固めて金属製の容器に密封し、持ち運びやすくしたものが**乾電池**である。負極に亜鉛、正極に二酸化マンガン、電解液に塩化亜鉛水溶液を用いる**マンガン乾電池**や、電解液に**水酸化カリウム水溶液**を用いる**アルカリマンガン乾電池**が広く使用されている。

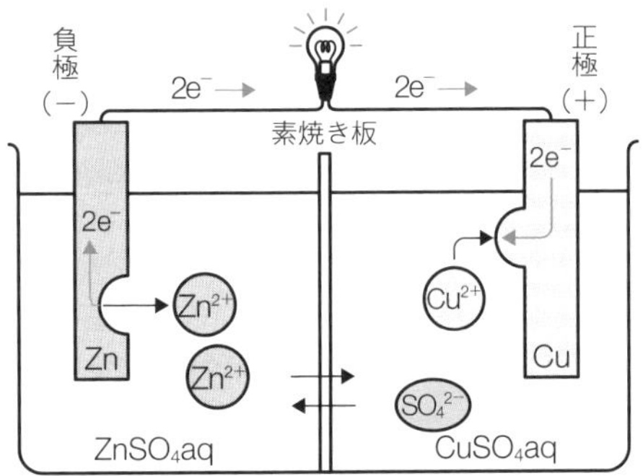

ダニエル電池の仕組み

3　×　**鉛蓄電池**は、負極に**鉛**（Pb）、正極に**酸化鉛(IV)**（PbO_2）、電解液に**希硫酸**を用いた**二次電池**である。二次電池（蓄電池）とは、**充電**により繰り返し使用できる電池をいう。鉛蓄電池を放電すると**電圧が低下する**が、これは、**電解液中の硫酸の濃度が低下する**ためである。「ある程度放電した鉛蓄電池の負極・正極を、**外部の直流電源**の負極・正極につなぎ、放電時と**逆向き**に電流を流して**充電**して使用する」という説明は正しい。鉛蓄電池は起電力が約２Ｖと高く、大きな電流を取り出せるので、**自動車用のバッテリー**として広く使用されている。

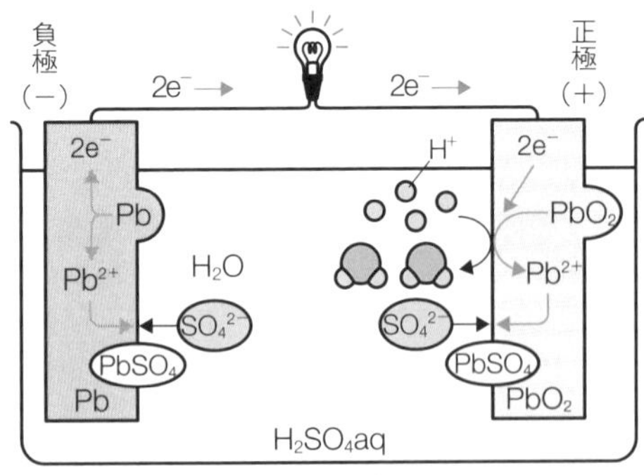

鉛蓄電池の仕組み

4　×　**リチウムイオン電池**は、「負極に**リチウムを含む黒鉛**、正極に**コバルト酸リチウム**を用いた電池である」という説明は正しい。また、リチウムイオン電池は、「**小型・軽量化**が可能であり、**携帯電話**や**ノートパソコン**等に用いられている」という説明も正しい。リチウムイオン電池は、充電ができる**二次電池**である。**リチウム電池**は、負極にリチウム（Li）を用いる**一次電池**で、正極にはフッ化黒鉛、二酸化マンガンなどが用いられる。金属の中で最もイオン化傾向の大きいリチウムを使用するため、約3Vという大きな起電力が得られる。リチウムイオン電池の起電力はさらに**高く**、約3.7～3.9Vである。リチウム電池は、時計や電卓などに使用されるボタン型、コイン型のものが最も普及している。空気中の**酸素**を利用し、「購入時に貼られているシールを剥がすと放電が始まる」のは、リチウムイオン電池ではなく、「**空気亜鉛電池**」である（単に**空気電池**ともいう）。空気亜鉛電池は、負極に亜鉛を使用し、空気中の酸素を正極活物質として利用する。酸素は、負極から移動してきた電子を受け取って水酸化物イオンになる（$O_2 + 2H_2O + 4e^- \rightarrow 4OH^-$）。このように、酸素は**反応により変化する**ので、**触媒**ではない。空気亜鉛電池は、ボタン電池として補聴器などに使用されている。

5　×　**燃料電池**とは、**水素**、メタノール、炭化水素などの燃料（還元剤）に、外部から**酸素**（酸化剤）を供給して酸化還元反応を起こし、化学エネルギーを電気エネルギーとして取り出す装置である（なかでも、**水素**を燃料とする装置を指すことが多い）。水素を燃料とする燃料電池は、燃料に炭素が含まれないので、発電時には**二酸化炭素**を**発生させない**。ただし、燃料の水素は**天然ガス**からつくられることが多く、その過程では二酸化炭素が生じる。燃料電池は、使用する電解質の種類によっていくつかの方式に分かれる。最も早くから実用化されたのは、電解液としてリン酸水溶液を用いる**リン酸型燃料電池**で、工場、病院、オフィスビル、商業施設、ホテル、学校、集合住宅などで使用され、それらの施設の電力を賄うとともに、発電時に生じる排熱は、給湯用や冷暖房用の熱源として利用されている。イオン交換膜を電解質として用いる**固体高分子形燃料電池**は、**小型・軽量化**が可能で、家庭用コージェネレーション用途や、燃料電池自動車の電源として活用されている。これらの燃料電池では、**負極**側で**水素**が還元剤として作用し、**正極**側で**酸素**が酸化剤として作用する。

負極：$H_2 \rightarrow 2H^+ + 2e^-$（水素が電子を失う酸化反応）
正極：$O_2 + 4H^+ + 4e^- \rightarrow 2H_2O$（酸素が電子を受け取る還元反応）
全体：$2H_2 + O_2 \rightarrow 2H_2O$

問題5　警察官Ⅰ類（2018年度）……… 本冊 P.112

正解：3

硫酸銅(Ⅱ)（$CuSO_4$）水溶液を**陽イオン交換樹脂**（$R\text{-}SO_3H$）に通すと、水溶液中の銅イオン Cu^{2+} と樹脂の $2H^+$ が交換される（物質量の比は **1：2**）。その樹脂を水洗いした水洗液を含むすべての流出液を水酸化ナトリウム（NaOH）水溶液で中和滴定するときは、酸から生じる H^+ の物質量と塩基から生じる OH^- の物質量が等しくならなければならない（物質量の比は **1：1**）。したがって、問題文の条件により中和滴定を行う場合に必要な水酸化ナトリウム水溶液の量を V〔mL〕とすると、V の値は以下のように求められる。

$$2\times0.20\times\frac{30}{1000}=1\times0.15\times\frac{V}{1000}\qquad 0.15\,V=12\qquad V=\mathbf{80}\text{〔mL〕}$$

以上により、問題文に記された中和滴定に必要な水酸化ナトリウム水溶液の量は **80 mL** となり、正解は **3** である。

問題 6　警察官Ⅰ類（2021 年度）……………………………………………………… 本冊 P.113

正解：1

酢酸は、水溶液中では**一部が電離**して、①式のような**電離平衡**の状態にある。

$CH_3COOH \rightleftarrows CH_3COO^- + H^+$　……①

ここに酢酸ナトリウムを溶かすと、**ほぼ完全に電離**する。

$CH_3COONa \rightarrow CH_3COO^- + Na^+$　……②

②式により酢酸イオン（CH_3COO^-）が供給されると、**共通イオン効果**により、①式の平衡は大きく左に偏る。これにより、酢酸の電離は抑えられ、**混合溶液中で電離している酢酸はごくわずか**になる。

問題文の条件により、以下の式が成り立つ。

$$K_\alpha=\frac{[CH_3COO^-][H^+]}{[CH_3COOH]}=2.7\times10^{-5}\text{〔mol/L〕}\quad\cdots\cdots③$$

混合溶液中で電離している酢酸はごくわずかなので、③式にある酢酸のモル濃度［CH_3COOH］は、**0.10 mol/L** とみなすことができる。一方、酢酸ナトリウムはほぼ完全に電離するので、③式にある酢酸イオンのモル濃度［CH_3COO^-］は、**0.25 mol/L** とみなすことができる。したがって、混合溶液の水素イオン濃度［H^+］は以下のように求められる。

$$[H^+]=\frac{0.10}{0.25}\times2.7\times10^{-5}=\mathbf{1.08\times10^{-5}}\text{〔mol/L〕}$$

選択肢に挙げられている水素イオン濃度の数値のうち、上記の値に最も近いのは 1 の **1.1×10^{-5} mol/L** なので、正解は **1** である。

問題 7　消防官Ⅰ類（2019 年度）……………………………………………………… 本冊 P.113

正解：1

1　○　**水素イオン指数**（pH）は水素イオン濃度［H^+］の**逆数**の**対数**なので、強酸の水溶液を水で薄めていくと、pH は**大きく**なる。強酸の水溶液を水で 10 倍に希釈すると、水素イオン濃度 $[H^+]$ は $\frac{1}{10}$ **倍**になり、pH は **1 大きく**なる。

2 × 純水の中の水分子は**わずかに**電離しており、純水にもわずかに電流が流れる。25℃の純水では、$[H^+]=[OH^-]=\mathbf{1.0\times10^{-7}}$〔mol/L〕となる。

3 × 電離度が **1 に近い**塩基を**強塩基**といい、電離度が **1 よりも著しく小さい**塩基を**弱塩基**という。**水酸化ナトリウム**（NaOH）水溶液の電離度は **0.91** で、**強塩基**である（電離度は 0.1 mol/L 水溶液の 25℃における値）。

4 × **血液**、**涙**は**弱塩基性**、**胃液**は**酸性**である。

5 × **塩化ナトリウム**（NaCl）を水に溶かしても、**ナトリウムイオン**（Na^+）と**塩素イオン**（Cl^-）ができるだけで、水溶液中の**水素イオン** $[H^+]$ は**増加も減少もしない**。すなわち、NaCl は**中性塩**である。一般に、強酸と強塩基から生じる正塩は中性塩である（塩化ナトリウムは、強酸の塩酸（HCl）と強塩基の水酸化ナトリウム（NaOH）の中和反応により生じる正塩である）。

問題 8 国家一般職（2021 年度）………………………………………………………… 本冊 P.114

正解：2

1 × **酸**は、水溶液中で**水素イオン H^+** を**生じる**物質であり、**水素イオン H^+** を**他に与える**物質である。酸は、**青色**リトマス紙を**赤く**変化させる。**塩基**は、水溶液中で**水酸化物イオン OH^-** を**生じる**物質であり、**水素イオン H^+** を**受け取る**物質である。塩基は、**赤色**リトマス紙を**青く**変化させる。

2 ○ 選択肢の文は、**酸性雨**に関する説明として正しい。通常の雨水は pH**5.6** 程度であり、pH がそれよりも**小さい**雨を酸性雨という。

3 × pH が大きくなるにつれて、**メチルオレンジ**は**赤色**から**黄色**に、**フェノールフタレイン**は**無色**から**赤色**に変化する。**pH メーター**は、pH をより精密に測定する場合に用いられる計器で、試料溶液中に浸した特殊な電極に生じる電位差を測定し、pH 値を読み取るものである。現在、pH メーターに使用されているガラス電極は、強酸性・強塩基性の条件でも**影響を受けにくい**ものになっているが、pH10 以上の領域では、電極に発生する起電力と pH が比例しない「**アルカリ誤差**」が生じるので、**強アルカリ用の電極**を使用したうえで誤差を補正する必要がある。

4 × **中和滴定**により**酸**の濃度を求める場合は、**塩基**の標準液を用いなければならないが、食酢もシュウ酸も**酸性**の物質なので、シュウ酸水溶液は、食酢の濃度を求める際の標準液には適していない。この場合、標準液には塩基性の**水酸化ナトリウム水溶液**などを用いるべきであるが、濃度既知の水酸化ナトリウム水溶液がない場合は、濃度既知のシュウ酸水溶液を標準液として、中和滴定により水酸化ナトリウム水溶液の濃度を求め、濃度既知となった水酸化ナトリウム水溶液を標準液として、中和滴定により食酢の濃度を求めればよい。「酸·塩基の強さによって、中和点が pH7 からずれるため、変色域を考慮して pH 指示薬を選択する必要がある」という記述は正しいが、pH 指示薬は「食酢と同量」である必要はない。指示薬自体も酸または塩基の性質をもっているので、滴定結果に影響しないように、指示薬はできるかぎり**少量にとどめる**必要がある。

5　×　水溶液中に**溶解した**酸・塩基の物質量に対する、**電離した**酸・塩基の物質量の割合を**電離度**という（選択肢の記述とは逆）。電離度は、同じ物質であっても、**濃度**や**温度**によって**異なる**。電離度が **1 に近く**、水溶液中でほぼすべてが電離する酸や塩基を**強酸・強塩基**といい、電離度が **1 よりも著しく小さい**酸や塩基を**弱酸・弱塩基**という。電離度が大きいほど電気を通しやすいという記述は正しいが、電離度の大きい塩酸、硫酸、硝酸などの強酸は、多くの**金属**と**反応しやすい**。

問題 9　**裁判所職員（2019 年度）** ………………………………………………… **本冊 P.115**

正解：2

A　正　酸と塩基が反応して、互いにその性質を打ち消し合うことを**中和**という。

B　正　酸と塩基が反応して、酸の $\mathbf{H^+}$ と塩基の $\mathbf{OH^-}$ が結合すると、**水**（$\mathbf{H_2O}$）ができる。例：$\mathbf{H}Cl + Na\mathbf{OH} \rightarrow NaCl + \mathbf{H_2O}$

C　正　酸と塩基が完全に中和する点を、**中和点**という。

D　誤　中和滴定とは、酸と塩基の**中和反応**を利用して、濃度がわからない酸（または塩基）の**濃度を求める**ことをいう。濃度がわからない酸（または塩基）を、濃度がわかっている塩基（または酸）の標準液で完全に中和し、そのときに要した標準液の体積を**中和の関係式**に代入することにより、未知の酸（または塩基）の濃度が求められる。なお、酸と塩基が完全に中和されたときに生じる水溶液は**中性**とはかぎらない（**中和 ＝ 中性ではない**）。一般に、強酸と強塩基から生じた正塩の水溶液は中性であるが、強酸と弱塩基から生じた正塩の水溶液は酸性を示し、弱酸と強塩基から生じた正塩の水溶液は塩基性を示す。正塩とは、酸に由来する H も、塩基に由来する OH も残っていない塩をいう。

問題 10　**国家一般職（2015 年度）** ………………………………………………… **本冊 P.115**

正解：5

化学反応が平衡状態にあるとき、**濃度・圧力・温度**などの条件を変化させると、正反応または逆反応が進んで新たな平衡状態になる。これを**平衡の移動**という。一般に、化学平衡は、濃度・圧力・温度などの条件を変化させると、その影響を**緩和する**方向に平衡が移動する（**ルシャトリエの原理**）。

加熱して温度を高くすると、ルシャトリエの原理に従い、平衡は、**温度が下がる**方向、すなわち**吸熱反応**の方向に移動する。問題文に示された平衡状態では、正反応（右向きの反応）が**発熱反応**なので、吸熱反応は逆反応（左向きの反応）である。したがって、この場合、平衡は**左**に移動する。

圧力を増加させたときは、ルシャトリエの原理に従い、平衡は、**気体分子の総数**が**減少する**方向に移動する。気体の体積は、気体の種類にかかわらず分子数に比例するので、反応により気体分子の総数が減少すれば体積は減少し、圧力も減少するからである。問題文の平衡状態において、正反応（右向きの反応）では、窒素分子1個と水素分子3個がアンモニア分子2個になるので、分子数が**減少**する。したがって、この場合、平衡は**右**に移動する。

以上により、問題文の空欄に当てはまる語句は、**ア：左に移動し**、**イ：右に移動する**となり、正解は**5**である。

2 4 無機化学

問題 1 国家一般職（2009 年度）………… 本冊 P.120

正解：5

1 × 周期表は、元素を**原子番号**の順、すなわち、原子核中の**陽子**の数が少ないものから順に並べたものである。周期表は、性質のよく似た元素が**縦**の列に並ぶようにつくられており、その縦の列を**族**という。周期表の**横**の行は**周期**という。

2 × 周期表の **1 族**に属する元素は、**水素**を除いていずれも**金属元素**で、それらを**アルカリ金属**という。アルカリ金属の原子は **1 個**の**価電子**をもち、その電子 1 個を**失って** 1 価の**陽イオン**になりやすい。アルカリ金属元素は、リチウム（Li）、ナトリウム（Na）、カリウム（K）、ルビジウム（Rb）、セシウム（Cs）、フランシウム（Fr）の 6 元素である。

3 × 周期表の **2 族**に属する元素は、いずれも**金属元素**で、**アルカリ土類金属**という。アルカリ土類金属元素は、ベリリウム（Be）、マグネシウム（Mg）、カルシウム（Ca）、ストロンチウム（Sr）、バリウム（Ba）、ラジウム（Ra）の 6 元素である。以前は、ベリリウム、マグネシウムを除く 4 元素をアルカリ土類金属と呼んでいたが、現在はこれらを含む定義が採用されることが多い。アルカリ土類金属の単体は、同周期のアルカリ金属にくらべて**融点**が**高く**、密度が大きい。常温ではすべて**固体**である。**遷移元素**とは、周期表の **3 ～ 12 族**に属する元素で、すべて**金属元素**である（12 族を含めない場合もある）。これに対し、1 族、2 族、13 ～ 18 族の元素を**典型元素**という。遷移元素の単体は、典型金属元素よりも**融点**が**高く**、密度が大きいものが多い。水銀（Hg）を除いて、常温では**固体**である。

4 × 周期表の **17 族**に属する元素は**ハロゲン**と呼ばれ、すべて**非金属元素**である（この部分は選択肢の記述が正しい）。ハロゲンの原子は **7 個**の**価電子**をもち、電子 **1 個**を**受け取って 1 価**の**陰イオン**になりやすい。単体はいずれも**二原子分子**で、フッ素（F_2）、塩素（Cl_2）は常温で**気体**、臭素（Br_2）は常温で**液体**、ヨウ素（I_2）、アスタチン（At_2）は常温で**固体**である。ハロゲンは、原子番号の**小さい**ものほど**陰イオン**になりやすい。フッ素は、全元素の中で最も電気陰性度（電子を引き付ける強さ）が大きく、酸化力が極めて強い。

5 ○ 選択肢の記述は、**貴ガス**（**希ガス**）に関する説明として正しい。貴ガス元素の原子は安定な電子配置をもち、反応性がとぼしく、他の元素と化合物をほとんどつくらない。貴ガスには、ヘリウム（He）、ネオン（Ne）、アルゴン（Ar）、クリプトン（Kr）、キセノン（Xe）、ラドン（Rn）があり、**単原子分子**として空気中に少量含まれる。

問題 2 特別区Ⅰ類（2017 年度）……… 本冊 P.120

正解：5

気体の捕集法には、**上方置換**、**下方置換**、**水上置換**があり、気体の性質により以下のように使い分ける。
①水に**溶けやすく**、空気よりも**軽い**気体 ⇒ **上方置換**
例：**アンモニア**（NH_3）
②水に**溶けやすく**、空気よりも**重い**気体 ⇒ **下方置換**
例：塩素（Cl_2）、**塩化水素**（HCl）、硫化水素（H_2S）、二酸化硫黄（SO_2）、**二酸化窒素**（NO_2）、二酸化炭素（CO_2）
③水に**溶けにくい**気体 ⇒ **水上置換**
例：**水素**（H_2）、酸素（O_2）、窒素（N_2）、**一酸化窒素**（NO）、一酸化炭素（CO）

以上により、**下方置換**で捕集する気体の組合せは、**C**：**塩化水素**、**E**：**二酸化窒素**となり、正解は**5**である。

問題 3 国家一般職（2013 年度）……… 本冊 P.121

正解：3

A **アルカリ金属**の原子は、１個の**価電子**をもち、１価の**陽イオン**になりやすい。

B **アルカリ金属**の化合物で、**塩酸**などの酸と反応して**二酸化炭素**を発生し、**重曹**とも呼ばれ、**胃腸薬**や**ベーキングパウダー**などに用いられるのは、**炭酸水素ナトリウム**（$NaHCO_3$）である。
$\mathbf{NaHCO_3+HCl} \rightarrow NaCl+H_2O+\mathbf{CO_2}$

C **アルカリ土類金属**の化合物で、**大理石**や**貝殻**の主成分であり、水に溶けにくく、**二酸化炭素**を含む水には炭酸水素イオンを生じて溶けるのは、**炭酸カルシウム**（$CaCO_3$）である。
$\mathbf{CaCO_3+CO_2+H_2O} \rightleftarrows Ca^{2+}+\mathbf{2HCO_3^-}$

D **アルカリ土類金属**の化合物で、**消石灰**ともいわれ、水に少し溶けて**塩基性**を示し、**しっくい**、**石灰モルタル**などの建築材料や、**酸性土壌**の改良剤などに用いられるのは、**水酸化カルシウム**（$Ca(OH)_2$）である。

以上により、問題文の空欄に当てはまる語句は、**A**：**陽イオン**、**B**：**炭酸水素ナトリウム**、**C**：**炭酸カルシウム**、**D**：**水酸化カルシウム**となり、正解は**3**である。

問題 4 特別区Ⅰ類（2022 年度）……… 本冊 P.121

正解：5

1 × **金**（Au）は、周期表の 11 族に属する**遷移元素**である。金は化学的に安定で、硝酸や熱濃硫酸にも溶けないが、**王水**（濃硝酸と濃塩酸を体積比 1：3 で混合した液）には**溶ける**。

2 × **銀**（Ag）が空気中の**硫化水素**（H_2S）と反応して生じる**硫化銀**（Ag_2S）は、**黒色**の結晶である。

3 × **銅**（Cu）は、乾燥した空気中では酸化されにくいが、湿った空気中では徐々に酸化され、表面に**緑青**と呼ばれる青緑色のさびを生じる。**白銅**は、銅にニッケルを加えた**合金**である。

4 × **鉄**（Fe）は、**鉄鉱石**に含まれる赤鉄鉱（主成分 Fe_2O_3）や磁鉄鉱（主成分 Fe_3O_4）などの鉄の**酸化物**を、コークスの燃焼で生じた一酸化炭素で**還元**して得られる（$Fe_2O_3+3CO \rightarrow 2Fe+3CO_2$）。単体の鉄は、**塩酸**や**希硫酸**と反応して Fe^{2+} になるが、**濃硝酸**とは**不動態**をつくる（不動態とは、金属の表面に緻密な酸化皮膜が生じることにより、それ以上反応が進まなくなる状態をいう）。

5 ○ **アルミニウム**（Al）は、鉱石のボーキサイトから得られる**酸化アルミニウム**（Al_2O_3）を**溶融塩電解**してつくられる。一般に、イオン化傾向が大きい Li、K、Ca、Na、Mg、Al などの金属は、それらの化合物を加熱・融解して液体にし、**電気分解**により金属を析出させることにより製造される。このようにして金属の単体を得る方法を、溶融塩電解という。アルミニウムは、溶融塩電解によりつくられる代表的な金属で、製造には大きな電気エネルギーを要する。

問題 5 特別区 I 類（2018 年度）……………………………… 本冊 P.122

正解：1

二酸化窒素（NO_2）は、**刺激臭**のある**赤褐色**の**有毒**な気体で、水に**溶けやすい**。常温では、一部が**無色**の**四酸化二窒素**（N_2O_4）となり、**平衡状態**になっている。二酸化窒素は、**銅**と**濃硝酸**を反応させると発生する。

$$\mathbf{Cu+4HNO_3} \rightarrow Cu(NO_3)_2+2H_2O+\mathbf{2NO_2}\uparrow$$

以上により、妥当な記述の組合せは **A・B** となり、正解は **1** である。

問題 6 裁判所職員（2018 年度）……………………………… 本冊 P.122

正解：2

A 正 **一酸化炭素**は**無色**・**無臭**の**有毒**な気体である。

B 誤 酸性雨の主な原因は、空気中に含まれる**二酸化硫黄**（SO_2）などの**硫黄酸化物**（SOx）、**二酸化窒素**（NO_2）などの**窒素酸化物**（NOx）と考えられている。

C 誤 **炭素原子**（C）を含む化合物を**有機化合物**という。ただし、**一酸化炭素**

（CO）や**二酸化炭素**（CO_2）のような炭素の酸化物、炭酸カルシウム（$CaCO_3$）のような**炭酸塩**、シアン化カリウム（KCN）のような**シアン化物**は、慣習として有機化合物に含めず、**無機化合物**に分類される。

D　**正**　**同じ元素**からなる**単体**で、原子の配列や結合の仕方が違うために性質が異なるものを、互いに**同素体**であるという。**ダイヤモンド**と**黒鉛**は、どちらも炭素原子（C）の単体で、互いに同素体である。

E　**誤**　**ダイヤモンド**は電気を**通さない**が、**黒鉛**は電気を**通す**。

以上により、A：正、B：誤、C：誤、D：正、E：誤となり、正解は**2**である。

問題 7　消防官Ⅰ類（2021 年度）……………………………………………… 本冊 P.123

正解：1

1　○　選択肢の記述は、**アルゴン**（Ar）に関する説明として正しい。アルゴンは、電球や蛍光灯の封入ガスのほか、溶接時の酸化を防ぐ保護ガスとしても用いられる。

2　×　単体のヨウ素（I_2）は**黒紫色**の**固体**である。ハロゲンの**酸化力**は原子番号が**小さい**ほど強く、最も酸化力が強いのは**フッ素**（F_2）である。

3　×　**オゾン**（O_3）は、**特異臭**をもつ**淡青色**の有毒な**気体**である。酸素に強い**紫外線**を当てると発生するという記述は正しい。

4　×　**塩化アンモニウム**と**水酸化カルシウム**の混合物を加熱して**アンモニア**を得る製法では、乾燥剤として**ソーダ石灰**（**酸化カルシウム**に濃い水酸化ナトリウム水溶液をしみこませたもの）を用いる。

5　×　**二酸化炭素**は、実験室では、**石灰石**や**大理石**（いずれも主成分は**炭酸カルシウム**）に**希塩酸**を加えて発生させる。

$CaCO_3 + 2HCl \rightarrow CaCl_2 + H_2O + CO_2\uparrow$

ギ酸に**濃硫酸**を加えて加熱すると得られるのは、**一酸化炭素**である。このとき、濃硫酸は**脱水剤**として作用する。

$HCOOH \rightarrow H_2O + CO\uparrow$

問題 8　消防官Ⅰ類（2020 年度）……………………………………………… 本冊 P.123

正解：5

1　×　**一酸化炭素**（CO）は、**無色**・**無臭**の**有毒**な気体で、水に**溶けにくい**。**二酸化炭素**（CO_2）は、水に少し溶け、炭酸（H_2CO_3）となって電離するので、水溶液は弱い**酸性**を示す。

2　×　単体の**塩素**（Cl_2）は、**黄緑色**の**有毒**な気体で、**刺激臭**を有する。塩素は水に少し溶け、その水溶液を塩素水という。溶けた塩素の一部は、水と反応して

塩化水素と**次亜塩素酸**（HClO）になる。

$Cl_2 + H_2O \rightleftarrows HCl + HClO$

漂白剤や**殺菌剤**として用いられるのは、水酸化ナトリウム（NaOH）の水溶液に塩素を通じて得られる**次亜塩素酸ナトリウム**（NaClO）や、湿った水酸化カルシウム（$Ca(OH)_2$・消石灰）に塩素を吸収させてつくる**さらし粉**（市販されているものは、さらし粉から塩化カルシウム等を除いて有効塩素量を高めた**高度さらし粉**で、主成分は**次亜塩素酸カルシウム**（$Ca(ClO)_2$））である。

3　×　**二酸化窒素**（NO_2）は、**刺激臭**のある**赤褐色**の**有毒**な気体である。水と反応して、**硝酸**（HNO_3）と一酸化窒素になる。

$3NO_2 + H_2O \rightarrow 2HNO_3 + NO$

常温では、一部が**無色**の**四酸化二窒素**（N_2O_4）となり、平衡状態になっている。

$2NO_2 \rightleftarrows N_2O_4$

4　×　**硫化水素**（H_2S）は、**腐卵臭**のある**無色**の**有毒**な気体である。水に少し溶け、水溶液の硫化水素水は弱い**酸性**を示す。硫化水素は酸化されやすく、単体の硫黄に変化しやすい。硫化水素と**二酸化硫黄**が反応すると、単体の**硫黄**と水が生じる。

$2H_2S + SO_2 \rightarrow 3S + 2H_2O$

二酸化硫黄は、通常は酸化されて硫酸（H_2SO_4）になりやすく、酸化還元反応において**還元剤**として作用する物質であるが、強い還元作用をもつ硫化水素との反応では、**酸化剤**として働く（自らは還元されて単体の硫黄になる）。

5　○　選択肢の記述は、**ホルムアルデヒド**に関する説明として正しい。ホルムアルデヒドを37％程度含む水溶液を**ホルマリン**といい、合成樹脂の原料や、**防腐剤**、**消毒薬**などに使われる。

2 5 有機化学

問題 1 消防官（2019 年度）…………………………………………………………… 本冊 P.128

正解：3

1 × 天然ガスはメタンを主成分とし、そのほかにエタン、プロパンなどを含む。メタンの化学式は **CH_4** である。C_3H_8 はプロパンである。また、メタンやプロパンは鎖式炭化水素である。

2 × ベンゼン分子は、6 個の**炭素原子**からなる**正六角形**の構造をもつ。**ベンゼン環**と呼ばれるこの構造は、ベンゼンを含む**芳香族化合物**に共通するものである。したがって、選択肢の文中、「6 個の炭素原子が一直線に並んだ構造」の部分が誤りで、それ以外の部分は正しい。

3 ○ **アセチレン**（**C_2H_2**：構造式 H−C≡C−H）は**無色の気体**で、**アルキン**（分子中の炭素原子間に**三重結合**を 1 つ含む鎖式炭化水素）の最も簡単なものである。アルキンは、一般式 C_nH_{2n-2}（$n \geqq 2$）で表され、**アセチレン系炭化水素**とも呼ばれる。

4 × 選択肢の記述は、**メタノール**でなく「**エタノール**」に当てはまる。エタノールは酒類の主成分で、**毒性はない**が、麻酔性がある。エチルアルコールとも呼ばれる。メタノール（CH_3OH）は、エタノールと同様に無色の液体であるが、**毒性があり**、主に工業用アルコールとして用いられる。メチルアルコールとも呼ばれる。

5 × 酢酸は無色で刺激臭のある液体で、化学式は **CH_3COOH** である。食酢には **3 ～ 5%** の酢酸が含まれる。

問題 2 特別区 I 類（2009 年度）…………………………………………………… 本冊 P.128

正解：1

環式炭化水素のうち、**ベンゼン環**をもつものを**芳香族炭化水素**といい、それ以外のものを**脂環式炭化水素**という。また、炭素間の結合がすべて**単結合**であるものを**飽和炭化水素**といい、炭素原子間に**二重結合**や**三重結合**を含むものを**不飽和炭化水素**という。

以上により、**A**：**芳香族**、**B**：**脂環式**、**C**：**飽和**、**D**：**不飽和**となり、正解は **1** である。

問題 3 特別区 I 類（2020 年度）…………………………………………………… 本冊 P.129

正解：1

1 ○ **アルコール**とは、炭化水素の**水素原子**（H）を**ヒドロキシ基**（−OH）で置換した形の化合物の総称である。

2 × アルコールにナトリウムを加えると、**水素**が発生し、**ナトリウムアルコキシド**を生成する。エタノールとナトリウムの反応の化学反応式は、以下のとおりである。

$2C_2H_5OH + 2Na \rightarrow 2C_2H_5ONa + H_2\uparrow$

ナトリウムアルコキシドは、アルコール類のヒドロキシ基の水素原子をナトリウム原子で置換した形の化合物の総称で、上の式の C_2H_5ONa は、その代表的なものである**ナトリウムエトキシド**という化合物である。

3 × **脱水反応**とは、有機化合物の**分子間**または**分子内**から**水**が脱離する反応である。アルコールの脱水反応には、2 分子間で水 1 分子が失われる**分子間脱水**と、1 分子内で水 1 分子が失われる**分子内脱水**がある。

①エタノールを濃硫酸とともに **130 ～ 140**℃に加熱すると、**分子間脱水**が起こり、**ジエチルエーテル**を生成する。

$2C_2H_5OH \rightarrow C_2H_5OC_2H_5 + H_2O$

②エタノールを濃硫酸とともに **160 ～ 170**℃に加熱すると、**分子内脱水**が起こり、**エチレン**を生成する。

$C_2H_5OH \rightarrow C_2H_4 + H_2O$

4 × **グリセリン**は **3 価**のアルコールで、**医薬品**・**化粧品**・**爆薬原料**などに利用される。

5 × **エチレングリコール**は **2 価**のアルコールで、**自動車エンジンの冷却用不凍液**や、**合成繊維**、**合成樹脂**の原料として利用される。

問題 4 国家一般職（2014 年度）……………………………………………… 本冊 P.129

正解：2

1 × **有機化合物**とは、**炭素**（C）を含む化合物の総称である。ただし、一酸化炭素（CO）、**二酸化炭素**（CO_2）、**炭酸カルシウム**（$CaCO_3$）などの炭酸塩、シアン化合物などは、慣例として**無機化合物**として扱われる。

2 ○ 選択肢の記述は、**エタノール**に関する説明として正しい。

3 × **酢酸**は無色の液体で、化学式は **CH_3COOH** である（化学式 **C_6H_6** の化合物は**ベンゼン**である）。酢酸は**食酢**に 3 ～ 5% 含まれる主成分である。純度の高いものは冬季に凝固するので、**氷酢酸**と呼ばれる。**無水酢酸**は、**酢酸 2 分子から水 1 分子が取れて縮合した形の化合物**で、純粋な酢酸という意味ではない。無水酢酸の化学式は $(CH_3CO)_2O$ である。カルボン酸 2 分子から水 1 分子が取れて縮合した形の化合物を**酸無水物**（またはカルボン酸無水物）といい、無水酢酸もその一種である。

4 × **尿素**は無色の柱状結晶で、化学式は **$CO(NH_2)_2$** である（化学式 **CH_3CHO** の化合物は**アセトアルデヒド**である）。尿素は、動物の生体内でタンパク質が分解される際に生じ、尿中に排泄される。また、尿素は、初めて人工的に合成された有機化合物でもある。**アルコール**、**水**にはよく溶けるが、**エーテル**には**ほとんど溶けない**。尿素は、**肥料**や**合成樹脂**の原料として幅広く用いられている。**ダイナマイト**の原料は**ニトログリセリン**である。

5 × **メタン**は、**無色**、**無臭**の可燃性の気体である。化学式 CH_4 は選択肢の記述のとおりで正しい。メタンは**天然ガス**の主成分で、主に**都市ガス**などの燃料として用いられる。選択肢の記述のうち、「**甘いにおいをもつ**」「**塩化ビニルの原料となる**」「**果実の成熟促進剤にも用いられている**」は、**エチレン**（C_2H_4）の特徴に当てはまる。ただし、エチレンも**無色**の気体なので、「褐色」という記述は、メタン、エチレンのどちらにも当てはまらない。

問題 5 国家一般職（2018 年度） …… 本冊 P.130

正解：1

1 ○ 選択肢の文は、**アルコール**とその一種である**エタノール**に関する説明として正しい。なお、エタノールの製法には、酵母によりデンプンや糖を**発酵**させる方法のほか、原油を精製して得られるエチレンから**合成**する方法もある。酒類の製造には主に前者が用いられ、工業用アルコールの製造にはどちらの方法も用いられる。アメリカやブラジルでは、植物由来の**バイオエタノール**が自動車用の燃料として普及しており、アメリカではとうもろこし、ブラジルではさとうきびが主な原料とされている。

2 × **エーテル**とは「1 個の**酸素原子**に 2 個の**炭化水素基**が結合した形の化合物の総称」という説明は正しい。エーテルは、一般式 R−O−R′ で示される。R、R′ は炭化水素基で、R と R′ が等しいものを単一エーテル、異なるものを混成エーテルという。「アルコールとカルボン酸が脱水縮合することによって生成する」化合物は、エーテルでなく**エステル**である。エーテルの一種である**ジエチルエーテル**（$C_2H_5-O-C_2H_5$）は、水には**溶けにくい**が、油脂などをよく溶かすので、工業用溶剤や有機化合物の抽出溶媒として用いられる。ジエチルエーテルは、麻酔作用があるため、**吸入麻酔薬**としても用いられていたが、引火性があることなどから、**現在は使用されなくなっている**。ジエチルエーテルのような炭素数の少ない単一エーテルは、**アルコール**に**濃硫酸**を作用させることで得られる。

3 × **アルデヒド**とは「カルボニル基（>C=O）の炭素原子に 1 個の**水素原子**が結合した**アルデヒド基**（−CHO）を持つ化合物の総称」という説明は正しい。アルデヒドは、一般式 R−CHO で示される。アルデヒドの一種である**ホルムアルデヒド**（HCHO）は、**刺激臭**のある**無色**の気体で、**メタノール**を**酸化**することにより得られる。ホルムアルデヒドは、主に**合成樹脂**の原料として用いられるほか、建築用の接着剤や塗料、**防腐剤**にも使用されるが、**シックハウス症候群**と呼ばれる、室内空気汚染による健康被害の原因物質の一つとされている。ホルムアルデヒドの水溶液である**ホルマリン**は、**防腐剤**や消毒薬に用いられる。

4　×　**ケトン**とは「カルボニル基に2個の**炭化水素基**が結合した化合物の総称」という説明は正しい。ケトンは、一般式 R−CO−R′ で示される。ケトンは、一般に、**第二級アルコール**を**酸化**することにより得られる。**グリセリン**はケトンではなく3価の**アルコール**で、常温では**液体**である。グリセリンは、医薬品・化粧品・爆薬原料などに利用される。「常温では固体であり、洗剤などに用いられるが、硬水中では不溶性の塩を生じる」という記述は、**セッケン**（高級脂肪酸のナトリウム塩）に当てはまる。油脂に水酸化ナトリウム水溶液を加えて加熱すると、グリセリンとセッケンが生じる。

5　×　**カルボン酸**とは「分子中に**カルボキシ基**（−COOH）を持つ化合物の総称」という説明は正しい。カルボン酸は、一般式 R−COOH で示される。カルボン酸は**弱酸**で、酸の強さは、**塩酸**、硫酸より**弱い**が、炭酸より強い。カルボン酸の塩に塩酸などの強酸を加えると、**弱酸のカルボン酸が遊離し、強酸の塩が生じる。**

R−COONa＋HCl → R−COOH＋NaCl

油脂に含まれる**脂肪酸**もカルボン酸の一種であるという記述は正しく、**リノール酸**はそれに含まれるが、**乳酸**は（カルボン酸の一種ではあるが）脂肪酸には含まれない。

問題6　国家専門職（2007年度）……………………………… 本冊 P.130

正解：3

油脂は、**グリセリン**と**脂肪酸**によるエステルで、常温で**固体**のものを**脂肪**、常温で**液体**のものを**脂肪油**という。脂肪油に、**ニッケル**を触媒として**水素**を付加させると、融点が高くなり、硬化して固体になる。このようにして得られた固体の油脂を、**硬化油**という。脂肪酸のうち、炭化水素基がすべて**単結合**からなるものを**飽和脂肪酸**といい、**二重結合**や**三重結合**を含むものを**不飽和脂肪酸**という。脂肪は**飽和脂肪酸**を多く含み、脂肪油は**不飽和脂肪酸**を多く含む。

以上により、**ア**：**グリセリン**、**イ**：**硬化油**、**ウ**：**飽和脂肪酸**、**エ**：**不飽和脂肪酸**となり、正解は**3**である。

問題7　国家専門職（2016年度）……………………………… 本冊 P.131

正解：2

有機化合物のうち、分子内に含まれる**炭素原子間**の結合がすべて**単結合**であるものを**飽和化合物**といい、**二重結合**や**三重結合**を含むものを**不飽和化合物**という。

有機化合物を化学式で表す場合、**分子式**、**示性式**、**構造式**などの表し方があるが、**官能基**を明示した**示性式**がよく用いられる。エタノールを C_2H_6O と書くのが分子式で、ヒドロキシ基（$-OH$）を明示して C_2H_5OH と書くのが示性式である。**酢酸**は、**カルボキシ基**（$-COOH$）という官能基をもつ**カルボン酸**という化合物群に分類され、示性式 CH_3COOH で表される。

最後に、問題文の後半に書かれている、有機化合物の**元素分析**について解説する。問題文によると、炭素原子（C）、水素原子（H）、酸素原子（O）からなる有機化合物 60 g を完全燃焼させたときに、水（H_2O）72 g と二酸化炭素（CO_2）132 g が発生している。

試料中の水素原子の質量は、以下のように求められる。

$$\text{H の質量} = \text{発生した } H_2O \text{ の質量} \times \frac{\text{H の原子量} \times 2}{H_2O \text{ の分子量}} = 72 \times \frac{2}{18} = \mathbf{8}\,〔g〕$$

同様に、試料中の炭素原子の質量は、以下のように求められる。

$$\text{C の質量} = \text{発生した } CO_2 \text{ の質量} \times \frac{\text{C の原子量}}{CO_2 \text{ の分子量}} = 132 \times \frac{12}{44} = \mathbf{36}\,〔g〕$$

試料の質量 60 g から上記の質量を除いた値が、試料中の酸素原子の質量である。

$60-(8+36)=\mathbf{16}$〔g〕

組成式を書くために、炭素原子、水素原子、酸素原子の**物質量**の比を求める。

$$C:H:O = \frac{36〔g〕}{12〔g/mol〕} : \frac{8〔g〕}{1〔g/mol〕} : \frac{16〔g〕}{16〔g/mol〕} = \mathbf{3:8:1}$$

組成式は**最も簡単な整数比**で表すきまりであるが、「3：8：1」はこれ以上約分できないのでこのままでよい。

したがって、問題文の有機化合物の組成式は、$\mathbf{C_3H_8O}$ となる（有機化合物の組成式は、C → H →その他の元素の順に書く）。

以上により、**A：不飽和化合物**、**B：示性式**、**C：カルボキシ基**、**D：C_3H_8O** となり、正解は**2**である。

2 6 高分子化合物・その他

問題1 国家専門職（2009年度） 本冊 P.136

正解：4

1 × **地球温暖化**とは、地球全体の**平均気温**が上昇する現象で、大気中の**二酸化炭素**、**メタン**などの**温室効果ガス**が増加することにより、温暖化が進行すると考えられている。太陽光により暖められた**地表**からは**赤外線**が放射されるが、その一部は宇宙空間に放出されることなく、大気中の水蒸気や二酸化炭素に吸収され、**地表に再放射される**。そのことにより、地球全体の温度は、これらの気体が存在しない場合にくらべて約33℃も高く保たれている。これを**温室効果**という。温室効果そのものは、地球上の生物にとって欠かせないものであるが、産業革命以降、化石燃料の大量消費や森林の大規模な伐採が行われたことにより、大気中の二酸化炭素の量が増加し、地球温暖化をもたらしていると考えられている。メタンの温室効果は、同量の二酸化炭素の**20倍以上**といわれているが、排出量の多い**二酸化炭素**のほうが、地球温暖化への寄与は大きい。

2 × 通常の雨水は、大気中の二酸化炭素が溶け込んでいるために、**pH5.6**程度の**酸性**を示す。pHの値がこれよりも小さく、より強い酸性を示す雨を**酸性雨**という。酸性雨は、化石燃料の燃焼や火山活動などにより発生した**硫黄酸化物**や**窒素酸化物**が、硫酸や硝酸に変化して雨水に溶け込んだものである。硫黄酸化物は**SOx**（**ソックス**）、窒素酸化物は**NOx**（**ノックス**）と呼ばれる。酸性雨の原因になる代表的な物質としては、**二酸化硫黄**（SO_2）が挙げられる。

3 × **フロン**とは、メタン、エタンなどの**炭化水素**の水素を**フッ素**や**塩素**で置換した化合物の総称である。フロンは無色、無臭、無毒で、化学的に安定しており、反応性は極めて**低い**。地上付近ではほとんど化学反応を起こさず、大気中に放出されると、長い時間をかけて成層圏に達し、そこで太陽からの強い紫外線を受けて分解され、**オゾン層**を破壊する。オゾン層は、生物にとって有害な**紫外線**を吸収する働きがあるが、成層圏中のオゾン濃度が低下すると、地表に届く紫外線が増加し、皮膚がんや白内障、免疫力の低下などの人体への害や、農作物の収量低下などをもたらすおそれがある。

4 ○ 選択肢の記述は、**ダイオキシン類**に関する説明として正しい。

5 × **重金属**とは、比重が大きい金属のことで、**比重が4（または5）よりも大きい**ものをさすことが多い。鉄（比重約7.9）、鉛（比重約11.3）などが代表的な重金属である。選択肢に記されている物質のうち、**水銀**（比重約13.5）は重金属であるが、**マグネシウム**（比重約1.7）は重金属ではない。**六価クロム**は単体の金属ではなく、**酸化数6のクロムの化合物**の総称である。「発がん性があり」「骨軟化症や腎臓障害を起こす」という記述は、**カドミウム**に当てはまる。カドミウムはめっきなどに用いられる重金属であるが、人体に有害で、微量ずつであっても体内に蓄積する。1950年代をピークに富山県の神通川流域などで発生した**イタイイタイ病**は、鉱山からの排水に含まれていたカドミウムが原因とされている（骨軟化症や腎臓障害は、イタイイタイ病の主な症状である）。工場排水などに含まれる重金属を除去する方法としては、重金属のイオンを水酸化物として沈殿させるアルカリ沈殿法や、水硫化ソーダ（硫化水素ナトリウム）を添加して重金属を硫化物として不溶化し、分離する硫化物法などがある。

問題2 国家一般職（2020年度） ……………… 本冊 P.137

正解：1

A ○ 設問の記述は、**生分解性高分子**に関する説明として正しい。生分解性高分子は、自然環境の中で**微生物**や**酵素**により分解され、最終的には**水**と**二酸化炭素**になる。生分解性高分子は、プラスチックに代わる、環境負荷が小さい材料として注目されており、食器類、ごみ袋、釣り糸、**手術用の縫合糸**などに用いられている。

B ○ 設問の記述は、**吸水性高分子**に関する説明として正しい。吸水性高分子は、**高吸水性樹脂**ともいう。

C × PETボトルの原料である**ポリエチレンテレフタラート**は、**テレフタル酸**と**エチレングリコール**から合成される。単量体が**エステル結合**−COO−により重合した高分子化合物を**ポリエステル**といい、ポリエチレンテレフタラートはその代表的なものである。**アクリル繊維**は、アクリロニトリルを付加重合させて得られるポリアクリルニトリルを主成分とする合成繊維で、セーター、毛布、敷物などに用いられる。単量体がアミド結合−CO−NH−でつながった高分子化合物を**ポリアミド**といい、ベンゼン環がアミド結合でつながった構造のポリアミドを、**アラミド繊維**という。アラミド繊維は強度や耐熱性にすぐれ、**航空機**の複合材料や、**防弾チョッキ**、防火服などに用いられる。

D × **グルコース**は、水溶液中では、2種類の**環状構造**、1種類の**鎖状構造**の計3種類の**異性体**が平衡状態で存在する。鎖状構造のグルコースは、分子中に**ホルミル基**（アルデヒド基）をもつので、水溶液は**還元性**を示す。蜂蜜や果実の中に含まれる**フルクトース**は、**単糖**で、糖類の中で最も強い甘味をもち、一般に**果糖**と呼ばれる。一般に**ブドウ糖**と呼ばれるのは**グルコース**である。

以上により、妥当なものの組合せはA、Bとなり、正解は1である。

問題3 特別区Ⅰ類（2002年度） ……………… 本冊 P.138

正解：1

1 ○ **アミノ酸**は、**カルボキシ基**−COOHと**アミノ基**−NH_2の両方をもつ化合物である。アミノ酸のカルボキシ基と別のアミノ酸のアミノ基が**脱水縮合**すると、アミド結合−CO−NH−ができる。アミノ酸がアミド結合でつながってできた化合物を**ペプチド**といい、ペプチドに含まれるアミド結合を**ペプチド結合**という。**タンパク質**は、**α−アミノ酸**がペプチド結合により多数連なってできた**ポリペプチド**である。

2　×　タンパク質の水溶液に薄い**水酸化ナトリウム**水溶液を加えたのちに、**硫酸銅(Ⅱ)**水溶液を少量加えると**赤紫色**になる。この反応を**ビウレット反応**という。**ヨウ素ヨウ化カリウム**水溶液を加えると**青紫色**になるのは**デンプン**で、この反応を**ヨウ素デンプン反応**という。

3　×　タンパク質の水溶液に**濃硝酸**を加えて**加熱**すると**黄色**になり、これを**冷却**したのちに**アンモニア**水を加えると**橙黄色**になる。この反応を**キサントプロテイン反応**という。フェノールフタレインは、中和滴定の際に用いるpH指示薬の一種である。

4　×　タンパク質を水に溶かすと、**親水コロイド**になる。この溶液に多量の**電解質**を加えると、**塩析**により**沈殿**する。タンパク質は、**熱**、**強酸**、**強塩基**、**重金属イオン**、**有機溶媒**、**紫外線**などを加えると、タンパク質の構造が変化して、**凝固**や**沈殿**が起きる。この現象を、タンパク質の**変性**という。変性したタンパク質の構造は元に戻らないことが多い。

5　×　タンパク質に**ペプシン**、**トリプシン**などの**プロテアーゼ**（タンパク質分解酵素）を加えると、**加水分解**されて構成成分の**α−アミノ酸**が生じる。**アミラーゼ**は、**デンプン**を加水分解して**マルトース**（麦芽糖）を生成する酵素、**マルターゼ**は、マルトースを加水分解して**グルコース**（ブドウ糖）を生成する酵素である。

問題4　**東京都Ⅰ類（2019年度）** ………………………… 本冊 P.138

正解：3

1　×　**周期律**を発見し、当時知られていた元素を原子量の順に並べた**周期表**を発表したのは、ロシアの化学者**メンデレーエフ**である。イギリスの化学者**ドルトン**は、すべての物質はそれ以上分割できない微少な粒子からなるとし、その粒子を**原子**と名付けた（ドルトンの原子説）。

2　×　**高温**、**高圧**下で、**窒素**と**水素**を直接反応させることによりアンモニアを合成する方法を発見したのは、ドイツの化学者**ハーバー**と**ボッシュ**で、その合成法は**ハーバー・ボッシュ法**と呼ばれる。アメリカの化学者**カロザース**は、世界初の合成繊維である**ナイロン**の発明者として知られる。

3　○　フランスの化学者**プルースト**は、化合物を構成する成分元素の質量比は常に一定であるという法則を発見した。この法則を、**定比例の法則**という。

4　×　**食塩水**に**アンモニア**を吸収させ、二酸化炭素を吹き込むと炭酸水素ナトリウム（重曹）が沈殿し、これを濾別して焼くと、**炭酸ナトリウム**が得られる。

この方法は、ベルギーの化学者**ソルベー**が発明したもので、**アンモニアソーダ法**または**ソルベー法**と呼ばれる。**オストワルト法**は、アンモニアを酸化して**硝酸**を得る方法で、ドイツの化学者**オストワルト**が完成した。

5　×　イタリアの化学者**アボガドロ**は、「同温、同圧のもとで同体積の気体に含まれる分子の数は、**気体の種類にかかわらず同数**である」という説を唱えた。のちにこの説が正しいことが確かめられ、**アボガドロの法則**と呼ばれるようになった。

3 1 細胞

問題1 特別区Ⅰ類（2011年度）…… 本冊 P.148

正解：1

1 ○ 細胞膜は**半透性**の膜で、物質を選択的に透過する。
2 × 細胞壁があるのは**植物**細胞である。
3 × ゴルジ体は一重膜の扁平な袋が重なった構造で、タンパク質に糖を付加し細胞内でつくられるいろいろな物質を膜で包んだ小胞をつくる。問題文は**ミトコンドリア**の説明である。
4 × 中心体は動物細胞、シダ類、コケ類に見られる。問題文は**液胞**の説明である。
5 × 細菌は**原核**生物である。原核生物には染色体、リボソーム、細胞膜、細胞壁が存在するが、ミトコンドリア、葉緑体などの細胞小器官は存在しない。**真核**生物には細胞小器官が存在する。

問題2 …… 本冊 P.148

正解：4

1 × 問題文は**ミトコンドリア**の説明である。
2 × 葉緑体は、光エネルギーを利用してATPを合成し、そのエネルギーを用いて**光合成**を行う。
3 × 中心体は**1対の中心小体**からなる。
4 ○ 核は**二重膜**の構造体で、核膜孔を通して細胞質基質とつながっている。
5 × 問題文は**ゴルジ体**の説明である。

問題3 特別区Ⅰ類（2015年度）…… 本冊 P.149

正解：5

原核細胞には、**細胞膜**、**細胞壁**、染色体、リボソームは存在する。しかし、**液胞**、**核膜**、**ミトコンドリア**は存在しない。

問題4 国家専門職（2005年度）…… 本冊 P.149

正解：2

1 × 核膜は核の内部と**細胞質**を隔てている。核の内部には、**染色体**と**核小体**

(仁）があり、核小体はタンパク質とRNAを多量に含む。ここでrRNA（リボソームRNA）が合成される。ヨウ素液はデンプンを染色するものであり、核小体の染色には用いない。

2 ○ 正しい。液胞は**動物**細胞では小さく目立たない。

3 × 中心体は**動物**細胞に見られる。植物細胞では**シダ類**や**コケ類**に見られる。

4 × 葉緑体の構造は、**チラコイド**と呼ばれるクロロフィルを含む折り重なった袋状の部分と、**ストロマ**と呼ばれるチラコイドの間を満たす部分からなる。

5 × 細胞壁を構成するセルロースは、**炭水化物（多糖類）**である。また、細胞壁は溶媒も溶質もすべて透過させる**全透性**の性質を持つ。

問題5 国家専門職（2022年度） ……… 本冊P.150

正解：3

1 × **原核**生物は核膜に包まれた核を持たない生物である。ATPの合成を行うのは**ミトコンドリア**である。液胞は核の内部ではなく**細胞質**に含まれる。液胞は内部に**細胞液**を含む。

2 × ミトコンドリアは**ATP**の合成を行う。内膜のひだ状の構造をクリステといい、内膜に囲まれた部分のマトリックスにクエン酸回路に関わる酵素が存在する。

3 ○ 植物細胞では葉緑体のATP合成酵素によって**ATP**がつくられ、そのエネルギーを利用して光合成により**有機物**がつくりだされる。また、内外二重の膜に包まれ、その内部には**チラコイド**と呼ばれる扁平な袋状の構造がある。

4 × 各種の分解酵素を含み細胞内で生じた不要な物質の分解を行うのは**リソソーム**の働きである。リソソームは、ゴルジ体から形成される。ゴルジ体では、小胞体から送られてくるタンパク質や脂質への糖の付加が行われ、これらの物質を小胞に包んで送り出す物質輸送の調節を行う。

5 × 細胞膜はリン脂質でできた**二重**の膜である。タンパク質がモザイク状に埋め込まれている。水やアミノ酸のような極性のある物質は膜を**通過できない**ので、輸送体やチャネルによって通過できるようになる。酸素や二酸化炭素などは細胞膜を自由に**通過できる**。

問題6 東京都Ⅰ類（2007年度） ……… 本冊P.151

正解：2

1 × 細胞膜もセロハン膜も**半透膜**であり、溶媒分子や一部の小さな溶質を透過する。セロハン膜で隔てられた純水とスクロース溶液では、純水が溶液中に移動するため、スクロース溶液の濃度は**低く**なる。

2 ○ 浸透圧が等張液より低い低張液に動物細胞を入れると、細胞内に水分が移動し細胞が**膨張**または**破裂**する。逆に浸透圧が等張液より高い高張液に動物細胞を入れると、細胞内から外部に水分が移動し細胞が**収縮**する。

3 × 細胞膜を通して水分子などが移動する圧力を**浸透圧**という。膨圧とは低張液に植物細胞を入れたとき細胞内部に生じる細胞壁を押し広げようとする圧力である。吸水力は細胞内外の**浸透圧の差**から膨圧を**引いた**ものである。原形質分離は**膨圧**が 0 のときに起こる。

4 × 受動輸送は細胞膜の内外で濃度差があるとき、濃度の**低い**方から**高い**方へ分子やイオンが移動する現象であり、エネルギーを**必要としない**。

5 × 能動輸送は細胞膜がエネルギーを使って物質を濃度差に**逆らって**輸送する現象である。ナメクジに塩をかけると縮むのは**受動**輸送の例である。

問題 7 消防官Ⅰ類（2006 年度）…… 本冊 P.152

正解：5

細胞膜は**選択的透過性**の膜である。一般にナトリウムイオンの濃度は細胞外より細胞内の方が**低い**。動物細胞の細胞膜にはある種の輸送体が存在し、その働きでナトリウムイオンを細胞外へ排出し、カリウムイオンを細胞内へ取り込む。これを**ナトリウムポンプ**という。このような膜の両側の濃度差に逆らって物質を移動させる現象を**能動輸送**という。

問題 8 警察官Ⅰ類（2018 年度）…… 本冊 P.152

正解：3

1 × 核内で合成された mRNA は、核膜孔を通って**細胞質**中を移動しリボソームに付着する。リボソームで遺伝情報が**翻訳**されてタンパク質が合成される。

2 × 問題文は**ゴルジ体**の働きに関する説明である。

3 ○ ミトコンドリアは細胞内の呼吸によって、有機物を分解し **ATP** を合成する。

4 × 中心体は**動物**細胞、**シダ類**、**コケ類**に見られるが、多くの**植物**細胞にはない。

5 × 葉緑体に含まれる構造は**ストロマ**や**チラコイド**である。クリステやマトリックスは**ミトコンドリア**の構造である。

問題 9 国家専門職（2007 年度）…… 本冊 P.153

正解：3

図には中心体がないので**植物**細胞の体細胞分裂とわかる。染色体が赤道面に並ぶので、時期は**中期**である。この時期に両極の極帽と極帽の間に**紡錘体**が完成する。
Cは**紡錘体**を示す。染色体の２本の染色分体が分かれて両極に移動する。染色体数はもとの細胞と**同じになる**。

3 2 代謝

問題 1 東京都Ⅰ類（2019 年度） 本冊 P.160

正解：2

1 × カタラーゼは、過酸化水素を**分解し**、酸素と**水**を生成する。
2 ○ アミラーゼはデンプンの分解酵素で、**マルトース**まで分解する。酵素には最もよく働く**最適温度**や**最適 pH** がある。
3 × リパーゼは膵臓に含まれ、脂肪をモノグリセリドと脂肪酸に分解する酵素である。
4 × トリプシンは**膵液**に含まれる酵素で、**タンパク質**をペプチドに分解する。
5 × 光合成にも種々の酵素が関係するが、制限酵素は DNA の特定の塩基配列部位で DNA を**切断**する酵素であり、光合成には関係しない。また、光合成で合成される物質は**デンプン**などの有機物である。

問題 2 裁判所職員（2019 年度） 本冊 P.160

正解：4

A ○ 酵素の本体は**タンパク質**であり、生体内で**触媒**として働く。
B ○ 酵素の働く相手を基質といい、特定の酵素が働く基質は決まっている（**基質特異性**）。したがって、化学反応の種類に応じて**多種多様**な酵素が必要となる。
C × 酵素はタンパク質であり、タンパク質は温度が高くなると立体構造が変化し戻らなくなる。そのため酵素は高温では触媒作用を失ってしまう。これを**失活**という。

したがって、正誤の組合せとして最も妥当なものは、**4** の**正正誤**である。

問題 3 東京都Ⅰ類（2012 年度） 本冊 P.161

正解：2

1 × 植物は、光合成により水と**二酸化炭素**からデンプンなどの有機物を合成する。
2 ○ 光合成に影響を与える要因には光、温度、水、CO_2 濃度などがあり、そのうち最も**不足**している要因を**限定要因**といい、それが光合成の速度を決定する。
3 × 植物において、二酸化炭素の出入りが見かけ上なくなる光の強さを**光補償点**という。また、それ以上光の強さを強くしても光合成の速度が大きくならない光の強さを**光飽和点**という。

4　×　同じ植物でも日なたの葉を陽葉といい、日陰の葉を陰葉という。陰葉は光の量が少なくても効率的に光合成ができるようにさく状組織が**薄く**、葉の厚みが**薄い**。

5　×　クロロフィルは葉緑体の**チラコイド**の膜に含まれている。

問題 4　消防官Ⅰ類（2018 年度）……………… 本冊 P.161

正解：5

1　×　呼吸により得られたエネルギーは、**ATP の合成**に用いられる。生命活動に必要なエネルギーには、ATP が ADP に変化するときに発生するエネルギーが使われる。

2　×　酸素を用いる呼吸を好気呼吸といい、水と二酸化炭素と **ATP** が合成される。

3　×　好気呼吸では、有機物は**細胞質基質**と**ミトコンドリア**で分解される。

4　×　呼吸には様々な**酵素**が関わっている。ホルモンは動物体内の内分泌腺で形成され、血液によって体内の他の器官には運ばれ、その器官に種々の影響を及ぼす物質である。

5　○　好気呼吸の反応過程は、**解糖系**、**クエン酸回路**、**電子伝達系**の 3 つからなる。

問題 5　国家一般職（2020 年度）……………… 本冊 P.162

正解：2

1　×　ATP は、炭素を 5 個含む**五炭糖**のリボースと塩基のアデニンが結合したアデノシンに、3 分子のリン酸が結合したものである。末端のリン酸の結合が切れるとエネルギーが**放出**される。

2　○　タンパク質は温度や酸、塩基、アルコールなどで立体構造が変化し凝固する。これを**変性**という。タンパク質からできる酵素も、温度が高くなると酵素としての性質を失う。これを**失活**という。

3　×　二酸化炭素や水のような単純な物質から、有機物のような複雑な物質ができる変化を**同化**という。逆に炭水化物やタンパク質を分解してエネルギーを取り出す変化を**異化**という。

4　×　カルビン・ベンソン回路は葉緑体の**ストロマ**での反応である。光合成によって有機物、酸素、水がつくられる。

5　×　発酵により、酵母はグルコースを**エタノール**と二酸化炭素に分解する。酸素を用いない呼吸では、生成される ATP の量は、酸素を用いる呼吸のときより**少ない**。

問題 6　国家専門職（2007 年度）……………………………………………… 本冊 P.163

正解：2

1　×　地中に存在する硝酸イオンやアンモニウムイオンなどから、アミノ酸、タンパク質、酵素、核酸などの有機窒素化合物をつくりだす働きを**窒素同化**という。根粒菌の窒素固定は**同化**である。

2　○　正しい。好気呼吸は 3 つの過程に分けられ、解糖系は**細胞質基質**で、クエン酸回路と電子伝達系は**ミトコンドリア**で行われる。

3　×　嫌気呼吸の特徴は、グルコースを**解糖系**と同じ反応で**ピルビン酸**まで分解し、その後**乳酸**をつくる。

4　×　光合成は光エネルギーの取り込み（明反応）が起こり、その反応で生じた物質を用いて CO_2 を取り込み（暗反応）、有機物が合成される。光エネルギーの取り込みは葉緑体の**チラコイド**で行われ、CO_2 の固定は**ストロマ**のカルビン・ベンソン回路で行われる。現在では光合成は、①光化学反応、②水の分解と NADPH の生成、③ ATP の生成反応、④ CO_2 の固定反応の 4 つの反応系で起きることがわかり、「明反応」「暗反応」の用語は使われない。

5　×　化学合成とは、光のエネルギーを用いず、アンモニアや硫化水素などの無機物質の**酸化**で生じるエネルギーを用いて有機物を合成する方法である。化学合成を行えるのは、**化学合成菌**と呼ばれる細菌のみである。

問題 7　国家専門職（2004 年度）……………………………………………… 本冊 P.164

正解：5

1　×　陽生植物とは光補償点も光飽和点も**高い**植物であり、陰生植物とは光補償点も光飽和点も**低い**植物である。陽生植物は強い光での光合成が盛んで成長が速いが、光補償点も高いので光の弱い所では育たない。陰生植物は光の弱い場所でも成長できる。

2　×　光合成色素がどの波長の光をよく吸収するかを示すグラフを**吸収スペクトル**という。これによると、クロロフィルは**青色と赤色**の光を強く吸収し、カロテノイドは**青色**の光を強く吸収する。したがって、クロロフィルは緑色ではなく、**青色と赤色**の光を利用して光合成をおこない、カロテノイドは黄色や赤色ではなく、**青色**の光を利用して光合成を行う。

3　×　光合成における水の分解は**チラコイド**で起こる。チラコイドでつくられた NADPH と ATP により、**ストロマ**で CO_2 を固定し有機物をつくる反応経路を、カルビン・ベンソン回路という。

4　×　乳酸発酵は空気を使わないでグルコースを分解し、乳酸に変えてエネルギーを取り出す反応であり、**異化**の例である。

5　○　根粒菌は土壌水中に溶けた空気中の窒素から**アンモニア**を合成する。根粒の植物細胞はアンモニアと有機物からアミノ酸を合成する（**窒素同化**）。

問題8 警察官Ⅰ類（2021年度） …… 本冊P.165

正解：4

1　×　酸素を用いた異化（呼吸）により、呼吸基質の有機物は水と**二酸化炭素**に分解され、エネルギーが取り出される。

2　×　解糖系ではグルコースがピルビン酸に分解され、ATPと脱水素酵素の補酵素NAD^+に水素原子が渡されてできる**NADH**がつくられる。

3　×　電子伝達系では、解糖系やクエン酸回路で生じた水素の酸化還元反応によりエネルギーをつくりだし、**ADP**から**ATP**が合成される。

4　○　クエン酸回路で発生した水素は、補酵素のNAD^+やFADに受け取られて**NADH**と**$FADH_2$**が合成される。

5　×　発酵は酸素を用いない呼吸であり、好気呼吸のときより生産されるATPの数は**少ない**。

問題9 特別区Ⅰ類（2018年度） …… 本冊P.165

正解：5

微生物が**酸素**を使わずに有機物を分解してエネルギーを得る反応を発酵という。**酵母**は発酵によってエタノールをつくる。これをアルコール発酵といい、1分子の**グルコース**から、2分子のエタノールと2分子のCO_2が発生する。

したがって、A～Cに該当する語の組合せは、**5**のA **酸素**、B **酵母**、C **グルコース**である。

3 3 生殖・発生

問題1 特別区Ⅰ類（2018年度）…… 本冊 P.172

正解：1

1 ○ 無性生殖では、親の遺伝子が**そのまま**子供に受け継がれる。
2 × 芽が出るように新たな個体が生じる方法を**出芽**といい、根の栄養器官から新たな個体が生じる方法を**栄養生殖**という。
3 × 配偶子が合体してできる個体を**接合子**という。卵と精子の接合子は受精卵という。ヒストンとは、真核細胞の核に存在する塩基性タンパク質の総称である。
4 × 染色体上に占める遺伝子の位置を**遺伝子座**といい、同一の遺伝子座にある同一形質を決める複数の遺伝子を**対立遺伝子**という。対合とは、相同染色体同士の接着のことをいう。
5 × 1対の相同染色体の遺伝子において、同じ遺伝子が対になっている状態のものを**ホモ接合体**といい、異なる遺伝子が対になっている状態のものを**ヘテロ接合体**という。

問題2 特別区Ⅰ類（2004年度）…… 本冊 P.172

正解：3

1 × 卵や精子のように合体を行う生殖細胞を**配偶子**という。配偶子の合体を接合といい、できた細胞を**接合子**という。
2 × 卵や精子の基になる細胞を**始原生殖細胞**という。
3 ○ 正しい。さらに卵割が進むと卵割腔が大きくなった**胞胚腔**を有する**胞胚**となる。
4 × イネなどの胚乳種子は発芽のときの養分を**胚乳**に蓄えている。これを有胚乳種子という。一方、マメやクリなどは養分を**子葉**に蓄えている。これを無胚乳種子という。
5 × 重複受精は**被子**植物で行われる受精方式で、2個の精細胞が一つは**卵細胞**と、もう一つは**中央細胞の極核**と受精する。裸子植物では重複受精は行わず、胚のう内に造卵器ができ、各造卵器に1個の卵細胞ができる。これが受精し受精卵となる。

問題 3 国家一般職（2007 年度）…………………………………………… 本冊 P.173

正解：3

1 × 藻類の同形配偶子による接合は**有性**生殖である。また、ユリの球根による栄養生殖は**無性**生殖の例である。

2 × 減数分裂は、配偶子（生殖細胞）ができるときに娘細胞の染色体数が母細胞の**半分**になる分裂である。半減した染色体数は、受精により倍加して元に戻る。

3 ○ 正しい。哺乳類やウニの卵は**等黄卵**で、**等割**が見られる。

4 × 外胚葉からは**脳神経系**、中胚葉からは**骨格系**、**循環器系**、内胚葉からは**消化器系**がそれぞれ分化する。

5 × 被子植物の重複受精は胚のう内で起こる。花粉管内で雄原細胞が分裂してできる 2 個の精細胞のうち、1 つは**卵細胞**と受精して **2 倍体の受精卵**となり、もう 1 つは**中央細胞の極核**と合体して **3 倍体の胚乳核**になる。

問題 4 警察官Ⅰ類（2021 年度）…………………………………………… 本冊 P.174

正解：1

1 ○ 正しい。1 個の花粉母細胞（$2n$）が減数分裂により 4 個の四分子（花粉四分子）になる。花粉四分子は互いに分離して未熟花粉となり、さらに不等分裂を行って、**花粉管核**をもつ花粉管細胞と**雄原細胞**からなる成熟花粉になる。

2 × 胚珠の中で胚のう母細胞（$2n$）は減数分裂を行って **4 個**の細胞となるが、このうち 3 個は退化し、残りの 1 つが胚のう細胞となる。

3 × 胚のうの 8 個の核のうち、1 個は**卵細胞**、2 個は**助細胞**、3 個が**反足細胞**の核であり、残りの 2 個は胚のうの中心に並んで**中央細胞の極核**になる。

4 × 重複受精とは、卵細胞と精細胞の受精と、中央細胞の極核と**精細胞**の合体が同時に起こることである。

5 × 無胚乳種子は発芽に必要な栄養を**子葉**に蓄えている。

問題 5 特別区Ⅰ類（2007 年度）…………………………………………… 本冊 P.174

正解：1

外胚葉からは表皮、神経管が生じ、神経管から脳、**脊髄**などが生じる。
中胚葉からは脊索、体節、腎節、側板が分化し、側板から**心臓**ができる。
内胚葉からは腸管が形成され、消化管、**肝臓**、すい臓ができる。
したがって、外胚葉、中胚葉、内胚葉からそれぞれ分化して形成される器官の組合せとして妥当なのは、**1** の外肺葉：**脊髄**、中胚葉：**心臓**、内胚葉：**肝臓**である。

問題 6 特別区Ⅰ類（2021 年度）…………………………………………………… 本冊 P.175

正解：1

A ○ 卵黄は受精卵の成長のエネルギーとなる。カエルの卵は卵黄が**植物極**側に偏った**端黄卵**である。第三卵割では、赤道面より上側の**動物極**側で卵割が起きる。

B ○ カエルの発生では、**原腸胚**期に外胚葉、中胚葉、内胚葉の分化が起きる。

C × 神経管からは脳や**脊髄**ができる。脊索は中胚葉から分化し、のちに消失する。

D × 分化を促す胚の部分を**形成体（オーガナイザー）**という。アポトーシスとはプログラムされた細胞死のことであり、カエルの変態で尾が消失したりするときに見られる。

3 4 遺伝

問題1 特別区Ⅰ類（2009年度） …… 本冊 P.182

正解：5

純系の丸形の親としわ形の親を交雑すると、雑種第一代はすべて丸形の種子になる。これを**優性の法則**という。このとき現れる形質が**優性**（顕性）形質であり、現れない形質が**劣性**（潜性）形質である。雑種第一代どうしの交雑で生まれる雑種第二代では、丸形としわ形の比が**3：1**になる。

したがって、A～Dに該当する語または語句の組合せとして妥当なのは、**5**のA **優性の法則**、B **優性**、C **劣性**、D **3：1**である。

問題2 東京都Ⅰ類（2014年度） …… 本冊 P.182

正解：4

マルバアサガオの赤色の親と白色の親を掛け合わせてできる雑種第一代がすべて桃色であった。このとき親の遺伝子型は共に**ホモ型**である。

赤色の花の遺伝子をR、白色の花の遺伝子をrとすると、雑種第一代の遺伝子型はRrで、遺伝子の優劣の関係が不完全なのでRrでは花の色が**桃色**になった。これを交配させた雑種第二代では、遺伝子型の比がRR：Rr：rr＝**1：2：1**となり、表現型の比は赤色：桃色：白色＝**1：2：1**になる。

なお、このような遺伝の様式を**不完全優性**といい、桃色の花を**中間雑種**という。

問題3 国家一般職（2016年度） …… 本冊 P.183

正解：2

1 ×　独立の法則とは、各対立形質の遺伝子が配偶子をつくるとき**独立して行動する**という法則をいう。減数分裂時に相同染色体がそれぞれ分かれて別々の配偶子に入るのは**分離の法則**である。

2 ○　検定交雑の結果、子供の形質が優性：劣性＝1：1ならば、親の遺伝子型は**ヘテロ**接合である。したがって、親の遺伝子型は**Aa**と判断することができる。

3 ×　マルバアサガオで純系の赤花の遺伝子型をRR，白花をrrとすると、子供に生じるRrの遺伝子型のものの花の色は桃色になる。これは、分離の法則の例外とするのではなく、赤花と白花の**優劣が不完全**なために起こる。このような雑種を**中間雑種**といい、遺伝子の関係を**不完全優性**という。

4 ×　両親の遺伝子型がAO・ABまたはBO・ABのとき、子供に現れる可能性のある血液型はA、B、ABの**3種類**であるが、両親がAO・BOの場合、子供にはA、B、AB、Oの**4種類**の血液型の可能性がある。

5 × 問題文中のBのような遺伝子を**条件遺伝子**という。カイウサギの毛色の発現はその例である。カイコガの繭の色を決める遺伝子は、**抑制遺伝子**と呼ばれる。2対の対立遺伝子のうち、一方の優性遺伝子が他方の優性遺伝子の形質発現を抑制する場合、前者を**抑制遺伝子**という。

問題4 東京都Ⅰ類（2018年度） ……本冊P.184

正解：1

1 ○ 正しい。同一の染色体上にある複数の遺伝子が、配偶子の形成に際して行動をともにする**連鎖**には、独立の法則が当てはまらない。

2 × 組換えは染色体上の2つの遺伝子間の距離が離れているほど**起こりやすい**。

3 × 同一染色体上の遺伝子の位置関係を示したものを**染色体地図**という。染色体地図には、**遺伝学的地図**と細胞学的地図などがある。遺伝学的地図は遺伝子の組換え価をもとにして作られたもので、組換え価が遺伝子間の**相対的な距離**に相当する。遺伝学的地図と細胞学的地図は、遺伝子間の距離は必ずしも一致しないが、遺伝子の配列は**一致**する。

4 × 性染色体はX染色体、Y染色体および、Z染色体、W染色体の**4種類**である。ヒトの性決定は**雄**ヘテロ型のXY型である。XY型ではXは雌雄共通で、Yが雄だけにあり、雌ヘテロ型のZWではZが雌雄共通で、Wが雌だけにある。

5 × すべての細胞が同じ遺伝子をもっていても、細胞によってつくられるタンパク質が異なる。これは細胞ごとに違う遺伝子を選んで発現するためである。この現象を**選択的遺伝子発現**という。性染色体に存在する遺伝子により雌雄で形質の伝わり方が異なる遺伝は**伴性遺伝**という。

問題5 特別区Ⅰ類（2017年度） ……本冊P.184

正解：4

A × **翻訳**とは、mRNAの塩基配列情報がアミノ酸の配列に読み替えられることをいう。**転写**では2本のヌクレオチド鎖がほどけて、一方のDNA鎖を鋳型としてRNAに情報が転写される。もう一方の鎖（非鋳型鎖）は転写されない。

B ○ DNAを構成する塩基は、アデニン（A）、グアニン（G）、シトシン（C）、チミン（T）の**4種類**である。なお、RNAの塩基はチミンの代わりに**ウラシル**（U）を含む4種類である。

C ○ DNAもRNAも糖、塩基、リン酸からなる**ヌクレオチド**の重合体である。

D × 転写とは、**DNA**の遺伝情報（塩基配列）が**RNA**に写し取られることである。

したがって、妥当なものを選んだ組合せは、4のB、Cである。

問題6 消防官Ⅰ類（2005年度）……………………………………………………… 本冊P.185

正解：4

A　DNAの遺伝情報は核内で**mRNA**に転写され、核膜孔から細胞質へ出て行く。
B　細胞質に出たmRNAは、タンパク質合成を行う**リボソーム**に付着する。
C　一方、細胞質中にある**tRNA**は、それぞれ特定のアミノ酸と結合し、これをリボソームに運ぶ。
D　アミノ酸は**ペプチド結合**によって互いにつながり、DNAがもつ遺伝情報に従ったアミノ酸配列をもつタンパク質が合成される。

したがって、A～Dにあてはまる語句の組合せとして最も妥当なのは、4のA **mRNA**、B **リボソーム**、C **tRNA**、D **ペプチド結合**である。

問題7 国家一般職（2011年度）……………………………………………………… 本冊P.185

正解：2

DNAを構成する塩基は、A（アデニン）、**T（チミン）**、G（グアニン）、C（シトシン）の4種類である。AとT、GとCは互いに**水素結合**で結びつき、二重らせん構造をつくる。AとTの割合は等しく、GとCの割合も等しい。またAがCの2倍量含まれているので、Aの割合は33.3%、Tも33.3%、CとGが**16.7**%である。

したがって、**ア**、**イ**、**ウ**に入るものの組合せとして最も妥当なのは、2の**ア T（チミン）**、**イ 水素結合**、**ウ 16.7**である。

問題8 特別区Ⅰ類（2012年度）……………………………………………………… 本冊P.186

正解：4

1　×　DNAからmRNA（伝令RNA）への遺伝情報の転写は、**RNAポリメラーゼ（RNA合成酵素）**によって行われる。
2　×　RNAは塩基としてチミン（T）を**もたず**、代わりにウラシル（U）を**もつ**。
3　×　mRNAは**リボソーム**に付着し、tRNAが運んでくるアミノ酸がリボソームによってペプチド結合で結ばれていき、**ポリペプチド**になる。
4　○　mRNAの三つ組みの塩基（トリプレット）を**コドン**といい、これがアミノ酸を指定する。tRNA（運搬RNA）はmRNAのコドンと相補的に結合する**アンチコドン**をもつ。

5　×　DNAの遺伝情報はRNAに転写され、その中の**イントロン**と呼ばれる部分が切除されてmRNAがつくられる。これを**スプライシング**という。この後mRNAが細胞質内へ移動し、リボソームと付着して翻訳が始まる。

問題9　国家一般職（2017年度）……………………………… 本冊P.186

正解：1

1　○　遺伝子組換えはDNAの特定の塩基配列を**制限酵素**で切断し、別のDNAに組み込む操作である。

2　×　大腸菌のプラスミドは、小さな環状の**二重鎖**のDNAである。目的の遺伝子のDNA断片と、切断したプラスミドを混ぜ、DNAリガーゼを加えると組換えプラスミドができる。目的の遺伝子を組み込んだプラスミドは、試験管ではなく、**大腸菌**の中に入れ、培養して大腸菌を増やすことにより、遺伝子を増やすことができる。

3　×　PCR法では**90℃以上の高温**にして塩基間の水素結合を切り、DNAを1本鎖にする。

4　×　電気泳動ではDNA断片が長いものほど移動速度が**遅く**、移動距離が短い。長さがわかっているDNA断片と同時に電気泳動することにより、目的とするDNA断片の長さを推定することができる。

5　×　**原核細胞**に遺伝子を組み込むには、バクテリオファージなどのウイルスを用いる。植物細胞は組織培養によって個体を再生できるので、体細胞に遺伝子を組み込むことができる。その際、アグロバクテリウムという土壌細菌を用いるのが一般的である。

問題10　消防官Ⅰ類（2019年度）……………………………… 本冊P.187

正解：3

1　×　DNAの転写、RNAのスプライシングは**核内**で行われるが、mRNAは核膜孔を出て**細胞質**でリボソームに付着する。

2　×　大腸菌は主に**グルコース**を摂取している。そのため、大腸菌は通常ラクトース分解酵素遺伝子群の発現を停止している。この仕組みは、調節タンパク質（リプレッサー）が**オペレーター**に結合し、RNAポリメラーゼがプロモーターに結合できなくすることで、ラクトース分解酵素遺伝子群が発現できなくしている。ラクトース分解酵素遺伝子群が発現するためには、プロモーターとRNAポリメラーゼが結合することが必要である。

3　○　唾液腺染色体の横縞は遺伝子が**高密度**の部分である。横縞が膨らんだ部分を**パフ**といい、この部分でDNAがほどけてmRNAが盛んに合成されている。

4　×　ネクローシス（壊死）とは、血行不良や外傷によって起こる炎症性の組織死のことである。遺伝情報でプログラムされた細胞死を**アポトーシス**という。オタマジャクシがカエルになるとき尾がなくなるのはこの例である。

5　×　制限酵素やDNAリガーゼを利用して特定の遺伝子を人工的に別のDNAに組み込む操作を**遺伝子組換え**という。目的の塩基配列をもつDNA断片を増幅させる操作はクローニングと呼ばれ、そのためにDNAポリメラーゼを利用する方法をPCR法という。

3 5 動物

問題 1 東京都Ⅰ類（2013 年度）………………………………………………… 本冊 P.196

正解：2

1 × 有形成分（血球）の割合は**約 45%**、液体成分（血しょう）の割合は**約 55%**であり、血球中で最も多いのは**赤血球**である。
2 ○ 血しょうは、血球、栄養分、老廃物の**運搬**を行う。また、**血液凝固**に関係する物質も含む。
3 × 赤血球には核が**ない**。**ヘモグロビン**を含み酸素運搬を行う。
4 × 白血球には核が**ある**。血液凝固に関係する有形成分は**血小板**である。
5 × 血小板には核が**なく**、不定形の細胞である。血液凝固因子を含み、血液凝固を行う。食作用をもつのは**白血球**である。

問題 2 消防官Ⅰ類（2009 年度）………………………………………………… 本冊 P.196

正解：3

1 × 血液は、有形成分の**血球**と液体成分の**血しょう**からなる。血清とは、血しょうから凝固因子のフィブリノーゲンを除いたものである。
2 × 血小板は血液の**凝固**に関係する。栄養素や老廃物を運ぶのは**血しょう**である。
3 ○ 白血球は**免疫**に関係したはたらきをする。
4 × **赤血球**は骨髄でつくられ、核のない円盤状の細胞である。ヘモグロビンのはたらきで酸素運搬を行う。
5 × 血液凝固に関係するのは**血小板**である。

問題 3 国家一般職（2015 年度）………………………………………………… 本冊 P.197

正解：4

1 × 体液は成人男性では体重の**約 60%**を占める。血液、組織液、リンパ液の **3 つ**に大別される。細胞間を満たすのは**組織液**である。
2 × 血液は動脈を通って毛細血管に達し、血しょうの一部が毛細血管壁から染み出すと**組織液**になる。組織液の一部がリンパ管に入ってリンパ液になる。
3 × ヘモグロビンは**酸素**を運搬する。栄養分や老廃物を運搬するのは**血しょう**である。
4 ○ 白血球のなかの好中球、マクロファージ、樹状細胞などは食細胞と呼ばれ、異物を取り込み分解する（**食作用**）。

5 × 血しょうは**約90%**が水分である。血球、栄養分、老廃物、ホルモンなどの運搬を行う。血液凝固にも関係し（フィブリノーゲンを含む）、免疫にも関係する（免疫グロブリンを含む）。酸素を運搬する役割を果たしているのは**赤血球**である。

問題4 消防官Ⅰ類（2018年度） …… 本冊P.197

正解：1

1 ○ 正しい。キラーT細胞はヘルパーT細胞の指令を受けないと感染細胞を攻撃しないが、**ナチュラルキラー細胞**は指令なしで感染細胞を攻撃する。

2 × HIVウイルスに感染すると、ヘルパーT細胞が攻撃され死滅し、免疫のはたらきが低下するため、感染力の弱い病原菌に感染しやすくなる（**日和見感染**）。生まれつきヘルパーT細胞に欠陥があるわけではない。

3 × 自己免疫疾患は、自己の物質を**抗原**として認識して攻撃してしまうために起こる。

4 × あらかじめ他の動物に毒素を接種して抗体をつくらせておき、その抗体を患者に接種する方法を**血清療法**という。

5 × アレルギーは、病原体以外の異物に対して**過剰な免疫反応**が起こることで引き起こされる。

問題5 国家専門職（2021年度） …… 本冊P.198

正解：5

1 × 自然免疫は病原体が共通してもつ特徴を幅広く認識し、食作用などにより**非特異的**に排除するが、獲得免疫では特定の物質を認識したリンパ球が**特異的**に病原体を排除する。免疫は**白血球**の様々な細胞によって行われる。

2 × 体液性免疫では、食細胞からヘルパーT細胞に情報が伝えられ（**抗原提示**）、活性化したヘルパーT細胞が活性因子（**サイトカイン**）を放出しB細胞を活性化する。B細胞から抗体産生細胞（形質細胞）が増殖・分化し、**抗体**が産生され抗原抗体反応が起こる。また、食作用によって異物を排除するのは**自然免疫**である。

3 × 移植片が非自己と認識されると、抗体が作られたり、キラーT細胞が活性化されて移植片を攻撃する。これを**拒絶反応**という。

4 × あらかじめ弱毒化した病原体や毒素を**ワクチン**という。ワクチンを接種することを**予防接種**という。他の動物からつくった抗体を注射することで症状を軽減させる治療法を**血清療法**という。

5 ○ 正しい。なお、アレルゲンが2回目以降に入ったときに、特に激しい症状となる現象を**アナフィラキシーショック**という。

問題 6 東京都Ⅰ類（2008 年度）……………………………… 本冊 P.198

正解：2

1 × 思考や判断の中枢は**大脳皮質**にあり、だ液の分泌の中枢は間脳の**視床下部**にある。
2 ○ 内分泌系と自立神経系の調整の中枢は間脳の**視床下部**にある。
3 × 姿勢を保つ中枢は中脳にあるが、視覚や聴覚などの感覚中枢、随意運動の中枢は**大脳皮質**にある。
4 × 眼球の運動の中枢及び瞳孔の大きさを調節する中枢は**中脳**にあり、血糖量の調節は間脳の**視床下部**によるホルモン分泌の調節によって行われる。
5 × 延髄には心臓の拍動や呼吸運動などの中枢はあるが、からだの平衡を保つ中枢は**小脳**にある。

問題 7 国家一般職（2009 年度）……………………………… 本冊 P.199

正解：2

1 × T 細胞、B 細胞は**白血球**の一種である。抗体と結合した抗原は、**白血球**の一種のマクロファージや好中球の食作用で処理される。
2 ○ 正しい。活性化された B 細胞、ヘルパー T 細胞、キラー T 細胞の一部は**記憶細胞**として長期間体内に残る。
3 × 肝臓では、タンパク質の分解で生じる有毒なアンモニアが、オルニチン回路で毒性の低い**尿素**に変えられる。ランゲルハンス島はすい臓にある細胞群でインスリンやグルカゴンなどのホルモンが作られる。
4 × 原尿からは、**細尿管**を通過する際に、すべてのグルコースと約 95%の水と無機塩類が再吸収される。
5 × 脳下垂体後葉から分泌される**バソプレシン**は水の再吸収を促進し、副腎皮質から分泌される**鉱質コルチコイド**は無機塩類の再吸収を調節する。

問題 8 国家一般職（2012 年度）……………………………… 本冊 P.199

正解：2

1 × 小脳は**からだの平衡**などの中枢である。呼吸運動の中枢は**延髄**であり、眼球運動の中枢は**中脳**である。言語中枢は**大脳**、睡眠や体温調節機能は**間脳**にある。
2 ○ 正しい。前庭では、平衡石（耳石）のずれが感覚毛を押し、からだの**傾き**を感じる。半規管には内部のリンパ液が動き、感覚毛が刺激されて**回転**を感じる。

3 × 肺循環では血液は右心室から肺動脈を経て肺に行き、その後肺静脈を通って左心房に戻る。
4 × 脂肪はすい臓で分解されてモノグリセリドと脂肪酸になる。これらは小腸の柔毛上皮から吸収され、脂肪に再合成されてから柔毛中のリンパ液に入り、胸管から鎖骨下静脈を経て心臓に送られる。
5 × 肝臓には、アンモニアを尿素に変えるはたらきがある。尿素は腎臓から尿として排出される。

問題 9 特別区Ⅰ類（2019 年度） 本冊 P.200

正解：2

1 × 眼に入った光は、角膜→水晶体→ガラス体を経て網膜上で像になる。
2 ○ 光の量は、虹彩の中の筋肉が反射的に動くことで、ひとみ（瞳孔）の大きさが変化して調節される。
3 × 錐体細胞は強い光のところではたらき、色の区別に関与する。錐体細胞は黄斑部に集中している。
4 × 桿体細胞は黄斑を取り巻く部分に多く分布している。盲斑には視細胞が分布していない。
5 × 網膜の視神経が集まって束となり網膜を貫いている部分を盲斑という。盲斑には視細胞がないので光を感じない。黄斑は網膜の中央部にあり、錐体細胞が集中している。

問題 10 国家専門職（2019 年度） 本冊 P.200

正解：3

1 × 近くのものを見るときは、毛様筋が収縮し、チン小帯が緩み、水晶体が厚くなる。これにより焦点距離が短くなる。
2 × 盲斑には視細胞が分布していない。桿体細胞は黄斑を取り巻く部分に多く分布している。
3 ○ 正しい。うずまき管の外リンパ液に伝わった刺激は、基底膜を振動させ聴細胞に興奮が伝わる。
4 × 半規管はリンパ液で満たされていて、からだが回転するとリンパ液の流れで感覚毛が刺激を受ける。前庭にある平衡石がずれるとからだの傾きが感知される。
5 × 感覚点の分布は均一ではなく、体の部位によって異なる。

問題 11 特別区Ⅰ類（2017 年度）………… 本冊 P.201

正解：1

血糖値の低下は間脳の視床下部が感知し、副腎髄質から**アドレナリン**が分泌される。これとは別にすい臓のランゲルハンス島A細胞から**グルカゴン**が分泌される。さらに、脳下垂体前葉から副腎皮質刺激ホルモンが分泌され、副腎皮質から**糖質**コルチコイドが分泌される。これらのはたらきで血糖値が上昇する。

したがって、血糖量の増加にはたらくものの組合せとして妥当なのは、**1**のA **アドレナリン**、C **グルカゴン**である。

問題 12 消防官Ⅰ類（2019 年度）………… 本冊 P.201

正解：2

1 × 糖尿病には、**すい臓のβ細胞**の損傷によりインスリンの分泌が**低下する**ことが原因の1型糖尿病と、**遺伝的な体質**などインスリンの分泌低下や抵抗性に、過食、運動不足、加齢が加わることで起きる2型糖尿病がある。
2 ○ 正しい。このほかにも、副腎髄質から**アドレナリン**が分泌される。
3 × 血糖濃度が**高く**なった状態が慢性的に続く症状を糖尿病という。グルコースの量が多すぎて、腎臓で再吸収されずに尿中にグルコースが放出される。
4 × 食事をとると、炭水化物などの分解により血糖値は**上昇**する。
5 × グルコースとグリコーゲンの出し入れを調節しているのは**肝臓**である。

3 6 植物

問題 1 特別区Ⅰ類（2021 年度）…… 本冊 P.206

正解：2

1 × エチレンには、果実の成熟や落果・落葉を**促進**するはたらきがある。
2 ○ ジベレリンは、**種子の発芽**を促す働きがある。また、細胞の**縦方向**への成長を促す。
3 × オーキシンには、種子の発芽や果実の成長を**促進**するはたらきがある。
4 × フロリゲンは花成ホルモンであり、**花芽形成**を促進する。昆虫の消化酵素の働きを阻害する物質の合成を促すのは**ジャスモン酸**である。ジャスモン酸はシステミンという植物ホルモンのはたらきで合成される。
5 × サイトカイニンは、オーキシンの存在下で細胞分裂や組織の分化を**促進**し、葉の老化を**遅らせる**。また、葉の気孔を**開く**はたらきがある。

問題 2 特別区Ⅰ類（2013 年度）…… 本冊 P.206

正解：1

A ○ サイトカイニンは、オーキシンの存在下で細胞分裂や組織の分化を**促進**する。また、葉の老化を**抑え**、気孔の開孔を**促す**。
B ○ エチレンは、果実の成熟を**促し**、離層を形成して落葉・落果を**促進**する。
C × アブシシン酸は、種子の形成を**促進し**、休眠を**継続**させる。
D × オーキシンは、植物の茎や根の成長を**促進**し、果実の結実・成長を**促進**する。

したがって、妥当なものを選んだ組合せは、**1** の **A** と **B** である。

問題 3 東京都Ⅰ類（2003 年度）…… 本冊 P.207

正解：3

1 × 長日植物は秋から冬にかけて成長し、夜が短くなる春から夏にかけて花を咲かせる。暗期が限界暗期**以下**になると花芽を形成する。アブラナ、ダイコン、コムギなどが**長日植物**の例で、キクやコスモスは**短日植物**の例である。
2 × 短日植物は春から夏にかけて成長し、夜が長くなる夏から秋にかけて花が咲く。暗期が限界暗期**以上**になると花芽を形成する。キク、コスモスなどが**短日植物**の例で、オオムギ、ホウレンソウは**長日植物**の例である。
3 ○ 光中断があると、連続した暗期の時間が短くなるので、限界暗期**以下**になると短日植物は花芽ができない。

4 × コムギは**長日植物**なので、冬の低温と**夏の長日条件**で花芽が形成される。

5 × 光発芽種子の発芽に有効な光は**赤色光**であり、**赤色光**を照射した直後に**遠赤色光**を照射すると発芽しなくなる。

問題4 東京都Ⅰ類（2021年度） 本冊 P.207

正解：4

1 × アブラナは胚珠が子房に包まれている**被子**植物である。めしべの根もとのふくらんだ部分が**子房**で、子房の中に胚珠が入っている。

2 × おしべの先端にある花粉の入った袋を、被子植物では**やく**、裸子植物では**花粉のう**という。めしべの先端は**柱頭**という。花粉が柱頭に付くことを**受粉**といい、受粉後花粉管が伸びて胚珠に達し、精細胞と卵細胞が接合することを**受精**という。

3 × タンポポのような双子葉植物では、根は太い**主根**が伸び、それから**側根**が伸びている。

4 ○ 道管は**水分**が通る管であり、師管は**栄養分**が運ばれる管である。道管の集まった部分を**木部**、師管の集まった部分を**師部**といい、これらを合わせた通道組織を**維管束**という。

5 × 葉の**裏側**に多い気孔から、水蒸気、酸素、二酸化炭素が出入りする。葉の内側の細胞には緑色をした**葉緑体**が含まれ、光合成をおこなっている。

問題5 国家専門職（2008年度） 本冊 P.208

正解：1

1 ○ 膨圧は細胞の内側から押す力であり、水分量が減少し膨圧が**低下**すると植物はしおれる。

2 × 光合成は大気中の**二酸化炭素**と根から吸収した**水分**から、太陽の光のエネルギーを利用して有機化合物を合成する反応である。光合成速度は**光の強さ**、**温度**などの影響を受ける。

3 × 根から吸収された水は**道管**を通って葉に運ばれる。体内の水分量が多くなると、主に葉の裏側に分布する**気孔**が開いて蒸散が活発になり、水分量を減らす。

4 × 表皮細胞の外側には**クチクラ**と呼ばれる脂質膜があり、乾燥や紫外線、病原菌などから植物を守る。

5 × 乾燥状態になると葉で**アブシシン酸**が合成され、孔辺細胞の浸透圧が低下し膨圧が減少する。これにより気孔が閉じて蒸散量が低下する。

問題 6 国家専門職（2020 年度）……………………………… 本冊 P.209

正解：4

1 × 植物は水不足になると、気孔が**閉じて**体内の水分の蒸散を抑える。これは植物ホルモンのアブシシン酸によって制御されている。アブシシン酸のはたらきで孔辺細胞の膨圧が減少し、気孔が**閉じる**。

2 × 低温や塩分濃度の上昇時には、**アブシシン酸**が増加しストレス抵抗性が高まる。抵抗性は**繰り返し**ストレスを受けた方が高くなる。

3 × 昆虫による食害に対して、植物体内で**ジャスモン酸**が合成される。この物質は昆虫の体内でタンパク質の分解を阻害する物質をつくりだすため、昆虫が植物を食べなくなる。

4 ○ 病原体に侵された細胞とその周辺の細胞が**死ぬ**ことで、病原体の侵入が局部的に抑えられ、さらに感染していない部分の抵抗力が強まる。

5 × **長日植物**が発芽するためには、あらかじめ一定期間**低温状態**を経験することが必要なものがある。花芽の形成が低温によって引き起こされる現象を**春化**という。

3 7 生態系・進化

問題 1 特別区Ⅰ類（2016 年度） 本冊 P.214

正解：5

A　個体数が多く、地表面を広く覆っている種を**優占種**という。
B　植生全体の外観を**相観**という。
C　植生とその地域に生息する動物などを含めたすべての生物の集まりを**バイオーム**という。ニッチとは生態系内で各生物が占める位置（生態的地位）をいう。

したがって、A～Cに該当する語の組合せとして妥当なのは、**5**のA **優占種**、B **相観**、C **バイオーム**である。

問題 2 東京都Ⅰ類（2004 年度） 本冊 P.215

正解：4

A　×　地衣類やコケ植物が岩石の風化を促進し、土壌ができ保水力が**高まる**。また、植物が増えると腐植土ができ栄養塩類が**増える**。
B　○　二次遷移では土壌の形成がすでにできているので、一次遷移より遷移の速度は**速い**。
C　×　陽樹林の内部では樹林の成長により次第に光の量が**少なく**なり、陽樹は**育ちにくく**、陰樹が**育つ**ようになる。
D　○　極相は植生が**安定**した状態である。

したがって、妥当なものの組合せは、**4**の**B**、**D**である。

問題 3 国家一般職（2008 年度） 本冊 P.216

正解：2

グラフⅠは**晩死型**で、幼齢期の死亡率が低い。子供数は少なく、親が手厚く子供の世話をする。

グラフⅡは**平均型**である。鳥類や小型の哺乳類に多い。

グラフⅢは**早死型**である。幼齢期の死亡率が高い。子供の数は多く、親は子供を世話しない。魚類、多くの昆虫類が該当する。

したがって、Ⅰの型に該当するものの組合せは、**2**の**A**、**E**である。

問題4 国家専門職（2017年度） 本冊 P.217

正解：4

1 × 成長曲線は個体群密度が小さいときには増加率が**高い**が、個体群密度が大きくなると制限を受けるようになり**一定**になる。グラフは**S字形**になる。
2 × 年齢ピラミッドは、幼若型、**安定型**、老齢型の**3つ**に分類される。年齢ピラミッドの形から個体群の将来的な成長や衰退を**予想できる**。
3 × 大きな群れになると、敵からの攻撃を**受けにくく**なる利点があるが、食料や繁殖をめぐって**種内競争**が起こる。
4 ○ ニッチとは、生物群集の中でそれぞれの種の占める役割や位置づけのことである。ニッチの重なりが大きいほど、**種間競争**が激しくなる。
5 × 宿主とは、**寄生**の関係にあって寄生される側の生物のことで、寄生者は利益を受けるが宿主は**害**を受ける。片利共生の場合は、いずれかが害を受けることはない。

問題5 消防官Ⅰ類（2021年度） 本冊 P.218

正解：5

ある地域に生息する同種の個体のまとまりを**個体群**といい、その地域に生息する異種の個体群全体を**生物群集**という。他の個体の侵入から防衛された空間を**縄張り**という。

したがって、A～Cに当てはまる語句の組合せとして最も妥当なのは、**5**のA **個体群**、B **生物群集**、C **縄張り**である。

問題6 特別区Ⅰ類（2004年度） 本冊 P.218

正解：5

トノサマバッタは普段は単独生活をしている（**孤独相**）が、大量発生すると**群生相**と呼ばれる個体になる。孤独相では体色は緑であるが、群生相では黒っぽくなり、大群で移動する。このような現象を**相変異**という。

したがって、A～Cに該当する語の組合せとして、妥当なのは、**5**のA **孤独相**、B **群生相**、C **相変異**である。

問題7 特別区Ⅰ類（2020年度） 本冊 P.219

正解：3

1 × 総生産量とは、生産者が光合成で生産した**有機物**の総量である。

2 × 生産者の純生産量とは、総生産量から生産者自身の呼吸で失われる分（**呼吸量**）を差し引いた有機物量である。

3 ○ 純生産量から枯死量と被食量を引いたものが、生産者の**成長量**である。

4 × 消費者の同化量は、**摂食量－不消化排出量**で求まる。純生産量－(被食量＋死亡量)は消費者の**成長量**を示す。

5 × 消費者の成長量＝同化量－(被食量＋死亡量＋呼吸量)である。摂食量－不消化排出量＝消費者の**同化量**である。

問題 8 国家専門職（2012 年度）……………………………………………… 本冊 P.219

正解：5

1 × 用不用説は**ラマルク**が唱えた。しかし現在では獲得形質は遺伝しないことがわかっている。

2 × 裸子植物は**中生代**の前半に出現し、中頃に繁栄し、末期に減少した。中生代は裸子植物時代であった。

3 × 人類は**アフリカ大陸**に生息していた**類人猿**から進化したと考えられている。進化の主な要因は、**二足歩行**が可能になったことで、脳の容量が大きくなり、手が自由に使えるようになったことと考えられている。

4 × 恒温動物は、**寒冷地**に住むものほど体重が重く、体が大きい。体内の熱生産量はほぼ体重に比例し、放熱量は体の表面積に比例する。寒冷地では熱が奪われないように体重あたりの表面積が**小さい**方が良い。体が**大きい**ほど体重が重く、体重あたりの表面積は**小さく**なるので、寒冷地の動物は大型の方が適する。

5 ○ 正しい。同種の個体群から隔てられて交配できなくなることを**隔離**という。

4 1 地球の内部構造・地球の歴史

問題 1 特別区Ⅰ類（2020年度）…… 本冊 P.230

正解：5

1 × 地球の内部構造は、地殻、マントル、核の３つの層に分かれており、**内部**に行くほど密度が大きくなる。
2 × マントルと核の境界は、**グーテンベルク**不連続面という。深さは約2,900 km である。
3 × 地殻からマントル上部までの粘性の大きい部分を**リソスフェア**といい、その下の粘性の小さい部分を**アセノスフェア**という。
4 × トランスフォーム断層は横ずれ断層の一種で、**すれ違う**境界を形成する。
5 ○ 大陸地殻の厚みは 30 ～ 60 km で、上部は**花こう岩質**、下部は**玄武岩質**である。海洋地殻には花こう岩質の層は存在せず**玄武岩質**でできており、厚みは 5 ～ 7 km 程度である。

問題 2 警察官Ⅰ類（2018年度）…… 本冊 P.230

正解：5

1 × 大陸地殻の厚さは **30 ～ 60** km であり、海洋地殻の厚さは **5 ～ 7** km である。
2 × 大陸地殻は、**花こう岩質**の岩石からなる上部構造と、**玄武岩質**からなる下部構造に分かれ、海洋地殻は**玄武岩質**の岩石からできている。
3 × 地殻の下はマントルであり、マントルの密度は地殻の密度より**大きい**。
4 × 核とマントルの境界面は、**グーテンベルク**不連続面と呼ばれる。**地殻**とマントルの境界はモホロビチッチ不連続面と呼ばれる。
5 ○ 核は外核と内核に分けられ、その境界を**レーマン**不連続面という。外核は液体で、S 波は伝わらない。

問題 3 特別区Ⅰ類（2010年度）…… 本冊 P.231

正解：5

1 × トラフとは細長いくぼみの地形で、深さが 6,000 m 以上になると**海溝**と呼ばれる。大山脈は**海嶺**と呼ばれる。
2 × 一方のプレートが他方のプレートの下に沈み込んでできるくぼ地を**トラフ**（**舟状海盆**）という。フォッサマグナは、日本を横断する大断層線（**糸魚川・静岡構造線**）のことをいう。

3　×　火山列の後面につくられた境界を**火山フロント**という。
4　×　トランスフォーム断層とは、プレートが互いにすれ違う横ずれ断層の一種である。ここでは浅発地震が発生する。ヒマラヤ山脈はインド・オーストラリアプレートとユーラシアプレートの**衝突**で生じた。
5　○　日本列島は、4つのプレートの**境界付近**に位置している。

問題4　警察官Ⅰ類（2021年度）……………………………… 本冊 P.231

正解：3

A　断層を境にして上側の地盤がずり上がるものを**逆断層**という。地盤に両側から押す力が働いて生じる。
B　断層を境にして地盤が水平方向にずれるものを**横ずれ断層**という。
C　引っ張りの力がはたらいて、上側の地盤がずり落ちたものを**正断層**という。
D　褶曲において、上側に凸に曲がったものを**背斜構造**という。
E　褶曲において、下側に凸に曲がったものを**向斜構造**という。

したがって、A～Eに当てはまる語句の組合せとして、最も妥当なのは、**3**のA **逆断層**、B **横ずれ断層**、C **正断層**、D **背斜構造**、E **向斜構造**である。

問題5　特別区Ⅰ類（2014年度）……………………………… 本冊 P.232

正解：3

1　×　地震が発生した場所を**震源**、震源の真上の地表面を**震央**という。**震源**から**観測点**までの距離を震源距離、震央から観測点までの距離を震央距離という。
2　×　**P波**による揺れを初期微動といい、**S波**による揺れを主要動という。
3　○　地震の揺れの強さを表す指標を**震度**といい、0、1、2、3、4、5弱、5強、6弱、6強、7の**10階級**で表される。
4　×　地震の規模を表すマグニチュードは、1増すごとに地震のエネルギーが**約32倍**になる。
5　×　ホットスポットとは、マグマの**吹き出し口**である。ホットスポットは**アセノスフェア**にほぼ固定されているが、上部のプレート（**リソスフェア**）が移動するので、火山列が形成される。

問題6　国家専門職（2015年度）……………………………… 本冊 P.232

正解：1

1　○　なお、縦波のP波は**液体中**でも伝わるが、横波のS波は**固体中**のみを伝わる。

2 × 外核は液体であり、S波が伝わらない。そのため、震央角距離（中心角）103°以遠ではS波は観測されない。

3 × 地震は、プレートどうしの沈み込みや衝突によって、多くはプレートの境界で生じる。日本列島は、南半分がユーラシアプレートに、北半分が北アメリカプレートに乗っており、その下にフィリピン海プレートと太平洋プレートが沈み込んでいる。アルプス－ヒマラヤ地域は、ユーラシアプレートの端に位置し、インドプレートとの衝突でできた地形と考えられている。

4 × 地震波のエネルギーは、マグニチュードが１増すごとに約32倍になる。震度は地震の揺れの大きさを示す指標である。

5 × 逆断層は押し合う力がはたらき、上層がずり上がった地形になり、正断層は引き合う力により上層がずり落ちた地形になる。活断層とは、第四紀に動いた断層で、今後も動く可能性のあるものをさす。

問題7 裁判所職員（2014年度）……本冊P.233

正解：2

A 誤 東北日本と西南日本の境目は、糸魚川・静岡構造線である。なお、構造線とは断層の集まりをさす。

B 正 東北日本と西南日本で古磁気を測定すると、東北日本では真北の方角から反時計回りにずれており､西南日本では時計回りにずれていることがわかった。

C 正 四万十帯は、白亜紀～新第三紀に形成された付加体である。付加体とは、海洋プレートが沈み込むときに海溝にたまった土砂とともに大陸側に押し付けられ、海洋プレートからはぎ取られた部分をさす。

D 正 日本列島が弓状に屈曲しているのは、日本海が拡張したことと、伊豆火山弧が北方に衝突して本州を押し込んだためである。この動きは現在でも続いている。

E 誤 秋吉台の石灰岩には､古生代に繁栄したフズリナ類の化石が含まれている。海底に堆積してできた地形が隆起してできた。

したがって、正誤の組合せとして最も適当なものは、２のA 誤、B 正、C 正、D 正、E 誤である。

問題8 東京都Ⅰ類（2016年度）……本冊P.233

正解：2

1 × 三畳紀は中生代の時代区分の一つである。フズリナが繁栄したのは古生代である。は虫類の出現は古生代の石炭紀である。

2　○　ジュラ紀は**中生代**の時代区分の一つである。アンモナイトや恐竜が繁栄し、鳥類が出現した。

3　×　頭足類とは**イカ**や**タコ**の仲間であり、その出現は**古生代**の**カンブリア紀**とされる。始祖鳥は中世代の**ジュラ紀**に出現した。

4　×　デボン紀は**古生代**の時代区分の一つである。三葉虫は**古生代**のカンブリア紀からペルム紀（二畳紀）にかけて生息した。両生類が繁栄したのは、**古生代後期**の石炭紀からペルム紀にかけてである。

5　×　白亜紀は**中生代**後期の時代区分である。無脊椎動物が繁栄したのは**古生代前期**であり、魚類の出現は古生代の**オルドビス紀**であった。

4 2 火山・岩石

問題1 東京都Ⅰ類（2020年度）…… 本冊P.238

正解：5

1 × 火砕流とは､高温のガスと火山灰などの**火山砕屑物**が流れ下る現象である。噴火によってとけた雪や多量の水が火山砕屑物と混ざって流れ下る現象は、**火山泥流**という。
2 × 大量の火山灰や軽石が一度に大量に噴出すると、火砕流が発生し、火山は**成層火山**を形成する。
3 × ハワイ式噴火は、粘性の**低い**マグマが噴水のように噴出する。**盾状火山**を形成する。
4 × 粘性が**中程度**のマグマが繰り返して噴出すると、富士山のような成層火山ができる。この噴火を**ストロンボリ式**という。
5 ○ ホットスポットは、プレートの動きとは関係なく**アセノスフェア**に固定されており、地表や海底に火山を形成する。

問題2 東京都Ⅰ類（2019年度）…… 本冊P.238

正解：3

1 × 深成岩は粒の大きさが大きく、大きさのそろった鉱物でなる**等粒状組織**を示す。斑状組織をもつのは**火山岩**である。玄武岩は**火山岩**であり、花こう岩は深成岩である。
2 × 火山岩は**斑状組織**であり、マグマが急激に冷やされたため、鉱物が十分に成長することができなかった**石基**の部分を含む。
3 ○ 二酸化ケイ素の含有率が多いものから、66%以上のものを**酸性岩**（珪長質岩）､52～66%のものを**中性岩**､45～52%のものを**塩基性岩**（苦鉄質岩）､45%以下のものを**超塩基性岩**（超苦鉄質岩）と分類する。
4 × 岩石に含まれる有色鉱物の体積%を色指数という。色指数が**低い**ものほど白っぽい岩石であるが、色指数だけでは岩石の種類が特定できない場合が多いので、現在ではあまり使われていない。
5 × 堆積物が長い時間をかけて堆積し、次第に固まって堆積岩が生成される作用を**続成作用**という。堆積岩や火成岩がマグマの貫入により熱や圧力の影響を受けて再結晶化することを**変成作用**という。

問題3 国家専門職（2013年度）…… 本冊P.239

正解：3

A ○ マグマはマントルを構成する岩石が部分的に**溶ける**ことで発生し、地下の高温で液体状の物質に種々の気体が溶け込んでいる。
B × マグマの粘性は SiO_2 成分が**少なく**なるほど小さくなる。粘性の小さな溶岩が流出してできるのが**溶岩台地**や**盾状火山**であり、粘性の大きな溶岩が流出してできる火山が**溶岩ドーム**である。阿蘇山は成層火山であり、有珠山は水蒸気爆発による爆発をする火山である。日本の火山に盾状火山の例はほとんどない。
C × ハワイは**ホットスポット**上の火山島であり、プレートの境界に位置する火山ではない。火山の多くは、プレートの**境界**に存在する。日本付近の地震は太平洋プレートの沈み込む境界面と、フィリピン海プレートの沈み込む境界面に多く存在する。日本には100以上の活火山が存在する。浅間山は噴火を繰り返している火山であり、富士山とともに活火山に**分類されている**。
D ○ 火成岩には、ゆっくりと冷えてできた**深成岩**と、急激に冷えてできた**火山岩**がある。

したがって、妥当なもののみを挙げているのは、**3**の**A**、**D**である。

問題4 国家一般職（2009年度）…………………… 本冊P.240

正解：1

1 ○ 盾状火山は、割れ目から粘性の**低い**マグマが吹き出す形式の火山であり、傾斜のゆるやかな火山となる。
2 × 成層火山は、二酸化ケイ素の含有量が**普通程度からやや多め**のマグマの噴出で生じる。日本の火山に**多い**タイプで、桜島、浅間山、霧島山なども成層火山である。
3 × 溶岩円頂丘は**溶岩ドーム**とも呼ばれ、溶岩が火口に盛り上がったり、固まった状態で火口からせり上がった火山である。ドーム状の地形で、代表例としては**昭和新山**がある。岩手山、三宅島は**成層火山**の例である。
4 × カルデラは、マグマの熱で生じた高温高圧の水蒸気が爆発的に噴火してできた地形である。十和田湖はカルデラ湖であるが、諏訪湖は糸魚川・静岡構造線の動きで地表にできた**断層**に水が溜まってできた湖である。
5 × マグマは海洋プレートの沈み込みに伴う高温高圧状態によって岩石が部分的に溶解し、液体と溶け残りの結晶が共存した部分溶解の状態になる。火山前線は、我が国の火山帯の**東**側のへりを結んだ線である。

問題5 特別区Ⅰ類（2016年度）…………………… 本冊P.240

正解：2

A　火山岩の細かい結晶やガラス質の部分を**石基**という。
B　火山岩や深成岩の大きな鉱物の結晶を**斑晶**という。
C　石基と斑晶でできる組織を**斑状**組織という。

したがって、A～Cに該当する語の組合せとして妥当なのは、**2**のA **石基**、B **斑晶**、C **斑状**である。
なお、バソリスは底盤とも呼ばれ、地下深くで**マグマだまり**が冷えて固まり、地上に露出したものである。

問題6 裁判所職員（2019年度） 本冊 P.241

正解：1

A **正**　地下の浅い所で急激に冷やされてできた火成岩を**火山岩**といい、斑状組織をもつ。地下深くでゆっくり冷えてできた岩石を**深成岩**といい、等粒状組織をもつ。
B **誤**　急激に冷えると、結晶が成長する時間的な**余裕がなく**、小さな粒の石基と大きな粒の斑晶が入り混じった**斑状組織**になる。
C **正**　ガラス質を**石基**といい、斑状組織に含まれる。斑状組織をもつものは**火山岩**である。
D **誤**　かんらん石、輝石は**有色**の鉱物である。これらを多く含む火成岩は**黒っぽい**色をしている。

したがって、正誤の組合せとして最も妥当なものは、**1**のA **正**、B **誤**、C **正**、D **誤**である。

問題7 警察官Ⅰ類（2021年度） 本冊 P.241

正解：2

A　マグマが地層を貫いて貫入し、冷却・固結したものを岩脈といい、マグマが地層と平行に貫入し、冷却・固結したものを**岩床**という。
B　マグマがゆっくり固まってできた岩石は**深成岩**である。
C　貫入したマグマが地下で固まってできた火成岩のかたまりを、**貫入岩体**という。
D　地下で固まって地上に出てきた深成岩の大規模なかたまりを**バソリス**という。

したがって、A～Dに当てはまる語句の組合せとして、最も妥当なものは、**2**のA **岩床**、B **深成岩**、C **貫入岩体**、D **バソリス**である。

4 3 大気・海洋

問題1 国家専門職（2005年度）……………………………………………… 本冊 P.248

正解：5

1 × 対流圏では高さとともに気温が下がるが、成層圏では高さ20kmまではほぼ気温が**一定**で、その後**上昇**する。中間圏では高度とともに気温が下がる。オゾン層は**成層圏**にある。高さ80kmくらいまでは、大気は**窒素**、酸素、アルゴン、二酸化炭素を含む。
2 × 日本付近の**寒帯前線ジェット気流**の風速や経路は、季節によって**変化する**。風速はまれに**100 m/s**を超えることもある。西から東に向かう航空機はスピードアップにこの気流を利用するが、逆向きの飛行ではジェット気流を避ける経路をとる。
3 × 海岸地方では日中は**海**から**陸**へ海風が吹き、夜は**陸**から**海**へ陸風が吹く。陸地は海洋より**暖まりやすく冷めやすい**ので、昼間は暖かい陸地で上昇気流が生じ、海から陸に風が吹く。夜は海洋の方が**温度が高い**ので上昇気流が生じ、陸から海に風が吹く。
4 × 梅雨は、小笠原高気圧と**オホーツク海高気圧**の間にできる**停滞前線**である。梅雨は**東アジア全域**に見られる気象現象である。
5 ○ 夏の時期に、オホーツク海高気圧が発達すると、東日本の太平洋側に北東の風（**やませ**）が吹くことがある。

問題2 特別区Ⅰ類（2019年度）……………………………………………… 本冊 P.249

正解：5

赤道付近で暖められ上昇した大気は、緯度30°付近で下降し、北半球では北東**貿易風**、南半球では南東**貿易風**となって低緯度に吹き出す。この循環を**ハドレー**循環という。**ハドレー**循環により、緯度20°～30°で下降する空気の流れは**亜熱帯高圧帯**を形成する。

したがって、A～Cに該当する語の組合せとして、妥当なのは、**5**のA **貿易風**、B **ハドレー**、C **亜熱帯高圧帯**である。

問題3 国家一般職（2007年度）……………………………………………… 本冊 P.249

正解：4

1 × 緯度の高い地域では、太陽高度が低く太陽放射のエネルギーは**小さく**なり、緯度の低い地域では**大きく**なる。しかし地球の放射量は緯度によって大きく異なることはないため、緯度の高い地域では、太陽放射の入射量は地球放射の放射量より**小さく**なり、緯度の低い地域ではその逆で地球放射の放射量より**大きく**なる。

2　×　太陽放射の入射量に影響するのは経度ではなく、**緯度**である。

3　×　太陽放射は**可視光線**がもっとも強く、主に昼間に入射するが、地球放射は**赤外線**が最も強く、夜と昼の**差は大きくない**。

4　○　地表から**赤外線**放射で熱が放射され、日射などの熱の吸収量を上回ると放射冷却が生じる。地球は夜の間にも熱を放射していることの一つの証拠である。

5　×　地球放射は地表からも**大気**からも行われる。

問題 4　特別区Ⅰ類（2022 年度）…………………………………………… 本冊 P.250

正解：4

1　×　冬は冷たい**シベリア高気圧**から北西の季節風が吹き出す。

2　×　春は**偏西風**の影響を受け、移動性高気圧と**温帯**低気圧が交互にやってきて、天気が周期的に変わる。

3　×　梅雨は冷たい**オホーツク海高気圧**と、温暖な太平洋高気圧との間にできる停滞前線により雨が降り続く。

4　○　夏は**太平洋高気圧**の勢力が強まり日本列島を覆うようになる。高温多湿の太平洋高気圧の影響で**南寄りの季節風**と蒸し暑い晴天が続く。

5　×　北太平洋西部で発生した熱帯低気圧のうち、最大風速が 17.2 m/s 以上に発達した台風は暖かい空気で覆われているので、**前線を伴わない**。

問題 5　東京都Ⅰ類（2018 年度）…………………………………………… 本冊 P.250

正解：5

線状降水帯は気象庁の用語解説では、「次々と発生する発達する雨雲（**積乱雲**）が列をなした、組織化した積乱雲群によって、数時間にわたってほぼ同じ場所を通過または停滞することでつくりだされる、線上に伸びる長さ **50 ～ 300** km 程度、幅 **20 ～ 50** km 程度の強い降水を伴う雨域」とある。また、線状降水帯は**集中豪雨**の原因の一つとなっている。

したがって、空欄に当てはまる語句の組合せとして妥当なのは、**5** のア **20 ～ 50**、イ **50 ～ 300**、ウ **積乱雲**、エ **集中豪雨**である。

問題 6　国家一般職（2006 年度）…………………………………………… 本冊 P.251

正解：5

A　**誤**　ジェット気流は**蛇行**して流れ、風速や進路も**変化**する。
B　**誤**　南米ペルー沖の海面水温が平常よりも**高く**なる現象をエルニーニョという。これは**貿易風**が弱まり、暖かい海水がペルー沖に戻るために起きる。日本では、夏の太平洋高気圧の勢力が弱められ**長い梅雨**や**冷夏**になる。
C　**正**　太平洋の南で発生した熱帯低気圧のうち、最大風速が**17.2 m/秒以上**に発達したものが台風である。台風は暖かい海域でエネルギーを受け取り、発達しながら移動する。
D　**誤**　暖気が寒気の上をはい上がるのは**温暖前線**であり、寒気が暖気の下にもぐりこむのが**寒冷前線**である。**寒冷前線**が**温暖前線**に追いつくときにできるのが閉塞前線であり、寒冷前線が通過するときは激しい雨が狭い範囲で**短時間**降る。

したがって、正誤の組合せとして最も妥当なのは、**5**のA　**誤**、B　**誤**、C　**正**、D　**誤**である。

問題7　国家一般職（2008年度）……本冊 P.252

正解：4

乾燥断熱減率が100 mについて1.0℃なので、A地点から凝結が始まるB地点までの1,300 mで気温は13℃低下する。よってB地点の気温は22.0−13.0=**9.0**℃になる。その後、湿潤断熱減率が100 mについて0.5℃なので、B地点からC地点までの1,200 mで気温が6℃低下する。山頂Cでの気温は9.0−6.0=**3.0**℃になる。C地点からD地点までは乾燥断熱減率によって2,500 mで25℃気温が上昇するので、D地点での気温は3.0+25.0=**28.0**℃になる。

問題8　特別区Ⅰ類（2017年度）……本冊 P.253

正解：1

図中のAは、北から日本列島に向けて南に南下する寒流の**親潮**である。これとぶつかるように日本列島を南から北に流れているのが暖流の黒潮である。

Bは**赤道反流**であり、これと逆向きに流れる北側の海流を北赤道海流、南側の海流を南赤道海流という。

北米大陸をカリフォルニア付近からメキシコに向かって南下する図のCの海流を**カリフォルニア海流**という。また、南米大陸を南から北に流れる海流をペルー海流（フンボルト海流）という。

したがって、A～Cに該当する海流の組合せとして妥当なのは、**1**のA　**親潮**、B　**赤道反流**、C　**カリフォルニア海流**である。

4 4 宇宙・天体

問題 1 東京都Ⅰ類（2015 年度）……………………………………………… 本冊 P.260

正解：2

1 × 黒点は磁場が**強く**、周囲の光球より温度が**低い**ため黒く見える。約 11 年周期でその数は**増減**を繰り返す。
2 ○ フレアが発生すると**太陽風**が強くなる。そのため地球では電離層が乱されて通信障害が発生する。これを**デリンジャー現象**という。
3 × 太陽を構成する元素は、**水素**が約 90%を占め、次いで**ヘリウム**が約 10%を占める。
4 × 太陽の中心核では**核融合**反応が繰り返されており、4 つの水素原子が融合して 1 つのヘリウム原子ができるとき、減少した質量が大量のエネルギーに変えられる。
5 × 太陽系の惑星は、太陽に近い順に、**水星**、**金星**、**地球**、**火星**、**木星**、**土星**、**天王星**、**海王星**の **8 個**である。冥王星は太陽系外縁天体である。

問題 2 特別区Ⅰ類（2018 年度）……………………………………………… 本冊 P.260

正解：4

A プリズムを通した白色光は単色光に分解される。これを光の分散といい、できた光の配列を**スペクトル**という。
B 太陽光には多くの吸収線が見られる。吸収線とは連続スペクトルに現れる暗線で、ある特有の波長の輝線が吸収された部分である。これを**フラウンホーファー**線という。
C **フラウンホーファー**線によって、太陽大気の組成を知ることができる。その結果、太陽の大部分は**水素**でできていることがわかった。

したがって、A～Cに該当する語の組合せとして、妥当なのは、**4**のA **スペクトル**、B **フラウンホーファー**、C **水素**である。

問題 3 国家専門職（2004 年度）……………………………………………… 本冊 P.261

正解：1

1 ○ 太陽の中心では、4 個の水素原子核が**核融合**反応で 1 個のヘリウム原子核に変わる。このとき失われる質量がエネルギーとなって放射される。
2 × 太陽の質量は地球の**約 33 万倍**であり、半径は地球の**約 109 倍**である。太陽系に占める太陽の質量の割合は**99% 以上**である。

3　×　太陽全体でみると、約92%が**水素**、約7%が**ヘリウム**である。地球の大気の組成は約79%が窒素、約21%が酸素である。

4　×　太陽の絶対等級は4.8で、表面温度は約5,800 Kであり、**標準的**な恒星である。太陽は主系列星に**属する**。

5　×　太陽は**自転している**が、気体でできた恒星なので緯度によって自転周期が異なる。赤道付近の自転周期は約25日で、高緯度になるほど遅くなる。

問題4　特別区Ⅰ類（2022年度）…………………………………………… 本冊 P.262

正解：1

1　○　サングラスをしたときに見える太陽の部分が**光球**と呼ばれる部分である。表面温度は**約5,800 K**である。

2　×　太陽活動が活発な時ほど黒点数は**多く**なる。黒点数が最も**多い**時期を極大期という。

3　×　白斑とは、**黒点の周り**に現れる、明るく輝く斑点の部分である。光球全体に見られる、太陽内部からのガスの対流による模様を**粒状斑**という。対流の上昇部が明るく、その周りで低温の気体が下降する部分が黒く見える。直径は数百から数千kmに達する。

4　×　光球に接する外側の薄い大気の層を彩層という。その**外側**の大気の層がコロナである。黒点領域の彩層が突然多量のエネルギーを放出して明るくなる現象を**フレア**という。

5　×　彩層の外側に広がる高温の大気の層を**コロナ**という。プロミネンスとは、彩層からコロナ領域に吹き出した**赤い炎状**の気体のことである。

問題5　特別区Ⅰ類（2019年度）…………………………………………… 本冊 P.262

正解：4

1　×　金星の自転軸は公転軌道面に対して177°（地球は66.6°）傾いており、自転周期は243日（地球は23時間56分4秒）で、自転の向きは地球の**逆**である。大気のほとんどが二酸化炭素で、その温室効果により表面温度が約460℃に達し、**水**は存在しない。

2　×　火星の大きさは、地球の**約半分**である。地球に**近い**自転周期と自転軸の傾きをもつ。自転の向きも公転の向きも地球と**同じ**である。

3　×　木星は太陽系最大の惑星である。80個以上の衛星があり、**環**も確認されている。

4　○　土星の平均密度は太陽系の惑星の中で一番**小さい**。半径が本体の2倍以上の**巨大な環**をもつ。

5　×　天王星の大気の主成分は**水素**である。少量含まれるメタンが太陽光の**赤色光**を吸収するので、**青緑色**に見える。

問題6　特別区Ⅰ類（2020年度）………………………………………… 本冊 P.263

正解：1

1　○　水星、金星、地球、火星が**地球型惑星**であり、木星、土星、天王星、海王星が**木星型惑星**である。
2　×　小惑星の多くは、**火星**と木星の軌道間にある小惑星帯に存在する。
3　×　水星と金星には衛星は**ない**。火星にはフォボスとダイモスという2つの衛星が**ある**。
4　×　彗星の尾は氷と塵でできており、太陽からの太陽風により太陽と**反対側**にまっすぐ伸びる。
5　×　太陽系外縁天体は**海王星**の軌道よりも外側を公転する天体であり、**冥王星**はその一つである。

問題7　裁判所職員（2020年度）………………………………………… 本冊 P.263

正解：5

1　×　太陽系には8個の惑星があり、最も小さいものは**水星**である。最も大きいものは**木星**である。
2　×　金星の大気は二酸化炭素でできている。木星にも**大気の層**があり、何層にも重なった氷の雲と液体水素を含む。土星の大気は**水素**と**ヘリウム**で構成されている。
3　×　地球型惑星は表面が固体で覆われており、密度が**大きい**。木星型惑星は表面が気体で覆われており、密度が**小さい**。
4　×　液体の水は**地球にだけ**存在する。水星は大気がなく昼間の表面温度は430℃にもなるので、水は**存在しない**。**火星**には極冠や凍土としての氷は存在すると考えられている。
5　○　木星型惑星は半径が大きく、質量も**大きい**。リングや多数の衛星をもつ。

問題8　特別区Ⅰ類（2016年度）………………………………………… 本冊 P.264

正解：5

ケプラーの第2法則は「惑星は、惑星と太陽を結ぶ線分が単位時間に一定**面積**を描くように動く」というもので、面積速度一定の法則と呼ばれる。第3法則は「惑星と太陽の平均距離の**3乗**と、その惑星の公転周期の**2乗**の比は、惑星によらず一定である」というもので、調和の法則と呼ばれる。
　したがって、A～Cに該当する語の組合せとして妥当なのは、**5**のA　**面積**、B　**3乗**、C　**2乗**である。

問題9　裁判所職員（2017年度）……………………………… 本冊 P.264

正解：2

A　**正**　太陽や恒星の日周運動は、地球の自転によって起こる**見かけ**上の運動である。
B　**正**　地球は24時間で1回転しているので、1時間当たりの回転角度は360÷24＝**15°**である。星が東から西へ移動するように見えるのは、地球が**西**から**東**に向かって自転しているからである。
C　**誤**　地球は太陽の周りを反時計回りで1年かけて公転している。そのため、星座は**東**から**西**に向かって移動するように見える。

　したがって、A～Cの記述の正誤の組合せとして最も適当なものは、**2**のA　**正**、B　**正**、C　**誤**である。

問題10　東京都Ⅰ類（2014年度）……………………………… 本冊 P.265

正解：1

　星間雲は自身の重力で収縮し、内部の温度が高まり赤外線を出すようになる。この状態を**原始星**という。原始星がさらに収縮して中心温度が1,000万Kを超えるようになると、水素の核融合反応が始まり、**主系列星**になる。核融合反応が進むと中心部の水素がヘリウムになり、太陽程度の質量の星では中心温度が1億Kを超え、急激に膨張して**巨星**へ進化する。星の終末は、太陽程度の質量を持つものは巨星の後、白色矮星になり、太陽の数倍から数十倍の質量の星は**超新星**爆発をして中性子星となる。きわめて質量の大きい星はブラックホールになる。
　したがって、A～Dに当てはまる語句の組合せとして妥当なのは、**1**のA　**原始星**、B　**主系列星**、C　**巨星**、D　**超新星**である。

問題11　国家専門職（2006年度）……………………………… 本冊 P.266

正解：4

1　×　銀河のスペクトル線は波長の**長い方**にずれている。これを赤方偏移という。波長のずれは天体が動いているために生じ、銀河の遠ざかる速さ（後退速度）がわかる。

2 × 宇宙は膨張を続けており、地球から遠い銀河ほど速い速度で地球から**遠ざかっている**。後退速度を v、銀河の距離を r とすると、v=Hr という関係がある（H はハッブル定数）。

3 × 宇宙の**あらゆる方向**からやってくる、絶対温度 **3 K** の物体からの放射に一致する電磁波が観測される。これを宇宙背景放射という。

4 ○ 正しい。宇宙の膨張を過去にさかのぼると、ある時点で宇宙の物質すべてが 1 点に凝縮されていたことになる。これを宇宙の誕生とすると、宇宙の年齢は**約 138 億年**である。

5 × 初期の宇宙は**極高温**で非常に小さく、**約 138 億年前**にビッグバンを起こして膨張をはじめ、現在の姿になったと考えられている。

5 1 計算の基本

問題1 裁判所職員（2009年度） 本冊 P.274

正解：1

$ax+by=c$ …① $by+cz=a$ …② $cz+ax=b$ …③

とする。①、②、③を x、y、z の**連立方程式**として解く。

$abc(a+b+c)\neq 0$ より、$a\neq 0$、$b\neq 0$、$c\neq 0$、$a+b+c\neq 0$

①＋②＋③より、$2(ax+by+cz)=a+b+c$ …④

②を④に代入して、$2(ax+a)=a+b+c$、$2a(x+1)=a+b+c$

$$\frac{1}{x+1}=\frac{2a}{a+b+c}$$

③を④に代入して、$2(by+b)=a+b+c$、$2b(y+1)=a+b+c$

$$\frac{1}{y+1}=\frac{2b}{a+b+c}$$

①を④に代入して、$2(cz+c)=a+b+c$、$2c(z+1)=a+b+c$

$$\frac{1}{z+1}=\frac{2c}{a+b+c}$$

よって、

$$\frac{1}{x+1}+\frac{1}{y+1}+\frac{1}{z+1}=\frac{2a}{a+b+c}+\frac{2b}{a+b+c}+\frac{2c}{a+b+c}=\frac{2(a+b+c)}{a+b+c}=\mathbf{2}$$

問題2 国家一般職（2005年度） 本冊 P.274

正解：2

$$\left(x-\frac{1}{x}\right)^3=x^3-3x^2\cdot\frac{1}{x}+3x\cdot\left(\frac{1}{x}\right)^2-\left(\frac{1}{x}\right)^3$$

$$=x^3-3x+\frac{3}{x}-\frac{1}{x^3}$$

より、

$$x^3-\frac{1}{x^3}=\left(x-\frac{1}{x}\right)^3+3x-\frac{3}{x}$$

$$=\left(x-\frac{1}{x}\right)^3+3\left(x-\frac{1}{x}\right)$$

$$=1^3+3\cdot 1=\mathbf{4}$$

問題3 特別区Ⅰ類（2009年度） 本冊 P.274

正解：1

$(4x^4+2x^2-3x+7)\div(x^2-x+3)$ を次のように筆算すると、
商は $4x^2+4x-6$、余り $-21x+25$ となる。

$$
\begin{array}{r|l}
 & 4x^2+4x-6 \\
\hline
x^2-x+3 & 4x^4 +2x^2-3x+7 \\
 & 4x^4-4x^3+12x^2 \\
\hline
 & 4x^3-10x^2-3x+7 \\
 & 4x^3-4x^2+12x \\
\hline
 & -6x^2-15x+7 \\
 & -6x^2+6x-18 \\
\hline
 & -21x+25
\end{array}
$$

問題 4 消防官Ⅰ類（2020 年度）…………………………………………… 本冊 P.275

正解：5

分配法則を使って展開する。
$(x+2y-1)(x-3y+1)=x(x-3y+1)+2y(x-3y+1)-(x-3y+1)$
$=x^2-3xy+x+2xy-6y^2+2y-x+3y-1$
$=x^2-xy+5y-6y^2-1$

問題 5 消防官Ⅰ類（2018 年度）…………………………………………… 本冊 P.275

正解：2

次数の 1 番低い a について**降べきの順**に並べる。
$ab^2-bc^2+b^2c-c^2a=(b^2-c^2)a+bc(b-c)$
$=(b+c)(b-c)a+bc(b-c)$
$=(b-c)\{(b+c)a+bc\}$
$=(b-c)(ab+bc+ca)$

問題 6 消防官Ⅰ類（2020 年度）…………………………………………… 本冊 P.275

正解：5

$x^2-y^2=(x+y)(x-y)$ であるから、まず、$x-y$ の値を求める。
$(x-y)^2=x^2-2xy+y^2$
$=x^2+2xy+y^2-4xy$
$=(x+y)^2-4xy$
$=4^2-4\cdot(-6)=40$
$x>y$ より、$x-y>0$ だから、

$x-y=\sqrt{40}=2\sqrt{10}$
よって、
$x^2-y^2=(x+y)(x-y)=4\cdot 2\sqrt{10}=8\sqrt{10}$

5 2 方程式と不等式

問題 1 特別区Ⅰ類（2011 年度） …… 本冊 P.280

正解：1

α、βは 2 次方程式 $2x^2-3x+6=0$ の解だから、**解と係数の関係**より、

$\alpha+\beta=-\dfrac{-3}{2}=\dfrac{3}{2}$ …①、$\alpha\beta=\dfrac{6}{2}=3$ …②

$p=\alpha-\dfrac{1}{\beta}$、$q=\beta-\dfrac{1}{\alpha}$ とおく。

①、②より、

$$p+q=\left(\alpha-\frac{1}{\beta}\right)+\left(\beta-\frac{1}{\alpha}\right)=\alpha+\beta-\frac{\alpha+\beta}{\alpha\beta}=\frac{3}{2}-\frac{\frac{3}{2}}{3}=\frac{3}{2}-\frac{1}{2}=1$$

$$pq=\left(\alpha-\frac{1}{\beta}\right)\left(\beta-\frac{1}{\alpha}\right)=\alpha\beta-1-1+\frac{1}{\alpha\beta}=3-2+\frac{1}{3}=\frac{4}{3}$$

p、q を解に持つ 2 次方程式は、**解と係数の関係**から、

$x^2-(p+q)x+pq=0$

$x^2-x+\dfrac{4}{3}=0$

$3x^2-3x+4=0$

問題 2 特別区Ⅰ類（2012 年度） …… 本冊 P.280

正解：1

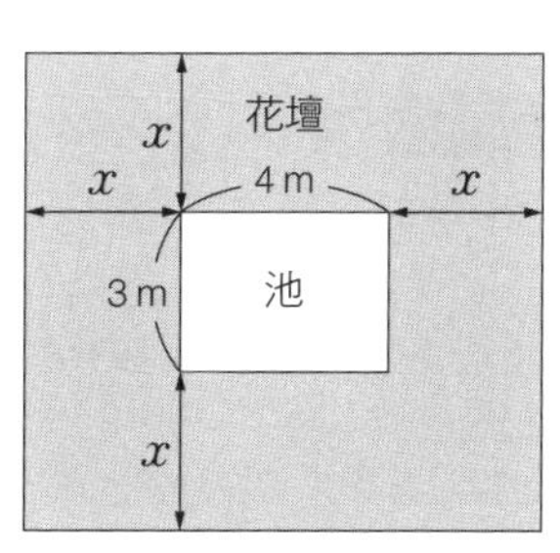

右図より、**花壇の面積**は、

$(2x+3)(2x+4)-3\times4$

$=4x^2+14x+12-12$

$=4x^2+14x$

花壇の外周の長さは、

$\{(2x+3)+(2x+4)\}\times2=8x+14$

と表せる。

花壇の面積の関係から、

$44\leqq4x^2+14x\leqq144$ …①

花壇の外周の長さの関係から、

$14<8x+14\leqq54$ …②

①の不等式を解くと、

$44\leqq4x^2+14x$ より、

$2x^2+7x-22\geqq0$

$(2x+11)(x-2) \geqq 0$
$x>0$ より、$x \geqq 2$　…③
また、$4x^2+14x \leqq 144$ より、
$2x^2+7x-72 \leqq 0$
$(2x-9)(x+8) \leqq 0$
$x>0$ より、$0<x \leqq \frac{9}{2}=4.5$　…④
②の不等式を解くと、
$0<8x \leqq 40$
$0<x \leqq 5$　…⑤
③、④、⑤の共通範囲を求めて、
$2 \leqq x \leqq 4.5$

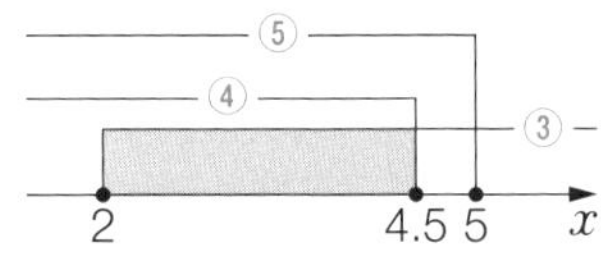

問題 3　特別区Ⅰ類（2013 年度）…………　本冊 P.281

正解：3

$x>0$、$\frac{8}{x}>0$ より、**相加平均・相乗平均の関係**から、
$x+\frac{8}{x} \geqq 2\sqrt{x \cdot \frac{8}{x}}=2\sqrt{8}=4\sqrt{2}$
等号成立は、$x=\frac{8}{x}$ のとき、すなわち、$x^2=8$
$x>0$ より、$x=\sqrt{8}=2\sqrt{2}$
これは、$0<x \leqq 10$ を満たす。
よって、$x=2\sqrt{2}$ のとき、最小値 $4\sqrt{2}$

問題 4　消防官Ⅰ類（2019 年度）…………　本冊 P.281

正解：3

場合分けをして、左辺の**絶対値をはずす**。
$|x-2|=3x$
（ⅰ）　$x \geqq 2$　…①のとき
　$x-2=3x$
　$-2x=2$　$x=-1$
　これは、①を満たさないから**不適**である。
（ⅱ）　$x<2$　…②のとき
　$-(x-2)=3x$
　$-x+2=3x$　$-4x=-2$　$x=\frac{1}{2}$

これは、②を**満たす**。

以上から、$x=\frac{1}{2}$

問題5 消防官Ⅰ類（2018年度） ……………………………… 本冊 P.282

正解：4

$|2x-1|>3$

$2x-1<-3$、$3<2x-1$

$2x<-2$、$4<2x$

$x<-1$、$2<x$

問題6 消防官Ⅰ類（2019年度） ……………………………… 本冊 P.282

正解：3

$$\begin{cases} x^2+y^2=10 & \cdots① \\ x^2+y^2-2x+y=15 & \cdots② \end{cases}$$

①を②に代入して、

$10-2x+y=15$

$y=2x+5 \quad \cdots③$

③を①に代入して、

$x^2+(2x+5)^2=10$

$x^2+4x^2+20x+25=10$

$5x^2+20x+15=0$

$x^2+4x+3=0$

$(x+1)(x+3)=0$

$x=-1$、-3

問題7 消防官Ⅰ類（2018年度） ……………………………… 本冊 P.283

正解：2

2次方程式 $x^2-ax+3a-5=0$ …①の判別式を D とすると、

$D=(-a)^2-4\cdot1\cdot(3a-5)=a^2-12a+20$

2次方程式①が**実数解を持つ条件**は、$D\geqq0$ であるから、

$a^2-12a+20\geqq0$

$(a-2)(a-10)\geqq0$

$a\leqq2$、$10\leqq a$

5 3 関数とグラフ

問題1 国家一般職（2009年度）……………… 本冊 P.288

正解：1

2次方程式 $2x^2-4ax+8a+10=0$ の判別式を D とすると、

$\frac{D}{4}=(-2a)^2-2\cdot(8a+10)=\mathbf{4a^2-16a-20}$

放物線 $y=2x^2-4ax+8a+10$ が x 軸と接する条件は、$D=0$ であるから、

$4a^2-16a-20=0$

$a^2-4a-5=0$

$(a+1)(a-5)=0$

$a=-1$、5

問題2 消防官Ⅰ類（2021年度）……………… 本冊 P.288

正解：4

$3x^2+y^2=12$ より、$y^2=-3x^2+12$ …①

ここで、**x の変域**を調べると、$y^2 \geqq 0$ より、

$-3x^2+12 \geqq 0$

$x^2-4 \leqq 0$

$(x+2)(x-2) \leqq 0$

$-2 \leqq x \leqq 2$ …②

①を、x^2-y^2+4x に**代入**して、

$x^2-y^2+4x=x^2-(-3x^2+12)+4x$

$=4x^2+4x-12$

$=4\left(x+\frac{1}{2}\right)^2-13$

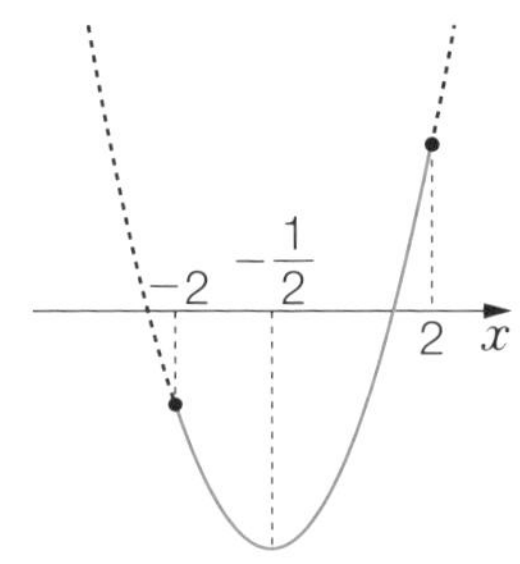

②の範囲で最大値を求めると、右図のグラフより、

$x=\mathbf{2}$ のとき、最大値 $4\cdot2^2+4\cdot2-12=\mathbf{12}$ をとる。

問題3 国家一般職（2004年度）……………… 本冊 P.289

正解：3

場合分けをして絶対値をはずす。

$y=|x-1|-x+2$

（ｉ） $x \geqq 1$ のとき

$y=x-1-x+2=\mathbf{1}$

（ii） $x<1$ のとき

$y=-(x-1)-x+2=-\mathbf{2}x+\mathbf{3}$

以上より、$y=|x-1|-x+2$ のグラフは右図のようになり、$y=-x+a$ のグラフもかき入れる。

直線 $y=-x+a$ が点 (1, 1) を通るときの a の値は、$1=-1+a$ より、$a=\mathbf{2}$

よって、右図から、2 つのグラフの交点の個数は、

$a>2$ のとき、**2** 個

$a=2$ のとき、**1** 個

$a<2$ のとき、**0** 個

となる。

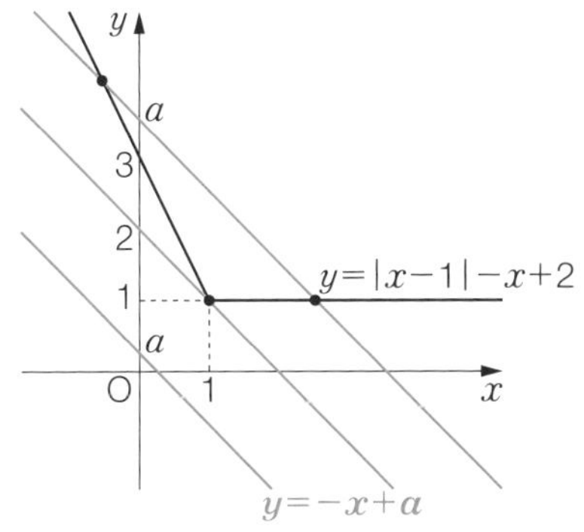

5 4 三角比、指数対数、図形

問題 1 国家一般職（2011 年度）………………………………………………………… 本冊 P.294

正解：5

$\sin^2\theta+\cos^2\theta=1$ に $\sin\theta=\frac{1}{3}$ を**代入**して、

$\left(\frac{1}{3}\right)^2+\cos^2\theta=1$

$\cos^2\theta=1-\frac{1}{9}=\frac{8}{9}$

$0^\circ\leqq\theta\leqq90^\circ$ より、$\cos\theta\geqq0$ だから、

$\cos\theta=\sqrt{\frac{8}{9}}=\frac{2\sqrt{2}}{3}$

また、

$\tan\theta=\frac{\sin\theta}{\cos\theta}=\frac{1}{3}\div\frac{2\sqrt{2}}{3}=\frac{1}{2\sqrt{2}}=\frac{\sqrt{2}}{4}$

したがって、

$2\cos\theta+\tan\theta=2\cdot\frac{2\sqrt{2}}{3}+\frac{\sqrt{2}}{4}=\frac{16\sqrt{2}+3\sqrt{2}}{12}=\frac{19\sqrt{2}}{12}$

問題 2 裁判所職員（2008 年度）………………………………………………………… 本冊 P.294

正解：2

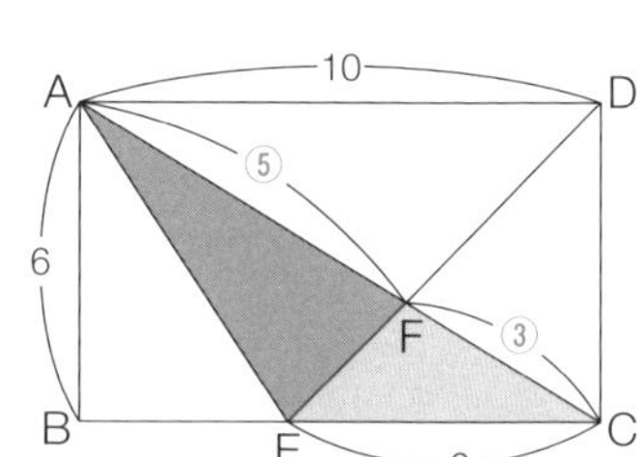

BE：EC＝2：3 より、

$EC=\frac{3}{2+3}\times BC=\frac{3}{5}\times10=6$

$\triangle AEC=\frac{1}{2}\times EC\times AB=\frac{1}{2}\times6\times6=18$

AD∥EC より、△AFD∽△CFE だから、

AF：CF＝AD：CE＝10：6＝**5：3**

△AEF と △AEC の底辺をそれぞれ AF、AC とすると、

高さは共通であり、AF：AC＝5：(5＋3)＝**5：8** だから、

$\triangle AEF=\frac{5}{8}\times\triangle AEC=\frac{5}{8}\times18=\frac{45}{4}=11\frac{1}{4}=11.25$

問題 3　消防官Ⅰ類（2020 年度）……………………………… 本冊 P.295

正解：2

余弦定理より、

$\cos A = \frac{5^2+6^2-4^2}{2\cdot5\cdot6} = \frac{3}{4}$

$\sin A = \sqrt{1-\cos^2 A} = \sqrt{1-\left(\frac{3}{4}\right)^2} = \frac{\sqrt{7}}{4}$

△ABC の外接円の半径を R とすると、**正弦定理**から、

$\frac{4}{\sin A} = 2R$

$R = \frac{4}{2\cdot\frac{\sqrt{7}}{4}} = \frac{8}{\sqrt{7}} = \frac{8\sqrt{7}}{7}$

問題 4　消防官Ⅰ類（2019 年度）……………………………… 本冊 P.295

正解：4

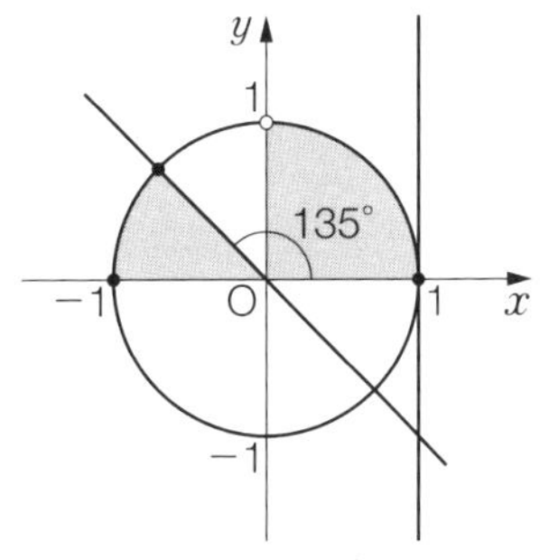

$\tan\theta+1\geqq0$ より、

$\tan\theta\geqq-1$

$0^\circ\leqq\theta\leqq180^\circ$ のとき、$\tan\theta=-1$ を満たす

θ の値は、$\theta=135^\circ$

右図より、不等式を満たす θ の範囲は、

$0^\circ\leqq\theta<90^\circ$、$135^\circ\leqq\theta\leqq180^\circ$

問題 5　裁判所職員（2006 年度）……………………………… 本冊 P.295

正解：3

$A^x=B^y=C^z=256$ の各辺に底が **2** の対数をとると、

$\log_2 A^x=\log_2 B^y=\log_2 C^z=\log_2 256$

$x\log_2 A=y\log_2 B=z\log_2 C=\log_2 2^8=8$

$\frac{1}{x}=\frac{\log_2 A}{8}$、$\frac{1}{y}=\frac{\log_2 B}{8}$、$\frac{1}{z}=\frac{\log_2 C}{8}$

$\frac{1}{x}+\frac{1}{y}+\frac{1}{z}=\frac{\log_2 A}{8}+\frac{\log_2 B}{8}+\frac{\log_2 C}{8}=\frac{\log_2 ABC}{8}$

条件より、$\log_2 ABC=8$ だから、

$\frac{\log_2 ABC}{8}=\frac{8}{8}=1$

正解：1

直線 $y=x-2$ に関して、点 A と**対称**な点を C$(a,\ b)$ とする。
直線 $y=x-2$ と直線 AC は**垂直に交わる**から、垂直に交わる 2 直線の傾きの積は $-\mathbf{1}$ になるので、

$$1\cdot\frac{b-0}{a-(-1)}=-1$$

$$b=-a-1 \quad \cdots①$$

線分 AC の中点 $\left(\dfrac{a-1}{2},\ \dfrac{b}{2}\right)$ は直線 $y=x-2$ 上にあるから、

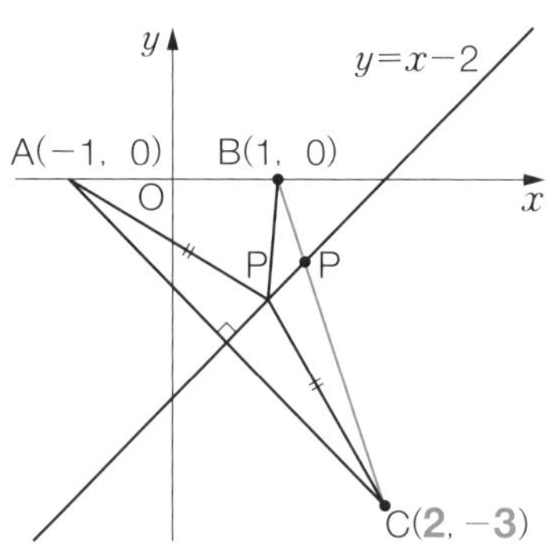

$$\frac{b}{2}=\frac{a-1}{2}-2$$

$$b=a-5 \quad \cdots②$$

②を①に代入して、

$$a-5=-a-1$$

$$2a=4$$

$$a=\mathbf{2}$$

①に代入して、$b=-\mathbf{3}$
よって、点 C の座標は、$(\mathbf{2},\ -\mathbf{3})$ である。
直線 $y=x-2$ は線分 AC の**垂直二等分線**となるから、

AP＝CP であり、AP＋PB＝CP＋PB となる。
AP＋PB が最小、すなわち、CP＋PB が最小となるのは、
3 点 B、P、C が**同一直線上にあるとき**で、その長さは、**線分 BC の長さと等しい。**
したがって、最小値は、

$$BC=\sqrt{(2-1)^2+(-3-0)^2}=\sqrt{1+9}=\sqrt{\mathbf{10}}$$

MEMO

MEMO